GILBERTO TOMAZI

JUVENTUDE

PROTAGONISMO E RELIGIOSIDADE

Dados Internacionais de Catalogação na Publicação (CIP)
(Câmara Brasileira do Livro, SP, Brasil)

Tomazi, Gilberto
Juventude : protagonismo e religiosidade / Gilberto Tomazi. – São
Paulo : Paulinas, 2013. – (Coleção juventudes)

ISBN 978-85-356-3570-6

1. Juventude - Aspectos morais e éticos   2. Juventude - Aspectos
sociais   3. Juventude - Conduta de vida   4. Juventude - Vida religiosa
I. Título.   II. Série.

13-06146   CDD-305.235

Índice para catálogo sistemático:
1. Juventude : Aspectos sociais : Sociologia   305.235

1ª edição – 2013

Direção-geral:	*Bernadete Boff*
Editora responsável:	*Luzia M. de Oliveira Sena*
Copidesque:	*Mônica Elaine G. S. da Costa*
Coordenação de revisão:	*Marina Mendonça*
Revisão:	*Ruth Mitzuie Kluska*
Gerente de produção:	*Felício Calegaro Neto*
Projeto gráfico:	*Manuel Rebelato Miramontes*

*Nenhuma parte desta obra poderá ser reproduzida ou transmitida
por qualquer forma e/ou quaisquer meios (eletrônico ou mecânico,
incluindo fotocópia e gravação) ou arquivada em qualquer sistema ou
banco de dados sem permissão escrita da Editora. Direitos reservados.*

Paulinas
Rua Dona Inácia Uchoa, 62
04110-020 – São Paulo – SP (Brasil)
Tel.: (11) 2125-3500
http://www.paulinas.org.br – editora@paulinas.com.br
Telemarketing e SAC: 0800-7010081
© Pia Sociedade Filhas de São Paulo – São Paulo, 2013

A vitória tem um preço alto e triste.
A alegria total, por isso mesmo,
é patrimônio das gerações futuras.
C. Nascimento e M. Löwy

Erica, Eriane, Erinara,
Eduardo, Aline, Rafael,
Marcelo, Diego, Talia
Taise, Tiago, Tainara, Tainan
Karina
Maylise, Kelvin
Pâmela, Paloma
Alex, Karine, Cristiano
Náthali Emmy
Lucas
Augusto
Amigos de São Pedro, Força Jovem, PJs
...

Sumário

Apresentação 9

Introdução 11

Capítulo Primeiro – Referências míticas e históricas da juventude 25
    1.1 Lembranças de um passado remoto 25
    1.2 Retrospectiva histórica da juventude no Brasil, no último século 46

Capítulo Segundo – A religiosidade de jovens do Contestado 155
    2.1 Heranças religiosas do Contestado 166
    2.2 Heranças do Contestado em lideranças jovens catarinenses 178

Capítulo Terceiro – Religiosidade, utopia e protagonismo juvenil 193
    3.1 Identidade religiosa juvenil na atualidade catarinense e brasileira 204
    3.2 A força sociopolítica da religião cristã desafia os jovens 227

Capítulo Quarto – Jovens na busca de novos paradigmas 245
    4.1 A exclusão social desafia os jovens 255
    4.2 A religiosidade na educação de jovens 265
    4.3 Jovens mulheres, sexualidade e gênero 280

Conclusão 301

Referências 313

Apresentação

O pensar e o refletir "juventude" podem manifestar-se de diferentes formas: descrição de uma realidade geográfica ou social de jovens, análise de alguma pesquisa feita junto à juventude, pesquisa bibliográfica sobre juventude, desenvolvimento de algum aspecto no campo da formação de jovens, estudo histórico sobre a juventude, aprofundamento de visões de juventude, descrição da juventude de algum espaço específico, análise psicológica, cultural, antropológica etc. Tenho a honra e a alegria de apresentar *Juventude: protagonismo e religiosidade*, de Gilberto Tomazi, que, de certa forma, é tudo isso.

Sabemos que em torno da Jornada Mundial da Juventude, com o Papa Francisco, no Brasil, em julho de 2013, o tema Juventude vem sendo contemplado em inúmeras publicações. Se quisermos encontrar uma obra que reflita juventude, em sentido amplo, de forma científica e comprometida, e que vá além de uma descrição fria, temos esta obra de Gilberto Tomazi. Parte-se de uma realidade concreta para nos defrontarmos com uma reflexão que é História da Juventude, é Filosofia, é Pedagogia no trabalho com a juventude, é Sociologia e Sociologia da juventude, é Teologia e é teológico, é realismo, é esperança, é encanto e é questionamento, é retomada e lançamento de perspectivas, é descrição e é revolta, é universal e, ao mesmo tempo, bem localizada. Diria, até, que é uma espécie de enciclopédia. Nisso podem ajudar os subtítulos dos quatro capítulos.

Destacando algumas palavras que mais aparecem, a campeã é *juventude*, como não podia deixar de ser; a segunda é *Contestado*, uma região do estado de Santa Catarina, um campo de guerra no começo do século XX, conhecido de menos Brasil afora pelas mortes que houve. Gilberto já analisara a mística dessa revolta de oprimidos; agora toma a juventude nesse fato e dessa região como pano de fundo de suas reflexões. O Contestado é o ponto de partida.

Outras palavras importantes são: 1. *esperança*, com tudo que isso significa, pensando em juventude; 2. *religiosidade* e *mística*, que se apresentam, talvez sem querer, mas fruto da linha de reflexão de Gilberto, com quase o mesmo peso presencial; 3. *Protagonismo* – de modo quase evidente –, não unicamente, mas também *protagonismo juvenil*, acompanhado pela palavra *autonomia*. 4. Aparecem com ênfase, também, *utopia, revolução* e *transformação*, justificando o "um *outro mundo possível*", que parece fazer parte da esperança de Gilberto e da juventude que analisa. 5. Outras palavras evidentes para Gilberto são *Ação Católica* (história) e *Pastoral da Juventude*, um dos espaços onde o autor se movimenta em sua militância.

Entre os personagens do Contestado destacam-se João Maria, Maria Rosa e Adeodato, uns mais e outros menos tão jovens. Mas Gilberto recupera a lembrança de vários deles/as, com coragem e prudência, porque, afinal, também nesses eventos dramáticos a juventude fica sem visibilidade.

Gilberto começa com as referências históricas e míticas de jovens. Muito interessante como podemos ter contato com a história dos jovens na História refletida por alguém que pensa juventude. Se no capítulo quarto Gilberto pensa nos jovens para a busca de novos paradigmas, o capítulo anterior o autor o reserva para a religiosidade, a utopia e o protagonismo. Com Gilberto o leitor vai e volta, mas sempre com novidade. Aliás, quando ele apresentava sua tese de doutorado para ser qualificada, estávamos ante uma redação; na redação definitiva parecia estarmos diante de outra tese. É a grande capacidade do autor. Se olharmos a bibliografia que consta no final, fica evidente que Gilberto, além de olhar muito, leu muito para afirmar o que afirma. Pensando no exagero que pode parecer, *Juventude: protagonismo e religiosidade* é uma das melhores produções que temos, no Brasil, sobre juventude.

Prof. Dr. Pe. Hilário Dick, sj

Introdução

O alicerce fundamental da nossa obra é a juventude.

Ernesto Che Guevara

Esta obra procura oferecer uma contribuição para a "juventudologia" ou "ciência da juventude". Essa ciência ainda não existe. Existem, sim, diversas ciências, ou melhor, diversos pesquisadores e cientistas que, nas últimas décadas, têm oferecido elementos importantes para uma melhor compreensão de jovens e juventudes. Entre esses estudos, destacam-se os estudos históricos, sociológicos, antropológicos e psicológicos. É a partir da perspectiva sociorreligiosa, incorporando elementos históricos e antropológicos, que esta obra se desenvolve. Ao final da década de 1960, a Zahar Editores publicou, traduzida para o português, uma contribuição significativa da *Sociologia da juventude*, composta de quatro volumes, que tiveram a contribuição de diversos autores nacionais e estrangeiros, tais como Karl Mannheim, José M. Echevarria, Otávio Ianni, Jürgen Habermas, Margaret Mead, Pierre Bourdieu, Leon Trotsky, entre outros. A partir de então, considerando, incorporando ou criticando as análises apresentadas naquela obra, abriu-se o leque das publicações sobre juventude, também em outras áreas do conhecimento. Essas obras praticamente silenciam ou descartam a relevância da dimensão religiosa, e o conceito de juventude emerge de uma análise marxista, da luta de classes, de uma crítica ao modo de produção capitalista, incorporando certa defesa dos sistemas socialistas, bem como uma análise crítica das transformações socioculturais da modernidade. Aquela obra sugeria a necessidade de um estudo diferencial e plural da juventude, devido ao fato de que não é idêntica ou homogênea nos diversos sistemas sociais ou políticos, nos diferentes estágios de desenvolvimento econômico e nas diferentes camadas sociais, porque a variedade das formas desse fenômeno humano torna difícil a discussão dos problemas da juventude em âmbito internacional.

E a perspectiva religiosa?

Quanto à práxis da juventude na contemporaneidade, enquanto protagonista nas transformações sociais, considerando a perspectiva religiosa ou simbólico-cultural, pouco se tem escrito. Há capítulos de livros e artigos, mas obras completas são raras. Ao abordar a possibilidade, ainda que questionável, de uma cultura juvenil, e não apenas de um estilo de vida jovem, alguns pesquisadores, que não são muitos, consideram ou incorporaram a dimensão religiosa como um dos elementos importantes e constitutivos dessa cultura. Vale destacar obras como a *Evangelização da juventude* da CNBB – Conferência Nacional dos Bispos do Brasil, e de pesquisadores que aprofundam essa temática, tais como: Jorge Boran (1994), Hilário Dick (2003), Regina Novaes (2002; 2009), João Batista Libânio (2004), Jorge Claudio Ribeiro (2009), entre outros. Uma síntese importante da "história dos jovens", especialmente dos jovens europeus, foi publicada no Brasil em 1996 e tem como organizadores Giovanni Levi e Jean-Claude Schmitt.

Queremos desvendar heranças culturais e religiosas, incorporar mitos, aspectos históricos, religiosos, existenciais e identitários dos jovens de outras épocas e nações cuja herança se faz, de alguma forma, presente na região do Contestado.[1] Elementos de tradições africanas, europeias, asiáticas, americanas e indígenas estão conectados e se encontraram ou, ao menos, são lembrados por jovens do Contestado hoje. Na atualidade ganham destaque, por um lado, os jovens consumidores e, por outro, os que se apresentam como ressignificadores ou protagonistas de mudanças sociais. O enfoque está nesses últimos: nos jovens cuja "identidade cultural" incorpora uma utopia e uma práxis transformadora da realidade.

Por mais que a história não ganhe maior relevância, aqui não faltarão conexões entre os jovens do Contestado com os de um passado remoto,

---

[1] O termo "Contestado" remonta a meados do século XIX, quando teve início a disputa dos limites territoriais entre os estados de Santa Catarina e Paraná. Tal disputa só foi concluída em 1916, ano em que foi assinado o acordo definitivo sobre os limites entre os dois estados. Foram 48 mil quilômetros quadrados de terra disputados, que compunham o "chão Contestado"; isso significaria quase metade do atual estado catarinense, porém praticamente metade desse território é paranaense. O Contestado é considerado um dos maiores movimentos populares da história do Brasil, no qual o protagonismo juvenil foi expressivo e, até o momento, poucos espaços foram abertos para que se torne autenticamente conhecido.

tais como os da Grécia e Roma antigas, adentrando-se em outros mundos da juventude medieval, bem como fazendo referências a jovens modernos e contemporâneos, especialmente da sociedade ocidental, rebuscando-se, à moda da fênix, elementos capazes de fomentar novas reflexões, perspectivas e esperanças à juventude na atualidade. Ganharam maior campo a sociologia e a antropologia, cuja base teórica emerge de Michel de Certeau, Max Weber, Pierre Bourdieu, Clifford Geertz, e outros. Para Geertz,[2] "o homem é um animal amarrado a teias de significados que ele mesmo teceu" e a cultura, "são essas teias e a sua análise". Ao estudar a cultura, ele prioriza a dimensão simbólica e discute a partir do "outro". Segundo ele, a análise da cultura não passa por uma "ciência experimental em busca de leis, mas, sim, uma ciência em busca de significados". Ele propõe que o conhecimento da religião não seja um olhar "de fora", mas um olhar a partir de dentro da própria perspectiva religiosa, a saber: "Falar de 'perspectiva religiosa' é, por definição, falar de uma perspectiva entre outras. Uma perspectiva é um modo de ver, no sentido mais amplo de 'ver', como significando 'discernir', 'apreender', 'compreender', 'entender'. É uma forma particular de olhar a vida, uma maneira particular de construir o mundo...".

Desprezo do popular

Sabe-se que o mundo moderno é ágil na construção de "mitos" que neguem, falseiem ou destruam a memória popular e, em parte, a ciência tem sido "competente" no desprezo de tudo o que é popular e religioso. Essas reflexões são importantes, tanto no sentido de resgatar o valor das heranças culturais e religiosas da juventude quanto no de procurar compreender a atualidade das juventudes enquanto agentes ou protagonistas de transformações sociais, e em suas utopias e experiências religiosas, como referências importantes dessa sua práxis e protagonismo.

A ênfase está na educação que se busca, nos horizontes que se abrem, nas utopias que mobilizam e na mística que dá sustentação aos processos de resistência, de construção de novas identidades e busca de alternativas de vida para os jovens. Ao contrário do que sugeriu Margaret Thatcher, ao dizer que "não há alternativas", ou Fukuyama, ao falar do "fim da história", esta obra entende que o atual processo de globalização neoliberal não é um deus a ser adorado, mas, sim, um ídolo, um monstro "devorador de vítimas", excludente e opressor a ser rejeitado teoricamente e superado a partir da práxis transformadora, acolhedora, solidária e inclusiva dos jovens de hoje, em suas diferentes formas de ser, fazer, crer e viver.

---

[2] GEERTZ, C. *A interpretação das culturas*, pp. 4, 10, 13-41 e 126.

A religiosidade da juventude não será compreendida como algo fantasioso, mas como aquilo que comporta símbolos, significados e dá sentido para a vida de pessoas e de grupos; como algo que foi sendo inventado, recebido, aceito, vivido e ressignificado histórica e culturalmente. Falar de religiosidade aqui significa possibilitar uma ruptura com relação ao real, ao vivido, e uma abertura em relação ao possível, ao desejado, ao utópico. Significa focalizar a atenção naqueles que aprendem, convivem, leem, imaginam e fazem experiências místicas, num espaço considerado periférico e, em geral, até mesmo irrelevante por parte "dos centros de decisão", ou seja, das instituições científicas, políticas e até mesmo religiosas, entre outras.

Lugar para os jovens e o seu protagonismo

O ponto de partida do quadro teórico insere a seguinte questão: é possível uma sociedade e uma juventude onde caibam todos os jovens? Por mais que tenha havido tentativas nesse sentido, pode-se dizer que ainda não há nem uma sociedade nem uma juventude para todos os jovens. A sociedade permite que apenas uma parcela de sua juventude possa viver como tal e, em relação à construção teórica do conceito de juventude, não existem critérios exclusivos e suficientes para uma definição completa dela. Existem muitos constructos teóricos sobre jovens, juventude e juventudes, mas estes ainda não vieram a se constituir numa teoria geral da juventude. A biologia, o direito, a psicologia, a "religiologia" e as demais ciências, mitos e narrativas diversas oferecem contribuições para o estudo da juventude, porém ainda não estão suficientemente conectadas e articuladas em uma teoria geral. Todas podem ser consideradas insuficientes ou razoáveis. Reflexões inclusivas ou excludentes são permanentes e complementares na busca do conhecimento.

O protagonismo aqui sugerido aparece quando os jovens, individualmente ou em grupos, participam de diferentes formas e em espaços diversos, em torno ou no objetivo de promover mudanças significativas na sociedade, que venham a proporcionar não somente um acesso a direitos sociais ou a serviços deles derivados, mas também à constituição de novos direitos e políticas públicas de/para/com juventudes e demais pessoas. Dessa forma, esse protagonismo aparece como resultado da intervenção social dos jovens e das suas novas formas de integração, participação, negociação, acesso, reivindicação, representação, educação e comunicação sociais. Ele se insere em uma realidade paradoxal, na qual, ao mesmo tempo, ele se faz protagonista, mas seu poder é esvaziado em exigências técnicas e burocráticas, passando a ser tratado como objeto de políticas governamentais ou não, e, também em uma realidade de desresponsabilização do Estado em relação ao empobrecimento e exclusão social de uma parcela significativa da população da qual a juventude, e especialmente jovens negros, índios e pardos, são a parte mais prejudicada, pois se apresenta mais vulnerável aos problemas do desemprego, das drogas, dos diversos problemas relacionados à sexualidade e das diferentes formas de violência. Sendo assim, semelhante à luta cabocla do Contestado, também esse protagonismo, aqui abordado, carrega em seu bojo um elevado grau de protesto ou de rebeldia e uma crença de que as mudanças sociais sonhadas também são possíveis.

É em meio a um amplo emaranhado de conflitos, diálogos, agrupamentos e participações sociais que jovens se percebem atores sociais e protagonistas, também, de uma nova sociedade que, por sua vez, significa a continuidade dessa mesma sociedade, antecipando-lhe, porém, o futuro possível e sonhado. Tal protagonismo que visa a construir uma nova sociedade não segue um único caminho, não se ocupa de uma única perspectiva ideológica, não tem em vista uma forma de organização centralizada, não tem um projeto consolidado e detalhadamente planejado; comporta a dimensão religiosa, mas não uma espécie de messianismo juvenil; a valorização da juventude e a exaltação de suas capacidades fazem com que ela deixe de ser um "problema" e a tornam "solução", porém, isso não significa que a tornam um deus; as mudanças que ela oferece, em muitos casos, podem passar despercebidas: são lentas, ambíguas, virtuais, pouco planejadas e sistematizadas. Geralmente, ela não acontece de forma polarizada com as resistências que se estabelecem contra ela. A guerra não se faz evidente e os inimigos podem passar despercebidos. Mesmo sozinho e desempoderado, o jovem exerce certo protagonismo, porém é nos grupos que acontece a integração social e um processo de socialização maior, de superação do individualismo e de operacionalização, aprendizagem e exercício do poder. Nesse sentido, o protagonismo incorpora, também, elementos da tradição, da história. Vale lembrar Karl Marx, para o qual uma reflexão sobre protagonismo comportaria certa limitação. Ele diz que "os homens fazem sua própria história, mas não a fazem como querem; não a fazem sob circunstâncias de sua escolha e, sim, com aquelas que se defrontam diretamente ligadas e transmitidas pelo passado".[3]

Ao tratar do protagonismo juvenil, parte-se do pressuposto de que, semelhante à época da Guerra do Contestado, sempre houve uma insatisfação ampla das pessoas e, especialmente, dos mais pobres e de uma parcela significativa da juventude, em relação à realidade do mundo vigente. Esse

---

[3] MARX, K. *O Dezoito Brumário de Luiz Bonaparte*, p. 203.

fato só não seria possível de comprovar em sociedades onde não houvesse pobreza. Na atualidade, essa insatisfação vem acompanhada de uma descrença nas formas de política e no sistema econômico estabelecidos como solução para os problemas sociais, bem como de uma crença de que os jovens não são apáticos e alienados, mas, sim, capazes de procurar não apenas contribuir nos processos de solução dos problemas sociais, como também de "combater/lutar na primeira fila, ocupando o primeiro/principal lugar", como sugere o termo grego (*prōtagōnistēs*) em sua etimologia. O protagonismo propõe que há um espaço ou um cenário público onde acontecem disputas ou jogos, semelhantes a uma guerra, e, também, uma nova forma de fazer política, que aglutina um número relativamente significativo de jovens tidos por novos atores sociais.

A influência de vários paradigmas

Ao tratar de resistência e protagonismo juvenil, esta pesquisa percebe a presença, o cruzamento e a influência de vários paradigmas. Dentre eles, destacam-se, principalmente a partir da Europa, o marxista que se centra no estudo dos processos históricos e globais, nas contradições existentes e na luta de classes, e o paradigma dos novos movimentos sociais, cujo interesse volta-se mais para elementos conjunturais, locais, nos microprocessos da vida cotidiana, onde se observa a prática política dos novos atores sociais. Paralelamente, porém, procurando suplantar esses dois, emergem outros dois paradigmas situados predominantemente nas Américas. Mais ao norte, aparece o paradigma que dá maior ênfase ao processo político das mobilizações e às bases culturais que lhes dão sustentação; e, mais ao sul da América, aparece outro paradigma mais centrado no estudo dos movimentos sociais libertários ou emancipatórios (afro-americanos, indígenas, mulheres…), nas lutas populares e nas comunidades eclesiais de base – CEBs. Ao que parece, está acontecendo na atualidade certa ruptura e, até mesmo, negação do primeiro paradigma pelos demais. A análise cultural vem suplantando a da economia política, e os movimentos culturais se tornaram mais importantes que os de classes. Se não fossem as insistentes reformas do assim chamado "neo" marxismo, aquele mais tradicional teria perdido a sua relevância, especialmente no mundo da intelectualidade pós-moderna. A fábrica, o sindicato e o partido político já não são os locais ou espaços exclusivos da luta de classes, das mudanças sociais. Na atualidade crescem as parcerias entre diferentes entidades da sociedade civil, em não poucos casos coordenadas por lideranças ou grupos ligados a uma comunidade religiosa, na busca de objetivos mais pontuais e de mudanças sociais mais amplas.

Considerações sobre sociedade, cultura, arte e religião parecem ganhar mais espaços, entre os jovens na atualidade, que os da política e da economia. A esquerda política superou a política tradicional conservadora, porém, ao assumir o poder, ela se apresenta aos jovens como conservadora e desinteressante. Os textos de Marx e dos marxistas ortodoxos se tornaram insuficientes e, possivelmente, ganhavam maior reconhecimento antes de serem confrontados com o cotidiano da vida, e este, ao ser considerado, foi forçado a abrir-se para novas realidades e também para novas teorias, tais como as que contemplam as questões de gênero, de etnias, de religiões, crenças e religiosidades, de comunidades, tribos e grupos diversos, da linguagem, de signos, sinais, sonhos e do corpo, entre outras.

Costumes, tradições, culturas, localizações e religiosidades de jovens se juntam numa complexa dinâmica de construção histórica. Por mais que alguns insistam mais no protagonismo juvenil, não se pode negar que os jovens são, além de sujeitos da história, também resultado de todo um processo de desenvolvimento sociocultural e histórico, no qual eles interagem, modificando-o e sendo modificados por ele. É nesse sentido que Mario Sandoval com propriedade sugere que

> é um erro pensar que somente há algumas décadas os jovens protagonizaram uma certa autoria social; afirmá-lo é desconhecer a história e não compreender a continuidade nos comportamentos juvenis de todas as épocas, entrelaçados a seu contexto cultural, econômico e político. Por isso é necessário dar-nos conta do fenômeno juvenil a partir do ponto de vista histórico, contextualizando suas condutas individuais e coletivas no período analisado.[4]

Mística, experiência fundante

Michel de Certeau estudou a mística, observando sua presença nos séculos XVI e XVII, definindo-a como a procura de uma linguagem dialogal do "eu" para o "tu" dentro de um mundo repleto de discursos autoritários e, como uma aprendizagem na arte de escutar o "outro" num mundo que só quer falar, convencer e doutrinar. Para ele, "a mística não visa constituir um conjunto particular de enunciados articulados segundo os critérios de uma verdade […], mas procura falar a linguagem comum, a que todos falam, não a linguagem técnica das disciplinas". Daí se pode deduzir o caráter popular e, até mesmo, subversivo da mística, pois ela se apresenta numa espécie de polarização ou oposição em relação à linguagem do poder de dominação e manipulação vigentes numa dada sociedade. É

---

[4] Apud DICK, H. *Gritos silenciados, mas evidentes*, p. 51.

nessa mesma perspectiva que se pode afirmar que há uma sabedoria popular, onde os pobres, os excluídos ou os "últimos" educam os ricos, os incluídos ou os "primeiros".

Dentro da dimensão mística, a religiosidade e a utopia aparecem como referências da busca de novos sentidos e novos paradigmas da juventude na atualidade. Há uma motivação profunda que hoje move os jovens descendentes do Contestado e dinamiza sua ação na busca de uma vida melhor. Há uma mística que sustenta a esperança e fortalece a luta e a organização popular de muitas pessoas, grupos e comunidades do Contestado. Essa mística recebe muitas influências provindas do mundo da economia, da política, de diversas tradições culturais e religiosas, das ideologias ou concepções de mundo, entre outros aspectos. A partir de dentro dessa complexa trama da vida, tecida sob a influência de muitos fatores que, num processo de bricolagem, vão deixando emergir a mística, que é o seu sentido, uma abertura para o novo possível, o realizável e o utópico.

Para Weber, todas as pessoas têm em comum, na base, uma concepção da religião como depositária de fundamentais significados culturais, pelos quais somos capazes de interpretar a própria condição de vida, construir uma identidade e dominar o próprio ambiente. Portanto, o estudo da religiosidade é, na sua sociologia, essencial para a compreensão das distintas formas de vida social, assim como de sua evolução. O que está no centro da sociologia religiosa de Weber é o estudo das consequências práticas da religiosidade para a conduta social. Para Weber, a realidade, por definição, é infinita; é impossível um conhecimento total da realidade. A realidade é um conjunto infinito e indeterminado. Não é possível conhecê-la de forma absoluta e, sim, apenas parte dela. Max Weber colocou a questão da religião como uma referência básica e importante para explicar as estruturas e os processos que asseguravam a ordem e o controle das sociedades humanas. Ele compreendeu que a "influência de ideias religiosas sobre a cultura material está, realmente, acima de qualquer dúvida". Hervieu-Léger ampliou essa concepção sugerindo que o religioso não se define apenas enquanto "objeto social", mas é uma dimensão transversal do fenômeno humano, que trabalha de modo ativo ou latente, explícito ou implícito, em toda a espessura da realidade social, cultural e psicológica, segundo modalidades próprias a cada uma das civilizações.

Também os mitos não deixam de gerar um determinado comportamento humano e sugerem um sentido para a vida humana e para o mundo. Eles, geralmente, se situam entre a vida e a morte, entre o sentido e o caos, entre a origem e o fim; eles evocam paraísos perdidos e possíveis paraísos futuros. Sendo assim, alguns mitos serão considerados no decorrer desta obra, também porque é sabido que, tanto em relação ao Contestado quanto em relação a "qualquer discurso sobre juventude, deve-se ter a consciência da mitologia que o suscita e ameaça".[5]

Conectada à experiência religiosa, tratar-se-á, também, da dimensão mística. Mesmo não sendo possível compreender a mística por si mesma, devido a seu aspecto irracional, ela tem sua relevância devido ao fato de que acontece dentro de uma realidade específica e com pessoas concretas. Ela vem a ser uma espécie de experiência "fundante" que vai sofrendo alterações e ganha novos significados, dependendo do "contorno social" onde ela é vivida. A mística acontece dentro de um processo histórico e cultural e, sendo assim, vários outros fatores influenciam e são influenciados por ela. Tal como se pode perceber no início do segundo capítulo, os místicos do Contestado não "fugiram do mundo", mas a partir de dentro do seu próprio mundo, um mundo real e mítico, um mundo de sofrimentos e de sonhos, tornaram-se "militantes", e essa militância não foi tão somente uma militância política. Foi mais do que isso; foi uma mística-militante. Foi a partir e por meio de uma profunda experiência religiosa que milhares de caboclos, entre outros, aderiram aos redutos e entraram na irmandade do Contestado. A mística foi, para eles, o motor secreto, o entusiasmo que os animou, o fogo interior que os alentou na monotonia das tarefas cotidianas e permitiu que mantivessem certa dose de soberania e serenidade, mesmo nos equívocos e fracassos, preferindo aceitar com honra as derrotas antes de buscar vergonhosamente a vitória. Derrotados, os descendentes do Contestado experimentaram, por longos anos, a mística do silêncio ou, usando uma frase de José Martí, do "fechar os olhos para ver melhor".

Aperitivo de estudos sobre juventude

Oferecemos uma interface da juventude, um caminho de acesso a jovens. As heranças culturais e religiosas de jovens aqui apresentadas se constituem em elementos que dão certa visibilidade à realidade, à história e aos mitos sobre jovens. A interface aqui apresentada é parte de uma realidade muito mais ampla e complexa, escondida atrás das palavras, porém essas palavras abrem caminhos para que essa realidade possa ser, progressivamente, encontrada por pessoas que assim o desejarem. Logo, esta obra é uma ferramenta dentro de um vasto sistema de informações sobre jovens. O objeto final resultante do uso dessa ferramenta é relativo, depende de como for utilizada, mas, ao que tudo indica, é uma contribuição relevante

---

[5] LAURENTIN, R. *É possível definir a juventude?*, p. 23 [497].

na busca de compreensão da juventude, na atualidade, especialmente no que tange aos seus aspectos culturais e religiosos, desde as suas mais diversas heranças históricas e míticas. Diversas experiências e narrativas de e sobre jovens, selecionadas desde uma ampla revisão bibliográfica, aqui encontram eco e passam a ganhar maior reconhecimento. Diversas experiências, pesquisas e iniciativas são, de alguma forma, interconectadas, a fim de poderem oferecer como resultado ou como interface esta obra. Ela procura oferecer subsídios de interação e de comunicação entre diferentes jovens ou grupos de jovens da atualidade, conectando-os, de alguma forma, a experiências vividas por jovens no passado, abrindo assim perspectivas ou, ao menos, esperanças de edificação de um futuro melhor. Muitos outros elementos, para além dos caracteres ou dos textos, poderiam ser incorporados nessa interface, porém o objetivo maior não está em apresentar uma boa imagem nem em dar uma visibilidade completa e resumida de tudo aquilo que se passa nos mundos das juventudes, mas, sim, partindo da experiência religiosa vivida por jovens na Guerra do Contestado, abrir janelas, apontar atalhos, destacar quadros de diálogo, apresentar fontes, colocar setas que indiquem subsistemas ou subprogramas, mapear acessórios e outros recursos necessários para quem queira ampliar seus conhecimentos e qualificar sua práxis junto a jovens.

O tema juventude é bastante controverso e pouca ciência tem sido feita em torno dele até o momento, mas, para melhor compreendê-lo e para saber mais sobre a juventude no Brasil, serão oportunas as considerações socioculturais e pastorais, em tempos de pós-modernidade, de João Batista Libânio, na perspectiva histórico-teológica de Hilário Dick, nas investigações histórico-sociológicas e culturais de José Machado Pais, entre outros. Recentemente, depois de uma ampla pesquisa nacional, duas obras importantes para a compreensão da juventude na contemporaneidade foram publicadas, tendo a colaboração de diversos autores. Essas obras pouco tratam da dimensão simbólica e religiosa, mas, de qualquer forma, não deixam de ser referências importantes ao estudo da juventude. Uma tem como título *Retratos da juventude brasileira* e tem como organizadores Helena W. Abramo e Pedro Paulo Branco; a outra tem como título *Juventude e sociedade: trabalho, educação, cultura e participação*, organizada por Paulo Vannuchi e Regina Novaes.

Não apresentamos uma opção excludente entre juventude e jovens. São dois conceitos que se somam, pois o primeiro se refere mais a uma fase da vida ou a um ciclo de vida que se define pela cultura e conforme uma determinada estruturação social e que tem um sentido mais abstrato e generalizado; enquanto o segundo se refere mais a uma parcela específica da juventude, tida como sujeito social concreto, capaz de estabelecer relações entre si e com outros processos históricos, institucionais ou conjunturais. Juventude e jovens não fazem parte de dois polos opostos e, sim, ambíguos, dinâmicos, excludentes e complementares.

Por mais que os limites etários possam ser considerados arbitrários devido à possível incongruência que existe entre esse critério e o da idade social, a delimitação da faixa etária tem sido um dos critérios usados para definir a "juventude". Geralmente, esse conceito está mais presente nas pesquisas promovidas por instituições nacionais e internacionais de contagem populacional. Na atualidade, há um consenso bastante generalizado com relação à idade dos 20 aos 24 anos como sendo uma espécie de "núcleo comum" da juventude. Porém, por um lado, tanto para baixo quanto para cima dessa faixa etária, a elasticidade varia entre 5 e 10 anos, conforme a nação ou a instituição; e, por outro, mesmo dentro dessa faixa etária ou antes dela, tal como acontece no meio rural brasileiro, caso a pessoa esteja casada ou tenha filhos, ela passa a ser vista como adulta. A instituição *Population Reference Bureau,* dos Estados Unidos, publicou em 2001 um opúsculo intitulado *La juventud del mundo 2000,* no qual os jovens são aqueles indivíduos que se encontram entre 10 e 24 anos. A Organização das Nações Unidas para a Educação, Ciência e Cultura (Unesco) e o Instituto Brasileiro de Geografia e Estatística (IBGE) consideram que são jovens as pessoas entre 15 e 24 anos de idade. Quando se trata de políticas direcionadas, como é caso da Organización de las Naciones Unidas para la Agricultura y la Alimentación, para programas de desenvolvimento da juventude rural, a idade da juventude varia entre 10 e 25. Em alguns países europeus, a faixa etária da juventude compreende as pessoas entre 15 e 29 anos, especialmente por conta da dificuldade de inserção destes no mercado de trabalho formal, após a conclusão de sua escolarização.

É também bastante comum considerar a fase juvenil como aquela que se caracteriza por uma gradual transição até a assunção plena dos papéis adultos em todas as sociedades, tanto rurais como urbanas. Nesse entendimento, num viés psicológico, tal como afirma Gérard Lutte[6] "são as mudanças psíquicas as que permitem dar-se conta de que se entra em uma nova época de vida". Nesse sentido, geralmente, entende-se que a juventude dura desde o término da puberdade até a constituição do casal e de um lar autônomo. Para muitas culturas, o casamento, com rituais ou

---

[6] Cf. LUTTE, G. *Liberar la adolescencia*, p. 19.

sem eles, é o momento determinante da passagem da vida juvenil (ou da infância) para a vida adulta. Olivier Galland, procurando situar historicamente a juventude popular, percebeu que, entre as duas guerras mundiais, na primeira metade do século XX, ela podia ser definida com base em três características: o jovem não vai mais à escola, trabalha, mas continua vivendo com seus pais e não é casado. Além dessas características, ele percebeu, também, que a entrada para o serviço militar geralmente significava, para o jovem, o abandono da família, para depois dessa "espécie de ritual de transição" junto ao serviço militar o jovem se sentir apto para se casar e entrar para a vida adulta.[7]

Marília Sposito[8] entende que essa ideia de transitoriedade (entre a heteronomia da infância e a autonomia da vida adulta), cuja duração e características variam através do tempo e em diferentes sociedades, é um conceito importante da juventude. O entendimento que coloca os jovens, enquanto "subordinados" aos adultos, devido à noção de estarem participando de uma fase de instabilidade, turbulência e crises, parece insustentável dentro das condições de vida contemporâneas, já que essas características estão presentes em qualquer fase da vida, dependendo da situação social, familiar, laboral, profissional e educacional, entre outras, nas quais as pessoas se encontram.

Praticamente, não há consensos; não há uma teoria, logo, poder-se-ia afirmar como Pierre Bourdieu que juventude é apenas uma palavra, porém o fato de existirem muitas pesquisas e obras cujo objeto central são jovens ou é a juventude, isso faz com que essa palavra não se reduza a si mesma, mas participe de um amplo leque de considerações e interpretações, sendo incorporada a boa parte das experiências humanas, religiosas, culturais e sociais. O próprio Bourdieu[9] chama a atenção para o olhar valorativo da "cultura adulta" que tende a considerar os jovens, em algumas situações, como infantis e, em outras, exigir deles atitudes de adulto. Desse ponto de vista os jovens são "meio criança, meio adulto; nem criança nem adulto". Para Bourdieu, há uma indissociabilidade na relação entre idade biológica e idade social, sendo que "a juventude e a velhice não são dadas, mas construídas socialmente na luta entre jovens e velhos". Todavia,

---

[7] Essa mesma análise pode também ser verificada, especialmente, em se tratando dos jovens do meio rural europeu de meados do século passado, em GUIGOU, J. Problemas de uma sociologia da juventude rural. In: BRITTO, S. (Org.). *Sociologia da Juventude II*, p. 81.

[8] Cf. SPOSITO, M. *Estudos sobre a juventude em educação*, p. 38.

[9] Cf. BOURDIEU, P. *Questões de sociologia*, pp. 65; 112-121.

de Bourdieu, pode-se considerar, também o conceito de *habitus*, como "um sistema de disposições duráveis e transponíveis que, integrando todas as experiências passadas, funciona a cada momento como uma matriz de percepções, de apreciações e de ações – e torna possível a realização de tarefas infinitamente diferenciadas, graças às transferências analógicas de esquemas". Dessa maneira, é possível dar sustentação à possibilidade de interpretações diversas de juventude, segundo as sociedades e suas respectivas culturas. Somam-se a isso as distinções de idade, gênero e classe, bem como os diferentes momentos históricos e a geopolítica. As infinitas experiências passadas da juventude podem, ainda, não se constituir em certo denominador conceitual comum, porém, voltar-lhes um olhar, mesmo que seja apenas para uma pequena parcela deles, é um ponto de partida para uma maior compreensão da juventude na atualidade.

Adolescentes, jovens e a sociedade complexa

Vale lembrar que, em torno da categoria juventude, muito mais que questões relacionadas a uma determinada faixa etária, deve-se levar em consideração a heterogênea realidade das sociedades complexas, nas quais a juventude aparece como uma construção histórica, social e cultural, com fronteiras institucionais e jurídicas móveis através do tempo e do espaço. Ela é tecida num processo dinâmico e de mutação permanente. O movimento é sua marca e a inovação, o seu signo (Diógenes, 1998). A juventude é, por natureza, fugidia e impregnada de simbolismos, potencialidades e fragilidades, carregada de inexplicáveis ambiguidades.

Enfim, não seguimos o pensamento cartesiano como dogma, no sentido que cada palavra tem que ser clara e distinta e que cada coisa deve ocupar e não ultrapassar o seu devido lugar, entrando no campo alheio. Nem tudo aqui poderá ser devidamente comprovado, até porque se deseja entrar, também, no campo da utopia, da esperança e, também, não são os conceitos ou as leis que estão em primeiro lugar, mas a vida daqueles que esses constructos teóricos contemplam. Sendo assim, adolescentes e jovens, elementos míticos e históricos, imaginação e realidade podem-se confundir em certos momentos desse trabalho, e essa confluência de elementos é permitida pelo fato de que não há uma teoria pronta, imutável, a respeito dessas categorias. Tanto que, como exemplo, se pode citar Edgar Morin,[10] que, em relação à adolescência, afirma: "trata-se de um período particular da vida humana que pode alongar-se ou abreviar-se, conforme os indivíduos, as classes sociais e as condições políticas e sociais".

---

[10] Apud FURTER, P. *Juventude e tempo presente*, p. 235.

Por mais que possam ser estabelecidas distinções importantes entre a adolescência e a juventude, é sabido que, na sociedade moderna e pós-moderna, a confusão é grande, ao ponto de se discutir sobre a redução da idade penal, alegando-se que os adolescentes se comportam como adultos na prática do crime. Outra dificuldade aparece nas autodefinições das pessoas. Praticamente todos os adolescentes desejam ou se apresentam como jovens e os adultos se orgulham de serem considerados jovens por outras pessoas.[11] Este trabalho não visa refletir sobre tais distinções, até porque se trata não de um estudo de natureza psicológica ou biossomática, mas, sim, de uma abordagem sociocultural e religiosa da juventude, possibilitando uma maior elasticidade conceitual, inclusive incorporando, em certos momentos, a adolescência como sinônimo de juventude.

O tema juventude tem ganhado muito espaço nos últimos anos. O início desse período de maior interesse pela juventude foi em 1985, com o "Ano Internacional da Juventude", criado pela Organização das Nações Unidas (ONU) e reforçado, uma década depois, com o Programa de Ação Mundial para Jovens (PAMJ), em 1995. A partir disso, a temática da juventude ganhou mais expressão na mídia, nas universidades e nas organizações sociais e populares. A previsão de aumento da população juvenil na América Latina, no final do século passado, foi outro elemento importante nesse cenário. O crescimento populacional e a ascensão da juventude como ator social e político foi gerando esse grande volume de reflexões sobre juventude que presenciamos atualmente. Logicamente que, tanto do Ano Internacional quanto de tantos outros programas nacionais ou internacionais para a juventude, emergem perguntas, cujas respostas haverão de ser encontradas no decorrer destas reflexões: será que tais iniciativas trazem um maior envolvimento dos jovens em seu próprio futuro e uma concomitante mudança de política por parte dos governos em relação à juventude? Será que a perspectiva religiosa tem sido uma dimensão importante para os jovens no seu protagonismo e busca de um outro mundo possível?

---

[11] Cf. Dick, H. *Gritos silenciados, mas evidentes*, p. 16.

CAPÍTULO PRIMEIRO

Referências míticas e históricas da juventude

A história é, portanto, possibilidade permanentemente aberta. A vida humana só tem significado na medida em que esteja voltada para algo infinito.
Michael Löwy

1.1 Lembranças de um passado remoto

Devem-se buscar nos vestígios as ressonâncias de um tempo que vai além da efemeridade do presente.
Castro e Correa

Lembranças da Grécia Antiga

Ao procurar conhecer a juventude na Grécia antiga, são encontrados escritos filosóficos como os de Hesíodo (720 a.C.) e os de Sócrates (470-399 a.C.). O primeiro afirma: "não tenho nenhuma esperança para o futuro de nosso País, se a juventude de hoje lhe assumir o comando de amanhã, porque essa juventude é insuportável, sem compostura, simplesmente terrível". E o segundo define a juventude de sua época assim: "nossa juventude [...] é mal educada, zomba da autoridade e não tem nenhuma espécie de respeito para com os mais velhos". Aos 71 anos, Sócrates foi condenado à morte, acusado, entre outras coisas, de ateísmo e de corromper os jovens com seus ensinamentos. Meleto, um dos acusadores, havia argumentado que "[...] Sócrates é culpado do crime de não reconhecer os deuses reconhecidos pelo Estado e de introduzir divindades novas; ele é ainda culpado de corromper a juventude. Castigo pedido: a morte".[1]

Pode-se afirmar que em qualquer sociedade humana os jovens se singularizam como um grupo específico, sujeito a comportamentos diversos dos demais seres humanos. Fundamentado em Aristóteles e Platão, o período helenístico tinha uma preocupação fundamental em relação à educação dos jovens: que fosse capaz de torná-lo um homem culto, um militar virtuoso e um cidadão responsável e preparado para exercer uma profissão, tal como a da carpintaria, a da caça ou a da guerra, entre outras. Era preciso educar os jovens para a sociabilidade, para uma vida social bem regulada, para viver na cidade e na civilidade. Entre os Cretenses e os Espartanos, emergiram instituições educativas cujo objetivo central era treinar os jovens para a competição e para a guerra. O trabalho em equipe e o companheirismo, não somente entre os jovens, mas também entre os mais velhos, passam por rituais de consagração e reconhecimento. A beleza e a valentia físicas, bem como a harmonia do espírito e a conquista do julgamento de ser digno de ser amado, tanto por uma mulher quanto por um homem mais velho, eram tidas como os maiores bens que um jovem poderia almejar. Essa educação era oferecida para uma pequena parcela da população jovem, *os escolhidos ou os iniciados,* na grande maioria homens que habitavam a *polis* e eram treinados para defender os privilégios dela que, por sua vez, eram financiados com os recursos públicos, provindos fundamentalmente do trabalho escravo.

Platão e outros filósofos da sua época explicavam a crise da cidade e propunham uma cidade futura ou ideal, tendo os grupos juvenis como referência central. Por mais que eles significassem o futuro da sociedade, no tempo presente, cabia-lhes obedecer e fazer o que os mais velhos (magistrados ou mestres) ensinavam, decidiam ou prescreviam. Segundo Platão, o tempo da juventude é o tempo das aprendizagens, da emulação, dos concursos, do conhecimento do território, dos exercícios físicos. Corrida, pugilato, luta, ou seja, as diferentes formas de atletismo, faziam parte, tanto como a caça ou, mais ainda que ela, as ocupações privilegiadas dos jovens, as quais sinalizavam uma distinção social dos jovens, demarcando uma idade de esplendor, de busca de perfeição física e de afirmação pessoal ou chamada de atenção. Os jovens escravos e os camponeses, que não habitavam a cidade, além de serem obrigados a servir aos seus amos ou senhores, possivelmente se ocupavam com outros interesses, valores e práticas que

---

[1] Cf. LIBANIO, J. B. *Jovens em tempos de pós-modernidade*, p. 33.

não eram tidos por relevantes e, por isso, tampouco eram registrados para a posteridade.[2]

Dos mitos antigos aos fatos atuais

Os mitos antigos e os fatos atuais podem incorporar elementos comuns. Há quem afirme que os mitos ganham realidade e que muitos fatos atuais são mistificados. Tanto os seres humanos da antiguidade como os contemporâneos parecem preferir o mito à história, mesmo que afirmem o contrário. Talvez a realidade histórica, nua e crua, lhe escape das mãos, em parte devido a sua provisoriedade, em parte devido à dificuldade de aceitá-la tal como ela é, e pelo desejo de que ela fosse diferente. O idealismo utópico tende a se sobrepor e, até mesmo, a rejeitar o realismo; todavia, o cotidiano é amarrado por uma infinidade de fatores míticos, históricos e científicos que se entrecruzam, dando elementos para que os jovens construam e reconstruam suas utopias e sua base de compreensão própria e entendimento social. Os jovens são levados a um leque amplo de socialização das experiências a partir das quais constroem valores e dão sentido à própria vida. No cotidiano, a vida se apresenta como parte de um tecido ou de uma rede de comportamentos, valores, experiências, sonhos, normas, conhecimentos e práticas diversas.

É conhecido um mito relatado por Theodor Koch-Grunberg, conservado pela cultura ocidental, mas herdado dos índios Yahuna, do nordeste brasileiro, que fala de um jovem chamado Milomaki:

> Hace ya muchos años que llegó de la gran casa de agua al país del sol un muchacho que cantaba tan bien que los hombres se reunían a su alrededor para escucharle. Se llamaba Milomaki. Pero cuando hombres que le habían escuchado volvían a su casa y comían pescado, se morían. Con los años Milomaki se hizo hombre, pero había causado la muerte de muchas personas y constituía un peligro. Todos juntos, los parientes de sus víctimas se apoderaron de él y lo quemaron en una gran hoguera. En medio de las llamas Milomaki cantaba de forma maravillosa y finalmente murió. De sus cenizas brotó la palmera Paschiuba, cuya madera sirve para cortar las grandes flautas que producen los cantos de Milomaki. Se tocan esas flautas cuando los frutos de la palmera están maduros y se baila en honor de Milomaki. Es él el que regaló esas cosas a la comunidad.[3]

---

[2] Cf. LEVI, G.; SCHMITT, J.-C. *História dos jovens* (v. 1), pp. 30; 41-46.

[3] Citado por GIRARD, R. *El misterio de nuestro mundo*, p. 126.

Haveria, nesse mito, um fato histórico semelhante ao que aconteceu com o estudante Edson Luiz, morto por policiais no Rio de Janeiro, quando protestava contra a má qualidade da comida, em frente ao restaurante estudantil do Calabouço, em 28 de maio de 1968? Talvez seja o protagonismo de ambos, cujo empoderamento se faz maior com sua morte trágica e cruel. Das cinzas do primeiro nasce a Paschiuba com seus frutos e flautas em favor da comunidade; o corpo do segundo, velado na Assembleia Legislativa, faz, no dia seguinte, parar o Rio de Janeiro e o seu enterro traz presente cerca de cem mil pessoas, agora, sobremaneira interessadas em derrubar o regime militar e acabar com suas diferentes formas de violência. E o que poderia haver de semelhante entre Milomaki e Adeodato, do Contestado? Ambos eram músicos, bons cantores e foram considerados culpados pela morte de muitos dos que deles se aproximaram e, por isso, foram mortos como vítimas propiciatórias. Mais tarde, porém, são percebidos os frutos que emergem desses personagens.

Ao segundo Congresso Latino-Americano de Jovens, acontecido em 1998, no Chile, o Papa João Paulo II, nas Conclusões do II Congresso Latino-Americano de Jovens, enviou uma mensagem na qual convocava os jovens ao protagonismo, seja este perigoso ou não, como o de Milomaki e Adeodato: "a vocês, jovens americanos, o Papa os convida a serem protagonistas da história do terceiro milênio". Com certeza, esse chamado ao protagonismo deve ter motivado um significativo número de jovens a procurar compreender essa temática. Acreditar ou apostar na religiosidade e no protagonismo juvenil, a princípio, implica pelo menos quatro considerações: primeiro, que os jovens ainda não são protagonistas, mas podem vir a sê-lo; segundo, que, ao ser exercido esse protagonismo, seja também sustentado, promovido e reconhecido, ao menos por aqueles que nele apostaram; terceiro, que ele se faz necessário tendo em vista que certas realidades ou situações precisam mudar e dependem dele; e, quarto, que a religiosidade pode ser uma elemento fundamental na busca do protagonismo juvenil.

1.1.1 Outrora se falava de uma juventude corrompida

Dentre as ruínas da Babilônia, encontra-se um jarro que data do ano de 3000 a.C., no qual existe uma definição da juventude: "Esta juventude está corrompida até o mais profundo do seu coração. Os jovens são malfeitores e preguiçosos. Não serão nunca como a juventude de antigamente. Os de hoje não serão capazes de manter nossa cultura".[4] Todavia,

---

4 Cf. PETITCLERC, J. M. *Dire Dieu aux jeunes*, p. 75.

se, por um lado, contra a juventude de outrora se estabeleciam leis, regras e normas, impunham-se castigos e repreensões, por outro, tal como lembra Thor (mito da cultura grega), as maiores batalhas, geralmente, têm sido travadas contra Elli (a velhice). A luta contra a velhice e a morte deve ter sido uma iniciativa de muitos reis, líderes religiosos, chefes tribais, aventureiros e/ou pessoas sem grande reconhecimento social, de todos os tempos. Deuses foram instituídos e outros foram invocados para auxiliar nessa luta humana. Possivelmente, em todos os povos primevos, nos seus mitos, aparecem as lutas e os desejos de vencer a morte, de enganar a velhice, de procurar não se aproximar delas, tornar-se imortais e permanecer sempre jovens. Os desejos de velhice e de morte raramente aparecem nos mitos e histórias das diferentes culturas. Por maior reconhecimento e vitórias que um jovem guerreiro tenha conquistado, diante do poder da morte, ele sempre acaba por ceder e, por mais que lute, em última instância, ele acaba por admitir a derrota.

A velhice vence a juventude e a morte vence a vida?

Segundo Drakenberg,[5] "em Roma, tinham curso as mais estranhas panaceias oriundas do Oriente, para o rejuvenescimento. A mulher de Nero, Pompeia, tomava banho de leite de burra para conservar sua mocidade". Esse mesmo autor lembra que os Alquimistas árabes e, depois, também os europeus tinham basicamente dois objetivos: "a posse de grandes riquezas, que deviam dar-lhes o poder e o domínio, e a mocidade perpétua, cercada de todos os prazeres e de esperanças de uma vida sem limites", ou seja, procuravam riqueza e mocidade. Além do ouro, buscavam descobrir um remédio universal que lhes daria os prazeres, o elixir da longa vida, que perpetuaria a existência, conservando a saúde e a eterna mocidade.

Por mais que haja certa continuidade nos comportamentos sociais e juvenis no decorrer da história, ao analisar o fenômeno juvenil, não se pode almejar alcançar uma concepção homogênea ou uniforme da juventude, porque tanto a história como as culturas são ambíguas e dinâmicas, não são estáticas ou imóveis e as suas análises também são sempre plurais.

O ser humano tem criado muitos mecanismos para sugerir às novas gerações a importância de lutar e, até mesmo, guerrear pela vida, e que a morte, mesmo quando tida por natural, não é o fim e, sim, um momento de passagem e de transformação. Diversas culturas entendem que os antepassados, os ancestrais ou mesmo as divindades podem, de alguma forma, vir ou voltar ao mundo e, inclusive, interferir nos seus rumos. Vagando

---

[5] Cf. DRAKENBERG, J. *À procura da juventude eterna*, pp. 5-25.

na forma de alma penada, incorporando, reencarnando ou ressuscitando, após a morte, a vida, o espírito ou a alma permanecem ou são retomados numa outra dimensão. A guerra e o guerreiro têm sido interpretados como capazes de conquistar a juventude eterna. Não foram poucos os jovens que, no decorrer da história, optaram por participar de guerras com essa esperança. Passando pela morte honrosa em uma guerra, o jovem herdaria a jovialidade eterna, e assim não envelheceria jamais. Nesse sentido, a morte seria capaz de congelar, "duplicar" e alargar ao infinito o último período de vida do jovem guerreiro.

Mais do que nunca, como afirma José M. Echevarria,[6] na sociedade moderna, a velhice constitui "um campo problemático talvez muito mais grave que o da juventude", porém é possível que todos os seres humanos, de todas as culturas e povos, tenham-se deparado com os problemas da velhice e da morte. Não foram poucas as tentativas de superar a natureza humana, que tende para a morte e que procura a plenitude, a percorrer propostas e mitos que levariam o ser humano a uma eterna juventude. O problema da busca da eterna juventude é que essa busca incorpora a ideia de plenitude e esquece a incompletude e a transitoriedade da vida humana, em qualquer uma de suas fases. Por isso, o enfraquecimento lento e progressivo da energia vital, das energias da mocidade, em raros casos na história humana, tem sido visto com bons olhos. A falta de "juventude" tem levado muitos seres humanos a perder o ânimo ou o próprio interesse em viver. A busca de fontes da juventude é uma constante na história da humanidade. Diversos mitos antigos falam em "fontes de juventude". Banhos de leite e sangue, alquimia, sepultamento de pessoas vivas, cursos de rejuvenescimento, receitas médicas, infalíveis tônicos, transfusão de sangue, fontes ou piscinas de água, contato com moças formosas, já foram usadas para que os velhos voltassem a ser jovens ou para que os jovens eternizassem a sua juventude.

Assim como na Guerra do Contestado, sabe-se que não foram poucos os homens e mulheres, jovens e crianças, que morreram lutando contra a violência e a morte, que deram a vida por uma utopia, que resistiram contra as injustiças e que buscaram alternativas de libertação diante de um mundo opressor e excludente que lhes era imposto. A utopia se funda num pensamento do que parece não ter lugar hoje, mas que pode ser entrevisto e redescoberto em cada movimento concreto de libertação. Para qualquer época da história, sempre houve quem entendesse que o mundo possível

---

[6] In: BRITTO, S. (Org.). *Sociologia da juventude I*, p. 183.

não se reduz ao mundo presente, que o "fim da história" é apenas uma ideologia da classe dominante e que há uma dialética que liga e confronta o real com o possível; o lamento presente, resistente e não desistente com o desejo do impossível-possível, do já e ainda-não. Para Bloch o conceito de utopia está intimamente ligado ao de desejos. E estes "são pressentimentos das capacidades que estão latentes em nós, prenúncios do que somos capazes de realizar [...]. E, desse modo, uma apreensão antecipada, assim apaixonada, transforma o realmente possível num real sonhado".[7]

Alavancas contra o "fim da história"

A resistência contra o "fim da história", o entendimento de que o momento presente é de uma crise possível de ser superada, e de que a profecia e a utopia são alavancas imprescindíveis no reinventar, refazer e recriar a história, fizeram com que inúmeras pessoas, no passado e no presente, no Contestado e em tantos outros movimentos sociais e populares da história do Brasil e da América Latina, se colocassem em marcha pela construção de um outro mundo possível. Reconhecidos ou não, em sua grande maioria, essas pessoas são mártires, santos, subversivos, sonhadores ou revolucionários que renunciaram a si mesmos, à sua vida, pelo amor ao próximo, aos empobrecidos e violentados da história. Carlos Fonseca lembra que "quem não é capaz de sonhar é um pobre diabo" e José Carlos Mariátegui, considerado por Michael Löwy o mais importante pensador marxista produzido pela América Latina, fala que "a história, a fazem os homens possuídos e iluminados por uma crença superior, por uma esperança super-humana".[8]

Sabe-se que a cultura greco-romana influenciou o mundo e, especialmente, uma vasta região do Ocidente, durante séculos. Entre os relatos das origens da cidade romana, aparece um que fala de dois jovens selvagens, amantes das selvas, Rômulo e Remo, como seus fundadores, juntamente com outros homens, seus companheiros, constituídos de "servos rebeldes", possivelmente expulsos da cidade de Alba, cujo rei Numitor "não queria se preocupar com eles".[9] Sobre o lugar em que foram abandonados, amamentados por uma loba, auxiliados por pastores, decidiram criar uma cidade, às margens do Tibre. Muitos rebeldes foram acolhidos pelos dois jovens, que instituíram um reduto sagrado "como asilo para os rebeldes e o consagraram ao deus do Asilo". Semelhante ao que veio a acontecer nos

---

[7] BLOCH, H. *O princípio esperança*, v. 3, p. 81.

[8] Cf. LÖWY, M. *O marxismo na América Latina*, pp. 102-119; LÖWY, M. *A guerra dos deuses*, p. 34.

[9] LEVI, G.; SCHMITT, J.-C. *História dos jovens* (v. 1), p. 60.

redutos do Contestado, também houve, nas origens da cidade romana, todos os que ali chegavam, fugitivos, sediciosos, devedores insolventes, homicidas, entre outros, que eram acolhidos e lhes era garantido o direito de asilo e de permanecer na irmandade, independentemente de classe, gênero, etnia e condição social.

A trágica morte de Remo, causada por seu irmão Rômulo, escolhido pelos deuses para ser o fundador de Roma, marca com sangue o próprio relato da fundação, sugerindo assim haver uma conexão entre juventude e violência na origem dessa cidade. De qualquer forma, vale destacar que sobreviveu a narrativa de que dois jovens foram os protagonistas do nascimento de uma cidade do porte de Roma e sua civilização.

A surpresa do inesperado e o jovem Hércules

A história é dialética, todavia, são constantes as interpretações que lhe atribuem uma dimensão cíclica. Se nas sociedades antigas e tradicionais havia grupos de jovens semelhantes a certas tribos urbanas atuais, então também é possível afirmar que os grupos de jovens podem emergir à margem e sob a tutela de instituições já existentes ou, então, em conflito e tensão com elas ou, ainda, para além dessas mesmas instituições. Haveria, assim, um caminho de continuidade, outro de descontinuidade e, ainda, a possibilidade do novo. Especialmente nas sociedades modernas e em rápido processo de desenvolvimento, a emergência de grupos juvenis comportam sempre um amplo leque de surpresas. O inesperado, o marginal, o intolerável, o "delinquente", a rebeldia, a resistência e, até mesmo, a dimensão revolucionária dos grupos e das organizações de jovens se fazem mais prováveis e inevitáveis que nas sociedades estáveis e tradicionais.

Entre os mitos transformados em arte, na Grécia arcaica, tem-se o do grande herói Hércules, aquele que com sua força e tenacidade é capaz de dominar até mesmo um leão, capaz de subjugar os monstros que dominam a humanidade e a ameaçam em toda parte. Ele não precisa ser educado, nem treinado, não tem necessidade de aprendizado, é rebelde a qualquer educação e o que faz é por intuição espontânea.

> Em uma taça, conservada em Munique, quatro jovens erguem os braços em sinal de escândalo: eis que o discípulo Hércules, empunhando um banquinho, corre atrás do mestre, que procura escapar com a lira na mão. Se Hercules encarna a juventude, é na rebelião, na recusa da ordem, na rejeição da rude disciplina da educação antiga.[10]

---

[10] LEVI, G.; SCHMITT, J.-C. *História dos jovens* (v. 1), p. 35.

Dessa forma, nessa arte, ele passa para a história como jovem rebelde, agressivo, inovador, atento, dado aos estudos e impulsivo, que se revolta igualmente contra o mestre e luta contra os monstros. Ao relacionar esse mito com o Contestado, em princípio, percebe-se que os militares, os coronéis e seus aliados conseguem impor uma concepção invertida desse mito. Eles fazem do Contestado e, especialmente, de Adeodato e outros líderes, os monstros que precisam ser combatidos. Não somente os líderes, mas também muitos daqueles "jagunços-bandidos" que se entregavam às tropas legais eram degolados, e seus corpos ficavam insepultos. Os inícios de muitas cidades da Região Contestada foram marcados com o sangue de muitos inocentes, tidos por violentos e bandidos. Somente depois de algumas décadas de ressignificação que descendentes do Contestado conseguiram gerar certo consenso revertido, concebendo como heróis os membros da irmandade cabocla e seus líderes e como monstros, peludos ou bestas, aqueles que os massacraram e violentaram.

Andar a cavalo nem sempre é fácil

Outra herança europeia, presente no Contestado, é a cavalaria. Sabe-se que, mesmo antes da Idade Média, na Roma antiga, havia diversas associações juvenis que praticavam a cavalaria, inclusive rituais relacionados, espetáculos e desfiles oficiais, recordando vitórias de guerras e combates, tal como a dos plebeus contra os patrícios no ano de 496 a.C. Na literatura europeia, especialmente a da Idade Média, destacam-se os valores da juventude relacionados à cavalaria. Duas missões fundamentais da cavalaria foram os combates da cristandade e os empreendimentos militares. Na cavalaria encontram-se os jovens heróis e os homens heróis normalmente com características de jovem. Esses heróis do passado, em muitos casos, ainda permanecem vivos na memória e em práticas da atualidade, a tal ponto que existem diversas atitudes, modos de ser e de viver, quadros, símbolos e ritos atuais que têm suas raízes e trazem heranças daquela época. A cavalaria teve sua institucionalização e seu maior desenvolvimento na Europa entre os séculos XI a XV, sendo um fenômeno social e cultural, protagonizado fundamentalmente por jovens de alta envergadura e com muitos registros ainda hoje conservados.

A cavalaria tinha os seus "eleitos" ou "escolhidos", aqueles que, na opinião geral, possuíam mais qualidades, os mais ousados, fortes, belos, grandes, ágeis, leais, altivos, corajosos; aqueles que sabiam ser corteses sem baixeza, bons sem felonia (traição, crueldade), compassivos para com os necessitados, generosos e sempre prontos a socorrer os miseráveis, a matar os ladrões e os assassinos, a fazer julgamentos equitativos, racionais, sem amor e sem ódio, sem fraqueza de coração que favorecesse o mal e atentasse contra o direito, e sem ódio que prejudicasse o direito e fizesse triunfar o mal; deviam temer a vergonha mais do que a morte; não podiam responder ao mal com o mal e deviam proteger a Santa Igreja.[11] Essa instituição dos cavaleiros, aos poucos, foi-se transformando em agrupamento de jovens, por um lado, armado para a vingança, a guerra e outras formas de violência; e, por outro, para a devassidão, a luxúria e a licenciosidade, multiplicando-se para isso os bordéis e as tavernas. A agressividade e a brutalidade tomavam conta do poder político e das relações "amorosas", gerando uma sociedade insustentável, incontrolável, cheia de novas divisões, facções, doenças, ódios e guerras.

Dentre as heranças da Guerra do Contestado, fazem-se presentes as memórias da cavalaria, destacando-se os francos, os "pares" da corte de Carlos Magno e as Cruzadas enquanto guerra santa. Inspirado no número dos Apóstolos de Jesus e na obra *História do Imperador Carlos Magno e os Doze Pares de França*, José Maria organizou "os doze Pares de França". No Contestado, o grupo dos "doze Pares de França" era constituído de vinte e quatro jovens ou homens a cavalo, cheios de fé, coragem e valentia, quanto possível armados, "discípulos" de "São" José Maria, de "São" João Maria e "possíveis" membros do exército encantado de São Sebastião, cavaleiros do seu exército, apóstolos de Cristo. Entre os descendentes do Contestado, em diversas regiões do Brasil, com maior incidência no Sul, existem jogos feitos, principalmente por jovens, com o auxílio de cavalos e bois. São os "rodeios crioulos" que comportam carreiradas, torneio de laço, gineteadas, danças e rezas. A cavalaria continua presente, porém, ressignificada, sob novas formas e com outros objetivos. Não são poucos os jovens que, especialmente nos finais de semana, se deslocam de suas cidades ou de suas casas e fazendas para outras localidades, a fim de participar de torneios de laço, montagens em touros e cavalos não amansados, bem como para participar de momentos celebrativos e outros jogos ou iniciativas de lazer constitutivos da festa crioula.

As lutas são outras

Tanto outrora como agora, a cavalaria medieval, os Doze Pares de França do Contestado e os rodeios crioulos se apresentam como um ritual religioso ou, ao menos, incorporam a dimensão religiosa como parte importante de suas práticas ou jogos. A defesa da "santa religião" se faz presente, todavia, na atualidade, o enfoque está nos jogos e competições

---

[11] LEVI, G.; SCHMITT, J.-C. *História dos jovens* (v. 1), p. 146.

e há certa indiferenciação entre peões e patrões; não há um inimigo a ser destruído, mas um adversário a ser vencido; governantes locais costumam ser homenageados e a violência parece estar sob controle, sendo ela camuflada ou trocada pela festa.

Os cavalos e bois foram sendo substituídos pelos carros e máquinas agrícolas e os trabalhadores rurais foram deixando o campo para se tornarem operários nas cidades. Mais de 80% dos jovens descendentes do Contestado vivem nas cidades. Mesmo assim, eles ainda não são devidamente respeitados como cidadãos. Dificilmente conseguem ingressar numa universidade, vivem de subemprego, não possuem uma casa para morar, não são convidados a dar a sua opinião sobre os rumos da sociedade, são os primeiros empurrados para dentro dos presídios e dificilmente têm acesso aos bens culturais que a sociedade oferece. Quando são convidados à participação política, logo se decepcionam, pois ao invés de se sentirem ou se tornarem cidadãos e protagonistas, logo se percebem instrumentalizados e cooptados pelos poderes e instituições vigentes. Durante a Guerra do Contestado, eles foram cruelmente mortos; agora, procura-se cooptar e controlar os jovens, a fim de que suas diferentes formas de organização não venham perturbar a "ordem" pública.

A organização dos jovens preocupa a "ordem" pública

Fatos semelhantes já aconteciam em cidades como Veneza ou Florença, no século XV, quando a integração de jovens na vida política comportava restrições quanto ao acesso a cargos importantes da cidade. Não menos que trinta anos eram necessários para o exercício da cidadania, integrando-se na vida política, porém temia-se todo e qualquer tipo de associações, reuniões, conjurações e conspirações. Dessa forma, o Grande Conselho de Veneza, mesmo sendo dominado pelos ideais de gerontes, chegou a reconhecer a maioridade política para jovens de 18 anos e a sortear entre os jovens nobres (tanto no sentido de classe como ideológico) a possibilidade de alguns deles participarem dele, de um cargo oficial ou de um assento na assembleia, ainda que tivessem apenas vinte anos comprovados. Havia todo um sistema de punição, controle e cooptação dos jovens por serem tumultuosos e objetos de medo. "Para a sua própria sobrevivência e reprodução, o patriciado tende a absorver gradualmente os jovens, a fim de discipliná-los" e moderar suas ambições e impulsos.[12]

---

[12] LEVI, G.; SCHMITT, J.-C. *História dos jovens* (v. 1), p. 196. As próximas citações são deste mesmo autor, pp. 197; 216; 219.

Entrando para a era moderna, aos poucos, as classes ascendentes passam a dominar, em geral, a aristocracia antiga. Regulamenta-se a circulação de cavalos e cavalgadas em Veneza e em outras cidades, e os mais ricos vão deixando os cavalos para circular nas embarcações, conduzidas por remadores particulares. Há toda uma cultura que se modifica ou que desaparece e outra que se impõe. É um processo no qual "seus principais protagonistas" eram os jovens. É claro que "a ordem cavalheiresca não entra em decadência de uma hora para outra, assim como a cultura cortês não desaparece de súbito". Aos poucos, a guerra feudal da antiga nobreza vai sendo superada pela guerra comunal, as decisões passam a depender das milícias comunais, a violência e a vingança passam a ser controladas e transformadas em folclore, festas, teatros, competições e torneios. Os torneios, situados entre os exercícios intermediários da guerra, premiavam os vencedores, bem mais que simbolicamente. Os jovens ou os participantes em lutas eram assistidos, em sua destreza ou valentia, pelas damas e pelas autoridades. E sua prodigalidade, outro elemento de honra, acabava por levar os jovens aos prazeres excessivos, ao ponto de arruinar a ordem social e a solidez dos patrimônios. Diversas sociedades de jovens travavam batalhas lúdicas e rixas que, em muitos casos, culminam em violência e mortes. Essas sociedades, no início do século XV, passam a ser duramente reprimidas e proibidas. Nessa época, entendia-se que a juventude era o tempo dos apetites e devia ser controlada, freada, orientada. A sociedade italiana era dos adultos e aos jovens cabia obedecer.[13] Tal atitude das autoridades civis e religiosas era justificada pelas despesas descontroladas dessas sociedades, além dos abusos e crimes cometidos. Agora, as suas associações, manifestações e diversões eram combatidas, perseguidas, disciplinadas e controladas pelos poderes públicos. Seus estatutos deviam ser aprovados pelo poder público e havia uma legislação a ser observada por essas companhias.

Francisco: um dos jovens mais importantes do segundo milênio

Semelhante à vida, prática e missão de "São" João Maria, tem-se da história medieval o reconhecimento de Francisco de Assis, para jovens descendentes do Contestado, como um dos seus santos de devoção mais importantes, perdendo apenas para Nossa Senhora. Francisco nasceu na cidade de Assis, em 1181, e faleceu em 3 de outubro de 1226, sendo canonizado dois anos após sua morte. Era de família nobre, da burguesia emergente e, graças às atividades de comércio em Provença (França), seu

---

[13] Cf. DICK, H. *Gritos silenciados, mas evidentes*, p. 115.

pai Pietro Bernadone dei Moriconi, com sua mãe Pica Bourlemont, conquistaram riqueza, sucesso em suas atividades comerciais e bem-estar.

Depois de alguns sonhos e "chamados divinos", Francisco renuncia à sua vida nobre, cavalheiresca, aos festins, luxos e outros excessos próprios de sua classe e decide seguir a vida religiosa. A prodigalidade que o fazia líder dos cavaleiros, por despender ou assegurar os prazeres dos demais jovens de sua classe, transformou-se em serviço em favor de desamparados, viúvas, crianças famintas, doentes e de outras pessoas excluídas. Passou a orar intensamente pela conversão dos pecadores, proclamar a paz, anunciar o caminho da salvação e a importância da penitência para remissão dos pecados; ajudava resolver conflitos e desavenças. Compreendia e se fazia solidário com a dor e o sofrimento dos outros. Vivia em penitência e jejum, renunciando às comodidades e prazeres da vida. Nunca consumia mais que o mínimo necessário para viver e incentivava a todas as pessoas a fazerem o mesmo. Protegia animais e plantas e também a chuva, o vento e o fogo aos quais chamava, carinhosamente, de irmãos. Diferentemente do que se praticava na cavalaria, a sua dama passou a ser a Madonna Povertà, a Senhora Pobreza. Ainda jovem, aos 28 anos de idade, fundou a família dos doze irmãos menores, que viria a ser conhecida como a Ordem dos Frades Menores. Insistia para que todos se afastassem do orgulho, da vaidade, do egoísmo e da avareza, e que fossem sempre o exemplo da santa pobreza, humildade, caridade e do trabalho.

Francisco, depois de ter experimentado os excessos da vida juvenil de seu tempo, converteu-se ao ponto de, ainda em vida, ser reconhecido como santo por muitas pessoas que o procuravam ou o seguiam. No caso do Contestado, a santidade estava relacionada com a virgindade, sendo que apenas as pessoas mais jovens ou pessoas já falecidas poderiam ser consideradas santas. Sendo assim, como os santos (que vivem e os que já morreram) estão muito próximos espiritualmente, cabe a possibilidade desse "diálogo" entre virgens-videntes e os santos João Maria ou José Maria no Contestado. Crianças podem oferecer ou mediar a busca de milagres, quando próximos ou íntimos de algum santo ou santa mediadores entre Deus e os seres humanos. Eis uma causa dos registros de milagres normalmente intermediados por crianças. Por mais que tanto a criança quanto o jovem fossem conceituados a partir dos opostos maturidade-imaturidade em relação aos adultos, havia outra dimensão desse conceito em que o desenvolvimento da vida humana não evoluía no sentido imaturidade-maturidade, mas, sim, em um sentido inversamente proporcional entre milagre-santidade-infância e pecaminosidade-adultez.

Contestado: entre trincheiras de um mundo arcaico e outro utópico

Houve quem afirmasse que a Guerra do Contestado aconteceu na região quando se dava uma grande crise histórica com a passagem de um mundo medieval, arcaico, sertanejo e pré-moderno para a modernidade. Até esse período, os jovens eram membros de uma determinada família, aldeia ou comunidade; eles não se diferenciavam como categoria social. As poucas referências e registros que se faziam a jovens eram sempre dos "outros", dos mais velhos e nunca registros sobre si mesmos. A partir do início da era moderna, emergem novas questões e os contornos entre infância, juventude e vida adulta se tornam mais precisos. A família tradicional e sertaneja é desintegrada pelo trabalho individualizado nas indústrias e os jovens começam a aparecer como sujeitos de mudanças sociais.

A cultura juvenil ganha nova dimensão a partir do momento em que se começa a questionar a consciência que os próprios jovens têm de si mesmos e como eles se organizam e explicam essas suas organizações. É nessa perspectiva que Natalie Zemon Davis proporcionou um vasto debate sobre cultura juvenil, no início da era moderna, explicando-a a partir dos "grupos de tipo informal" e de suas "práticas rituais", correlacionadas às tradições populares, tais como as organizações juvenis, associadas ao carnaval, nas quais a juventude procurava apresentar "um mundo às avessas" ou representar a si mesma, mediante formas de organização mais elaboradas, com estatutos, finanças, reuniões, desfiles próprios.[14]

Ao observar a história dos jovens da Europa em vias de modernização, percebe-se uma profunda crise cultural, religiosa e de paradigmas, sendo que os jovens, por um lado, eram vítimas de um autoritarismo não só político e social, mas também familiar; e, por outro, eles foram aparecendo e conquistando espaços como aventureiros e "construtores irônicos de uma nova realidade", porque a sua colaboração, para a superação da crise, se dava "pelo lado da brincadeira, da alegria, da ironia e da paixão".[15]

Guerreiros de um lado e jovens carnavalescos de outro, organizavam-se como tutores da desordem, instituindo os seus próprios tribunais e, com estes, ritualizando um mundo às avessas, apresentando o mundo real como se estivesse invertido. Tanto lá como aqui, a ordem constituída era posta na berlinda e uma nova ordem era sonhada.

---

[14] Apud LEVI, G.; SCHMITT, J.-C. *História dos jovens* (v. 1), p. 273.

[15] Cf. DICK, H. *Gritos silenciados, mas evidentes*, p. 151.

Os deuses da guerra sempre tiveram sede de sangue jovem, de moças virgens ou de rapazes guerreiros. A promessa e o sonho de um novo mundo, protagonizado por jovens aventureiros, armados e irmanados, os atraíam. Os dotes bélicos de um jovem precisam ser exercitados e anseiam por aplausos e ritos de condecoração. Diferentemente do que aconteceu no Contestado, em que os jovens se reuniam para defender a si mesmos e a vida dos seus familiares, para defender os seus direitos e exigir reconhecimento, na Revolução Francesa os jovens e todos os cidadãos aptos eram levados à luta convencidos de estar cumprindo um dever: o de defender a pátria. A pátria precisava ser defendida com unhas e dentes, mesmo que custasse a vida da *mátria*, mesmo que fosse com o sangue de uma geração de jovens. Tanto na Guerra do Contestado como na Revolução Francesa, bem como em meio às gangues do narcotráfico, um menino com armas nas mãos é reconhecido como homem, como quem tem "poder sobre", que o motiva a guerrear. Tanto outrora como agora, faz-se necessário que meninos e moços empunhem ou carreguem armas e promovam violências, a fim de que a instituição militar seja acionada a defender a ordem e a paz e, com isso, ganhe legitimidade em seus feitos, por mais cruéis e perversos que sejam.

Os "deuses" promovem guerras e se alimentam de sangue jovem

Por mais pacifistas que sejam os jovens descendentes do Contestado, até o momento a voracidade do ofício das armas continua se impondo de maneira assustadora. O recente referendo sobre a proibição da comercialização de armas de fogo e munições, ocorrido no Brasil em 2005, obteve o maior percentual de votos negativos por região, no Sul do Brasil, sendo que, em Santa Catarina, o "não" alcançou 76,6% dos votos. Armas são sinônimo de poder e força. Em certas épocas da história, o chamado às armas tem sido celebrado e ritualizado, inclusive com tons religiosos. Até houve guerras que foram denominadas de santas. Cortar os cabelos e guardá-los numa caixa era um dos aspectos desse rito de passagem antigo que foi também praticado no Contestado, ao ponto de os membros da irmandade cabocla serem chamados de "pelados".

Mesmo que houvesse, na história da Europa, um tom religioso e festivo no chamado às armas, isso não convencia uma grande parcela dos jovens que procuravam alternativas de fugir da recruta. Ficavam doentes, casavam-se, quebravam dentes, ficavam surdos, tinham convulsões, problemas na visão, simulavam ou fingiam ter problemas físicos, protestavam ou promoviam a insubmissão, sempre que assim o desejassem e fosse possível.

Também para ingressar na irmandade cabocla do Contestado, especialmente a partir do início do ano de 1915, já não havia mais motivações suficientes como no primeiro momento. As fugas se tornaram constantes e a adesão de novos membros deixou de ser uma opção livre e só se tornou possível mediante a força.

As guerras "profissionais", "revolucionárias" ou as "guerras das nações" ocuparam décadas de combates e milhões de combatentes na Europa, especialmente a partir do século XVII. Mais de 10 milhões de homens assumiram o ofício das armas nesse século. O número e os investimentos em torno de crianças, jovens e adultos voluntários ou fardados pelo serviço militar obrigatório cresceram de maneira assustadora, também no século seguinte. "Somente na França durante as guerras napoleônicas foram chamados às armas quase 4 milhões de jovens", na sua grande maioria pobres. Os burgueses, chamados às armas, foram poucos. O sangue dos pobres podia correr em abundância, enquanto o dos ricos era economizado. Os abastados podiam pagar uma cifra em dinheiro e serem substituídos por um coetâneo. No início do século XIX, diversos países europeus deram uma trégua aos jovens, dispensando boa parcela deles do serviço militar obrigatório, renunciando inclusive à conscrição universal obrigatória e recorrendo apenas ao serviço voluntário. Diminuíram as dimensões do seu exército durante meio século, porém, nas últimas décadas desse mesmo século, quase todos os países europeus restabeleceram a obrigatoriedade da conscrição, chegando até a sete anos de serviço ativo, no caso da Prússia. A necessidade, em caso de guerra, de colocar toda a nação em armas era tida como sagrada.[16]

A estrada de ferro era necessária

Nesse período, a estrada de ferro, cuja construção no chão Contestado se deu um século depois, já era uma ferramenta fundamental para abastecer e mobilizar os militares. O debate demográfico e epidemiológico, da época, girava em torno da necessidade de diminuir a mortalidade infantil e geral, a fim de que a nação pudesse aumentar sua força, grandeza e segurança. Por mais paradoxal que pareça, o cuidado com a vida e a saúde, ou seja, o desenvolvimento da medicina, foi-se processando aos arredores do desenvolvimento da guerra, sendo que o exército foi composto,

---

[16] Cf. LEVI, G.; SCHMITT, J.-C. *História dos jovens* (v. 2), pp. 18-27. Somadas, a França, a Alemanha, a Itália e a Inglaterra, em 1870, possuíam 1,2 milhão de militares e 50 anos depois passaram a possuir 3,5 milhões. Em 1920 a porcentagem de militares na população masculina entre 20 e 24 anos ultrapassou a cifra dos 20% na França e na Itália.

geralmente, apenas de jovens ou por homens. Com isso, também a medicina nasceu mais preocupada com os "homens", especialmente com os jovens valentes e guerreiros, do que com as "mulheres". No exército, as mulheres eram obrigadas a exercer os ofícios de lavadeiras, remendeiras, cozinheiras e prostitutas.

No caso da irmandade cabocla do Contestado, as distinções de pessoas praticamente desapareciam. A medicina popular, praticada e ensinada por João Maria e José Maria, procurava cuidar da saúde de todas as pessoas. As mulheres participavam do quadro santo, da mesma forma que os homens. Algumas delas eram inclusive "sacerdotisas", ministras da reza e curandeiras. Chica Pelega e Maria Rosa são lembradas como guerreiras que iam à frente dos Doze Pares de França. Não havia prostituição e as mulheres eram elementos-chave da coesão e estabilidade dos redutos, pois os homens casados, acompanhados de mulher e filhos, desertavam menos que os solteiros e se faziam mais corajosos na luta, pois estava em jogo a própria família. Os jovens que permaneciam firmes na guerra, mesmo depois que seus pais já haviam sido mortos, eram movidos, fundamentalmente, pelo desejo de vingança, pela ânsia de aventuras e pelos sonhos de vitórias e de uma vida melhor, após concluída a guerra.

Observando os filmes infantis disponibilizados pelos veículos de comunicação de massa e os brinquedos usados pelas crianças, percebe-se ainda hoje que se destacam aqueles relacionados à força física, à violência e à guerra. Isso lembra o serviço militar na Europa, em que na hora do alistamento o que contava era o aspecto físico, a força, e não a idade, inclusive porque os rapazes mais jovens "morriam demais", eram incapazes de "suportar o cansaço" e demoravam muito "para servir como se deve", sendo inclusive "com frequência um obstáculo no campo de batalha". Todavia, essa percepção não foi reconhecida no início do século XX, quando, não somente os mais fortes, mas também as crianças foram chamadas às armas. Nesse momento, o entendimento oficial passou a dizer que, em vez de brincar de coroinhas, a fantasia das crianças devia se ocupar com a guerra e se habituar com o perigo. E não demorou muito para acontecerem as duas guerras mundiais.[17]

Se é verdade que a guerra aciona mecanismos de cuidado com a vida, exalta muitos heróis, torna homens os meninos e jovens, representa emancipação individual, garante a defesa da pátria e ativa elementos da economia, o que dizer, então, da "geração perdida" dos anos de 1914,

---

[17] LEVI, G.; SCHMITT, J.-C. *História dos jovens* (v. 2), pp. 22-23.

quando a lista de mortos nos campos de Ypres, Verdun, Somme, Caporetto crescia dia após dia e ano após ano, até atingir uma cifra espantosa, que ultrapassou oito milhões de jovens, cheios de vitalidade e esperança, e talvez outro tanto de feridos e inválidos, para o resto da vida?

Ainda ao final do século XIX, com destaque na educação francesa, as escolas eram chamadas a executar treinamentos, exercícios e ginásticas militares ou pré-militares. Entendia-se a escola como um centro de formação de "cidadãos guerreiros". Os rapazes deviam adquirir força física, disciplina, amor pela pátria e adestramento nas escolas, antes de entrarem nos quartéis. A segunda década do século XX aparece dominada pela ideia obsessiva da guerra como inevitável ou necessária para um novo período histórico. Os custos humanos e políticos desse mito da guerra revolucionária foram enormes, ao ponto de culminar no massacre de grande parte de uma geração.

As ideologias fascista, nazista e stalinista vieram colonizar o chão Contestado

Após concluída a Guerra do Contestado, as empresas de colonização se empenharam em divulgar e fazer propaganda, especialmente aos gaúchos, das colônias de terras que estavam à venda na serra-acima de Santa Catarina. Dessa forma, a partir da década de 1920, diversas comunidades e pequenas cidades foram sendo constituídas, preponderantemente, de euro-descendentes. Geralmente, os livros de história dos municípios da região do Contestado pouco contemplam a história anterior à chegada dos euro-descendentes. Na primeira metade do século XX, com destaque à região Sul, o Brasil sofreu grande influência europeia. Diversos poderes públicos eram constituídos sob a inspiração ou tendo como modelo governos e instituições europeias. Inúmeros imigrantes alemães, italianos, poloneses, entre outros, dentre os quais boa parte era constituída de jovens pobres e aventureiros, vieram ocupar grande porção do território e impor seus costumes e tradições, bem como administrar os poderes públicos segundo seus interesses e ideologias.

Dentre as ideologias e projetos políticos europeus, da primeira metade do século XX, que contagiaram jovens descendentes do Contestado, tem-se o nazismo e o fascismo. Tanto na Alemanha quanto na Itália, em torno da década de 1920, houve todo um despertar e um encorajamento dos impulsos inovadores dos jovens. Houve todo um dinamismo político e um movimento que atraía muitos jovens e as suas respectivas organizações na perspectiva de unificar as forças numa espécie de corpo homogêneo, cuja ação comum deveria levar à transformação da sociedade. Essa perspectiva da juventude incorporava o objetivo de se instituir um partido e uma central geral da juventude.

As ideologias fascista, nazista e mesmo a stalinista não convenceram a todos, e aos que convenceram, não foi por muito tempo. Por mais que afirmassem ser os jovens a sua prioridade central, isso não resultava necessariamente na aprovação duradoura de tais ideologias pelos jovens, e ainda na década de 1930 começou a aparecer um desencantamento dos jovens por elas. O fascínio pelos regimes totalitários, da segunda década, fora substituído pela apatia, seguida da oposição e do protesto, a partir da terceira década. O próprio regime socialista soviético e a Rússia, que, como um todo, era idealizada e apresentada pelos seus intelectuais e simpatizantes como um país que havia superado, inclusive, os conflitos entre gerações e a desigualdade de gênero, afirmando que já não havia conflito entre gerações nem as causas que o motivavam,[18] sofreram duras críticas de Léon Trotski, que via o regime como uma revolução traída.

De qualquer forma, também na versão nazista do nacional-socialismo, não se pode negar que havia um poder para além do ideológico, misterioso e sedutor, que atraía milhões de jovens. Talvez um primeiro aspecto que desvendaria esse mistério seria o fato de o próprio Fuhrer ter os jovens como seu objeto privilegiado, colocando-os a desfilar ao som dos tambores e dos cantos como sendo invencíveis e protagonistas de um novo tempo: o tempo da redenção do povo inteiro. Outro aspecto porventura seria porque ele prometia aos jovens que herdariam a eterna juventude. E por fim, quiçá porque esse movimento se apresentasse como algo sagrado e inevitavelmente vencedor; a certeza do sucesso estava posta. O que o jovem desejava ser, tal como o futuro da Alemanha, estava sendo confundido com o que ele de fato parecia ser, a nova Alemanha já sendo edificada. O possível é confundido com o real e o "fim da história" se instalava e convencia. A ideia de imortalidade e de autoprodução da juventude convencia a muitos.

O problema da certeza da vitória

Semelhante às ideologias nazista e fascista, houve, para muitos membros da irmandade cabocla do Contestado, a crença de que as "cidades santas" seriam invencíveis. Depois de algumas vitórias contra o exército, a esperança de que São Sebastião com o seu exército encantado e o próprio Deus todo-poderoso estivessem lutando junto com o "quadro santo" tornou-se uma certeza. E a esperança de que Deus lhes asseguraria a vitória sobre os peludos, a besta e o mal passou a ser acusada de fanatismo.

---

[18] Cf. RESNITCHENKO, G. *Juventude soviética, perguntas e respostas*, pp. 18-19.

Todavia, a concepção de que Deus garante a vitória dos seus entrou em crise e gerou três novas questões: que os líderes da irmandade eram falsos e não serviam a Deus e, por isso, este não foi favorável nem a eles nem aos seus seguidores; que Deus não deve existir e, então, aos mais fortes estará sempre reservada a vitória; que o massacre histórico foi inversamente proporcional à vitória espiritual e, portanto, restaria uma reserva mística projetada para além da história. A dificuldade de superação da teologia da retribuição e da prosperidade da primeira questão, somada à do ateísmo da segunda equivalem à tese moderna do "fim da história" ou, também, à concepção nazifascista da deificação da juventude e do seu líder supremo e sagrado "Heil Hitler", e são, ainda hoje, grandes obstáculos do processo de emancipação juvenil e popular.

Ser jovem significava participar de uma "nova ideia", "daqueles que não eram velhos interiormente" e que marchavam num "eterno combate", sempre jovem, em defesa da raça ariana, nórdica ou germânica, pela pureza de seu sangue, de sua raça, pelo Homem Novo. A "juventude de Estado", o soldado político ou as organizações paramilitares da juventude deveriam sobrepor-se à escola e à família, subordinando-as. Os docentes não podiam se considerar dignos da tarefa de educar, se antes não fizessem a profissão de fé racista e fossem capazes de exercitar as crianças a julgar os "estrangeiros" como inferiores espiritual, biológica e racialmente. O sistema educacional era uma espécie de treinamento para o ódio, para a obediência cega, para o fanatismo; para sentimentos de culpa e inferioridade submissos, por um lado, e para um ódio e orgulho de superioridade violenta, por outro. Os jovens alemães, desde os dez anos de idade, como sinal de aptidão ao combate permanente, eram obrigados a fazer a saudação: "Heil Hitler!" todas as vezes que encontrassem alguém pelo caminho; e até mesmo em casa, quem não cumprimentasse ou não respondesse dessa mesma forma, podia ser denunciado, tornando-se culpado de um delito.

O avanço do nazismo e o papel dos jovens "proletários" como protagonistas desse processo não duraram muito. Era altamente propagada a ideologia da juventude que deveria ser guiada pela própria juventude e que os jovens operários sentariam na mesma mesa e usariam o mesmo uniforme dos jovens filhos de milionários ou de diretores de fábricas, dos estudantes e dos trabalhadores agrícolas, para servirem juntos ao povo e à pátria. Dessa forma, pregava-se a ideia de que a juventude seria capaz de livrar-se de toda a alienação, dos preconceitos que dividiam as pessoas, e conseguiriam viver em uma verdadeira comunidade de iguais, e seriam sinônimo de socialismo. O que houve foi um movimento em que o comando e os privilégios não demoraram a concentrar-se nas mãos de jovens burgueses e aristocratas munidos de diplomas. Aos poucos, também a discussão ideológica foi perdendo a sua eficácia e cedendo lugar à formação técnica e profissional, sendo de maior importância um corpo sadio, trabalhador e competitivo que uma mente ideologicamente adestrada, segundo os moldes do Fuhrer ou do movimento nazista. Também o interesse geral não demorou a ir perdendo a primazia sobre o particular. Se, nos primeiros anos do regime, o processo que atraía os jovens parecia libertador, pouco a pouco, ficou evidente que era opressor, autoritário, cruel e violento.

Rupturas e continuidades são inevitáveis

Enfim, apesar das contradições desses regimes e do necessário rechaço que a sociedade internacional lhes impôs, ao menos no que tange aos jovens, é possível afirmar que, num primeiro momento, eles foram considerados sujeitos da história e ganharam reconhecimento e identidade. Não demorou, no entanto, que fossem transformados em "bucha de canhão". Continuamente os jovens são instrumentalizados nas guerras de todo tipo, usados como engrenagem do capital, da tecnologia, dos partidos políticos, dos meios de comunicação... Porém, como são escorregadios e líquidos, essa coisificação não consegue ser absoluta nem totalizante. Por mais que os jovens sejam manipulados e obrigados a fazer coisas que lhes são impostas ou exigidas pelos poderes estabelecidos e instituídos, são sempre mais que tudo isso. Atualmente, uma parcela significativa da juventude procura, através de muitos meios, lançar duras críticas contra todos os tipos de violência e de guerra, e ingressar nos movimentos pacifistas com suas mensagens de fraternidade, solidariedade, paz e amor.

As ambiguidades, contradições e complementaridades são inevitáveis na história humana e esses elementos incomodam os jovens de maneira exemplar. Fato é que, em qualquer época e lugar, "a juventude passa", talvez quando a pessoa coloque uma máscara capaz de lhe apresentar aos demais como quem superou as ambiguidades e contradições e incorporou em seu ser apenas os elementos complementares ou integradores. Dessa maneira, a juventude se apresenta como "rito de passagem". Se, por um lado, ela se afirma no seu protagonismo e autonomia, por outro, sente-se incompleta e aberta para ultrapassar-se e negar-se a si mesma em vista da própria superação. Nesse sentido, em um baile no estilo comunitário-camponês, por exemplo, pode-se identificar, ao mesmo tempo, esses dois traços característicos da juventude. Normalmente, são eles que o planejam, divulgam, organizam, animam, dançam e o defendem como um valor inerente à tradição e aos bons costumes; porém, às vezes faz parte dessa iniciativa que os próprios jovens, especialmente depois de garantirem a aprovação e o protagonismo no evento, dissolvam de maneira violenta ou burlesca essa mesma iniciativa. Lançam, sobre o evento, alguns excessos de coragem e medo, prazer e dor, liberalização geral dos impulsos e necessidade de seu controle. Enfim, a violência é liberada em meio à festa, como se fosse elemento complementar, carecendo de controle por parte dos próprios jovens e da comunidade em geral. Se a festa é característica específica dos jovens, a violência por eles "permitida" é propriedade de toda a comunidade. E a não transformação da violência em vingança generalizada, capaz de destruir a todos, só é possível mediante "freios" ou novidades oferecidos pelos mais velhos aos jovens. Logo, por mais que o desejassem, não são os jovens que possuem todo o controle da violência, já que ela tende a contagiar toda a comunidade. Os jovens somente a promovem ou a deixam extravasar quando, nessas oportunidades, ela permanece camuflada e, aparentemente, controlada no cotidiano da comunidade. Encontrar mecanismos de controle da violência sempre foi um desafio a quaisquer comunidades humanas. Possivelmente todos os empreendimentos humanos e todas as instituições surgiram com esse propósito. A cultura humana é, no fundo, uma forma de lidar com a violência, a fim de que a festa seja possível.

1.2 Retrospectiva histórica da juventude no Brasil, no último século

> *Já no século XVIII havia sido descoberto o*
> *relacionamento entre o processo formativo do jovem e*
> *o seu meio, isto é, seu mundo*
> *de vida social, espiritual e moral.*
> *Andreas Flitner*

Dois mundos em disputa?

Ao observar o confronto entre o exército e a irmandade cabocla do Contestado, houve quem julgasse ser, antes de tudo, um confronto entre dois mundos: um mundo antigo, supersticioso, sertanejo e pré-moderno, com um mundo civilizado, racional e moderno. Por mais ridícula que seja essa concepção, ela tem convencido e contagiado boa parte do mundo acadêmico e da cultura política por muito tempo. Ao entender a Guerra do Contestado como um massacre efetuado contra os antigos ocupantes e habitantes da região, supunha-se que, depois de concluída a guerra, se iniciaria na região um novo processo de desenvolvimento, agora moderno, racional e capitalista.

Nesta seção, pretende-se abordar a realidade sociocultural de jovens dentro da modernidade, já que também aqueles que sobreviveram ou vieram a habitar o chão Contestado do pós-guerra, ingressaram ou foram aos poucos sendo incorporados à sociedade moderna e, também, sendo sujeitos dela. Logo, para falar de jovens modernos, faz-se necessário considerar a ambivalência de ambos os termos. Os dois termos precisam ser considerados no plural. Nessa abordagem, tratar-se-á da modernidade não como período da história situado depois da Idade Média e antes da Contemporânea. Abordar-se-á a modernidade numa perspectiva sociológica e política, tendo como referência histórica o último século de nossa história ocidental. É quando acontece uma emancipação da categoria jovem em relação ao conceito de juventude. O princípio generalizador é subvertido pelo da particularidade. O "moderno" tem favorecido mais a dissensos que a consensos. Pode-se falar de moderno como algo sem raízes e deslocado, ou então como algo automutante e transformador. Jovens indiferentes em relação aos valores novos e antigos parecem ser apresentados como modernos. O desenraizamento em relação às tradições e ao modo de vida do "sertão" tem sido uma das características dos jovens modernos.

Representações de jovens

Em meados do século XX, os jovens modernos começaram a ser representados pela arte, literatura e cinema como protagonistas e capazes de fazer escolhas, tanto em relação à política, ao mundo do trabalho, da educação, como em relação ao cotidiano de suas vidas. Jovens homens e jovens mulheres podem fazer escolhas diferentes. Novas expressões, linguagens e paisagens são edificadas, a fim de representar uma diferença em relação ao tempo e ao espaço que precedera a modernidade. Jovens urbanos, com carteira de identidade e insubordinados aos poderes e instituições "pré--modernas" e guiados por novas formas de pressões sociais, mas que tentam escapar delas, seja quais forem, com as mãos em uma máquina, um relógio no braço, um cigarro na boca, cabelos esvoaçantes e longos, lábios sorridentes, braços fortes de trabalhador, dedicados ao trabalho e com olhares ora indiferentes, ora voltados para certas utopias, ilusórias, perigosas ou não, têm sido aspectos constitutivos das imagens ou tentativas de construção dos jovens modernos.

O interesse pela juventude não é apenas algo específico da modernidade. É possível encontrar considerações sobre juventude proveniente da filosofia ocidental (greco-romana), nas quais se fazia referência à deusa Juventa. Em Roma, havia um culto de *Iuventas,* à "juventude" que era uma divindade, para a qual fora construído um templo em 207 a.C. As enormes perdas humanas decorrentes das guerras faziam crescer as súplicas e apelos à deusa *Iuventas,* divindade não somente dos jovens que militavam no exército, mas de toda a juventude romana, a quem devia prover fecundidade e preservação.

A busca da eterna juventude

Um dos mitos que tem contagiado a humanidade no decorrer dos séculos é o da Fonte da Juventude. Esse mito sugere que em algum lugar existem águas capazes de rejuvenescer quem nelas se banhar. Esse mito parece originário do norte da Índia, há cerca de 2.700 anos, e tem viajado por diversas partes do mundo, tornando-se um referencial do próprio Império Romano, em relação ao qual diversos reis atribuíram o poder de permanecer eternamente jovens. A Fonte de Juventude se reportava a Juventas, deusa romana da juventude, cultuada como protetora dos adolescentes.[19] Havia um rito de passagem em que os meninos romanos recebiam a toga, veste que simbolizava virilidade, vida adulta e cidadania, quando também deviam depositar uma oferenda à deusa ou prestar sacrifícios aos deuses. Essa fonte milagrosa, procurada e nunca encontrada, tem alimentado, não somente no passado, mas também na modernidade, o sonho de quem procura saúde e jovialidade. Acredita-se que quem a encontrar e se banhar ou provar dela, achando-se em jejum, ficará livre de quaisquer enfermidades e passará a viver como se não tivesse mais de 32 anos.

Pode-se afirmar que a juventude, na primeira metade do século passado, era um ponto de inquietação, começando a ser concebida com maior grau de positividade e tornando-se, inclusive, sonho dos adultos a busca da "eterna juventude". Seria como um girar para trás as rodas da história? Talvez não! Quiçá fossem apenas os indícios de uma nova concepção antropológica que percebia, na sucessão das gerações, uma possibilidade de renovação constante. A "eterna juventude" seria, de fato, um paradoxo diante de

---

[19] Cf. DRAKENBERG J. *À procura da juventude eterna*, pp. 12-14. Essa "fonte de juventude" já foi representada pela imagem de uma piscina repleta de banhistas, tendo nos seus arredores pessoas idosas e doentes que, entrando nela, encontrariam o milagre do rejuvenescimento. Há um mito hebraico que fala do rio da imortalidade. Alexandre, o Grande, teria procurado por esse rio durante sua campanha na Índia. Na Idade Média, os reis que financiaram as viagens de Cristóvão Colombo acreditavam que na América seria encontrada essa fonte da juventude, bem como o próprio Éden.

suas características mais evidentes nesse período: ambivalente, transitória, divertida, irônica, questionadora, insatisfeita, resistente e utópica.

Na atualidade, as pessoas procuram "permanecer" jovens num intervalo de tempo cada vez maior. Não aceitam o enquadramento de jovens em termos de faixa etária e sobrevalorizam certas características existenciais tais como a busca de satisfação do desejo e do prazer como própria da juventude, a qual não querem ver passar. De fato, essa realidade se confirma, por exemplo, em agrupamentos juvenis das Pastorais da Juventude. Cada vez mais, adolescentes com menos idade procuram esses grupos e eventos ditos da juventude para participar. E não raras vezes, nos seus encontros aparecem pessoas com mais de 30 anos. Ao perguntar o que os define como jovens, surgem as mais variadas respostas, que vão desde a questão da idade até do "espírito" jovem, passando pelo fato de ainda não serem casados, de morarem com os pais, de não terem ingressado no mundo do trabalho, de serem dependentes dos pais, entre outros. Contudo, se há algo que une todos esses "adultescentes", é o desejo de vivenciar, de curtir, de ampliar o número de amizades, de alargar os horizontes, conhecendo mais amplamente o mundo, as pessoas e a Igreja. Há também aqueles que procuram espaços onde se possam socializar experiências e sonhar juntos a possibilidade de um novo tempo.

"Civilização da juventude"

Essa hipótese já vinha sendo assinalada, na década de 1960, por P. Furter e H. Lefebvre, entre outros, que perceberam um movimento geral da sociedade, o qual passava de um aceleramento da infância para a vida adulta, para um estilo de vida que tendia para uma "civilização da juventude", na qual aparecia uma ruptura entre a moral ensinada e a moral vivida, desenvolvendo-se uma identidade jovem fundada no sentimento de que era impossível ou inaceitável viver o mundo dos adultos ou sob o controle dos pais, tal como existia na época.

Nas origens, a palavra juventude não tinha relação direta com adolescência. Ao contrário, *Juventus* vem de *juvenilitate*, "idade juvenil". E a idade juvenil era demarcada entre a *adulescens* e a idade sênior. Isto tinha início em torno dos 22 anos, quando o adolescente parava de crescer fisicamente em altura e ia até perto dos 40 anos. Outra suposta origem da palavra juvenis seria *aeoum,* que, de acordo com sua etimologia, significa "aquele que está em plena força da idade". Já *adulescens* é "aquele que está em crescimento". Dessa forma, decorrente dessa concepção, ao "espírito adolescente" era associada a ideia de insegurança, precariedade, indecisão, fragilidade, dúvida, imaturidade, impaciência, esportividade. Já ao "espírito jovem" era associada a ideia de jovialidade, entusiasmo, alento, prontidão, firmeza, constância, inexperiência, precipitação, idealismo, revolta, força. Da mesma forma como haveria uma diferença entre adolescência e juventude, também poderia haver uma diferença entre juventudes de épocas e sociedades diferentes?

Margarete Mead realizou uma pesquisa com os jovens da sociedade de Samoa, nos final da década de 1920 e início da década seguinte, e proporcionou reflexões comparativas entre aqueles jovens com os da sociedade moderna, percebendo que a diferença fundamental está nas escolhas. Naquela comunidade tida por primitiva, homogênea ou simples, as escolhas eram mais reduzidas e os códigos morais, mais definidos e restritos. Hoje, os jovens diariamente estão diante de muitas possibilidades de escolhas.

De qualquer forma, ao que parece, nas sociedades tradicionais ou antigas, não se tinha uma definição clara do que seria a juventude. Foi somente no século XVIII que Rousseau sugeriu que os jovens poderiam ser considerados uma categoria social, negando a perspectiva teológica de Spinoza. Antes desse período, nem sequer os jovens pareciam interessados em ser devidamente considerados, no sentido literal da palavra, porque o sonho deles era passar logo para a fase da vida adulta, devido ao fato de que juventude ainda era concebida como sinônimo de *Adulescens,* e não enquanto *aeoum* ou *juvenilitate.* Questões como o serviço militar obrigatório, o voto aos 16 anos, a delinquência e a responsabilidade penal, o início da atividade sexual, o casamento e a maioridade, entre outras, já foram usadas como critérios para demarcar o início da juventude, o que significa dizer que ela já mudou de lugar inúmeras vezes, inclusive se fixando, para Erick Erikson e muitos outros, junto ao conceito de adolescência, sendo um "modo de vida entre a infância e a vida adulta".

Para Jean-Jaques Rousseau, as atitudes provenientes dos jovens são consequência da formação dedicada a eles. Logo, se à juventude são proporcionados momentos de convivência e formação, embasados nos valores que sustentam a paz, a harmonia e o amor, certamente eles serão fiéis ao repetirem as experiências vividas nesse contexto. Da mesma forma, em situação contrária, se os jovens forem "corrompidos desde cedo", eles se tornarão "inumanos e cruéis". Seguindo pelo mesmo caminho, G. Stanley Hall, com a obra *The Adolescence* (1904), considera que o sucesso da vida adulta e a emancipação da pessoa humana passariam por uma boa acolhida e cuidados especiais à fase da adolescência e que a possibilidade da renovação social tem como elemento-chave a juventude. Ele afirma que nessa fase "nenhuma idade é tão sensível aos melhores e mais sábios esforços dos adultos. Não há um único solo em que as sementes, tanto as boas como as más, atinjam raízes tão profundas, cresçam de forma tão viçosa ou produzam frutos com tanta rapidez e regularidade".[20]

É claro que não se pode reduzir o processo de emancipação e sucesso de uma pessoa adulta a questões de atitudes, valores e cuidados que se deve ter para com o adolescente. No entanto, menosprezar totalmente essa concepção, acreditando-se em uma total independência e autonomia própria de cada geração, tal como sugeriu Ortega y Gasset, dizendo que "cada geração chega ao mundo com uma missão específica, com o dever adstrito nominalmente à sua vida", seria amortizar a validade da transmissão da cultura, dos saberes acumulados historicamente, dos valores morais e afetivos de uma geração a outra.

Nem é mais razoável a atribuição e a responsabilidade total dos próprios jovens em relação ao seu futuro e ao da sociedade como um todo, e nem o é, também, atribuí-lo aos "velhos", ou seja, aos pais desses jovens, ou ainda, apenas às condições de trabalho e ao desenvolvimento socioeconômico. Ao que parece, essas concepções já deixaram de ser excludentes, porém outros fatores devem ser considerados, para que não se caia num reducionismo teórico em relação às mudanças e aos processos sociais.

Os jovens e a transformação da sociedade: otimismo ou pessimismo?

Estando qualquer sociedade e, sobretudo, a moderna em constantes mudanças, a juventude constitui, para Karl Mannheim,[21] "um dos mais importantes recursos espirituais latentes para a revitalização de nossa sociedade. Ela tem de tornar-se a força desbravadora de uma democracia militante", sem autoritarismo e sem diferenças irreconciliáveis, pois "o ideal deve ser a cooperação mútua", e isso os adolescentes aprendem nos grupos de experiências comuns, organizados no espírito de solidariedade e cooperação, amante da paz e conciliador. Ele diz ainda que os jovens constituem os recursos latentes da "revitalização" da sociedade, na medida em que esta cria as condições econômicas, sociais e políticas para que eles a possam concretizar; porém, nas sociedades em que as forças revitalizadoras da juventude são impedidas de se integrar num movimento e numa organicidade ou são negligenciadas e desencorajadas por primar pela tradição e prestigiar os mais velhos, então essas potencialidades da juventude tenderão

---

[20] Apud SPRINTHALL, N.; COLLINS, W. *Psicologia do adolescente*, p. 15.

[21] MANNHEIM, K. O problema da juventude na sociedade moderna. In: BRITTO, S. (Org.). *Sociologia da juventude I*, pp. 73-90.

a permanecer apenas latentes e a sociedade carecerá de dinamicidade e criatividade. As mudanças se inclinarão a ser mais lentas e a potencialidade da juventude poderá ser usada para outras finalidades que não a edificação e a renovação da sociedade.

Esse mesmo autor lembra, também, que é falso crer que a juventude tenha uma índole progressista e que o jovem seja necessariamente um agente revitalizador, pois os movimentos reacionários ou conservadores também formam organizações juvenis. Ele diz que a juventude não é nem progressista nem conservadora por índole, porém é uma potencialidade pronta para qualquer nova oportunidade. Para ele, o rumo que a juventude irá tomar depende da estrutura social ou das influências orientadoras e diretoras vindas de fora.

Quando, em 1985, as Nações Unidas declararam o Ano Internacional da Juventude, diversas novas pesquisas sociológicas foram feitas sobre a realidade da juventude. Constatou-se, na ocasião, em países cujo processo de industrialização encontrava-se em estágio mais avançado, como Holanda, Inglaterra e Estados Unidos, que os jovens não estão seguros quanto ao seu futuro, dominando neles um pessimismo e um cinismo, e as suas preocupações maiores estavam relacionadas aos governos, à ameaça nuclear, aos danos ecológicos e ao desemprego, revelando dessa forma uma crise de sentido. Essa crise aparece não apenas nos jovens, mas também nos adultos e nas instituições sociais e religiosas.

Segundo Dayrell & Carrano, a pluralidade de circunstâncias que caracterizam a vida juvenil exige que incorporemos o sentido da diversidade e das múltiplas possibilidades do sentido de ser jovem, para que se possamos desconstruir as concepções de juventude frequentemente calcadas em um modelo de jovem típico e ideal. Para eles "a pluralidade de circunstâncias que caracterizam a vida juvenil exige que os estudos incorporem o sentido da diversidade e das múltiplas possibilidades do sentido de ser jovem".[22]

Emancipação conceitual da juventude

E para falar de juventudes, faz-se necessário um alargamento de diversas ciências, especialmente das que estudam o ser humano e a sociedade, a fim de que possam considerar "os jovens" como um objeto de estudo. Os jovens como sujeitos de estudo dos jovens é um passo seguinte, pouco considerado até o momento.

---

[22] Cf. DAYRELL, J.; CARRANO, P. C. R. *Jovens no Brasil: difíceis travessias de fim de século e promessas de um outro mundo*. Disponível em: <http://www.cmpbh.com.br/arq_Artigos/JOVENS%20BRASIL%20MEXICO.pdf>. Acesso em: 02 set. 2009.

Depois de Rousseau, foram necessários mais dois séculos para que a juventude adquirisse emancipação conceitual. Na primeira década do terceiro milênio cristão, as teses e construções teóricas em torno da juventude multiplicaram-se consideravelmente. Diante da pluralidade de culturas juvenis, ainda não parece sensato nem possível uma teoria geral sobre juventude. Segundo José M. Pais, "não há, de fato, um conceito único de juventude que possa abranger os diferentes campos semânticos que lhe aparecem associados".[23]

Uma das referências da história da juventude no Ocidente, como para quase todos os conceitos da modernidade, é a Revolução Francesa. A perspectiva da laicidade na educação, no âmbito jurídico e em diversas outras instituições, em ruptura com o *Ancien Régime,* foi-se consolidando desde então. Concepções românticas, religiosas, moralizantes e idealistas do ser humano foram cedendo espaço para conceitos racionalistas e positivistas. A juventude passa a ser reconhecida como uma realidade que se depreende do ser humano generalizado, da mesma forma que as ciências positivas vão ganhando autonomia em relação à teologia e à filosofia. Aos poucos, os olhares também se multiplicam e se especializam em torno dos novos objetos de estudo que são criados. A multiplicação e a emancipação de novas ciências permitem ver a realidade na sua diversidade e faz com que os olhares mais genéricos e abstratos cedam lugar aos que se consolidam como portadores de maior objetividade.

Antes da tomada do poder pela burguesia francesa, a juventude estava, em geral, subordinada à família, à Igreja ou ao exército. Dela se esperava algo que entrasse na fase da vida adulta. Antes disso, entendia-se que ela estava no tempo da espera, da preparação para a vida, da dependência e da incerteza. Nas famílias da aristocracia, dominava a lei da progenitura, sendo que o patrimônio era transmitido *in totum* ao primogênito. Aos demais, cabia o papel de servos no próprio ambiente familiar ou, para aqueles que conseguiam emancipar-se da família, era-lhes permitido adentrar na carreira religiosa ou militar. O acesso ao jogo, à vida amorosa, às expedições guerreiras ou às viagens para outras nações ou continentes era um luxo ou privilégio da juventude da nobreza. Para a classe trabalhadora, nem sequer havia adolescência e, muito menos, juventude no sentido "prazeroso" do termo. Desde a mais tenra idade, eram obrigados a enfrentar a dura jornada do trabalho na condição de aprendizes, de escravos ou de "vocacionados" para o trabalho, ou predestinados para o sofrimento.

---

[23] PAIS, J. M. *Culturas juvenis*, p. 36.

A necessidade de pertencimento, de certo exclusivismo, de segurança, de desindividualização e de regras, emoções, sentimentos e compromissos comuns aproxima os jovens em tribos, gerando assim um diferencial identitário. Segundo Maffesoli,[24] emergem na atualidade "entidades alternativas ao indivíduo. [...] trata-se de um estar-junto grupal que privilegia o todo em relação aos seus diversos componentes".

Conexões de jovens descendentes do Contestado com outras realidades

Para compreender os jovens descendentes do Contestado e suas conexões com outras realidades juvenis, é preciso trilhar os caminhos historiográficos já percorridos em vista de um maior conhecimento da juventude como um todo. É necessário passar por uma revisão bibliográfica, observando as pesquisas e os constructos teóricos já realizados. Por mais que o método até aqui percorrido procurasse seguir mais pela via indutiva, das particularidades para as reflexões mais genéricas, doravante, considerando a importância da dialética, far-se-á o caminho inverso, confrontando-se assim os conceitos já existentes sobre juventude com as reflexões supracitadas, relacionadas a jovens do Contestado. Nesse sentido tem-se uma reflexão de Walter Jaide que articula o jovem e o seu tempo. Segundo ele, "uma juventude é marcada pelo seu tempo. Mas a série divergente e ambígua de possibilidades de seu tempo constitui-se mais em ambiente, adversidade, chance, estímulo para o desenvolvimento da geração jovem, que lhe está subordinada, do que em força motriz única ou mais urgente".[25]

Ele diz ainda que "a maneira pela qual a juventude deseja explicar o seu tempo não pode ser deduzida desse tempo como tal". Sendo assim, o "espírito de uma época" não é necessariamente determinante do "espírito da juventude" daquela mesma época, até porque entre os jovens se encontra um espírito rebelde, inconformado, desadaptado e que procura resistir, fugir ou romper com as "manobras" e o controle que se tenta exercer sobre ele. É também nesse sentido que os jovens procuram ser protagonistas e não apenas reflexos de seu tempo. Se, por um lado, os jovens são vítimas de uma tradição cultural ou de um "espírito de época", por outro, eles "encontram-se desadaptados neste mundo", desprezando umas e incorporando outras formas culturais, de maneira a formar o "seu" próprio mundo. De qualquer forma, ao abordar os jovens brasileiros do século XX, faz-se

---

[24] MAFFESOLI, M. *A transformação do político*, p. 153.

[25] JAIDE, W. As ambiguidades do conceito de "geração". In: BRITTO, S. (Org.). *Sociologia da juventude II*, p. 19.

necessário considerar elementos estruturais e conjunturais dessa mesma sociedade na qual se encontram os jovens.

Jovens como resultado das culturas

Certas formas de dança coletiva expressam uma verdadeira descida dos jovens às "catacumbas" para ouvirem e dançarem músicas desprezadas pelos adultos, procurando, a partir do "caos", da "crise" e do lúdico, reencontrar a ordem e o sentido da vida. Assim, também, ao adentrar em uma cultura, o pesquisador pode perceber as raízes históricas, os movimentos de expansão e de contração, bem como as tendências que ela apresenta. Já falar de jovens é falar de algo muito mais complexo que um jogo de xadrez. Entre eles aparece o não determinístico, o inacessível, o mistério, a dinamicidade dos movimentos; das mesmas causas nem sempre emergem as mesmas consequências, e ainda poder-se-ia considerar algo de autorregulador e de autopoiético na vida dos jovens.

Muito se tem falado, nos últimos anos, sobre culturas juvenis e em outras terminologias semelhantes. Duas vertentes ou duas tendências foram as que apresentaram maior número de reflexões nesse sentido. Uma que percebe os jovens como resultado das culturas, sendo este capaz de reproduzi-la em seu cotidiano sem lhe proporcionar significativas mudanças, e outra que procura captar a cultura dos jovens, sendo estes capazes de ressignificar a cultura recebida das gerações anteriores, imprimindo-lhes até mesmo uma dinâmica capaz de transformá-la, deixando para as novas gerações uma cultura diferente daquela herdada. Ao que parece, nem uma nem outra dessas análises são capazes de convencer os leitores de maneira razoável. O caminho do meio, da dialética, da pista de mão dupla é o que tem tido maior receptividade recentemente. O jovem não é nem tão somente vítima ou resultado nem também sujeito absoluto das mudanças culturais contemporâneas. A compreensão da relação entre juventude e cultura passa não apenas pela relação entre ambas, mas também pela interseção destas com os demais fatores estruturantes da sociedade.

As definições são sempre insuficientes, pois a juventude é complexa

Não existe uma fórmula, uma receita ou um conceito suficientemente capaz de definir a juventude. Uma definição é sempre insuficiente, porém diversas instituições dependem de uma formatação mínima, de uma delimitação conceitual razoável, a fim de tornar possível algum tipo de ação correlacionada ou voltada àquilo que *a priori* ganha um significado ou uma interpretação.

O atual processo de globalização tem influenciado consideravelmente na configuração da juventude. Se é verdade que há um projeto de homogeneização das culturas, esse mesmo projeto incorpora ou abre lacunas para o descobrimento da heterogeneidade cultural. Por um lado, se são estabelecidos os padrões de consumo e as possibilidades desiguais de acesso aos bens produzidos, por outro, esses mesmos elementos ficam expostos e são assimilados pela juventude que, diante desse processo, constitui-se em primeiro destinatário-consumidor ou em sujeito crítico do processo de globalização. Essas duas possibilidades de percepção da juventude não são as únicas. Para melhor compreendê-la, faz-se necessário considerar, além da biografia individual e da configuração familiar, a interconexão de múltiplos fatores correlacionados ou articulados "em torno" da juventude, tais como as influências históricas e culturais, a dimensão psicossocial, os ganhos e perdas, avanços e retrocessos políticos, econômicos, tecnológicos e científicos, as forças em disputa por bens e espaços e os acúmulos e as carências organizacionais, as classes sociais, entre outros.

Pertencer a uma classe social

A pertença a uma ou outra classe social se traduz em identidades diferentes aos jovens. No atual processo de globalização da cultura e da economia, a família e a escola aparecem, para os que possuem maior poder aquisitivo, como algo fundamental, natural, necessário e inevitável no seu projeto de vida e construção identitária. Os jovens empobrecidos experienciam essas instituições e processos como fomentadores de sonhos e frustrações. Para estes, ao invés de a família aparecer como rede de proteção e formação de identidade, e a escola como um eixo central, a família lhes exige trabalho para o sustento e a escola lhes é um peso. Antes de pensar no futuro que a escola lhes possibilitaria, sentem-se obrigados a lutar pela sobrevivência no momento presente. Esses jovens são forçados a antecipar seu processo de adultização, inserindo-se precocemente no mercado de trabalho. Já os jovens de maior poder aquisitivo tendem a adiar o tempo da juventude, tanto pelo lado do desfrute de uma vida prazerosa e sem grandes preocupações e responsabilidades, quanto pelo interesse de melhor se capacitarem e se qualificarem profissionalmente.

Mas não é somente o fato de pertencer a uma ou a outra classe social que faz mudar a identidade de um jovem. Múltiplos fatores interagem, dando um caráter dinâmico, líquido e mutável à caracterização da juventude. Escorregadia, polissêmica, enigmática ou não, a juventude não deve ser "apenas uma palavra", como afirmara Pierre Bourdieu; ou será que, sendo apenas uma palavra, ela seria suficientemente abrangente e plena de significados, incontáveis como as estrelas do céu? De qualquer forma, pouco se tem teorizado sobre essa palavra, sempre em construção. Pouco se tem ouvido sobre ela desde si mesma. Os livros de história normalmente falam de heróis, de revoluções, de golpes de estado, de navegações, inovações, reformas e feitos militares, mas não citam os jovens ou a juventude, porque ela não tem sido considerada sujeito dos grandes avanços da humanidade. Na atualidade, a juventude ultrapassou os muros da compreensão enciclopédica, etária e biológica. Múltiplos olhares e conexões são estabelecidos e se fazem necessários entre ciências e experiências para se conseguir um mínimo de compreensão da juventude. Não há como pensar a juventude a partir apenas de um fator causal. Religião, cultura, economia, biografia, história, educação, gênero, geração, sexualidade, entre outros, são alguns dos fatores responsáveis pelos atuais ensaios, paradoxos, excessos, incertezas e tentativas de sínteses na construção conceitual e sociológica da "juventude" no singular.

Juventude ou juventudes?

Sendo assim, ao falar aqui de "juventude", entenda-se "juventudes" na sua rica pluridiversidade e em sua participação numa cultura fragmentada e múltipla. Dessa forma, mais do que universos juvenis, haveria "pluriversos", e estes incorporam diferentes modos de pensar, contradições internas, antagonismos, aspectos complementares, ambíguos, divergentes e convergentes, chegando-se a sugerir uma complexidade tal que os conceitos se lhes aparecem necessariamente sempre inconclusos e abertos.

De qualquer forma, não deixa de ser válida a crença de que possa haver algum centro no qual uma parcela significativa da juventude seja protagonista do novo, porém, já não é muito comum e defensável a afirmação de Walter Benjamim, para o qual "a juventude está naquele centro onde nasce o novo" e que "há novamente uma geração que deseja superar a encruzilhada [...]". Ao que parece, na atualidade não haveria nem "uma" juventude, nem "um centro", nem "uma" encruzilhada definida prestes a ser superada. Assim como o é a sociedade, carregada de heranças e possibilidades, complexa, ambígua, plural, dinâmica, multiforme, heterogênea, atravessada por contradições, continuidades, descontinuidades, rupturas e instituições legitimadoras, valores, controvérsias, encruzilhadas definidas e indefinidas, objetivas e subjetivas, simbólicas e reais, assim também o é a condição juvenil. É nesse sentido que José Machado Pais sugere que,

> perante estruturas sociais cada vez mais fluidas, os jovens sentem a sua vida marcada por crescentes inconstâncias, flutuações, descontinuidades,

reversibilidades, movimentos autênticos de vaivém: saem da casa dos pais para um dia qualquer voltarem; abandonam os estudos para os retomar tempos depois; encontram um emprego e em qualquer momento se veem sem ele; suas paixões são como "voos de borboleta"' sem pouso certo; casam-se, não é certo que seja para toda a vida… São esses movimentos oscilatórios e reversíveis que o recurso à metáfora do ioiô ajuda a expressar. Como se os jovens fizessem de suas vidas um céu onde exercitassem a sua capacidade de pássaros migratórios.[26]

Ao pensar nas inconstâncias, nos "divórcios" e nas possibilidades de uma vida cíclica ou não linear dos jovens, tem-se um sentido plural no qual há que se considerar tanto a complexidade do fenômeno quanto a especificidade das realidades juvenis, a partir de si mesmos, a fim de não se repetirem erros teóricos e metodológicos na práxis junto aos jovens. Para isso, as pesquisas sobre juventude devem considerar, em primeiro lugar, o que os próprios jovens pensam, como interpretam as suas experiências, o que sentem, dizem e fazem.

Outros Quinhentos?

Por ocasião da celebração dos 500 anos da primeira missa no Brasil, em Porto Seguro, um jovem índio pataxó Jerri Adriani Santos de Jesus, de 24 anos de idade, também chamado de Matalauê, interrompeu a cerimônia e declarou: "500 anos de sofrimento, de massacre, de exclusão, de preconceito, de exploração, de extermínio dos nossos parentes, de aculturamento, de estupro das nossas mulheres, de devastação de nossas terras e de nossas matas, que nos tomaram com a invasão".

O mito da Terra sem Males, dos Guaranis, foi sendo transformado em instrumento de resistência ao colonizador. Esse mito passou a ser ressignificado e, entre outras coisas, a incluir a luta por reaver as terras expropriadas pelo colonialismo… Convertida em baluarte da resistência indígena ao colonialismo, a busca da Terra sem Males absorveria, no entanto, elementos do catolicismo e, a partir dessa busca, os ameríndios foram elaborando sua antítese ao colonialismo. Nesse sentido, Vainfas sugere que houve um processo aculturador de mão dupla, e não uma simples assimilação dos valores ocidentais pelos nativos… Os jesuítas também foram forçados a moldar sua doutrina e sacramentos conforme as tradições tupis. Houve, portanto, uma verdadeira guerra – simbólica e cruenta – travada no Brasil quinhentista, e não apenas assimilação por um lado e imposição cultural, por outro.

---

[26] PAIS, J. M. Buscas de si: expressividades e identidades juvenis. In: ALMEIDA, M. I. M. de; EUGENIO, F. (Org.). *Culturas jovens, novos mapas do afeto*, p. 8.

Portugueses, franceses, espanhóis, ingleses e outros mais, ao virem à América, estavam sujeitos a essa aculturação às avessas, "indianizando-se" ao invés de impor sua cultura aos nativos. Sobretudo nos primeiros tempos da presença europeia na América, eram todos muito dependentes dos índios, e da cultura nativa, para andar pelos matos, descobrir os caminhos, buscar remédios e alimentos... sobreviver. De qualquer forma, Vainfas também lembra que "no final do século XVI, a Bahia comemora um tempo de levante indígena, incêndios e saques [...] parecia indicar o clímax das hostilidades recíprocas entre os portugueses e ameríndios da Bahia". Referindo-se aos mamelucos, ele afirma que seu papel foi realmente essencial na história da colonização portuguesa no Brasil. Foram eles que alargaram as fronteiras lusas para além da linha de Tordesilhas, engrossando as bandeiras à cata de ouro, pedras preciosas e escravos índios, no que sempre despertaram a ira dos jesuítas. Foram eles que marcharam nas "conquistas" portuguesas do "gentio indômito", interiorizando a colonização.

Da mesma forma que os mamelucos, também os caboclos do Contestado foram criados por mães índias e herdaram o *savoir faire* necessário às lides do sertão. Herdaram o conhecimento da geografia, de utilizar ervas terapêuticas com a desenvoltura de curandeiros; herdaram o saber de técnicas guerreiras, o conhecimento da língua "a mais geral falada na costa do Brasil", sendo também intérpretes do colonizador. Ambos se foram constituindo enquanto ambivalência cultural; meio índios, meio brancos, eram homens culturalmente ambíguos, híbridos. Alguns lutavam junto ao índio contra os seus inimigos; outros ajudavam os portugueses ou o exército em seus resgates e massacres. No primeiro reduto de Taquaruçu, ao visitar os caboclos, frei Rogério foi insultado, mas também os mamelucos já haviam aprendido a enfrentar os padres da Companhia de Jesus sem a menor cerimônia. Eles tentavam dissuadir os indígenas a não seguir os padres e a se submeter ao projeto dos colonizadores. Em meio a esse confronto de "catequeses", de linguagens e projetos diferentes, aos índios cabia um esforço maior por compreender, filtrar e, por fim, a se armar contra a colonização escravocrata, a exemplo do que já foi citado na luta dos Guaranis, liderada por Sepé Tiaraju.

No Brasil, nos inícios do século XVI, foi imposta aos povos indígenas, por parte dos colonizadores portugueses, a possibilidade de optarem por três caminhos: o do trabalho escravo, o do suicídio ou o do massacre. Em geral, eles não aceitaram a escravidão, resistiram, rebelaram-se, mataram e morreram em defesa de seus costumes e tradições. Geralmente abençoados pela religião oficial romana, os colonizadores queriam escravos e riquezas. Como pouco conseguiram com os povos autóctones, que geralmente eram defendidos contra a cobiça, pelos jesuítas, nas reduções, eles implantaram um sistema de escravidão com pessoas originárias da África.

Mesmo com todo o processo da secularização e a instituição do Estado laico, nunca se perderam alguns aspectos religiosos, forjados no início da formação das sociedades modernas, pautadas nos moldes do iluminismo. Entre eles, temos a magia, a organicidade, o caráter popular e a ética cristã. O processo de secularização não se deu igualmente em todas as sociedades; no caso do Brasil, ela aconteceu tardiamente, acompanhando o movimento de modernidade que também é tardio. Assim se entendem os dois lados da história do Brasil: por um lado está o fato de que "os habitantes originais deste continente e suas civilizações foram massacrados em nome da cruz, e a expansão colonial levou consigo para a África e a Ásia o Deus dos brancos, e constituições se escrevem invocando a vontade de Deus, e um representante de Deus vai ao lado daquele que foi condenado a morrer...".[27] Nesse sentido, o cristianismo, também para os negros africanos, significou mais imposição e morte do que libertação e vida. Por outro lado, é inegável a experiência do uso do catolicismo em movimentos populares como o Contestado, Canudos, Juazeiro, os redutos, os quilombos, as irmandades, os movimentos sociais, frutos da resistência cultural dos povos indígena, africano, mestiço, entre outros.

Vale mencionar aqui, como exemplo, as lutas e os movimentos liderados por Martin Luther King na década de 1950 e 1960, nos Estados Unidos, pelos direitos civis dos negros, combatendo as injustiças e a discriminação racial presentes na sociedade norte-americana, tendo como fundo e inspiração os princípios cristãos. Esse movimento serviu de estímulo a diversas organizações populares, pastorais e grupos de jovens, artistas, estudantes, religiosos e outros, também no Brasil, tidos como iniciativas de resistência e combate ao racismo, à exclusão social, ao trabalho escravo e a tantas outras formas de discriminação e exploração presentes na sociedade.

Na era colonial e do Império, a lei do Padroado dominava. Ligou trono e altar, cruz e espada. Os indígenas foram sendo escravizados ou dizimados pelo trabalho pesado, pelas doenças, pela desestruturação cultural, por guerras e massacres. O que aconteceu no dia 19 de abril de 1997 com o índio Pataxó Galdino de Jesus, em Brasília, é mais uma das tantas formas de continuidade da violência e extermínio, não somente com relação aos indígenas, negros e caboclos, mas também aos jovens das classes populares,

---

[27] ALVES, R. *O que é religião?*, p. 51.

de quem sistematicamente são tiradas as terras, a possibilidade de viver dignamente no campo ou na cidade, a razão de viver e até mesmo a própria vida. Pode-se supor que a concepção que os jovens assassinos tinham do índio Galdino era a mesma que as elites intelectuais e governamentais tinham dos caboclos do Contestado.

1.2.1 Protagonismo juvenil na primeira metade do século XX

Desenvolvimento biológico do ser humano

Entre o final do século XIX e inícios do século XX, a ideia de que a educação era responsável por formar cidadãos e profissionais já se havia consolidado. A família já não tinha grande poder sobre os filhos e a própria ideia de moralidade ia passando da esfera privada para o âmbito da educação pública, quando se atribuía à escola a responsabilidade da formação cidadã, profissional e racional.

Stanley Hall, no início do século passado, apegado a uma análise mais biológica da puberdade, entendia que a própria identidade do jovem se forma através de um processo no qual o sujeito assume identidades diferentes, em momentos diversos; identidades que não são unificadas ao redor de um "eu" coerente. Segundo ele, haveria uma natureza humana sobre a qual seria possível compreender o desenvolvimento mental do ser humano como equivalente, sendo situado na mesma fase da evolução ou do desenvolvimento biológico. Nesse caso, seria mais fácil construir uma teoria geral da adolescência ou da juventude, porém, ao adentrar-se nas diferentes realidades e identidades dos jovens, uma teoria geral parece cada vez mais difícil. Como pensar no desenvolvimento mental do adolescente, quando um é nascido em meio a uma realidade familiar estruturada sobre a discriminação, a violência, a exploração, a devassidão, a corrupção e a miséria, e outro nascido em meio a uma família e a uma comunidade estruturadas sobre os valores éticos, os princípios cristãos, a prática da solidariedade e a valorização do trabalho e do trabalhador?

Fato é que a sociologia da juventude não caminhou na direção de uma possível homogeneização teórica, fundada na biologia, sobre a adolescência ou a juventude, mas, sim, para uma abertura cada vez maior à diversidade de concepções. Um jovem europeu, outro americano e outro africano, mesmo estando na mesma faixa etária, foram cada vez mais conhecidos a partir das suas diferenças culturais do que nos seus aspectos comuns, sejam eles biológicos ou psicológicos. Outras diferenças entre jovens operários e estudantes, jovens do meio rural e do meio urbano, do sexo masculino e do sexo feminino, entre outras, aos poucos foram sendo consideradas.

Sociologia da juventude

Em geral, dentro de uma perspectiva sociológica, os conceitos de juventude reconhecem a importância das diferentes épocas e processos sociais da juventude, bem como a sua dimensão cultural e relacional, que ganham conotações e roupagens diversas no decorrer da história. Sendo assim, pode-se dizer como Bourdieu[28] que nem a juventude nem a velhice estão definidas, mas elas se constroem socialmente na luta entre jovens e velhos. Nesse sentido, vale lembrar um mito melanésio, segundo o qual,

> no começo os homens nunca morriam, mas quando atingiam determinada idade eliminavam a pele como as cobras e os caranguejos, e tornavam-se jovens outra vez. Depois de certo tempo, uma mulher que estava ficando velha foi a um regato para mudar de pele. Desfez-se da pele velha lançando-a à água e notou que ao ser levada pela corrente a pele ficou presa num galho seco. Depois voltou para casa onde tinha deixado o filho. Este, contudo, recusou-se a reconhecê-la, e disse chorando que sua mãe era uma velha, diferente dessa jovem estranha; e assim, a fim de acalmar a criança, a mãe voltou ao regato em busca de seu tegumento eliminado e vestiu-o novamente. Desde então os seres humanos deixaram de eliminar a pele e começaram a morrer.[29]

É comum considerar a juventude como um período anterior à idade adulta e posterior à infância e adolescência. Sendo assim, seria uma faixa de idade ou um período de vida no qual a pessoa passa por diversas transformações físicas e psicológicas que o tornam capaz de superar o tempo da infância e adentrar no mundo adulto. Dessa maneira, seria suficiente um conceito provindo da biologia; no entanto, por ser este considerado excessivamente restritivo, Allerbeck e Rosenmayr[30] entendem que "la juventud se encuentra delimitada por dos procesos: uno biológico y otro social. El biológico sirve para establecer su diferenciación con el niño, y el social, su diferenciación con el adulto".

Ao observar a dimensão social de juventude, Helena Abramo considera a variabilidade dessa noção, ao afirmar que

---

[28] Cf. BOURDIEU, P. *O campo econômico*: a dimensão simbólica da dominação, p. 164.

[29] ELIADE, M. *O conhecimento sagrado de todas as eras*, p. 95.

[30] ALLERBECK, K.; ROSENMAYR, L. *Introducción a la sociología de la juventud*, p. 21.

a definição do tempo de duração, dos conteúdos e significados sociais desses processos se modificam de sociedade para sociedade e, na mesma sociedade, ao longo do tempo e através de suas divisões internas. Além disso, é somente em algumas formações sociais que a juventude configura-se como um período destacado, ou seja, aparece como uma categoria com visibilidade social.[31]

Se uma definição biologizante fosse suficiente, então se haveria de aceitar que um jovem da zona rural, outro da cidade, outro da classe rica, outro do sexo feminino e outro indígena, tivessem todos a mesma significação, e um critério universal pudesse ser válido para todos e em qualquer época. É nesse sentido que Feixa[32] lembra "de 'los púberes' de las sociedades primitivas sin Estado, los 'efebos' de los Estados antiguos, lo 'mozos' de las sociedades campesinas preindustriales, los 'muchachos' de la primera industrialización, y los 'jóvenes' de las modernas sociedades postindustriales". Essas palavras não podem ser traduzidas apenas em nomes ou linguagens diferentes; há que se considerar, também, a variação dos significados inerentes a cada uma dessas palavras. E, para além disso, faz-se necessário considerar também elementos do cotidiano de cada jovem e as normas mais ou menos codificadas ou ritualizadas que o grupo social estabelece para os seus membros.

Em certas culturas, as diferenças entre jovens são mais visíveis que em outras. Em geral, as diferenças aparecem mais se um jovem é casado ou não, se um jovem serviu ou não o exército, se participa ou não de determinado grupo, se ele tem ou não um diploma universitário, um emprego, algum capital, se ele vive ou não com a família, se ele exerce ou não alguma liderança reconhecida socialmente, se ele aderiu ou não a determinados ritos de passagem. Especialmente no mundo urbano, não há um momento ou um rito que estabeleça a passagem da infância para a vida adulta.

Como entender as patologias da juventude?

Os fundadores da sociologia e, no caso do Brasil, os sociólogos da primeira metade do século XX, estavam à procura das causas sociais da grande mudança social a que assistiam e dos possíveis remédios para as anomalias e patologias sociais e para os efeitos assoladores do tecido social que acompanhavam, na passagem da sociedade tradicional para a industrial. Ao procurar explicar a sociedade de maneira homogênea, os aspectos "antissociais", aberrantes ou divergentes da ordem preestabelecida aparecem como preocupação básica da sociologia. É nesse sentido que os jovem

---

[31] ABRAMO, H. W. *Cenas juvenis*, p. 1.

[32] FEIXA, C. *De jóvenes, bandas y tribus*, p. 18.

surgem como sendo um desses elementos que necessitam de "tratamento especial", de estudos avançados, e, assim, a juventude vai ganhando estatuto de categoria sociológica. Tal como outros segmentos da sociedade, ou elementos anômicos dela, os jovens são recebidos como tendencialmente diversos do esperado pelos processos de aculturação, padronização e busca de consensos, emergindo na pesquisa sociológica a preocupação com esses segmentos que se apresentam diversos, destoantes, propensos a rupturas e a descontinuidades em relação à socialização preconcebida para o conjunto da sociedade.

Ao pensar nas diferentes formas de socialização dos jovens, no conjunto da sociedade, não se pode esperar que isso aconteça apenas de maneira passiva e assimilacionista, mas relacional, dinâmica, dialética, permanente e processual. Dessa maneira, o segmento juvenil tende a ser menos interpretado como adaptado e subordinado e mais como desviante da ordem e das normas sociais estabelecidas. Abramo[33] entende que, ao longo de todo o século XX, "as questões da delinquência, por um lado, e da rebeldia e da revolta, por outro, permanecem como chaves na construção da problemática da juventude". Dessa maneira, os problemas que se atribuíam à juventude seriam mais problemas sociais do que da juventude.

A condição juvenil e a corrente geracional

Segundo Pais,[34] para uma maior compreensão das condições juvenis há que se passar por três correntes sociológicas: a geracional, a classista e da cultura juvenil. Destacando, aqui, a corrente geracional, já que as demais serão abordadas mais adiante, esse mesmo autor considera a juventude uma fase da vida e questiona nela as permanências e descontinuidades dos valores herdados das gerações anteriores. Sobressaem, nessa análise, as crises e os conflitos geracionais e a capacidade de a juventude criar uma consciência de sua própria geração. Em parte, a realidade enfrentada por uma nova geração não é a mesma enfrentada pela geração que a precedeu, havendo, assim, continuidades e descontinuidades, situações problemáticas e harmônicas, ameaçadoras e respeitosas. Essa condição juvenil parece perder certa relevância na atualidade, já que os conflitos geracionais parecem não mais gerar revoluções como se pretendia outrora, e também o "ser jovem" não é mais causa de conflito, e, sim, de desejo geral.

De fato, a sociedade moderna marca uma mudança radical também no âmbito geracional. Durante séculos, o regime do *pátrio poder* procurou

---

[33] ABRAMO, H. W. *Cenas juvenis*, p. 10.

[34] PAIS, J. M. *Culturas juvenis*, pp. 6; 40.

impor uma absoluta submissão dos jovens aos pais. Não poucas vezes, os filhos protestaram contra esse poder, aparecendo aí uma relação conflituosa, chegando ao ponto de os próprios pais temerem ou até serem levados à morte por parte dos próprios filhos. A gestão do patrimônio familiar era centrada totalmente no pai, sendo que, ao filho, nada cabia administrar nem dele desfrutar até que o pai morresse.

Não apenas a questão do patrimônio econômico, mas também do capital sexual afetou de maneira drástica a sociedade, sobremaneira antes de meados do século XX. Havia um terrorismo sexual contra os jovens que acompanhava a revolução industrial. A masturbação e os prazeres da carne eram duramente reprimidos. Chegou-se até a instituir nos EUA uma sociedade cirúrgica na qual se combatia a masturbação pela amputação do pênis e do clitóris. Promoviam, em comum acordo, padres, educadores, pais, médicos, moralistas e até mesmo certos movimentos de jovens, uma verdadeira castração dos adolescentes. E isso foi até meados do século XX, quando o exercício da sexualidade era permitido apenas para os adultos. Com o desenvolvimento tecnológico, industrial e científico, especialmente a partir desse período, no caso brasileiro, muitos jovens saíram do campo para a cidade para ingressar em universidades e/ou no mercado de trabalho urbano, acelerando assim o seu ingresso ao mundo adulto e autônomo, inclusive no campo da sexualidade. Caso não conseguisse adentrar no mundo do trabalho, a repressão da sexualidade era ainda mais feroz por parte da família. A vida adulta era-lhe ainda mais impedida no campo da sexualidade quando o jovem não havia alcançado autonomia no mundo do trabalho. Logo, a marginalização dessa parcela da juventude se tornara mais visível e acentuada, favorecendo a multiplicação de rebeliões e revoltas nesse período.

Diante das guerras: o radicalismo, a boemia e a delinquência

Devido à inquietação geral da sociedade provocada pela juventude, nas décadas de 1920 e 1930, a Escola de Chicago desenvolveu estudos sobre as tradições ocultas da juventude, tais como o radicalismo, a boemia e a delinquência;[35] fenômenos "contraculturais" ora considerados diferentes

---

[35] Cf. MATZA, D. As tradições ocultas da juventude. In: BRITTO, S. (Org.). *Sociologia da juventude III*, pp. 86 a 102. A delinquência, segundo Matza, comporta a aventura, o perigo, o desrespeito às leis, a ousadia, o culto à proeza, o roubo, o vandalismo, o "machismo" inclusive com expressões de brutalidade, uma busca incansável de excitação, de "sensações" ou "emoções', um desdém ao progresso, e o dinheiro é um luxo que pode ser usado para beber, para jogar ou para outros fins conspícuos. O radicalismo se faz mais presente no meio estudantil, relacionado

modalidades de revolta da juventude, de não conformismo, de hostilidade à ordem burguesa, ora tidos como desvios no processo de socialização, falta de integração social e econômica dos grupos juvenis, fracasso geral do sistema educacional. Em princípio, todos os jovens, mas particularmente os das classes menos favorecidas, que rejeitavam os valores impostos pelas instituições socializadoras tradicionais, pré-modernas ou burguesas, eram tidos como delinquentes. Ao perceber que também uma boa parcela dos jovens ricos ou de classe média pertenciam a gangues de rua, passou-se a afirmar, nessa época, que sempre houve a agressividade e a delinquência juvenil como fenômenos praticamente normais do grupo de adolescentes ou da juventude em geral:

> na expansão de seus instintos, praticamente todos os jovens, duma ou doutra maneira, num ou noutro momento, são levados a transgredir as leis e a cometer crimes... A infância em si e sobretudo a adolescência são períodos de delinquência... por definição, em virtude de sua fraqueza e da sua ignorância, as crianças e até os adolescentes são uns inadaptados para a vida e para o ambiente dos adultos que os rodeia.[36]

É claro que a equação juventude-delinquente, além de sua conotação de normalidade, sempre teve pelo menos outras duas interpretações: o de vítimas de uma sociedade delinquente, tal como reflete a citação acima, e o de sujeitos rebeldes dignos de reconhecimento, tal como sugere F. Nietzsche,[37] ao afirmar "quanto de tão terrivelmente belo existe na ação cometida por delinquentes". Ele diz, ainda, nesse mesmo sentido, que "quem em jovem não teve o coração duro, jamais o terá como tal" e que "a objeção,

---

ao movimento socialista, no qual cabia um espírito apocalíptico, profético, ao idealismo, à crença na força do povo, dos pobres, na libertação do gênero humano a partir do Evangelho, na rebelião juvenil. A boemia aparece enquanto movimento cultural, socioartístico, musical, místico e poético, muitas vezes voltado para o proibido, o censurado, com base existencialista e romântica, tendo como elementos importantes a espontaneidade, a originalidade, o lado cigano, a pobreza voluntária, o "viver a vida" mesmo que a vida já tenha perdido a "graça", e sem se preocupar com a redenção humana e a transformação social.

[36] Essa frase, de 1942, é de Henri Joubrel, citado por ALVES DE CAMPOS, A. A. *Juventude e os seus problemas*, pp. 104s. Joubrel entendia que o desenvolvimento econômico e delinquência juvenil cresciam juntos. A sua concepção contribuiu para responsabilizar não o indivíduo, e sim a sociedade pela "falência" da juventude. Sendo assim, os jovens passavam mais como vítimas de uma sociedade delinquente que propriamente como sujeitos delinquentes.

[37] NIETZSCHE, F. *Além do bem e do mal*, pp. 85; 188; 92.

a oposição caprichosa, a desconfiança jucunda, a ironia, são símbolos de saúde". Mas, além dessas, há ainda outra concepção que faz pensar: a de um mal necessário, do perigoso útil ou do criminoso herói, tal como sugere Michel Foucault,[38] segundo o qual "por volta de 1840 surge o herói criminoso que não é nem o aristocrata nem o pobre, mas o burguês. Nos romances policiais, jamais o criminoso é popular; ele é inteligente e pode manter com a polícia uma espécie de jogo em mesmo pé de igualdade". Para Foucault "a delinquência era por demais útil para que se pudesse sonhar com algo tão tolo e perigoso como uma sociedade sem delinquência, pois sem delinquência não há polícia e, se existisse, não seria aceita". Ele lembra que "os delinquentes são úteis tanto no domínio econômico quanto no político" e que a burguesia não se interessa por eles, para a sua reinserção social, mas, sim, pelo conjunto de mecanismos que a controlam. Nesse sentido, ele cita Napoleão III, que tomou o poder graças a um grupo de delinquentes por ele manipulados em suas estratégias. Também, às vésperas do Contestado, em 1909, aconteceu o "primeiro assalto ao trem pagador" – no início de 2013 lançado em filme (documentário) de Ernoy Luiz Mattiello (VMS produções cinematográficas), o qual transforma o Zeca Vacariano (José Antônio de Oliveira), outrora tido por bandido e assaltante sanguinário, em herói, em ídolo.

Crise juvenil, um mito

A crise juvenil, relacionada com a revolta, tornou-se um mito, principalmente a partir da primeira metade do século passado. Um mito que se "reificou", tornando-se verdade indiscutível. Esse mito pode ser entendido como uma espécie de válvula de escape ou como um bode expiatório da sociedade moderna capitalista que, com suas crises e contradições, só poderia também projetar-se na própria juventude, e por que não lhe atribuindo também a culpa das desordens, esquizofrenias e anomalias dessa mesma sociedade. Segundo Pierre Furter,[39] no início do século passado, houve uma aceitação generalizada dessa "originalidade" dos adolescentes e a própria literatura "foi invadida por adolescentes revoltados, repleta de descrições de 'crises' mais ou menos violentas [...]".

As duas guerras mundiais deixaram marcas profundas na juventude da primeira metade do século XX. Não foram eles que acionaram as guerras, mas foram os principais envolvidos e violentados por elas. Os impérios coloniais caem e o mapa do mundo é redesenhado. As crises econômicas e

---

[38] FOUCAULT, M. *Microfísica do poder*, pp. 136s; 186.

[39] FURTER, P. Juventude e tempo presente, p. 335.

"tornados" da política geraram mais de 100 milhões de mortos, comunidades inteiras arrasadas, migrações sem rumo, inchaço nas cidades, ameaças de destruição total do planeta. Os "tornados" da política e das guerras ameaçaram toda a sociedade e criaram profundas crises e rupturas históricas, geopolíticas, sociais e intergeracionais. Derrubaram-se os muros das antigas identidades e tradições e elas se diluíram em inúmeras outras formas e se dinamizaram em interconexões diversas. A memória coletiva do passado é desprezada, reduzida ao folclore ou a lembranças esvaziadas de sentido e os padrões de convivência social e geracional são quebrados. "Quase todos os jovens de hoje crescem numa espécie de presente contínuo, sem qualquer relação orgânica com o passado público da época em que vivem."[40]

As duas guerras mundiais revelam a instabilidade e a crise de um sistema e de uma época. O jovem projetado como "todo-poderoso" nas ditaduras nazifascistas ou do mercado, passa a ser representado como frágil, feito de carne e osso, dado a loucuras utópicas, membros de uma sociedade degenerada, vítimas dessa mesma sociedade e, também, como sujeitos e protagonistas, capazes de recriar e redesenhar o mundo e a si mesmos a partir de referenciais otimistas e realistas, abrindo-se assim as portas para uma nova identidade e cultura juvenis. Dessa forma, a luta entre gerações, as questões culturais e de gênero, voltam a ter relevância equivalente à da luta de classes.

Participação política "dos" e política de consumo "para os" jovens

Ao final das duas guerras, os jovens começaram a ser reinterpretados como sujeitos de direitos e como sujeitos de consumo. A necessidade de massificar a educação ou a escolarização, inclusive secundária e superior, torna-se um traço de muitos países ocidentais. Entre eles, os EUA, primeiro com as pesquisas de Talcott Parsons e, depois, com Edgar Morin, começam a elaborar conceitos de juventude, construindo o "fato juvenil", como fato social e não apenas como sendo constituído de indivíduos jovens. Logo mais, o mercado jovem passa a ser conhecido e, especialmente, os estudantes passam a se constituir em importante força de mobilização social e política.

Apenas para citar um exemplo de como a participação política dos jovens passou a ser um paradigma no mundo estudantil ou uma pressão por parte do mundo universitário, vale resgatar uma pesquisa realizada em meados do século passado junto a jovens estudantes da Universidade de

---

[40] HOBSBAWM, E. *A era dos extremos*, pp. 13; 24; 218; 254. HERVIEU-LÉGER, D. *Le pèlerin et le converti*, p. 78.

Frankfurt, por Habermas e outros pesquisadores, na qual perceberam que "o grupo dos estudantes ocupa posição especial, profundamente marcante", distinguindo-se mais dos jovens profissionais da mesma idade, do que da média da população geral. Essa obra considera relevantes os seguintes argumentos: que há certo retardamento do estudante para ingressar na vida adulta; as exigências objetivas e suas correspondentes adaptações são diferentes das que atingem os jovens em atividades profissionais desde os 14 ou 15 anos; os interesses "ligados à formação" dos estudantes são transitórios ou temporários; que há um sentimento de obrigatoriedade de participação política entre os estudantes; nesse sentido, dois terços deles entendem que a desobrigação em relação às questões profissionais permite uma maior participação política dos estudantes, porém, uma terça parte dos estudantes entrevistados entende que é melhor se dedicar intensa e exclusivamente aos estudos e deixar para participar da política posteriormente, quando estiver atuando na carreira profissional. Esses autores compreendem que essa "responsabilidade intelectual" dos estudantes em relação à participação política se deve ao fato de que a própria universidade insiste e até pressiona pedagogicamente nessa área. Ao questionarem, contudo, o porquê de a juventude profissional não possuir esse mesmo sentimento de "obrigatoriedade", eles perceberam que isso se devia ao próprio sistema democrático, que não teria desenvolvido, para ela, esse desejo ou essa reivindicação de participação política. Um dos dados comprovadores dessa reflexão é o fato de que, na ocasião, havia 20% dos estudantes dispostos a ingressar (ou já eram membros) num partido político, enquanto essa mesma disposição para a população geral era de 14%.

As preocupações inerentes a essa pesquisa são, fundamentalmente, sistêmicas. Uma sociedade moderna altamente especializada e burocrática tende a transformar a participação política em "política de consumo" e procura impedir ou evitar que as questões políticas sejam "perturbadoras", discutidas em espaços como o local de trabalho, o clube esportivo e, até mesmo, nos locais de formação técnica e profissional. Eles consideram que o fato de haver um elevado desinteresse, inclusive dos estudantes, para as questões políticas é também porque eles se referem a essa problemática a partir de desejos antipolíticos e da experiência pessoal e casual, que carece de valor simbólico, pois são poucas as possibilidades de participação democrática, e, em muitos casos, esta se reduz às eleições.

O alto controle da política, os partidos políticos pouco conhecidos e a organização abstrata do aparelho estatal, somados à percepção da política como esfera do impróprio, do assistencial e da autoridade anônima, como ordem de políticos e da administração racional, dificultam ou impedem uma participação maior e mais objetiva da população em geral, e, também, do estudantado; e mesmo que este estivesse mais disposto do que os demais à participação política, na prática, isso não aconteceria, sendo que uma parte deles preferia permanecer "apolítico-democrático". A disposição para o agir não correspondia nem, necessariamente, culminaria numa ação política propriamente dita.

A postergação ou rejeição do exercício da atividade política por parte dos estudantes refletia, já naquele período, certa incongruência entre as ideologias políticas e o avanço das ciências e do interesse pela capacitação e competência profissionais. Isso se comprova, inclusive, com as inúmeras lutas estudantis por melhorias intrauniversitárias, sem conexão direta com a luta por transformações sociais mais amplas ou estruturais. Enfim, o que esses pesquisadores constataram é que, mesmo havendo poucas chances de uma maior participação dos estudantes, em sua maioria, estes não transformam os obstáculos à participação política em qualificações de indiferença conformista ou de atitude consumidora apática. Dessa pesquisa com 171 jovens estudantes, chegou-se a uma caracterização política deles em seis escalas: de um lado estariam os apolíticos (13%) e irracionalmente distanciados (11%); no centro, os distanciados racionalmente (19%) e os cidadãos ingênuos (19%); e, de outro lado, os cidadãos refletidos (29%) e os engajados (9%).

Outra preocupação desses pesquisadores em relação aos estudantes é a tendência educacional de transformar as universidades em escolas técnicas superiores, equiparando formação e instrução, convertendo o próprio estudo em formas de trabalho profissional. Nesse sentido, a participação política dos estudantes tende a se esvaziar e os olhares se voltam para a competência funcional, a ambição de ascendência, a disposição de adaptar-se, cuja tônica passa a ser a utilitarista-profissional.

Resistências e rupturas juvenis diante da homogeneização cultural

Voltando às questões culturais juvenis de meados do século passado, pode-se dizer que, no caso brasileiro, as primeiras expressões de uma homogeneização cultural jovem remonta ao final da década de 1940 com a entrada da Coca-Cola, da novela de rádio e dos gibis. Nesse mesmo período, acontecem as primeiras manifestações feministas. As jovens não aceitam a caracterização pejorativa delas como ingênuas e românticas, acompanhada da exigência de jovens machões e durões à moda de Hitler e Mussolini. Os universitários começaram se tornar visíveis, também, com a luta pelo petróleo. Nesse período, o *rock'n'roll* começa a contagiar um grande contingente de jovens urbanos, e estes sofrem as consequências da Segunda Guerra Mundial e das bombas atômicas no Japão. Aos poucos, ganham mais autonomia e alimentam um otimismo derivado da ideologia desenvolvimentista que levaria aos "anos dourados".

Na década de 1940, ocorre uma mudança na concepção da juventude. O enfoque, agora, é a "normalidade" dos grupos de adolescentes e jovens. A antropologia funcionalista, cujas raízes remontam para o final do século XIX, procura conhecer-lhes as potencialidades e sua capacidade criativa, adaptativa e funcional em relação aos processos de modernização, evolução e transformação da sociedade vigente. Ao jovem, como parte de um todo social mais amplo e em desenvolvimento, é definido um lugar com funções, direitos e obrigações delimitadas, reforçados por sanções legais, religiosas e morais.

Nesse período, enfatizou-se a subcultura juvenil como aquela que abrangia toda a população jovem, culturalmente diferente da população total, e responsável, funcionalmente, pela transição para a condição adulta, pelo processo de transmissão da herança cultural e pela própria modernização e rejuvenescimento da sociedade. Logicamente que aos jovens, aparecendo como parte "diferençável" do todo social mais amplo, seria cabível atribuir-lhes também o conceito de sujeitos da inovação dessa mesma sociedade como um todo. Mas o problema ou a preocupação se dava não tanto na possibilidade de os jovens se tornarem sujeitos da inovação e transmissão da herança cultural ao todo social, e, sim, na possibilidade de ruptura, resistência e descontinuidade radical que os grupos juvenis poderiam produzir em relação ao todo social.

É justamente em relação a esses processos de rupturas, resistência e descontinuidade que, nos anos de 1950, os estudos sobre a delinquência juvenil se tornaram pertinentes a partir da Escola de Chicago, com sua proposição sobre as subculturas juvenis. Considera-se, nesse período, que o tempo livre do jovem favorece a delinquência e que lhe devem ser oferecidas experiências educativas e espaços de diversão capazes de proporcionar padrões de comportamento e de consumo, bem como novas atividades profissionais e espaços de diversão relevantes à sociedade. Libertando-se do jugo familiar, os jovens passam a buscar independência financeira e liberdade para o prazer e para consumir. Os bens culturais passam a ser projetados como fontes de gratificação imediata e desfrute do tempo livre.

Fala-se, então, dos estilos ou da estilização do fenômeno juvenil, em que emerge um estilo próprio de vestimenta, carregado de simbolismos, marcando identidades distintivas que, em muitos casos, acabam entrando em conflito com outras identidades (grupos rivais) ou com autoridades diversas. Nesse período, a tematização da juventude estava focada na falta de tempo livre para o lazer e a diversão, bem como na estrutura familiar considerada opressiva, que geravam a rebeldia juvenil.

A falta de integração pessoal e a "alienação" foram duas outras características comumente atribuídas à juventude. Essas definições partiam dos adultos que se viam como seres racionais, conscientes e integrados pessoal e socialmente. Esse entendimento dos adultos como seres humanos maduros, centrados e integrados, contudo, também passou a ser questionado e suplantado por outros, tal como o do psicólogo norte-americano Erik Erikson, que, em meados do século XX, percebeu essas características da pessoa adulta mais como um tipo ideal a ser sugerido, do que uma realidade histórica nos Estados Unidos. Ele notou que também os pais e professores eram indivíduos anônimos, ansiosos, insuficientemente caracterizados, em processo de mutação e que não passavam nem segurança nem clareza aos filhos quanto aos papéis sociais.

Nessa época, a sociedade americana deixava de insistir na ideia de formar indivíduos autocentrados e arraigados a uma tradição e passava a ensinar às crianças que o mais importante não era a unicidade da personalidade baseada em competências e habilidades ou no desenvolvimento de desejos próprios e ideais abstratos, mas, sim, na satisfação das expectativas e dos desejos dos outros, acionando desse modo a abertura para permissividade, fruição passiva, consumismo e conformismo. Essa "abertura psicológica" gerou dois outros debates relacionados aos jovens: o excesso de permissividade na escola e a crise dos valores tradicionais, especialmente no que tange à desintegração da família.

A permissividade trouxe consigo pelo menos dois debates e possibilidades de compreensão de ser humano e, por isso, dos jovens também: o questionamento sobre a essência do ser humano, como sendo fundamentalmente bom e que a sua bondade e liberdade só o poderá conduzir progressivamente para melhor; e, isso aplicado ao mundo juvenil, faz emergir dúvidas sobre as possíveis consequências de uma sociedade que centra suas atenções no indivíduo jovem, produzindo-o como sendo destinatário, protagonista e referência para os demais. Dessa forma, quando os "mais maduros" abdicam dos direitos e privilégios em prol dos "imaturos", não estaria a sociedade correndo o risco de se tornar uma sociedade de "adolescentes"?

Fato é que, de qualquer maneira, ao centrar as atenções nos adolescentes e jovens, a sociedade começa a se dar conta de que eles formam tribos, diferenciam-se, assumem posturas múltiplas e, assim, emerge a necessidade de falar em juventudes, no plural.

1.2.2 Protagonismo juvenil na Ação Católica

Juventude e contexto social

Para uma compreensão adequada dos jovens descendentes do Contestado, hoje, faz-se necessário observar elementos da cultura juvenil e conexões que essa parcela da juventude estabelece com outros movimentos ou iniciativas juvenis correlacionadas. O *Dicionário do Pensamento Social do Século XX* sugere que a compreensão da cultura da juventude deve passar por considerações sócio-históricas e biopsicológicas. Ao falar de "Movimento da Juventude" esse dicionário se refere a conceitos oferecidos especialmente pela psicologia social e a sociologia. A primeira se refere, fundamentalmente, ao "desenvolvimento de jovens que promovem conflitos com base em faixa etária", destacando "os traços de personalidade de jovens ativistas políticos". Nas considerações sociológicas, tem-se, em primeiro lugar, não o jovem, mas uma sociedade cujas rápidas transformações, estruturas, condições e oportunidades favorecem a formação de movimentos da juventude ajudando no processo de comunicação social e socialização política, entre outras.

As representações existentes na sociedade sobre a juventude são sempre incapazes de abranger a diversidade presente no cotidiano juvenil. Normalmente, as representações tendem a incorporar mais os "modelos" ou os "tipos ideais" de juventude. Esses modelos contemplam jovens "de classe" com padrão de consumo elevado, menosprezando-se a importância das representações que os próprios jovens das camadas populares fazem de si mesmos. Nem o mundo acadêmico nem os noticiários, em geral, refletem de maneira significativa a vida juvenil em termos plurais. A equação juventude e violência ainda são temas-chave da mídia e dos debates acadêmicos. Até hoje a manipulação da guerra, da violência e do sonho de paz são os dois principais objetos de consumo e de produção da mídia em escala mundial.[41] Apenas algumas poucas publicações recentes voltaram-se para as diferentes formas de sociabilidade e atuação dos jovens, bem como para as considerações que os próprios jovens fazem do seu cotidiano.

---

[41] Cf. HOBSBAWM, E. *A era dos extremos*, p. 324; FRIEDRICH, O. *A cidade das redes*, pp. 159; 340.

Para analisar com mais propriedade uma dada juventude, faz-se necessário articular sua noção à de sujeito inserido em determinada realidade social e histórica. Segundo Dayrell e Carrano,

> Construir uma noção de juventude na ótica da diversidade implica, em primeiro lugar, considerá-la não mais presa a critérios rígidos, mas sim como parte de um processo de crescimento numa perspectiva de totalidade, que ganha contornos específicos no conjunto das experiências vivenciadas pelos indivíduos no seu contexto social. Significa não entender a juventude como uma etapa com um fim predeterminado, muito menos como um momento de preparação que será superado ao se entrar na vida adulta.[42]

Referências francesas e europeias de protagonismo juvenil

Dessa forma, antes de resgatar a história e o protagonismo ou a participação social e cultural dos jovens na história do Brasil, pretende-se apenas citar algumas referências históricas e contextos de onde emerge esse protagonismo, para então reconhecer e refletir sobre os significados da realidade das práticas de participação juvenil que ocorreram no final do século XX e início do século XXI. O ponto de partida está na sociedade francesa de, pelo menos, um século antes, onde brota um conjunto de mudanças sociais e educacionais que se tornam referências para a Ação Católica no Brasil.

Insurreições, guerras, revoltas, revoluções, rebeldias, contestações e resistências marcaram a identidade da juventude europeia nos séculos XIX e XX, e essas marcas, de alguma forma, foram trazidas para o Brasil com a imigração e através de intelectuais que se formaram em universidades europeias. Entre os heróis e mártires das revoluções europeias e russas estão inúmeros jovens, registrados ou não. Tempo de mudanças ou mudança de tempo fizeram com que jovens se colocassem contra velhos, inovações contra tradições, estados contra religiões, o urbano contra o rural, o desenvolvido contra o atrasado, o cidadão contra o sertanejo, o burguês contra o camponês, o urbano-civilizado contra o silvícola, o racional contra o místico, o progressista contra o conservador, e inúmeros outros conflitos levaram a uma redefinição da identidade e dos papéis das diferentes gerações. Houve uma crise das hierarquias tradicionais consolidadas.

---

[42] Cf. DAYRELL, J.; CARRANO P. C. R. *Jovens no Brasil: difíceis travessias de fim de século e promessas de um outro mundo* (artigo). Disponível em: <http://www.cmpbh.com.br/arq_Artigos/JOVENS%20BRASIL%20MEXICO.pdf>. Acesso em: 02 set. 2009.

Segundo Eric Hobsbawm,[43] um dos fatos mais dramáticos na civilização ocidental é a dissolução dos elos sociais entre as gerações. Profetas, utópicos, reformadores e revolucionários procuram demarcar e ocupar os espaços reservados para os "novos tempos" que se delineiam, especialmente, nas arenas política e sociocultural. As bandeiras da igualdade, liberdade e fraternidade ganham diferentes maquiagens com o passar dos anos, mas permanecem referências fundamentais da história das mudanças no Ocidente. Os regimes de escravidão passam para os registros do passado histórico, mesmo que focos de escravidão permaneçam. Crises e rupturas vão e voltam, são inevitáveis. Os jovens se dividem entre aqueles que se posicionam em favor da ordem estabelecida e aqueles que se colocam ao lado das barricadas e de outros movimentos revolucionários.

Laicização do mundo

No século XIX e inícios do século XX, houve um processo acelerado de laicização ou desencantamento do mundo, acompanhado de certa transformação e redução do campo religioso, especialmente na Europa, atingindo logo, de primeira mão, os jovens burgueses estudantes. A crítica da religião foi-se tornando contundente e certas práticas religiosas foram ridicularizadas por muitos estudantes. Blasfêmias eram escritas nas paredes das capelas e missas ou discursos favoráveis a certas práticas religiosas eram interrompidos por gargalhadas e manifestações anticlericais. Liberais e religiosos confrontavam-se constantemente. Os jovens burgueses se deixavam seduzir mais pelas ideias liberais do que pelas orientações espirituais. As tradições religiosas eram subvertidas pelas luzes dos novos tempos. O futuro parecia precisar olhar para trás para ver o que sobraria da religião. Se, para os mais velhos, era uma grande honra não afastar-se jamais de Deus, para os mais novos o afastamento se fazia necessário e desejado, a fim de que o conhecimento crescesse livremente e fosse útil aos novos contextos sociais e políticos. As crenças radicais no ateísmo se encontravam no outro lado da roda, de costas para o fundamentalismo religioso. A crítica e a incredulidade generalizada, também na religião, enamoravam-se das perspectivas de emancipação e absolutização do homem moderno, bem como do seu conhecimento científico. O sentimento religioso era minimizado à medida que alguém aumentava o contato com certos capeláes dos colégios. A religião dos sacramentos e a salvação da alma individual deixavam de ser temas contagiantes e, até mesmo, relevantes na academia. Aos poucos, começaram a ganhar corpo as associações de juventude católica,

---

[43] HOBSBAWM, E. *A era dos extremos*, pp. 13 e 24.

cujas perspectivas de transformação e "reencantamento" do mundo estavam entre suas características fundamentais e missionárias. Aos poucos, a sobrevivência da religião não poderá mais depender do Estado, nem mesmo das instituições educacionais públicas. As instituições educacionais privadas, quase todas mantidas por congregações religiosas ou por Igrejas reformadas, procuravam conservar com unhas e dentes valores tradicionais religiosos, sentindo-se, porém, pressionadas cada vez mais a separarem os âmbitos da fé e da ciência como sendo dois mundos independentes e, até mesmo, contraditórios. O avanço de um parecia inversamente proporcional ao do outro. Os candidatos ao sacerdócio não se sentiam em casa nos colégios mistos; os cientistas pregavam uma nova "religião" e os religiosos, mesmo quando realistas e cientistas, eram expulsos de muitos centros de ensino; insurreições "comunistas" da juventude operária eram temidas e o liberalismo político e econômico era incentivado e se tornaria um elemento constitutivo da República que se ia instalando em diversos países.

Juventude como força revolucionária

Alguns movimentos políticos do início do século XIX acreditavam que era necessário construir uma "jovem Europa" cuja idade máxima para admitir membros chegou a ser estabelecida em 40 anos. Ganha força o mito da juventude como força revolucionária, capaz de uma ação política progressista, revertendo, assim, o poder da gerontocracia que dominava praticamente toda a sociedade europeia da época. Dessa forma, vem à tona um conflito entre gerações, abordagens baseadas nas gerações para o problema da revolução e certo desenvolvimento do espírito revolucionário nos jovens europeus. Assim começava a deslanchar uma consciência de classe e, em países mais avançados economicamente, o movimento operário passou a se organizar. Esse movimento não combatia apenas um sistema corrupto, mas também um sistema "velho". É claro que o conflito entre gerações aparecia também dentro desse movimento.

Foi por volta de 1832 que a palavra "socialismo" começou a ser usada no sentido atual. Pierre Leroux era um cristão convicto e seguia a corrente de Saint-Simon, que ele definiu como profeta do socialismo e usou esse termo para explicar e promover empresas cooperativas. Marx, Ruge e outros revolucionários alemães, exilados, desembarcaram em Paris no ano de 1843, quando então partilharam estar com a impressão de chegarem ao berço da revolução europeia. Nesse período já haviam acontecido as insurreições dos trabalhadores da seda de Lyon e diversos escritos humanistas, anárquicos e comunistas, tais como "Organização do trabalho" de Louis

Blanc, "O que é a propriedade" de Proudhon, "L'Humanitaire et La Fraternité" de Theodore Dézamy e Albert Laponneraye, entre outros.

Em 1868, junto à segunda geração dos revolucionários russos, Serno-Solovëvic, procurando aproximar reflexões de Marx e Bakunin, explicava em *La liberté* que a Internacional não deveria incensar nenhum ídolo. Ele acreditava que, biologicamente, a juventude possuía uma "força" maior, era a "força [...] dos jovens tecidos orgânicos"; neles haveria uma espécie de "jovem vontade à qual não poderão resistir tecidos ressecados, envelhecidos, rasgados". São nesse mesmo sentido, discutindo sobre revolução francesa e sobre táticas de mobilização das massas camponesas russas, as cartas que Bakunin enviou a Herzen, atacando-o em suas ideias, tomando como elemento de referência a sua crítica a idade dele: "Não envelheça, Herzen, na velhice não há nada de bom".[44] Bakunin, que se tornou um líder do socialismo anárquico europeu, entendia que o problema dos jovens girava em torno da procura de uma nova moral e, pelo fato de não a encontrarem, derivariam daí incertezas, contradições e escândalos, chegando até mesmo a propor o entendimento de que outrora a guilhotina fora capaz de "purificar os costumes" e de não permitir o apodrecimento de brotos imaturos.[45] No início do século XX, sustentados pelo sindicalismo da ação direta e pelos ideais ou princípios anarquistas, os jovens se mobilizaram contra o serviço militar obrigatório e pela insubmissão a regimes autoritários. As mulheres tomaram as ruas, mesmo sob o olhar reprovador dos "bem-comportados". Por mais anarquista e ateu que parecesse, Bakunin chegou a ser considerado "precursor da teologia da libertação", porque uma das fontes de seu pensamento era religiosa e porque demonstrara que o espírito que o movia na luta por uma nova sociedade era o próprio Deus, ou o Espírito Absoluto. Em 1842 ele escreveu:

> O reino do senhor está próximo! Nós dizemos aos conservadores: abram os olhos do espírito, deixem aos mortos a tarefa de enterrar seus mortos e compreendam enfim que não é nas ruínas que se deve procurar um espírito renovador, eternamente jovem, eternamente nascido de novo. Confiem no Eterno Espírito que destrói e nega, porque reside nele a eterna fonte de tudo o que vive. A alegria da destruição é ao mesmo tempo uma alegria criadora.[46]

---

[44] LEVI, G.; SCHMITT, J.-C. *História dos jovens* (v. 1), p. 237.

[45] Cf. Apud LEVI, G.; SCHMITT, J.-C. *História dos jovens* (v. 2), p. 238.

[46] Cf. SOUZA, L. F. de. *Socialismo, uma utopia cristã*, p. 314.

Por mais que ele faça uma crítica da ideia de Deus, como sendo uma ideologia, um instrumento ou uma ideia criada pelas elites para justificar a sua dominação e a sociedade autoritária que querem manter, também diz que os seus principais ideais da vida são o amor pelos homens, pela humanidade e a aspiração ao todo, à perfeição, e estes três ideais não são mais que diferentes expressões de ideal único, criador e eterno que tem o nome de Deus.

Influências cristãs

É nesse contexto que nascem e passam a ganhar reconhecimento, também no Brasil, pensadores como Charles Péguy e, depois dele, Emmanuel Mounier por suas reflexões de cunho anticapitalista cristão progressista. É nessa mesma tradição que, mais tarde, aparece também Ernst Bloch influenciando muitos movimentos e organizações de cunho socialista, comunista, revolucionário e cristão, tais como a Ação Católica e a Ação Católica Especializada, como JAC, JEC, JOC e JUC, entre outras, nas décadas de 1950 a 1970; e a Teologia da Libertação e os movimentos populares, depois disso. Mais tarde a "Igreja dos pobres" na América Latina passa a ser a herdeira dessa rejeição ética do capitalismo, apontando para um socialismo cristão. Esse cristianismo da libertação não é só anticapitalista, mas também fomentador de uma nova cultura religiosa, uma cultura cristã-comunista. Nesse sentido, em Santa Catarina, as Comunidades Eclesiais de Base e as pastorais sociais, bem como outras organizações e movimentos sociais, juvenis e populares, costumam expressar, em diversas de suas iniciativas e eventos, certas conexões com a irmandade cabocla do Contestado, pois vários de seus elementos constitutivos, tais como o elemento religioso, o da organização comunitária, o da resistência e o utópico, são-lhes comuns.

Tanto a Guerra do Contestado como essa vertente de organização juvenil cristã tem sua origem no mesmo período. Em torno da segunda década do século XX, surge nas periferias de Bruxelas, sob a direção do padre Joseph Cardijn, a Ação Católica, cujos sujeitos principais eram os jovens operários e a sua força maior aglutinava-se na Juventude Operária Católica que, aos poucos, inspirava outras formas de organização da juventude católica: agrária, universitária, estudantil e independente, entre outras. Atualmente, as pastorais da juventude assumem essa herança com parte fundamental de sua identidade e referência organizativa. Desenvolvendo o método "ver, julgar, agir", a Ação Católica Especializada formou ou serviu de modelo ou referência a diversas gerações de jovens preocupados e articulados na construção de um "outro mundo possível", desde uma ação pastoral específica e local.

Dois ramos da organização juvenil de maior expressividade na história do Brasil do século XX foram a União Nacional dos Estudantes (UNE) e a Ação Católica Especializada (ACE). Dentre as diferentes formas de organização juvenil da ACE, tem-se a Juventude Operária Católica (JOC), considerada de maior expressividade. Esses movimentos cresceram acima de tudo no campo da luta política, acreditando na "natureza" rebelde, na politização e na militância da juventude para a transformação das estruturas sociais injustas e opressoras. Assim se expressava, em 1989, Paula Palamartchuk,[47] dirigente da União da Juventude Socialista, apostando na tendência natural dos jovens à rebeldia: "A juventude tem um espírito espontâneo, de questionamento e desprendimento. Nesse processo cria-se o espírito crítico. Nossa tarefa é canalizar tudo isso numa perspectiva de massas, transformando os grandes temas nacionais em fatores de politização para garantir o futuro do País".

Uma utopia anticapitalista e revolucionária

Havia na JOC uma utopia capaz de motivar milhões de jovens a resistir contra o modelo econômico e político estabelecido no Brasil nas primeiras duas décadas da segunda metade do século passado. Karl Mannheim, retomando as intuições de Stanley Hall, percebe nas utopias da juventude um caráter inovador e revitalizador da sociedade e as interpreta como:

> aquelas ideias, representações e teorias que aspiram uma outra realidade, uma realidade ainda inexistente. Têm, portanto, uma dimensão crítica ou de negação da ordem social existente e se orientam para sua ruptura. Desse modo, as utopias têm uma função subversiva, uma função crítica e, em alguns casos, uma função revolucionária.[48]

Elas carregam, portanto, uma "visão social do mundo" ou, até mesmo, uma "ideologia" que tem uma função crítica, subversiva, um "sonho" de salvação, a possibilidade de construir o próprio paraíso, mediante uma "revolução social". Esse movimento teve origem na Bélgica, sendo liderado inicialmente pelo padre Leon Joseph Cardijn. A Bélgica, no final do século XIX, crescia economicamente, as indústrias se expandiam, porém os trabalhadores, por mais que trabalhassem, continuavam recebendo baixos salários e sofriam por conta das péssimas condições e longas jornadas de trabalho. Todavia, o que despertou Cardijn a um trabalho religioso em

---

[47] Apud PIVA, M. A. A participação que decide. *Tempo e presença*, n. 240, p. 13.

[48] Apud LÖWY, M. *Ideologias e ciências sociais*, p. 13.

prol dos jovens operários foi o fato de, quando ainda jovem, em suas férias escolares, perceber que seus colegas, ao ingressar no mundo do trabalho, acabavam se afastando da Igreja, perdendo a sua fé e, até mesmo, tornavam-se adversários do catolicismo. Ele também percebeu que o clero tinha pouca influência junto aos jovens operários, e estes o criticavam como "aliado das classes dominantes". Ao se dar conta de que o pensamento marxista encontrava maior aceitação entre os operários de sua idade, ele passou a procurar uma forma de aproximar o discurso cristão com o marxista, percebendo neles certa afinidade eletiva, como diria Max Weber. É claro que o seu ponto de partida era tornar o pensamento cristão atraente aos jovens operários. Dessa forma, uma dose de antimarxismo era constantemente injetada no movimento operário católico da juventude.

A Igreja e a Juventude Operária Católica no Brasil

A aliança entre a hierarquia eclesiástica e a juventude operária, também no caso brasileiro, foi eficaz apenas por um período razoavelmente curto de sua história. Quando esse movimento jovem assumiu deliberadamente uma postura marxista e crítica contra a própria Igreja, ainda que sugerindo estar de acordo com o espírito e os princípios cristãos, a Igreja, por sua vez, retirou seu apoio e passou a promover outras iniciativas da juventude católica mais "religiosas", ou seja, mais concordes com a tradição conservadora católica.

O Papa Pio XI lamentou o fato de a Igreja do século XIX ter perdido a classe operária, colocando como objetivo prioritário do seu papado, e reafirmado pelo seu sucessor Pio XII, a reconquista da classe operária. O padre Cardijn procurou superar toda forma de paternalismo e assistencialismo e entendeu que os jovens operários deveriam ser protagonistas e sujeitos da conscientização dos demais jovens, bem como da superação de seus próprios problemas. Era papel da Igreja apoiar sua organização e promover a busca de autonomia. Dessa forma, a JOC podia ser vista, originalmente, como parte de um esforço cristão modernizador, mediante um trabalho pastoral, fundamentalmente leigo, inovador junto à classe trabalhadora.[49] A *Rerum Novarum* do Papa Leão XIII (em 1891) é uma referência importante dessa "preocupação social" da Igreja. A utopia da transformação social se instalava numa parceria íntima entre Igreja e juventude operária.

O movimento da irmandade cabocla do Contestado só teve maior receptividade e aprovação por parte de membros da hierarquia da Igreja

---

[49] MAINWARING, S. *Igreja Católica e política no Brasil*, p. 141.

Católica local a partir de meio século depois da guerra, mas a aprovação do movimento da JOC, por parte da Igreja, não demorou tanto. O próprio Papa Pio XI agradeceu a "sagrada ambição da JOC de organizar, não só uma elite, mas o conjunto da classe trabalhadora". E o Vaticano (em 1925) reconheceu a JOC como um movimento oficial da Igreja, apaziguando assim ânimos contrários ao movimento. A partir desse período, o movimento alcança cada vez maior sucesso na Bélgica e passa a ser imitado ou implantado em outros países e continentes. Os primeiros grupos brasileiros surgiram em meados de 1930, porém somente após uma década de tentativas dessa organização, não muito bem-sucedidas na Ação Católica já organizada, a JOC passa a se tornar um movimento reconhecido nacionalmente.

Nesse período, pareciam ser outros os problemas mais preocupantes da Igreja, tais como o processo de secularização, a ignorância religiosa por parte da maioria da população, a perda do poder religioso sobre o espaço público e a baixa participação nas cerimônias religiosas. Esses problemas, porém, exigiam soluções. A Igreja se via desafiada a uma pastoral mais eficaz, atuante e presente junto ao mundo urbano e junto à classe trabalhadora. Esses desafios foram assumidos pela JOC, especialmente no final da década de 1950 e início da década de 1960. O Evangelho era a ferramenta fundamental da JOC brasileira das primeiras décadas. Acreditava-se que, com o Evangelho em mãos, a mudança da sociedade seria possível e aconteceria de forma pacífica. A ideia de revolução era fraca; havia reivindicações sociais e os objetivos mais importantes pareciam ser de ordem moral e espiritual. Aos poucos, porém, as ideias liberais e humanitárias foram-se sobrepondo às demais. Ainda aqui se pregava uma sociedade do bem-estar-social, uma sociedade menos violenta e capaz de resolver, mediante o Estado, os graves problemas sociais e materiais enfrentados pelos operários.

Antes do golpe de 1964, o Brasil passava por profundas transformações estruturais, que desafiavam cada vez mais o Estado. A "utopia" religiosa passou a reivindicar um projeto político reformista capaz de proporcionar melhorias significativas nas condições de vida de toda a classe trabalhadora. Nesse momento, toda a estrutura social vigente estava sendo questionada e as mudanças propostas visavam a uma transformação estrutural do País. Ao invés disso, porém, sobreveio o golpe e muitos utópicos militantes revolucionários cristãos da JOC foram perseguidos, encarcerados e mortos. O regime instalado era truculento, ditador, repressor e violento. Era incapaz de dialogar com as iniciativas e organizações populares. A utopia dos militantes da JOC viu-se obrigada a andar pelos caminhos da clandestinidade à procura de outras formas e de outros meios em que pudesse novamente se "encarnar" e fazer história.

Um método que fez e faz história

O método da Ação Católica da JOC, e depois dela assumido também por diversos outros movimentos e organizações juvenis e populares vinculados à Igreja, é o "ver-julgar-agir". A realidade vigente, bem como os conflitos e práticas inerentes a essa realidade, deveriam se tornar conhecidos pela mediação socioanalítica, sendo que as ciências sociais eram chamadas a dar sua especial contribuição nesse momento. Não bastava, porém, a explicação das ciências sobre a realidade; o "julgar" era buscado na hermenêutica dos textos sagrados judaico-cristãos, bem como numa releitura e apreensão da própria tradição da Igreja. Por fim, a realidade compreendida e julgada teria que impulsionar, necessariamente, o militante a uma práxis transformadora dessa mesma realidade.

Para os jovens que, a partir de meados da década de 1960, participassem de processos formativos, com esse método, era sugerido e insistia-se na perspectiva de se tornarem sujeitos de ações coletivas antagonistas ao golpe militar. Dessa forma, a JOC tornou-se uma das maiores e mais radicais organizações na Igreja brasileira contra o regime e com capacidade de estabelecer parcerias ou ligações com organizações socialistas e revolucionárias internacionais. Em 1967, um documento da JOC dizia que "o marxismo para nós é uma doutrina como qualquer outra. O comunismo não nos assusta. Se o marxismo contribui para dar ao operário aquilo de que ele precisa e permite a sua realização como indivíduo, não nos colocamos contra ele".[50] É verdade que, normalmente, os documentos das instituições ou organizações juvenis, como os documentos de qualquer outra instituição social, não representam o que o conjunto da população juvenil pensa sobre determinado assunto. De qualquer forma, tem-se desse período uma pesquisa realizada pelo Instituto de Estudos Sociais e Econômicos que apontava para 26% dos estudantes universitários que acreditavam que o comunismo era "bom".[51]

Ainda em 1963, com a pedagogia de Paulo Freire, militantes da JUC, JOC, MEB, entre outros, criam a Ação Popular (AP), incorporando principalmente os militantes mais radicais e voltados para uma opção política tida por revolucionária, atuando prioritariamente na mobilização e

---

[50] MURARO, V. F. *Juventude operária católica*, p. 63.

[51] Cf. LIPSET, S. M. O comportamento político da juventude universitária. In: BRITTO, S. (Org.). *Sociologia da juventude II*, p. 136.

conscientização popular contra a exploração e o sistema capitalista e pela implantação do socialismo, com o uso do método marxista. Após a ruptura com o episcopado católico, com a instalação do Serviço Nacional de Informações e com a implantação e ascensão da AP, a organização da JOC, aos poucos, foi enfraquecendo. A repressão mais violenta contra o movimento iniciou-se a partir do Congresso realizado pela ACB e pela JOC em Recife, em 1968, quando seus documentos foram considerados profundamente subversivos pelos militares.

Depois de 1970, o movimento continuava a se expandir em outras partes do mundo, porém, no Brasil, ele perdeu sua centralidade organizativa e representativa da juventude de esquerda e foi sendo reduzida a algumas experiências teimosas presentes em certas cidades, mudando inclusive de identidade. Os seus militantes, aqueles que sobreviveram aos golpes da repressão, quando permaneceram com as mesmas convicções, passaram a atuar em outras organizações estudantis, populares, sindicais, de classe, de bairro, partidárias ou pastorais.

Nesse período, a JOC foi duramente reprimida, tornando-se alvo principal do regime militar. Só para citar um exemplo, em São Paulo, no ano de 1968, cerca de novecentos estudantes foram presos quando participavam do 30º Congresso da UNE. A perseguição da JOC por parte do regime levou a Igreja a posicionar-se, sendo que num primeiro momento, em 1964, o episcopado, preocupado com o perigo comunista e com a possível instalação de um regime bolchevique no País, manifestou-se de acordo com o regime,[52] porém, em seguida, os bispos, tendo à sua frente Dom Helder Camara, assumiram uma posição abertamente contra o regime. Vários pronunciamentos e documentos da CNBB da época, especialmente a partir do ano 1970, com Dom Paulo Evaristo Arns e Dom Aloísio Lorscheider, e também em vários regionais, as manifestações de oposição e críticas contra o regime foram-se multiplicando, ao ponto de a Igreja ter sido identificada pelos militares e pela sociedade civil como a principal adversária do estado autoritário.[53]

Enfim, pode-se dizer que os discursos e a práxis protagonizados pelo movimento operário católico da juventude representaram uma espécie de apostolado fundamentalmente leigo, todavia, mais próximo daquilo que os trabalhadores em geral esperavam da Igreja. Esse movimento garantiu

---

[52] Cf. SERBIN, K. P. *Diálogos na sombra*, p. 33; e ver também LÖWY, M. *A guerra dos deuses*, p. 140.

[53] Cf. LÖWY, M. *A guerra dos deuses*, p. 144.

um processo de conversão da Igreja para as causas populares e serviu de base para a Teologia da Libertação e para as futuras opções da Igreja "pelos pobres", pelos jovens e pelas CEBs (Comunidades Eclesiais de Base), expressas nos documentos do episcopado Latino-Americano e Caribenho de Medellín (1968), Puebla (1979) e Aparecida (2007).

Essas opções se tornaram referências de diversas iniciativas pastorais da Igreja, nascidas ainda dentro do regime militar ou posteriormente. Além das CEBs, destacaram-se, nas décadas de 1970 a 1990, a Comissão Pastoral da Terra, a Comissão Pastoral Operária, a Comissão de Justiça e Paz e os Centros de Defesa dos Direitos Humanos. Sendo assim, pode-se afirmar que as transformações do catolicismo brasileiro não se realizaram apenas de cima para baixo, do Vaticano II para as bases, mas também no sentido inverso, das bases para o topo da hierarquia. Outra herança desse movimento da juventude operária é a ênfase no valor humano fundamental de todos e na importância do respeito às classes populares. Revela-se, assim, o caráter dinâmico, ambíguo e paradoxal da própria história. Enfim, em relação ao movimento operário dos jovens da JOC pode-se concluir essa reflexão com a análise de Alberto Melucci. Segundo ele, os jovens podem,

> tornar-se atores de conflitos porque falam a língua do possível [...]. A cultura juvenil exige, então, da sociedade o valor do presente como única condição de mudança; exige-se que aquilo que vale se afirme no aqui e agora; reivindica o direito à provisoriedade, à reversibilidade das escolhas, à pluralidade e ao policentrismo das biografias individuais e das orientações coletivas. E, por isso, não pode desencontrar-se com as exigências do sistema que impõe imprevisibilidade, redução da incerteza, estandardização.[54]

E outras heranças da JOC, tal como aquelas da própria Teologia da Libertação, cuja influência exercida sobre a Igreja brasileira como um todo e sobre a sociedade por consequência é relevante, mereceram a atenção e o reconhecimento de Michael Löwy, nestes termos:

> A Teologia da Libertação e seus seguidores das pastorais conseguiram exercer uma influência decisiva sobre a Igreja brasileira. A importância desse fato é evidente, se considerarmos que a Igreja brasileira é a maior Igreja católica do mundo. Além disso, os novos movimentos populares brasileiros – a radical Confederação dos Sindicatos (CUT), os Movimentos de Trabalhadores Sem-Terra (MST), as associações de moradores nas áreas pobres – e sua expressão

---

[54] MELUCCI, A. *A invenção do presente*, p. 102.

política, o novo Partido dos Trabalhadores (PT), são até certo ponto produto da atividade comunitária de cristãos dedicados, agentes leigos das pastorais e comunidades de base também cristãs.[55]

Influenciados por uma religiosidade popular, tal como foi o Contestado, e dentro de uma perspectiva libertadora da religião católica, viu-se, na década de 1960, uma efervescência de muitas mobilizações populares e estudantis com suas respectivas formas de organização. Em 1961, promovido por estudantes ligados à União Nacional dos Estudantes (UNE), foi criado no Rio de Janeiro o primeiro Centro de Cultura Popular (CPC), atraindo jovens intelectuais e artistas que se identificavam com revolucionários e estavam emprenhados no processo de conscientização popular e no desenvolvimento de uma cultura engajada, nacional, democrática e popular. Em seguida, houve um amplo processo de sindicalização rural, liderado pelo movimento das Ligas Camponesas que culminou na Confederação Nacional dos Trabalhadores Agrícolas, em 1963. No mundo urbano, o movimento operário crescia fortalecendo seus mecanismos de reivindicação econômica e de pressão política, e os trabalhadores sindicalizados começaram um processo de articulação e união de forças que culminou no Pacto Unidade e Ação (PUA) e no Comando Geral dos Trabalhadores (CGT).

A ditadura militar e a abertura democrática

Durante a ditadura militar (1964-1984), a sociedade brasileira se mantinha politicamente dividida entre os favoráveis, cada vez em menor número, e os contrários ao regime. O medo do comunismo e a crise econômica enfrentada principalmente pela classe média levaram às ruas não o movimento de esquerda, e, sim, a "Marcha da família com Deus pela liberdade", avalizando o golpe militar e fortalecendo o processo de consolidação da modernização capitalista no Brasil, que, por sua vez, exigia o fim das organizações de esquerda mediante a intervenção militar, restando poucos espaços para as expressões populares. Dentre elas, destacam-se iniciativas culturais, especialmente no campo da música, e a abertura do campo religioso com as Comunidades Eclesiais de Base e a Teologia da Libertação. Segundo Maria José Rosado Nunes:

> Na história política do Brasil contemporâneo, há certo consenso nas análises políticas quanto à Igreja Católica, diferentemente do que ocorreu em outros países da região, ter-se destacado como uma das instituições da sociedade civil

---

[55] LÖWY, M. *A guerra dos deuses*, p. 35.

que integraram as forças de resistência ao regime autoritário militar. Alguns de seus bispos, incluindo o cardeal de São Paulo à época, Dom Paulo Evaristo Arns, tornaram-se lideranças reconhecidas da luta democrática pela restauração dos direitos civis e pelo respeito aos direitos humanos, denunciando as práticas de tortura e os assassinatos cometidos nos porões da ditadura. Essa atuação da Igreja foi tanto mais importante quanto era ela uma das únicas – senão a única – instituições da sociedade civil que podia "dar voz pública" à resistência ao regime militar.[56]

Na década de 1970, no Brasil, ainda em clima de repressão, torturas e censuras, tem-se um crescimento acelerado da economia a ponto de ser denominado o período do "milagre brasileiro". É verdade que o crescimento da economia se traduziu em euforia para a classe média ascendente, para a burguesia, para militares, tecnocratas e para o capital internacional, especialmente para o setor industrial, mas isso, além de gerar um endividamento do País, também gerou um crescimento desordenado e acelerado das cidades brasileiras, o êxodo rural, e não houve melhoria na qualidade de vida de grande parte do povo brasileiro. Indignados e inconformados com toda essa situação, nesse período, um setor da juventude brasileira, através de diversos grupos clandestinos, inspirados na ideologia marxista, no espírito revolucionário, através da tática de guerrilha urbana e rural, partiu para um enfrentamento armado contra o regime militar. Dentre os grupos com maior destaque tem-se a Ação Libertadora Nacional (ALN), a Vanguarda Popular Revolucionária (VPR) e o Movimento Guerrilheiro do Araguaia. O Estado aperfeiçoa seus mecanismos de repressão e, mediante uma enorme mobilização das tropas armadas, elimina progressivamente esses grupos.[57]

Ao final da década de 1970 começa um processo de abertura democrática e as forças populares voltam a se manifestar e a se organizar; reivindicam-se melhorias salariais, liberdade de organização sindical; o ABC paulista é agitado com greves, acontecem manifestações estudantis; o Movimento Democrático Brasileiro (MDB) aglutina os descontentes com o "milagre" e o modelo econômico; é decretada a anistia aos presos e exilados políticos; acontece a reforma partidária que extingue a Arena e

---

[56] ROSADO-NUNES, M. J. Direitos, cidadania das mulheres e religião. In: *Tempo Social: Revista de Sociologia da USP*, v. 20, n. 2, pp. 67-81, 2008. Disponível em: <http://www.scielo.br/pdf/ts/v20n2/04.pdf>. Acesso em: 10 nov. 2009.

[57] Cf. BRANDÃO, A. C.; DUARTE, M. F. *Movimentos culturais de juventude*, p. 85.

o MDB e são criados novos partidos, inclusive o Partido dos Trabalhadores. Nesse período, acontece uma rápida multiplicação de seitas ou novas denominações religiosas, muitas apoiadas e vindas dos Estados Unidos,[58] acompanhadas de uma invasão da indústria cultural daquele país no Brasil, bem como a implantação das rádios em quase todas as cidades de médio e grande porte do País, com concessões sempre controladas politicamente.

Libertação cristã e socialismo

Na segunda metade do século XX, como já foi supracitado, houve uma grande movimentação e processos de luta e organização da juventude através da Ação Católica Especializada. Se é verdade que boa parte dessa juventude foi fortemente influenciada pelo marxismo, também não se pode negar que a versão marxista que mais a influenciou foi aquela trilhada por Gramsci, Bloch, Mariátegui, Che Guevara, entre outros. A busca de uma sociedade socialista ou de uma utopia comunista contagiou e continua a contagiar boa parte da juventude, porém, ao que parece, o que não contagiou sobremaneira essa mesma juventude tem sido a versão materialista--ateia desse marxismo. Muitos jovens até mesmo ousaram dar a vida pela nova sociedade de inspiração filosófica marxista. Essa mesma juventude também preferiu entrar na militância sem abrir mão da mística ou da espiritualidade cristã formatada a partir das CEBs (Comunidades Eclesiais de Base), das Pastorais da Juventude e da Teologia da Libertação. Mesmo que a ortodoxia marxista tenha colocado muitas reticências e, até mesmo, críticas ao pensamento blocchiano, por considerar o potencial revolucionário da religião, isso não foi suficiente para tornar esse pensamento descartável ou desprezível por parte de quase todos os movimentos juvenis de libertação, de luta por um mundo melhor, como é o caso também das Pastorais da Juventude, nas últimas três décadas.

Vale lembrar que a Ação Católica necessariamente deveria ter em Jesus Cristo a referência inspiradora, fundadora, animadora e central. Esse Jesus é interpretado por Ernst Bloch mais ou menos da seguinte forma: é Jesus Cristo, que nasceu numa estrebaria, de origem bem modesta, filho de carpinteiro, o entusiasta que se mistura com os pequenos; por causa do qual Herodes precisou esforçar-se para assassinar crianças; aquele que não é um mito nascido em berços dourados, mas que entra em cena em meio

---

[58] A noção de que as ideias religiosas e utópicas estavam animando processos revolucionários levou multinacionais norte-americanas, sob a coordenação de Nélson Rockefeller, a criar o Instituto para a democracia e a religião, no intuito de neutralizar ideias religiosas anti-imperialistas e revolucionárias. Cf. SOUZA, L. F. de. *Socialismo, uma utopia cristã*, p. 279.

à inquietação, à profecia e ao anseio por um líder, capaz de expulsar das terras judaicas a ocupação romana; alguém que foi saudado pelos soldados romanos como rei dos bobos com um manto púrpura, um caniço e uma coroa de espinhos; pessoa com traços que não se espera de ninguém: a timidez e a humildade; que se considerou apenas um pregador (cf. Mc 1,31), tomando partido em favor dos pobres; e que, como tantos mártires posteriores, ao subir à cruz não teria vivenciado a agonia do desespero, mas haurido do sofrimento uma sensação de plenitude. Esse Jesus é o Messias, não apesar de, mas sim por ter morrido na cruz como doação de si. Esse mesmo Jesus faz brotar na comunidade de seguidores uma fé que é essencialmente seguimento de uma conduta, a conduta do amor ao próximo, aos desassistidos, aos pequeninos, aos impotentes, aos últimos. Ele não legitimou o ser humano existente, mas a utopia de um humano possível, cujo cerne e fraternidade escatológica ele viveu exemplarmente. Com isso, Deus que constituía uma periferia mítica tornou-se o centro conforme com o humano, o centro humanamente ideal, o centro em cada local de uma comunidade na qual, reunida em seu nome, a mesa não se demorou em ser virada e os últimos se tornaram os primeiros, os pobres estão mais próximos da salvação e a riqueza é um obstáculo. Manter-se pobre voluntariamente é encarado como um meio para impedir o coração empedernido, para promover a comunidade fraternal. E essa comunidade, constituída de acordo com o comunismo do amor, não tinha ricos e tampouco pobres no sentido da carência imposta. Entre eles tudo era posto em comum.

É preciso recordar, ainda, que uma das principais herdeiras da Ação Católica Especializada no Brasil são as Pastorais da Juventude ou a Pastoral da Juventude do Brasil. Essa Pastoral afirma que sua história vem sendo vivida no Brasil desde os anos de 1930 com a chamada Ação Católica Geral, na época inicial, apoiada pelo Papa Pio XI. A Igreja, diante de realidades eclesiais e sociais que a preocupavam, iniciou um processo de busca de novos horizontes para a evangelização. A Ação Católica era o espaço de participação e colaboração (subordinada ao clero) dos leigos católicos no apostolado hierárquico da Igreja, para a difusão e atuação dos princípios cristãos na vida pessoal, familiar e social. No Brasil, a Ação Católica foi marcada por dois momentos distintos: a Ação Católica Geral (1932 a 1950) e a Ação Católica Especializada (1950 a 1966). Os processos de formação para o movimento da ação católica não se davam apenas para jovens masculinos, mas, a partir de 1932, incorporou também a Juventude Feminina Católica (JFC). Se num primeiro momento da Ação Católica o comando e a direção eram totalmente centralizados nas mãos do clero, num segundo momento, com a Ação Católica Especializada, houve um processo de mudanças significativas. Diante de um mundo dividido em dois grandes blocos: capitalistas e socialistas, e, também dividido entre ricos e pobres, entre ditaduras e democracias, exige-se um posicionamento da Igreja. A especialização da Ação Católica, mediante diferentes iniciativas, com destaque às formativas, procurou dar uma resposta às diferentes realidades juvenis e sociais. Essa especialização incorpora, assim, o meio social específico no qual jovens se encontram e atuam. Parte-se, agora, não das leis e dogmas, mas, sim, da vida, das necessidades, dos conflitos e sonhos de jovens e demais pessoas. O laicato vai conquistando aos poucos o *status* de protagonista da ação evangelizadora. O método assumido é o VER-JULGAR-AGIR. Os grupos da Ação Católica Especializada – JAC (Juventude Agrária Católica), JEC (Juventude Estudantil Católica), JIC (Juventude Independente Católica), JOC (Juventude Operária Católica) e a JUC (Juventude Universitária Católica) –, marcados pela Formação na Ação, pelos pequenos grupos, por uma pedagogia a partir da realidade e da vida dos jovens e por uma prática transformadora, abriram caminhos para uma mudança significativa na Igreja e também na sociedade.

Essa nova metodologia fez surgir uma nova espiritualidade que unia fé e vida, reflexão e ação, e aconteceu num contexto em que o capitalismo passou a ser rejeitado e as soluções para os problemas sociais dependiam do socialismo como única opção viável. Essa radicalização política gerou rupturas e muitos conflitos internos ao movimento e com a Igreja, resultando em pelo menos três possibilidades: a constituição de grupos de "guerrilheiros e guerrilheiras sem religião"; de grupos de religiosos e religiosas sem ação social transformadora; e a constituição de novos grupos que mantiveram o princípio da união entre fé e vida, tais como os ligados às CEBs, à Teologia da Libertação, às Pastorais Sociais e às Pastorais da Juventude, entre outros. Essa perspectiva metodológica de organização e ação ganhou sustentação e ajudou a definir linhas do Concílio Vaticano II (1962-1965), e especialmente das Conferências Episcopais Latino-Americanas, tais como a de Medellín (1968), a de Puebla (1979), a de Santo Domingo (1992) e a de Aparecida (2007), nas quais duas opções fundamentais ganharam destaque: pelos pobres e pelos jovens. Enfim, destacam-se duas heranças importantes da Ação Católica Especializada no Brasil: a luta pela democracia e contra a ditadura militar e as reformas da Igreja. A ditadura militar e o tradicionalismo conservador da Igreja venceram, e a década de 1970 foi, para grande parte da juventude da Ação Católica Especializada, um retrocesso tanto político como religioso e católico. Os grupos da JUC, JEC e JAC foram extintos. A JOC ficou reduzida a alguns grupos isolados e com pouca influência. Aparecem, então, os movimentos de jovens católicos, inspirados nos Cursilhos de Cristandade (alguns articulados internacionalmente), e outros, esvaziados da dimensão sociopolítica profética e transformadora; porém, se é verdade que os movimentos juvenis católicos desse período deixaram de ter uma atuação social significativa, também é verdade que o leque das organizações juvenis deixou de se reduzir à esfera religioso-católica e foi sendo ampliado, paralelamente ao processo de redemocratização, para uma infinidade de outras iniciativas, formas e métodos.

No espírito da Ação Católica emergem as Pastorais da Juventude

Foi no início da década de 1980, em um rico, complexo e ambíguo contexto sociopolítico, eclesial e econômico, que surgiu um novo modelo de Pastoral da Juventude: orgânica e transformadora, pensada a partir de uma nova prática de Igreja, inserida na pastoral de conjunto e em comunhão com as diretrizes da ação pastoral e evangelizadora da Igreja, e organizada em diversos níveis (diocesano, regional e nacional) para responder aos desafios da juventude.

Semelhante ao que aconteceu com a Ação Católica Especializada, no Brasil e na América Latina, procurou-se organizar uma Pastoral da Juventude diferenciada conforme os diferentes ambientes ou realidades vividas pelos jovens. Dessa forma, estão organizadas no Brasil quatro Pastorais da Juventude, que se desenvolvem a partir de quatro realidades específicas: o meio rural, o meio popular, o meio estudantil e as comunidades de fé. Cada realidade específica tende a ser contemplada com uma forma peculiar de organização. Para a realidade rural, aos poucos, vem sendo organizada a Pastoral da Juventude Rural (PJR); para a realidade urbana, especialmente dos bairros empobrecidos, vem sendo organizada a Pastoral da Juventude do Meio Popular (PJMP); para a realidade estudantil motiva-se a Pastoral da Juventude Estudantil (PJE); e para as comunidades de fé, organiza-se a Pastoral da Juventude (PJ).

É possível afirmar que uma das atuais presenças do Contestado se dá nas Pastorais da Juventude (PJs) de Santa Catarina. Não que estas vejam no Contestado uma referência fundamental, mas é comum ser citado em diversos eventos desses jovens que se identificam com as PJs ou participam delas. Especialmente na região onde aconteceu o Contestado, as PJs o resgatam e o consideram como referência de grande importância para os jovens. Como já foi sugerido na introdução, em Santa Catarina existem hoje diferentes formas de organização e mobilização da juventude, que apresentam pelo menos três características em comum: certa referência ao Contestado; uma mística expressiva, normalmente fundada nos valores e princípios cristãos, e uma interface utópica diretamente conectada a uma práxis sociotransformadora.

1.2.3 Olhares para a juventude brasileira da segunda metade do século XX

> *Que os jovens, em todas as sociedades, tendam a se*
> *agrupar entre si, é não somente um fato universal*
> *como também fundamental.*
>
> *Sulamita de Britto*

Juventude contestadora e sujeito de transformações sociais

Pode-se dizer que foi especialmente a partir da segunda metade do século XX que a juventude brasileira começou a ser reconhecida como categoria social, ator estratégico, protagonista ou sujeito de mudanças sociais. Também foi a partir desse período que começaram a ser desenvolvidas pesquisas e constructos teóricos mais aprofundados, especialmente no campo das ciências sociais e humanas, sobre temas ou problemáticas correlacionadas à juventude. Dessa maneira, lançaremos um olhar mais direcionado às realidades da juventude brasileira, considerando as pesquisas mais relevantes da segunda metade do século XX. Catani e Gilioli sugerem que:

> A ampla percepção da juventude como categoria social distinta é própria do século XX, em especial em sua segunda metade. Nesse contexto, a urbanização fez dos jovens alvo de preocupação do Estado e de vários setores sociais, destacando-se temas como a educação, a delinquência e o trabalho. Igualmente, a juventude adquiriu relevo na esfera do consumo e da indústria cultural, em que o avanço técnico e a expansão dos meios de comunicação contribuíram para incorporar os jovens como protagonistas nos mercados da moda, da música e do esporte, entre outros.[59]

Dentre as marcas da juventude brasileira do início da segunda metade do século XX, evidenciaram-se o choque entre gerações, a contestação e a crítica juvenil das estruturas sociais. "A juventude agora aparece como um foco de contestação radical da ordem política, cultural e moral, empenhada numa luta contra o *establishment*, reivindicando uma inteira reversão do

---

[59] CATANI, A.; GILIOLI, R. *Culturas juvenis, múltiplos olhares*, p. 11.

modo de ser da sociedade".[60] Essa imagem da juventude contestadora, que se expressa internacionalmente mediante a eclosão de inúmeras manifestações políticas de resistência e rebeldia, normalmente coordenadas pelos movimentos estudantis, foi logo apropriada e manipulada pela indústria cultural.

Simultaneidade de revoltas juvenis

Nesse período, houve uma espécie de simultaneidade de revoltas juvenis e não somente nos países capitalistas, mas também nos socialistas. A pressão crescente da técnica, que impõe uma organização cada vez mais racionalizada, bem como o desenvolvimento de um poder que exige trabalho e apresenta ideologias desprovidas de razões convincentes, geram descontentamentos, indignações e rebeliões diversas que se disseminam pelo mundo afora. Segundo Janice T. P. de Sousa:

> certa juventude dos anos de 1960 era mobilizada tanto por concepções políticas revolucionárias inspiradas no padrão clássico da luta operária, quanto inspiradas na ideologia libertária dos *sixties*, que se contrapunham às táticas programáticas das organizações políticas tradicionais. O que se percebe é que [...] estes movimentos, hoje enraizados no processo institucional do sistema político, principalmente via sistema partidário, não têm mais respostas nem poder de convocação junto às novas gerações para contestar o próprio sistema, pela expansão das relações de força do sistema-mundo que consagra a economia do capitalismo atual.[61]

Diante de um possível futuro impossível: o desejo de consumir

A ideologia da desregulamentação do Estado e o processo de idolatrização do mercado fizeram com que não demorasse em se tornar "sagrada" a concepção dos jovens como meros consumidores. Assim, um gigantesco mercado se abria para lhes vender refrigerante, goma de mascar, balas, discos, roupas, cosméticos, carros, motos etc.; tudo para lhes oferecer "prazer", "bem-estar" e garantir a satisfação do "direito de ser gente". Os EUA passaram a se projetar como "guia do mundo" e o seu domínio se agarrava na bomba atômica e na Guerra Fria, temidas por muitos como algo que poderia explodir em conflito ativo e destruidor do planeta. Isso, somado à ameaça nuclear, gerou um imaginário apocalíptico, semelhante àquele criado pela comunidade cabocla durante a Guerra do Contestado.

---

[60] ABRAMO, H. W. *Cenas juvenis*, p. 39.

[61] SOUSA, J. T. P. de. *Os jovens anticapitalistas e a ressignificação das lutas coletivas*, pp. 451-470.

O desejo iminente de jovens de maximizar as experiências e emoções "em tempo real", no aqui e agora da existência humana, não estaria ligado ao medo da morte e à preocupação de que o futuro não é apenas incerto, mas poderá nem haver? Diante de um possível futuro impossível, cresce, por um lado, a insensibilidade e a indiferença e, por outro, a necessidade de sentido, de cultura e de religião.

Com a hegemonia do capitalismo, na sua versão neoliberal, seguida da manipulação da juventude contestadora, o foco das pesquisas sobre juventude foi desviado, passando da dimensão política para as questões culturais, comportamentais, relacionadas ao meio ambiente, ao conservadorismo das instituições religiosas e da estrutura familiar, e ao problema da repressão da sexualidade, entre outros. O Estado e outras estruturas políticas foram submetidos a comandos autoritários, totalitários ou ditatoriais em grande número de países, especialmente na América Latina, na maioria dos casos subordinados ao imperialismo estadunidense. De qualquer forma, se, por um lado, a atuação política dos jovens passa a ser sufocada, por outro, a sua atuação social e as suas diferentes expressões artísticas e culturais passam a ser consideradas em diversas pesquisas e pelos novos meios de comunicação.

Movimento *hippie*: cristão e anarquista ao mesmo tempo?

Mesmo com a cultura do medo instaurada, não foi possível neutralizar a luta anticapitalista que negava o sistema econômico e o regime político vigentes. Essa luta marcou a identidade política coletiva da juventude daquele momento e pode ser considerada um referencial para a identificação e compreensão da sociabilidade política do jovem contestador contemporâneo. Em meados do século passado, a centralidade juvenil estava no cinema e na música popular. Aprendendo com os Beatles, a Bossa Nova e Raul Seixas, os jovens se tornam mais malandros e violentos contra o sistema que os oprime. Tendo Jesus Cristo como referência, muitos jovens deixam os cabelos sem cortar e se tornam rebeldes e profetas. O corpo começa a ser visto como fonte de prazer e liberdade, as moças passam a usar minissaia e também calças compridas. A ordem estabelecida começa a se sentir ameaçada com a propagação do Movimento *Hippie*, visto como perigoso e como problema social. O tema "juventude" passa a ser objeto de estudos, no intuito de neutralizar as potencialidades e recursos psicológicos da juventude.

A partir dos anos 1960, o Movimento *Hippie* contagia cada vez mais jovens e adultos. Ele incorpora o espírito cristão, pacífico e também anárquico, e o uso de drogas não é combatido (às vezes até é promovido) e procura-se ir contra as instituições opressoras. O Brasil é visto como o país do futebol e o seu futuro parece, aos jovens, contaminado, embolorado. Jovens *punks* gritam: "Não há futuro", porém a Lei Universal dos Direitos Humanos começa a ganhar reconhecimento; Paulo Freire abre novos horizontes valorizando a cultura popular; a Teologia da Libertação percebe ambiguidades e valores na religiosidade popular, deixando, assim, de ser sinônimo de alienação. As mulheres comemoram seu ano internacional como expressão de emancipação feminina. A Igreja procura atrair jovens pela perspectiva da ação popular.

Juventude, metáfora de turbulência

Nas primeiras décadas da segunda metade do século XX, no Brasil e em diversos outros países da América Latina, a juventude foi sendo construída como metáfora de turbulência e/ou de mudança social. Nela estariam a força e a possibilidade do renascimento, da superação da miséria, de alienação do passado e da regeneração do indivíduo e da coletividade. A ideia do jovem rebelde ou revoltado contra a ordem estabelecida e portador de um futuro melhor era comumente debatida dentro dos movimentos estudantis. O modelo dessa nova imagem de jovem era do universitário, masculino, branco, urbano e de classe média. Valores como a democracia, a liberdade, o progresso, o desenvolvimento humano, a socialização e o bem comum fazem dos jovens seus protagonistas; eles aparecem, na sociedade moderna em crise, como baluarte de salvação. Acreditava-se na superação da pobreza pelo desenvolvimento econômico, dos totalitarismos pela democracia, da alienação pelo avanço da racionalidade técnico-científica. Imaginava-se que as alternativas emergiriam da crítica, da desconstrução da realidade vigente e do protagonismo juvenil. Durante os regimes militares ditatoriais, os críticos da sociedade eram perseguidos e torturados, de qualquer forma, e a crítica contribuiu para diversas mudanças, tais como a liberdade de expressão e a abertura democrática. A Declaração Universal dos Direitos Humanos, de 1948, como "ideal comum a ser atingido por todas as nações", estava longe de se tornar realidade. As ditaduras militares cederam lugar para as ditaduras do mercado neoliberal, orientadas pelo Fundo Monetário Internacional e pelo Consenso de Washington.

Somente no início da década de 1990, depois de duros enfrentamentos liderados por movimentos guerrilheiros, é que se inicia um processo de redemocratização significativa nesse continente. Os governos de direita, responsabilizados pela recessão econômica, privatizações, cortes dos gastos públicos com questões sociais, desemprego e empobrecimento, vão perdendo a credibilidade, e os governos mais moderados ou de esquerda, com discursos socialistas ou social-democratas, vão ganhando terreno e sendo eleitos.

O debate sobre juventude no Ocidente, em praticamente toda a segunda metade do século XX, esteve fundamentalmente enfocado, primeiro, na crítica dos totalitarismos, depois, na crítica do liberalismo e dos limites da democracia e, por fim, também nos valores da família e da nação; portanto, não era propriamente um debate de jovens nem sobre juventude. No final da década de 1960, publicou-se no Brasil uma obra de significativa importância, sobre "Sociologia da juventude",[62] que pretendia conscientizar os jovens sobre o seu papel na luta pela transformação da sociedade, tendo em vista que a utopia do socialismo parecia estar em pleno processo de implantação e realização. Os problemas gerados em torno dos conceitos de "geração" e "religião" não mereceram destaque nessa obra já que a luta de classes se fazia primordial.

A juventude sofre as consequências de um modelo econômico perverso

A Associação Ecumênica de Teólogos do Terceiro Mundo organizou e patrocinou a Conferência Teológica Asiática, acontecida em janeiro de 1979, em Sri Lanka, quando aconteceu uma ampla socialização da realidade dos povos, culturas e tradições religiosas, bem como uma abertura e alguns encaminhamentos na busca de alternativas comuns de luta pela justiça, por direitos e em prol dos empobrecidos do continente asiático. Na Declaração Final aparecem críticas severas contra o capitalismo, na sua atual versão neocolonialista, e também se sugere a necessidade de autocrítica ininterrupta do socialismo, a fim de se libertar de todas as distorções e heranças capitalistas. Esse mesmo documento fala da importância das culturas e das religiões na construção de uma humanidade mais plena, liberta da dominação dos valores e ideologias capitalistas, bem como dos governos militares e regimes autoritários e opressores que, mediante a violência legalizada, não deixam espaço para os povos se libertarem de sua miséria. Ao referir-se à juventude asiática, a declaração constata que:

> Os jovens constituem o grande número de desempregados e da mão de obra subempregada. A falta de facilidades educacionais devidas e as oportunidades de emprego cada vez menores nas áreas rurais de onde vem a maioria dos jovens levam ao processo irreversível de migração para os centros urbanos. Nas áreas urbanas, os jovens se tornam o alvo da cultura de consumo e se tornam por sua vez veículos de desculturação. [...] O sistema educacional [...] é man-

---

[62] Cf. BRITTO, S. (Org.). *Sociologia da juventude I, II, III, IV.*

tido para perpetuar a dominação da juventude. [...] As mulheres também são vítimas das mesmas estruturas de dominação e exploração [...] que é ainda pior nas classes mais pobres [...].[63]

Jovem, vírus a ser combatido

Voltando à década de 1950, vindos dos Estados Unidos da América, especialmente através da televisão,[64] chegavam ao Brasil constructos teóricos absolutamente negativos sobre adolescência e juventude. Tornou-se comum usar o termo *beat* referindo-se à juventude não como algo beatífico, conforme sugere a etimologia do termo, e, sim, como aquele que se faz desordeiro, delinquente, crítico, aventureiro, sonhador. Juventude era, então, aquela parcela da população tida como *rebel without a cause*. No Brasil, essa concepção ou caracterização passou a ser traduzida por "*Juventude transviada*". O jovem passou a ser, assim, uma espécie de vírus que deveria ser combatido, disciplinado e regulamentado. Intervenções governamentais e repressões policiais se faziam necessárias a fim de corrigir e reabilitar essa parcela da população que ousava questionar a ordem estabelecida e interferir nos rumos da sociedade.

Essa conotação predominantemente negativa dos jovens aos poucos foi sendo substituída por aspectos mais realistas e românticos. A juventude passa a ser metáfora do social. Tal como se concebe a sociedade, também é a juventude. Os jovens são aquilo que é a sociedade, ou são resultado e vítimas dela. Ao final da década de 1960, o debate "virulento" sobre jovens e o medo do jovem comunista e perigoso começa ceder espaço para um novo processo de significação e simbolização da juventude. Outra compreensão ganha corpo ao considerar elementos culturais, linguagem, autoconsciência e valores próprios da juventude. Devido ao alargamento do tempo em que os adolescentes e jovens passam juntos, na escola, na rua, nos locais de lazer, entre outros, separados dos pais, passa-se a perceber que eles "são diferentes", "estranhos", estão "separados", "alheios" à sociedade em geral, formando-se, assim, uma subcultura juvenil.

---

[63] Cf. WILMORE, G. S.; CONE, J. H. *Teologia negra*, pp. 494ss.

[64] A televisão é implantada no Brasil em 1950 e em uma década havia seiscentos mil aparelhos no País. Nessa época, especialmente com o Governo Kubitschek (1956-1961), a política econômica desenvolvimentista abriu as portas do País para a entrada do capital estrangeiro e com ele toda uma influência cultural estadunidense, caracterizada pelo protesto contra as tradições e os costumes, bem como uma assimilação, especialmente pela juventude urbana e de classe média, de novos modismos e consumismos impostos pela então chamada indústria cultural.

A delinquência atribuída aos jovens de classes "inferiores"

A delinquência juvenil era comumente interpretada como forma de cultura das classes "inferiores", e até que não se fizessem pesquisas aprofundadas sobre o assunto e essa característica não fosse percebida entre jovens filhos de industriais, comerciantes, entre outros, o assunto permanecia como sendo caso de polícia. Depois que pesquisas demonstraram o contrário, que o problema não era especificamente de uma classe social, e, sim, da falta de valores, processos e princípios educacionais adequados por parte dos adultos, pais, professores e da própria sociedade, então, novas estratégias foram adotadas para o controle e prevenção dessa delinquência. Entre elas, destacam-se, no campo educacional, o incentivo à competição, jogos, festivais e concursos diversos. Aos professores cabia enfrentar, "sem nenhuma autoridade", um "bando de adolescentes violentos e prevaricadores", tal como o cinema demonstrava na década de 1950.

Nesse período, a juventude aparecia como lugar de projeção dos temores e desejos reprimidos, bem como de aspiração e desejo de se voltar a um ponto de partida sólido e notório. A sociedade em geral, contudo, se projetava como reação aos jovens, identificados com delinquentes. Essa equação jovem-delinquente não teve muita aprovação, mesmo quando se acrescia a expressão "inferiores" ou "da classe subalterna" para diferenciá-los dos demais. Ainda no início da década de 1960, tornou-se inevitável reconhecer, por parte do governo dos EUA, causas socioeconômicas como geradoras de delinquência, sendo que, para ser controlada, faziam-se necessárias medidas governamentais de prevenção. Entre outras medidas adotadas, procurou-se eliminar "a obscenidade, a vulgaridade e o horror dos gibis", bem como de outras revistas, rádios, cinema e demais meios de comunicação de massa que tendiam a dar coesão e identidade à cultura juvenil, rompendo com valores tradicionais, promovendo outros estilos e alternativas de vida, outros movimentos do corpo, assumindo formas afro-americanas de transgressão e resistência.

O maior problema da existência dessas *gangs* não estava no fato de serem compostas de jovens delinquentes, mas, sim, porque eram constituídas "de" jovens, normalmente afrodescendentes, pertencentes à classe "inferior", que se recusavam a participar de entidades "governadas" por adultos, ou por membros da classe "superior". As entidades, tal como a dos escoteiros, administradas "para" os jovens, por sua vez, promoviam uma resistência e uma condenação aos jovens que não se submetiam às suas regras e se organizavam de forma alternativa, autônoma e independente.

Segundo Glória Diógenes "as gangues expressam as tensões e as rupturas das tramas da exclusão social". Ela diz que:

> a experiência mais expressiva e "globalizada" das gangues juvenis urbanas torna-se, talvez, nesse final de século, a face mais visível e mais eloquente, embora "muda", da vivência da exclusão social. As gangues representam o "ponto extremo da dominação", o "amordaçamento" ou mesmo a ausência da esperança no futuro, o espelho em que se pode visualizar facilmente o dilaceramento de valores e das crenças que marcaram o século XX.[65]

Subculturas juvenis e o enfoque político-classista

Na década de 1970, o grupo de intelectuais da Universidade de Birmingham, Inglaterra, do Centro de Estudos de Cultura Contemporânea, passou a ser reconhecido internacionalmente pelos seus estudos culturais voltados para uma interpretação da atuação dos grupos juvenis. Esse grupo incorpora o conceito de subculturas juvenis, procurando um caminho de superação do genérico conceito de cultura juvenil para um conceito mais especializado, pois aquele era considerado ineficaz para a compreensão das formas específicas de ser jovem. Para esse grupo, a juventude não pode ser reduzida a mera consumidora e receptora passiva da cultura de massa, pois há nela um espaço possível de resistência cultural, de criação de identidades e de reelaboração ativa dessa cultura. Outro aspecto sugerido é a necessidade de entendimento da atuação da juventude desde um corte de classes, subordinando o pertencimento etário e geracional ao de classe social.

Nesse período, na América Latina, os estudos sobre juventude tinham como eixo a mobilização política dos jovens universitários, enfatizando sua capacidade crítica e transformadora. Abramo[66] afirma que "o interesse da análise foi sempre, no fundo, o de medir a eficácia desse sujeito social na contraposição à ordem existente e na proposição de projetos de transformação". Segundo Janice T. P. de Sousa, nesse período:

> havia uma estreita relação entre a organização do movimento estudantil e a organização do movimento classista de origem na luta operária, que orientava as organizações de esquerda a uma prática vanguardista e deslocava a militância

---

[65] DIÓGENES, G. *Cartografias da cultura e da violência*, p. 52.

[66] ABRAMO, H. W. *Cenas juvenis*, p. 24.

do centro para a periferia das grandes cidades, afirmando o papel do intelectual no translado ideológico para a classe operária.[67]

Um dos debates permanentes desse período, em relação ao movimento universitário, era o das influências partidárias. Era comum o discurso de que os partidos políticos não deveriam influenciar a política estudantil, e esta deveria ser pensada de forma autônoma e independente. Na prática, porém, havia uma integração e uma aproximação entre universidade e sociedade, no pensamento e nas mobilizações estudantis. As suas preocupações estavam mais voltadas à política nacional que à própria política estudantil e à comunidade universitária. Os estudantes de esquerda entendiam que a realidade estudantil era parte de uma política nacional e internacional que poderia ser influenciada e transformada e que, para isso, certas alianças entre estudantes e partidos políticos eram necessárias.

As últimas décadas

A década de 1970 se apresenta como portadora de uma juventude apática, insatisfeita, doente e assustada com os rumos que foram dados à política do País. Para obscurecer o sentimento de indignação e revolta, uma avalanche de discotecas à moda estadunidense e a disseminação do uso da camisinha e da cocaína são lançadas aos jovens. Soma-se a isso a proibição de filmes, revistas, peças de teatro e músicas brasileiras. O divórcio é permitido e a Igreja opta por atrair jovens pelo apelo emocional, afetivo e moral. Os protestos juvenis são reduzidos aos espaços oferecidos pela Igreja, que também carrega ambiguidades e contradições.

A década de 1980 parece um recomeçar a partir do nada. A abertura democrática aparece como uma espécie de feliz ano-novo e o protagonismo juvenil vem à tona especialmente através das Pastorais da Juventude, como resposta à onda de individualismo e consumismo que começam a dominar camadas cada vez maiores da sociedade em geral e da juventude em particular. Michael Jackson, Xuxa e Madonna são apresentados aos jovens como modelos de juventude. A música, tanto na versão sertaneja quanto na versão *rock*, além do pagode e do *axé music*, torna-se o centro e o instrumento fundamental de reunião dos jovens. Outras novidades são o movimento *punk*, as manifestações de homossexuais e a Aids. Surge uma nova caracterização da juventude cuja marca são as tribos urbanas. São grupos com estilos de vida próprios, tidos como alternativos ou diferenciados, conectados a certas iniciativas artísticas e culturais, enfocadas

---

[67] SOUSA, J. T. P. de. *Os jovens anticapitalistas e a ressignificação das lutas coletivas*, pp. 451-470.

na música e voltadas para a valorização da territorialidade, do grupo, de códigos e identidades próprios. A tribalização pode ser concebida como uma busca de pertencimentos e um espaço simbólico de referência para o jovem, em um mundo fragmentado e globalizado. Diversos estudos sobre jovens manifestam certo mal-estar ou apatia em relação ao caráter e significado político dessa nova tendência. Ao que parece, as utopias arrefeceram-se e os movimentos juvenis revolucionários ou de contestação da ordem estabelecida esvaziaram-se. Diversas comparações feitas pela produção acadêmica e pela mídia brasileira e latino-americana, entre a juventude dos anos de 1960 e 1980, normalmente idealizam a primeira e desprestigiam a segunda. Todavia, o sonho de um Brasil melhor e a bandeira da luta de classes continuavam sendo as suas grandes referências na década de 1980, tal como Florêncio A. Vaz Filho se expressava:

> Nossa luta é ao lado do conjunto dos trabalhadores que se organiza em sindicatos e partidos de oposição ao regime, visando unicamente à construção de um Brasil melhor, assim como de uma América Latina livre e soberana. Quem está no campo, luta ao lado dos companheiros camponeses, exigindo uma verdadeira reforma agrária; quem está nas cidades, luta ao lado dos movimentos de bairros, nas lutas estudantis e em outras formas de luta. Não haverá uma luta paralela, dos jovens; a luta é uma só e é dentro dela que colocaremos nossa opinião, nosso modo de protestar, nossa alegria musical e militante, não podemos deixar o sonho acabar.[68]

De qualquer forma, a partir da década de 1970, acontece um retraimento das lutas anteriores e uma visão mais especializada e particularista vai ganhando espaço. Diversas categorias, correlacionadas à juventude, começam a ser tematizadas, tais como: desemprego, trabalho, educação, saúde, estilos de vida, questões de gênero, étnicas e de classe, além dos recortes etário e geracional já comumente considerados. Dessa forma, ainda que não houvesse pesquisas de campo seguidas de análises mais sistemáticas, enfocando a explicação dos próprios jovens sobre suas experiências e situações, pode-se afirmar que houve um crescimento considerável da produção acadêmica sobre a juventude na década de 1990. É verdade que, como afirma Abramo, essa produção estava mais interessada em discutir as estruturas sociais, "os sistemas e as instituições presentes nas vidas dos jovens" e não tanto "o modo como os próprios jovens vivem e elaboram essas situações. Só recentemente tem ganhado certo volume o número de

---

[68] MUNDO JOVEM. *Jovem, pés no chão*, p. 27.

estudos voltados para a consideração dos próprios jovens e suas experiências, percepções, formas de sociabilidade e atuação".[69]

O acesso aos benefícios oferecidos pelo desenvolvimento tecnológico e comunicacional é extremamente desigual; os jovens privilegiados por terem mais recursos econômicos também procuram se impor sobre os demais, sugerindo sua superioridade e exigindo respeito e aprovação mesmo quando cometem atos ilícitos e violentos. Ao poder público que, em tese, deveria promover uma sociedade pacífica, equilibrada, com distribuição de renda, não discriminatória nem excludente, urge um grande desafio em relação à juventude. Em primeiro lugar, reconhecer a atual situação e condição juvenis em sua heterogeneidade e desigualdade; segundo, elaborar e executar políticas e programas que contribuam de maneira eficaz na inclusão social dos jovens menos favorecidos.

As tribos urbanas e as novas identidades juvenis

Nos anos 1990, acrescenta-se o *crack*, o uso de drogas e a música eletrônica como centro das atenções de muitos jovens. Emergem os grafiteiros, o *rap* e o *hip-hop*, que, depois de sua "criminalização", passaram a ser incorporados pela indústria fonográfica, ganhando cada vez mais espaço na cena cultural. Os jovens desses movimentos, produzindo novas imagens de rebeldia, procuram fazer diferença no uso de roupas folgadas coloridas, com bonés virados, colares grossos. Segundo Herschmann e Galvão:

> a cultura *hip-hop* tem conseguido – através de suas práticas e representações – não só produzir um contradiscurso, mas também, de certa maneira, traçar novas fronteiras socioculturais que oscilam entre a exclusão e a integração: a) a promoção de novas redes sociais, revitalizando velhos movimentos sociais e laços comunitários; b) ao ocupar nem sempre de forma tranquila espaços da cidade, inclusive as áreas nobres; c) ao denunciar e expor nas músicas o "avesso do cartão postal" da cidade; d) ao possibilitar através de seus eventos o encontro entre diferentes segmentos sociais; e) ao amplificar ou conquistar visibilidade social através da articulação com a cultura institucionalizada e o mercado.[70]

As antigas formas de organização parecem perder a capacidade de aglutinar jovens em torno de uma causa comum, emergindo um grande leque de iniciativas dos jovens sem um centro comum ou um comando

---

[69] ABRAMO. H. W. *Considerações sobre a tematização da juventude no Brasil*, p. 25.

[70] Cf. HERSCHMANN, M.; GALVÃO T. Algumas considerações sobre a cultura *hip-hop* no Brasil hoje. In: BORELLI, S. H. S.; FREIRE F. J. (Org.). *Culturas juvenis no século XXI*, pp. 196ss; 207.

unificado. Houve outro processo de transição em que a razão, a organização, a conscientização, a estabilidade e a articulação dos jovens cederam lugar para a emoção, o corpo, o prazer, as rápidas mudanças e as relações humanas virtuais.

Sposito,[71] apresentando resultados de uma pesquisa sobre a produção de conhecimento relativa à juventude em teses e dissertações da área de educação, observou uma modificação significativa nas ênfases temáticas ao longo do período entre 1980 e 1995. Segundo ela, houve uma sensível diminuição de assuntos relacionados a aspectos psicossociais, que cederam espaço a questões relativas à educação e ao trabalho, e, ainda, às chamadas temáticas emergentes dos anos 1990 que compreendem "o exame dos agrupamentos e das formas de violência no horizonte da sociabilidade juvenil, ampliando os estudos sobre jovens, anteriormente restritos à participação política (sobretudo no movimento estudantil)"; outra mudança aconteceu na forma de aproximação dos sujeitos/objetos de estudo, havendo uma maior aproximação entre ambos; também o termo adolescente, mais afeito a abordagens de cunho psicológico, foi cedendo lugar ao termo jovem, mais próximo da tradição sociológica; houve ainda um crescente interesse por publicações relacionadas ao tema juventude e buscou-se uma maior compreensão da experiência dos próprios jovens, como vem sendo proposto pela vertente sociocultural.

Estilos de vida propriamente juvenis

Pesquisadores como González Anleo[72] passam a considerar a importância de identificar os estilos de vida propriamente juvenis, os seus modos de pensar, ser, viver, comunicar e fazer, capazes de influenciar significativamente no processo de construção das identidades pessoais, geracionais e coletivas. Para além dos estilos de vida da juventude nas últimas décadas, tem-se pesquisado sobre as novas condições de vida dos jovens (CASANOVAS et al., 2002), emergindo a pergunta: qual a diferença do jovem que viveu na sociedade industrial e o que vive agora na sociedade do conhecimento e da informação? É a partir dessa questão que a noção de juventude é vinculada aos processos de modernização e a condição juvenil é pensada de maneira anexa à estrutura social e às transformações sociais experimentadas especialmente a partir de meados do século XX. Ao observar as condições de vida dos jovens, Bourdieu fala de espécies de capitais apropriados de maneira diferente pelos sujeitos que os produzem. Ele não reduz esses

---

[71] SPOSITO, M. *Estudos sobre juventude em educação*, pp. 44-47.

[72] GONZÁLEZ, A. *La construcción de la identidad de los jóvenes*, pp. 15s.

"capitais" ao econômico, mas considera também o cultural, o linguístico, o escolar, o social, e o simbólico que se traduz em necessidade de prestígio e reconhecimento como aspectos equivalentes às outras necessidades de ordem econômica ou social. A compreensão da "situação social dos jovens" incorpora um leque amplo de fatores, inclusive os de âmbito territorial e temporal concretos, ou seja, um espaço e um tempo determinados.

Os meios de comunicação

O cotidiano, os estilos e as condições concretas de vida em que se encontram os jovens não se constituem em uma forma suficiente de sua caracterização, diante dos desafios que a própria juventude enfrenta na atualidade, diante da realidade complexa de globalização das sociedades em vias de pós-modernidade. No caso brasileiro, os próprios meios de comunicação separam os jovens em três categorias: a) Os jovens como problema, delinquentes, como promotores da desordem social, de distúrbios e "violentos"; b) Jovem da classe média, retratado nas telenovelas e, sobretudo, na novela *teen* "Malhação", este idealizado e pasteurizado pelo discurso da ficção; c) O jovem reproduzido na publicidade como símbolo de beleza, de onde vários ramos do capitalismo – indústria da moda, academias, eletroeletrônicos – sugam os valores para gerar, na sociedade como um todo, necessidades supérfluas e uma busca desenfreada por esse ideário de juventude eterna.

Novas abordagens

Nesse sentido, ao pesquisar sobre a participação social e política das juventudes no "horizonte do novo século", Dina Krauskopf[73] organiza as abordagens a respeito da caracterização juvenil em quatro tipos: a) A juventude como período preparatório; b) A juventude como etapa problemática; c) O jovem como ator estratégico de desenvolvimento; e d) A juventude cidadã como sujeito de direitos. Essa é umas das tantas formas de caracterizar a juventude hoje. Segundo Krauskopf, o que se está processando é uma mudança de paradigmas. Essa mudança não ocorre à base de rupturas radicais. Elas coexistem e concorrem.

---

[73] KAUSKOPF, Dina. *Cultura campesina y proyectos de vida de la adolescencia rural costarricense*, pp. 209 a 230. Ver também: KRAUSKOPF, D. *Dimensiones críticas en la participación social de las juventudes*. Disponível em: <http://bibliotecavirtual.clacso.org.ar/ar/libros/cyg/juventud/krauskopf.pdf>, pp. 121 a 123. Acesso em: 10 jul. 2010.

A juventude como período preparatório

A ideia de que a plenitude da vida se situa na vida adulta e que o jovem é um vir-a-ser, é um "educando", é quase um não-ser, alguém que está se preparando para a vida adulta, superando a infância, mas ainda incompleto e, por isso, para completar seu ciclo de desenvolvimento depende do acompanhamento de educação por parte dos adultos, dos seus pais, professores e outros, tem recebido duros questionamentos. Inclusive, processos educacionais de inspiração marxista têm recebido fortes questionamentos por não considerarem e reconhecerem a singularidade da existência juvenil ou por apressarem o adolescente a assumir um papel social de adulto, adaptando-o à sociedade adulta, recusando-lhe, assim, um lugar real e constitutivo enquanto adolescentes ou jovens sujeitos responsáveis da sociedade. Isso acontece em sociedades que não se colocam como discutíveis, que não admitem modificações estruturais ou que se apresentam como "fim da história".

A redução da juventude à etapa preparatória tem sido entendida como uma ideologia que visa à postergação de seus direitos e à negação dela como sujeito social. Com isso se prolonga a dependência dos jovens em relação aos seus pais. A partir de meados do século XX, a própria adolescência começa a ganhar cada vez mais elasticidade, e tem ocupado o lugar do jovem, daquele que é um vir-a-ser adulto. A educação escolar e a capacitação para o trabalho são cada vez mais estendidas. Além de ser desprezado nessa concepção o enfoque dos jovens como sujeitos sociais do tempo presente, outro questionamento em relação a essa visão está na sua perspectiva homogeneizadora. Ao elaborar uma política pública nessa concepção, acaba-se por excluir mais do que incluir, especialmente em países onde as condições de vida dos jovens são extremamente desiguais. Quantos têm acesso aos bens culturais que a sociedade oferece?

A juventude como etapa problemática

E a juventude passa a ser um problema. Pelo menos desde meados do século passado, vêm-se considerando como problemas próprios da juventude a alienação, a falta de interesse pelas questões sociais, o desejo de desfrutar o instante e as facilidades da vida atual, a despreocupação para com o futuro, a recusa de assumir responsabilidades, o ceticismo e a busca de um estilo de vida lascivo, tranquilo e despreocupado. O prolongamento excessivo da juventude, acompanhado das expectativas frustradas devido à própria crise do sistema capitalista e de outros modelos de sociedade, traduzem-se em crises, insatisfações, mal-estares, manifestações de rebeldia e descontentamento, atitudes violentas, que tornaram o jovem caracterizado como aquele da "idade difícil", do período da revolta e da crise. Passos importantes na superação da negatividade da crise juvenil foram dados, ainda na década de 1970, quando o conceito de crise passou a ter uma dimensão transformadora, a perceber rupturas e brechas que apontam para novos rumos, tal como sugere Edgar Morin,[74] ao compreender que "a hierarquia, a especialização, a centralização se apagam em proveito da interconexão, das polivalências, do policentrismo".

Mesmo estando superado o mito que identifica adolescência com crise, especialmente ao compreendê-la mais como reflexo de uma dada sociedade, fato é que, desde uma perspectiva positivista, a sociedade não procura tratar ou transformar a si mesma, mas projeta as suas anomalias em indivíduos ou grupos e, portanto, a essa faixa etária foi atribuída a responsabilidade de diversos problemas sociais como a delinquência, o uso de drogas, a reprovação e a evasão escolar, roubos e um leque enorme de violências; porém, quando a juventude é entendida como problema social ou quando os seus problemas são entendidos como resultado de problemas sociais que os afetam, as intervenções institucionais e públicas têm tomado basicamente duas direções: a prevenção e a punição. Em relação à prevenção, o jovem volta a ser tratado como fase preparatória e, em relação à punição, ele torna-se um adulto, merecedor de castigos. A obsessão em torno desse aspecto estigmatiza o jovem como criminoso e perigoso socialmente, e até mesmo a amizade entre adolescentes, nesse caso, é considerada nociva. Jesús Martín-Barbero, ao refletir sobre o fato de dois adolescentes, em uma moto, terem assassinado o Ministro da Justiça da Colômbia, em meados dos anos de 1980, escrevia: "[...] foi então que o país pareceu se dar conta da presença, entre nós, de um novo ator social: o jovem, que começou a ser protagonista em manchetes e editoriais de jornais, em novelas e outros programas de televisão, transformando-se, inclusive, em objeto de pesquisa".[75] Observando o caso da Colômbia, Martín-Barbero percebe um significativo aumento das pesquisas sobre jovens, nas quais, apesar de o jovem ter sido insistentemente identificado com delinquência, criminalidade e desvio, ele também passa a ser percebido como ator e protagonista cultural dentro de uma sociedade desordenada.

No Brasil, os jovens vistos como "problema" têm sido objeto de estudo e de iniciativas diversas por parte de ONGs (Organizações Não

---

[74] MORIN, E. *Culturas de massas no século XX*, pp. 131ss.
[75] Apud BORELLI, S. H. S.; FREIRE F. J. (Org.). *Culturas juvenis no século XXI*, p. 11.

Governamentais), fundações empresariais e programas de assistência social, financiados por instituições públicas, religiosas, sociais e educacionais, inclusive por entidades de cooperação e de evangelização internacionais. Especialmente em torno da década de 1980, o vínculo entre juventude e violência fez com que o Estado elaborasse políticas paliativas e ineficazes na busca de solução dos problemas sociais supostamente causados por jovens. Boa parte do sistema jurídico e penitencial assume essa concepção, que faz com que os problemas dos jovens sejam tratados de forma negativa, individualizada e punitiva. A concepção do jovem como problema acionou a necessidade de uma ampliação do sistema policial, de vigilância, alimentou as empresas de segurança privada e promoveu a psicologia como ferramenta indispensável no tratamento das neuroses e patologias dos jovens. Por faltar uma concepção mais estrutural e histórica dos problemas dos jovens, cai-se no erro de procurar bodes expiatórios e gerar novas vítimas em uma sociedade excludente por excelência.

O jovem como ator estratégico de desenvolvimento

O processo de superação das duas concepções supracitadas, nas quais aparece uma visão negativa dos jovens, fez emergir uma visibilidade mais positiva e realista dele como sujeito estratégico do desenvolvimento.[76] Não são mais vistos apenas como meros portadores da força de trabalho, com a qual contribuiriam para aumentar o capital concentrado nas mãos dos donos dos meios de produção e, por sua vez, mesmo alienados, também para o desenvolvimento econômico. Agora, os jovens se tornam protagonistas da renovação das sociedades, mesmo diante do amplo processo de globalização neoliberal que se instala e se torna hegemônico na atualidade. A participação juvenil passa a ser fundamental no processo de desenvolvimento da sociedade. Suas capacidades de fazer e de aprender, sua agilidade, força, ambições, flexibilidade, facilidade de adquirir competências e desejos são citados quando se pretende implantar projetos de desenvolvimento local.

Nessa concepção, os jovens passaram a ser altamente atrativos como força de trabalho, adaptação rápida às novidades tecnológicas e como

---

[76] A ONU, na resolução 50/81, de 1995, rompe com o entendimento do jovem como objeto de intervenção de políticas públicas e abre para a perspectiva do entendimento dele como participante ativo, ator estratégico do processo de transformação da sociedade, nestes termos: "os jovens de todos os países são por sua vez um importante recurso humano para o desenvolvimento e agentes decisivos da mudança social, o desenvolvimento econômico e a inovação tecnológica. Sua imaginação, seus ideais, sua energia e sua visão são imprescindíveis para o desenvolvimento continuado das sociedades de que tomam parte [...]".

população consumidora. Aqui os jovens também são vistos como capazes, seja em termos de voluntariado, seja em termos de iniciativas e projetos sociais, de contribuir na superação das crises e dos problemas sociais. Esse enfoque tem recebido apoio, no caso brasileiro, de muitas agências de cooperação internacional. O problema desse enfoque é que nem sempre o contexto social onde o jovem está inserido e a sua própria condição pessoal são considerados. Dessa maneira, certos projetos ou iniciativas de desenvolvimento local não conseguem avançar, pois, em muitos casos, cria-se dependência em relação a essas agências e o protagonismo juvenil não costuma ser considerado. Todavia, essa forma de caracterizar a juventude promoveu avanços na busca da consolidação da democracia e na promoção de políticas sociais para a juventude, tendo-a como seu sujeito. Juan C. Rodrigues, referindo-se a projetos de países do cone sul para a juventude, afirma que a promoção da juventude a partir de políticas sociais constitui um dos fatores estratégicos de desenvolvimento de nossos países em sua consolidação democrática.[77]

A juventude cidadã como sujeito de direitos

Os jovens não são feitos apenas de incompletudes, desvios e de capacidades desenvolvimentistas. Antes mesmo de serem consideradas insuficientes ou superadas as caracterizações anteriores sobre juventude (especialmente as duas primeiras), vale dizer que os próprios jovens, desde meados do século XX, procuram formas e meios de garantir e ampliar a si próprios o direito de cidadania. Um marco nesse sentido é a Convenção Internacional dos Direitos da Infância, que foi aceito e transformado em lei por praticamente todos os países. Os Direitos da Juventude ainda não existem como conquista de reconhecimento internacional, todavia, existem diversas iniciativas nesse sentido, fazendo com que o próprio conceito de cidadania seja ampliado. Por mais que tenha o seu valor, já parece insignificante o direito de votar diante das atuais exigências e significado da cidadania. Cresce o número de adolescentes e jovens exigindo prestação de contas e direito de participar das decisões das instituições, que se sentem responsáveis ou participantes. Agora, o jovem passa a se entender como sujeito de direitos e como capaz de participar e contribuir para o desenvolvimento humano e social. Ele não deixa de ser destinatário de políticas públicas, mas também começa a se perceber num horizonte e contexto mais amplos de direitos e responsabilidades coletivas e individuais, dos quais dependem a qualidade de vida e o desenvolvimento social.

---

[77] In: CEPAL/UNESCO. *Protagonismo juvenil en proyectos locales*, p. 76.

Empoderamento e autonomia

A perspectiva do protagonismo e empoderamento juvenil se desenvolve incorporando várias etapas que permitem, como ponto de partida, escutar abertamente a voz dos jovens nas suas diferentes realidades. Segundo Sposito,[78] é "na confluência do processo de desenvolvimento social e da experiência democrática participativa e aberta aos conflitos que se situam os jovens como sujeitos de direitos". Dessa forma, para a sugestão de se pensar políticas públicas para a juventude, faz-se necessário antes incorporar a juventude das e nas políticas públicas. A primeira proposição se torna vazia e ineficaz sem a segunda.

Roger Hart demarca um protagonismo aparente onde acontece a manipulação dos jovens para executar tarefas estabelecidas pelos adultos, para participar de forma decorativa e simbólica. Segundo ele, caso os três primeiros graus de participação a seguir não forem ampliados até o quinto grau, então estaria havendo um falso protagonismo, visto que eles são necessários:

1. los niños y adolescentes son asignados para las actividades, siendo solamente informados;
2. los niños y adolescentes son consultados e informados;
3. la participación es iniciada por los adultos y las decisiones compartidas por los niños y adolescentes;
4. la participación es iniciada por los niños y adolescentes, dirigida por los adultos;
5. la participación es iniciada por los niños y los adolescentes, las decisiones son compartidas con los adultos.[79]

A conquista da autonomia faz parte da fase final do processo de empoderamento juvenil. Isso acontece quando os jovens percebem e dialogam sobre sua realidade e os desafios que dela emergem, estabelecem objetivos, levantam propostas, assumem prioridades, metas, compromissos, uma metodologia, desenvolvem projetos, avaliam, celebram e buscam apoio e assessoria, quando julgam necessários. Pode-se dizer que tal perspectiva vem-se consolidando no Brasil a partir dos anos 1990, embora os direitos específicos ou diferenciados para a juventude ainda não existam.

---

[78] Cf. SPOSITO, M. P. *Os jovens no Brasil: desigualdades multiplicadas e novas demandas políticas*, 2003. Disponível em: <http://www.lpp-uerj.net/olped/documentos/1013.pdf>. Acesso em: 10 nov. 2009.

[79] Citado por KRAUSKOPF, D. *Dimensiones críticas en la participación social de las juventudes*, p. 127.

As políticas públicas que contemplam a juventude costumam incorporar ao mesmo tempo outros segmentos ou toda a sociedade. No ano de 2008, aconteceu a Primeira Conferência Nacional de Jovens, que alcançou uma ampla mobilização da juventude em todo o País; porém, tanto a falta de processos anteriores como de medidas eficazes para a viabilização das propostas aprovadas, e a burocracia excessiva, impedem maiores avanços no setor.

Ao perguntar aos jovens brasileiros em 2005 se eles podiam mudar o mundo, Abramo e Branco[80] constataram que 57% deles acreditam que podem mudar e muito o mundo, e mais 27% acreditam que podem mudar um pouco. Esses dados se inserem em uma tendência atual do jovem que, na busca de autonomia e protagonismo, passa a se definir como sujeito de transformação, referência crítica, coragem de contestação, capacidade de elaborar e promover utopias, agente de solidariedade para com os mais empobrecidos e excluídos; e a se identificar socialmente com as iniciativas e projetos que abarquem essa perspectiva.

Já foi possível perceber que não é possível compreender os jovens do Contestado desconsiderando a dimensão mística ou religiosa; porém, a retrospectiva conceitual trabalhada nesta seção praticamente não incorporou esse elemento. Dessa forma, pode-se perceber uma omissão nas abordagens da juventude. René Laurentin[81] entende que "a única solução sociológica é defini-la como o tempo em que se realiza a transmissão do patrimônio humano"; então, pode-se supor que a tradição religiosa e as experiências correlacionadas devem ser consideradas, todavia, essa perspectiva será abordada mais adiante.

A juventude é rica de significados e conceitos

Enfim, retomando alguns elementos supracitados para conceituar a juventude e incorporando outros, Hilário Dick[82] sugere cinco formas, mais ou menos complementares, de concebê-la:

---

[80] ABRAMO, H. W.; BRANCO, P. P. M. (Org.). *Retratos da juventude brasileira*, p. 387.

[81] LAURENTIN, R. *É possível definir a juventude?*, pp. 24 [498].

[82] Algumas das obras utilizadas por Dick (2003, pp. 26-27) para elaborar a síntese dos conceitos sobre juventude (transcrita aqui praticamente na íntegra) foram: SCHMIDT, J. P. *Juventude e política no Brasil*; GROPPO, L. A. *Juventude: ensaios sobre sociologia e história das juventudes modernas*; e MARGULIS, M.; URRESTI, M. *La Juventud es más que una palabra*.

1. A juventude, apesar de diferenciar-se da adolescência e da idade adulta, e apesar de caracterizar-se também pela idade, é acima de tudo uma construção social. E a idade é também um fenômeno social e não apenas biológico. Logo "os jovens" mudam de idade conforme o período histórico e dependendo de seus condicionamentos e interações com o seu meio. É na juventude que o ser humano adquire o *status* de maioridade e a função social de autonomia.

2. Para além do período etário, ou fase da vida, que situa a juventude no período intermediário entre a infância e a idade adulta, tem-se os conceitos de estilo de vida e de estado de espírito, que dão um caráter polissêmico ao termo juventude, sendo revestido de uma série de significados. Nesse período se impõem novas necessidades, especificamente juvenis: conseguir um emprego, ganhar um salário, administrar uma casa, escolher um companheiro ou companheira, obter algum título universitário, definir os rumos da própria existência.

3. Dentre as características apontadas como centrais da juventude, estão: a *transitoriedade* (na qual aparece um desequilíbrio e nada é permanente para os jovens); a *marginalidade* (os jovens estão excluídos ou "à margem" dos processos de decisão, do acesso aos bens e do mundo social); *adaptabilidade* (os jovens são receptivos e abertos às novas influências e mudanças); os jovens são potencialmente *sujeitos de mudanças* (em princípio não são progressistas nem conservadores, mas podem solidarizar-se com movimentos sociais para promover transformações sociais); *resistentes* (reagem contra o mundo e a realidade social identificada com os adultos).

4. Outras duas categorias incorporadas à juventude são as de *representação sociocultural* e uma *situação social*. A primeira considera a juventude uma concepção, representação ou criação simbólica, fabricada pelos grupos sociais ou pelos próprios jovens, para significar uma série de comportamentos e atitudes a eles atribuídos; a segunda é entendida como realidade ou situação vivida em comum por indivíduos tidos como jovens. A categoria social da juventude tem grande importância também para o entendimento das sociedades modernas e suas transformações. Isto é, ao procurar compreender a situação social dos jovens faz-

-se necessário ao mesmo tempo entender a realidade sociopolítica e econômica como um todo.

5. Ao tratar da juventude enquanto construção social, sobrevém o conceito de *moratória vital*. Nessa perspectiva, a juventude aparece como um período de vida onde a pessoa está de posse de um excedente temporal e de um crédito, de algo que se tem a mais e que se pode dispor; é como um capital temporal que carrega consigo um potencial energético e um leque de esperanças, promessas e opções. O que se distingue aqui é o juvenil do não juvenil e não os jovens dos não jovens; logo, haveria tanto jovens como não jovens que podem ser juvenis ou não. A capacidade produtiva e criativa, a força e a resistência, entre outros aspectos, são inerentes à idade ou período juvenil, independentemente de classe social, etnia, cultura, gênero, religião ou meio social a que pertencem.

Por mais que existam divergências de caráter epistemológico entre os conceitos supracitados, a experiência vivida pelos jovens parece incorporar, sem grandes rupturas e de maneira complementar, esses conceitos. Achou-se oportuno aplicar ou assumir um caráter mais inclusivo e de complementaridade entre as diversas interpretações possíveis da juventude encontradas na revisão bibliográfica. É nesse sentido que vale lembrar ainda um conceito de Helena W. Abramo, que fala de juventude como:

> um desses termos que parecem óbvios, dessas palavras que se explicam por elas mesmas e assunto a respeito do qual todo mundo tem algo a dizer, normalmente reclamações indignadas ou esperanças entusiasmadas. [...] Quando se busca precisar um pouco mais sobre o termo, as dificuldades aparecem, e todo seu aspecto escorregadio toma relevo. Muito do que se escreve na academia sobre juventude é para alertar os deslizes, os encobertamentos, as disparidades e mistificações que o conceito encerra.[83]

1.2.4 A passeata dos cem mil e os caras-pintadas: elementos do protagonismo juvenil nas décadas de 1960 e 1990, no Brasil

Por mais que todas as coisas que acontecem possam estar interconectadas e influenciem de alguma forma umas às outras, não é essa a

---

[83] ABRAMO, H. W. Condição juvenil no Brasil contemporâneo. In: ABRAMO, H. W.; BRANCO, P. P. M. (Org.). *Retratos da juventude brasileira*, p. 37.

perspectiva percorrida nesta seção. Nem tudo o que acontece com jovens de outras regiões do Brasil reflete-se em jovens da região do Contestado; e quando se reflete, o grau, a repercussão e a intensidade variam. De qualquer forma, procuram-se aqui contemplar algumas experiências, práticas e reflexões sobre jovens no Brasil da segunda metade do século XX, entendendo que aquilo que for aqui considerado está relacionado e tem certa repercussão em jovens descendentes do Contestado, da mesma forma como estes jovens influenciam certas realidades mais amplas e diversas. Assim como é mais fácil estabelecer uma conexão entre dois canos quando são semelhantes, também aqui serão citadas reflexões sobre jovens do Brasil cuja proximidade "espiritual" com o Contestado parece mais evidente. Ao procurar no *Google* (em setembro de 2009) *sites* sobre "jovens na história do Brasil", apenas foi encontrado um que tratava dessa expressão ou temática com propriedade:[84] ele sugere uma reflexão comparativa entre os protestos da passeata dos 100 mil (1968)[85] e dos "Caras-Pintadas" (1992).[86] É em torno dessas duas experiências de participação juvenil que será desenvolvida esta seção.

---

[84] Disponível em: <http://www.educador.brasilescola.com/estrategias-ensino/movimento-dos-cara-pintada-passeata-dos-cem-mil.htm>. Acesso em: 02 set. 2009, artigo de Rainer Sousa.

[85] "A Passeata dos Cem Mil foi uma manifestação popular de protesto contra a Ditadura Militar no Brasil, ocorrida em 26 de junho de 1968, na cidade do Rio de Janeiro, organizada pelo movimento estudantil e que contou com a participação de artistas, intelectuais e outros setores da sociedade brasileira." No dia 29 de março de 1968, o Rio de Janeiro parou para enterrar o estudante Edson Luiz, morto pela polícia militar. O corpo, velado na Assembleia Legislativa, seguiu acompanhado de cerca de cinquenta mil pessoas no cortejo fúnebre. Na missa de sétimo dia os padres paramentados se defrontaram com os cavalos da polícia. Essa mobilização desembocou, três meses depois, na Marcha dos Cem Mil, no Rio de Janeiro, contra o Regime Militar. Disponível em: <http://pt.wikipedia.org/wiki/Passeata_dos_Cem_Mil>. Acesso em: 18 jul. 2010; SERBIN, K. P. *Diálogos na sombra*, p. 90.

[86] "Caras-pintadas" foi um movimento estudantil brasileiro realizado no decorrer do ano de 1992 e tinha como objetivo principal o impedimento do Presidente do Brasil e sua retirada do posto." Os jovens que protestavam contra o modelo econômico e contra o próprio presidente, por causa das denúncias de corrupção feitas contra ele, pintavam o rosto de verde e amarelo como símbolo do Brasil que defendiam. Disponível em: <http://pt.wikipedia.org/wiki/Caras-pintadas>. Acesso em: 18 jul. 2010.

Dois protestos significativos

Estabelecendo um quadro comparativo entre o período de redemocratização do País e o período da Ditadura Militar, aparecem dois protestos estudantis com feições diferenciadas em alguns aspectos e semelhantes em outros. A Passeata dos Cem Mil se concentrou nas ruas do Rio de Janeiro, enquanto os "Caras-Pintadas" tiveram uma maior repercussão em diferentes cidades do País. O movimento dos "Caras-Pintadas" contribuiu para que o presidente Fernando Collor de Mello perdesse seu cargo e seus direitos políticos, tendo assim um efeito mais imediato, com um dos seus objetivos alcançados em curto prazo e sem necessitar de uma organização mais ampla nem de um processo mais longo; enquanto os jovens de 1968 empreenderam diferentes formas de resistência com manifestações constantes e processuais ao longo de duas décadas, porém, sem contar com a maioria dos objetivos alcançados. A participação juvenil das décadas de 1960 e 1970 tinha como objetivos fundamentais contribuir para o alargamento do processo de construção da democracia participativa no País, bem como elevar o nível de consciência política e cidadã da população, para, com isso, resistindo à lógica de desenvolvimento capitalista, criar processos de transformação social. Após esse período, ampliam-se as iniciativas, considerando também a defesa do meio ambiente, o desarmamento nuclear, a liberdade de imprensa, a paz, a demarcação e o respeito às terras e a cultura indígena, os direitos humanos, a discriminação racial, e outros temas emergentes, produzindo uma série de outros tipos de associativismo, cooperativismo, organizações e mobilizações sociais.

Por mais que os "Caras-Pintadas" almejassem em princípio a derrocada do presidente, essa mobilização juvenil pretendia ao mesmo tempo representar a força, a capacidade e a importância da mobilização em si mesma. Essa manifestação da juventude contribuiu para que se constituísse em um segmento populacional de grande importância na sociedade brasileira. A sua condição de transitoriedade, tão amplamente apregoada, faz com que os jovens queiram deixar sua marca na história, não aceitando a própria condição como um "vir a ser", acomodando-se a um futuro almejado. A própria tendência de ver a juventude exclusivamente na sua "negatividade", desprezando o presente vivido, faz com que os jovens se rebelem contra essa situação de anonimato e procurem reconhecimento.

Entre os conceitos e as realidades perambulam as ideologias

As ideologias sempre prenhes de contradições não se demoram em falsear a representação do jovem como inovador. Quando não se pode representar devidamente um conceito, ele passa a ser alargado. Para definir o jovem, chega-se a representá-lo presente em todas as idades ou gerações, tal como o fez o fascismo, ao ponto de transformar o conceito de juventude em tudo aquilo ou em todos aqueles que "aderissem à ideologia fascista"; da mesma forma o mercado transforma o jovem em mero consumidor. Assim também o faz, porém de maneira mais camuflada, o neoliberalismo que projeta o jovem como "receptor e fornecedor de prazer ao transformar-se em mero consumidor de mercadorias". Sua capacidade de ver além do presente é projetada, como num espelho, para uma mercadoria a ser consumida. Pela mercadoria classifica-se o jovem como gente, à medida que este a conquista. Então sua imagem é de um homem lutador, conquistador, cuidadoso, dinâmico, criativo, inteligente, racional, cauteloso, comunicativo, inovador e equilibrado. Esses valores não são projetados como constitutivos do ser jovem moderno, mas, sim, enquanto correlacionados a bens de consumo desejados pelo jovem, quando até mesmo a própria sexualidade é feita mercadoria. Logo, o jovem "compra" certos valores no mercado e estes são projetados como necessidades que devem ser satisfeitas, a fim de que o ser-jovem não deixe de sê-lo.

O jovem que prossegue renunciando a consumir esses valores do mercado é projetado como partícipe de uma crise existencial, estranha à modernidade consolidada. Dessa forma, "um jovem de fato jovem" não é mais como nos inícios da modernidade, um trabalhador adepto, convicto e militante de uma ideologia, mas, sim, um receptor conectado, determinado, consumidor, propagandista, empreendedor e mercador. A máquina e a técnica gestam o jovem que, em seguida, aparece laborioso e cheio de vitalidade, como seu dono, protagonista e guia. Se até então o jovem aparece como fase preparatória para a vida adulta, e por isso mesmo impaciente e incerto, agora são as outras gerações que passam a se preparar para entrar "na juventude", cuja centralidade se torna inevitável. De fase transitória, a juventude torna-se uma condição prolongada e insuperável. É claro que esse desejo de juventude tem como referência aquela parcela reduzida da juventude, que possui privilégios, regalias, liberdades, seguranças, títulos, garantias e bens de consumo acima da média geral.

Quando não se quer lembrar dos jovens que se mobilizaram contra as ditaduras, dos "Caras-Pintadas" ou dos jovens envolvidos em lutas populares, estudantis e sociais diversas, então eles passam a ser reduzidos a consumidores de mercadorias e bens culturais. E esse termo "consumidores" quase sempre vem carregado de uma conotação pejorativa e estigmatizante. Ao analisar "os embalos de sábado à noite", Helena Abramo afirma que a juventude, especialmente a partir dos anos de 1970, no Brasil, passou a representar uma fatia importante do mercado consumidor e se tornou público-alvo de toda uma parcela da indústria cultural e de lazer. No entanto, ela percebe um caráter ambíguo e dinâmico desse processo ao considerar que

> o jovem vive o lazer em grande parte através do consumo, mas isso por si só não implica passividade e ausência de escolha; isso não elimina o caráter de experimentação, de criação de relações de sociabilidade, de processos de delimitação de identidades, de procura de inovação. Os bens veiculados pela indústria cultural são muitas vezes usados como material para a criação de novas atividades e expressões culturais próprias. E, por seu lado, é justamente dessas criações que a indústria se aproveita para reciclar seu repertório, desenvolvendo as "novas modas". [...] Há um processo incessante de apropriação e reapropriação.[87]

Todavia, ao reduzir ideologicamente o jovem a essa dimensão transitória-consumidora, caberia ao mercado satisfazer os desejos e suprir as demandas dos jovens e, assim, a família, o trabalho, a Igreja, o Estado e a própria escola estariam sendo desresponsabilizados do seu papel de orientação, promoção de valores e garantia de direitos às gerações mais novas (MORCELLINI, 1996; ABROMAVAY, 1999; ZALUAR, 1997). As lutas e mobilizações juvenis demonstram que a juventude busca ser entendida não como um tempo que passa rápido, não como uma fase de crise ou de trânsito entre a infância e a vida adulta, mas, sim, como um tempo no qual se vive, normalmente, de forma mais intensa um conjunto de transformações, em grande parte herdadas dos que os antecederam na história e que vão estar presentes de algum modo ao longo da vida, como parte de um processo de constituição de sujeitos que tem suas especificidades que marcam a vida de cada um e que implicam uma rede de relações sociais mais ampla. A juventude constitui um tempo determinado, que não se reduz a um momento de passagem e que carrega consigo uma importância em si mesma.

Associativismo e agrupamentos informais

Nas décadas de 1960 a 1980, a juventude se reunia em torno de algumas instituições, tidas como referência para a sua atuação e representação. A escola, a Igreja, a política, a família, a UNE, a Ação Católica Especializada, a Pastoral da Juventude, o local de trabalho e outras mais, eram instituições socialmente definidas em relação às quais os jovens

---

[87] ABRAMO, E. W. Os embalos de sábado à noite. *Tempo e presença*, n. 240, p. 8.

referendavam o seu cotidiano, a sua identidade e o seu agir. Ao que parece, esses modelos entraram em crise e novos modelos ainda não estão delineados para a juventude. O que antes servia de referência para a passagem da realidade de exclusão para a de inclusão, hoje, parece ser mais uma entre tantas opções com as quais se pode ter alguma relação. Diversas formas associativas emergiram após a abertura democrática, tendo jovens como protagonistas.

Houve, especialmente a partir da década de 1990, uma intensificação do movimento associativo no Brasil. Os movimentos sociais foram decisivos para a redefinição dos sentidos da política e do papel do Estado. As lutas populares urbanas destacaram-se na busca de melhorias da qualidade de vida e na garantia de direitos sociais e políticas públicas. Antes ainda, a partir da década de 1980, emergiram diversos movimentos sociais, ecológicos, de mulheres, de afrodescendentes, homossexuais, incluindo o rol das diferentes formas de mobilização da juventude, que fizeram emergir uma nova noção de cidadania, evidenciada na luta por direitos – tanto o direito à igualdade como o direito à diferença e à expressividade –, praticada por novos sujeitos que se apresentaram como socialmente ativos e não apenas como cidadãos-consumidores. Normalmente, esses movimentos passaram a se preocupar mais com as grandes causas humanitárias que com ideologias, sistemas de governo, projetos político-partidários ou modos de produção. Nesse sentido, pode-se citar o Greenpeace, que é um símbolo do movimento ecológico atual. Em 2011 essa organização de ativistas, sediada na Holanda, alcançou 2,8 milhões de adeptos em todo o mundo, com escritórios nacionais e regionais em 41 países.

Nas últimas duas décadas do século XX, para além das referências institucionais, destacaram-se as lutas descentralizadas e capazes de criar espaços públicos informais, alargando o campo político para inúmeras iniciativas da sociedade civil, criando novas dinâmicas organizativas e uma nova noção de direitos e cidadania. Por mais que a Constituição de 1988 procurasse agradar "gregos e troianos", não se pode negar que trouxe a marca das exigências legais da participação na gestão da coisa pública, procurando conciliar democracia e cidadania. O movimento das "Diretas já", em 1984, e o *impeachment* do presidente da República, em 1992, são expressões de reivindicação e consciência do direito e da importância de participação direta nas definições dos rumos do sistema social brasileiro. A conquista do poder popular local em muitas cidades brasileiras demonstra uma resistência contra a burocratização e privatização do Estado brasileiro, bem como uma abertura maior para incorporar as demandas e necessidades emergentes da sociedade civil.

Mudanças na participação político-cidadã dos jovens

Ao longo da década de 1990, em geral, continuou sendo negada aos jovens a condição de sujeitos de direitos; mesmo assim, eles forçaram sua visibilidade procurando se inserir na esfera pública, superando a imagem anterior na qual eram vistos apenas, de forma reducionista, como participantes ou militantes nos partidos políticos ou no movimento estudantil. Diferentemente do que tem sido constatado na Europa, em que os níveis de participação política da juventude não se encontram em declínio,[88] no Brasil, o gosto ou interesse pela política, partidária e eleitoral, dos adolescentes e jovens é baixo. Segundo pesquisas recentes, a política estaria em 7º lugar nos interesses dos jovens, com apenas 10 a 11% dos entrevistados. Emprego, educação, cultura, lazer, família, relacionamentos/amizades, esportes, entre outros, são considerados temas mais importantes que a política, a qual parece ter pouca influência no cotidiano dos jovens;[89] porém, por mais que o discurso seja geralmente pessimista, apontando para um crescente declínio na participação social e política dos jovens, não há consensos nem no Brasil nem em nível mais amplo sobre essa questão. Esses dados tendem a tematizar a juventude como um "problema social" e a reforçar os estereótipos de uma juventude comumente representada como sendo "individualista, consumista, pregada à TV, que odeia livros e política, não se sente responsável pelas transformações sociais e pensa em obter um diploma só para ter uma profissão".[90] E mesmo que isso fosse comprovado, o que se deveriam considerar, em primeiro lugar, não são apenas os números ou a estatística da participação política dos jovens em si, mas a questão da democratização da sociedade como um todo. Há que se perguntar como a sociedade tem favorecido e o que ela tem oferecido aos jovens em termos de acesso à vida democrática e à participação política.

---

[88] Cf. CASTRO, L. R. de; CORREA, J. (Org.). *Juventude contemporânea*, p. 29.

[89] Pesquisa realizada pela Fundação Perseu Abramo em 1999, atingindo 9 milhões de jovens de 15 a 24 anos em nove regiões metropolitanas brasileiras, sob a coordenação de Gustavo Venturi e Helena Abramo.

[90] Cf. artigo de Luiz Manteguini, "Retratos sem retoques", em que comenta os dados sobre a juventude brasileira revelados pela pesquisa do Instituto Akatu e do Indicador Pesquisa e Mercado, divulgados pelo jornal *Folha de S. Paulo*, Folhateen, p. 3, em 29/04/2002. Disponível em: <http://www.vermelho.org.br/colunas/manfredini_0329.asp>. Acesso em: 7 set. 2009.

No Brasil do fim da década de 1990, os movimentos, associações e grupos formados por jovens ligados ideologicamente a perspectivas anarquistas, comunistas ou socialistas passam a seguir orientações mais difusas e autônomas, em muitos casos, recusando qualquer rótulo ideológico, porém partilhando o princípio da resistência global com grupos internacionais, tais como os articuladores do Fórum Social Mundial. Nesse Fórum, o acompanhamento da juventude tem-se tornado uma das manifestações de grande expressividade que carrega consigo uma forte crítica ao processo de globalização neoliberal, seguida do desejo de construir um outro mundo possível. A via política parece ganhar nova ênfase e, inclusive, muitos líderes de movimentos sociais passam a ocupar cargos públicos.

De qualquer forma, a ênfase na participação política como forma idealizada de representação dos jovens, que tem como símbolo a juventude de 1968, vai sendo superada por carregar consigo um reducionismo incapaz de perceber as novas formas e espaços de ação coletiva dos jovens, nos quais aparece um afastamento e uma resistência às formas tradicionais de participação, como os partidos e sindicatos, principalmente quando dominados por clientelismo e nepotismo. A juventude brasileira vem desenvolvendo diversas formas de associativismo e participação social, cujo caráter descontínuo, pouco institucionalizado, transitório, mutante, com níveis diversos de intervenção no social, muitas vezes de forma fluida e pouco estruturada, faz com que na maioria dos casos passem e atuem de forma pouco reconhecida ou visível, especialmente pelos meios de comunicação mais poderosos. Segundo Melucci (1991), trata-se de uma estrutura "submersa" que faz com que as ações grupais ou coletivas juvenis muitas vezes passem despercebidas e só se tornem mais explícitas, percebendo-se inclusive a afinidade e a ligação entre eles, nos momentos de mobilização. Segundo Castro e Correa:

> a participação política e social não é algo dado. Constrói-se à medida que se a pratica. Os jovens enfrentam enormes dificuldades de construção de um espaço coletivo e de elaboração de uma versão válida e legítima da vida social; mesmo assim, conseguem, por meio de metáforas e textualidades, redesenhar o espaço de convivência e ressignificar seus códigos encenando alternativas de participação social.[91]

Mesmo que os momentos de mobilização juvenil em grande escala sejam raros, não se pode negar que os jovens vêm tomando parte ativa em

---

[91] CASTRO, L. R. de; CORREA, J. (Org.). *Juventude contemporânea*, p. 24.

decisões nacionais, como a campanha pelas Diretas Já, o *impeachment* do presidente Fernando Collor de Mello, a luta por passes livres de ônibus, o repúdio do acordo com a Associação do Livre Comércio (ALCA), a luta e o abaixo-assinado pela reestatização da Companhia Vale do Rio Doce, os gritos dos excluídos, a participação nas Semanas Sociais Brasileiras e nos Fóruns Sociais Mundiais, entre outras. Essas mobilizações ocorreram quase sempre independentemente das organizações juvenis tradicionais, não sendo vistas, por elas, como expressões de ações políticas relevantes.

Além dessas, poder-se-iam citar muitas outras associações, organizadas em torno de atividades ecológicas, pela paz, por políticas públicas, iniciativas grupais de produção e renda, pela democratização dos meios de comunicação, pela erradicação da miséria e da fome, fundamentadas no espírito do voluntariado, comunitário, solidário e das "tribos" preponderantemente urbanas, com preocupações cada vez mais locais. Isso tudo denota um alargamento das práticas coletivas juvenis, com ênfase e até mesmo centralidade na esfera cultural, principalmente em torno dos diferentes estilos musicais e em outras práticas em que se evidenciam a importância de símbolos e rituais capazes de demarcar uma identidade e uma autonomia juvenil. Diferentemente do que ocorria na década de 1960, quando ganhava destaque a parcela da juventude que pertencia à classe média e ao universo estudantil, agora também as camadas populares, com sua diversidade de estilos e, inclusive, propostas de intervenção social, ganham espaço, tais como os *punks, darks*, roqueiros, *clubbers, rappers, funkeiros*.

Perspectivas mais recentes: cultura, cotidiano e ação direta

A auto-organização e a mobilização em torno das atividades culturais e de lazer da juventude vêm superando a participação em atividades de cunho político. A própria mobilização em torno de expressões religiosas e culturais são manifestação do processo amplo de transformações pelas quais passa a sociedade contemporânea. A disputa pelo controle dos recursos simbólicos e pela industrialização dos desejos, riscos e possibilidades, com um novo mercado voltado especialmente para os jovens, denota uma maior complexificação da sociedade. Surgem novas formas de agregação juvenil que, de certa forma, se articulam em diferentes contextos de produção cultural e expressam uma multiplicidade de novos significados.

A juventude reproduz culturas, reforma e se transforma em realizadora de cultura. Seu modo de pensar, sentir, perceber e atuar relaciona-se consigo mesma e com os outros, e produz signos e símbolos próprios. Essas formas diversas de agregação procuram normalmente proporcionar ao jovem um rito de passagem no qual ele deixa de ser mero espectador passivo e passa a exercitar e desenvolver suas potencialidades humanas, conquistando novas aprendizagens e tornando-se criador ativo. A convivência continuada em grupos permite superar fragilidades e amadorismos, bem como significar e vivenciar valores mais coletivos, favorecendo a criação de relações democráticas, de companheirismo, confiança, gratuidade, autoestima, identidade, solidariedade, além de uma ampliação significativa dos campos de intervenção social e de possibilidades e alternativas de vida.

Dentre as alternativas inerentes ao cotidiano, destaca-se a importância da convivência em um grupo, o compartilhar de sentimentos de pertencimento e as experiências de interações afetivas e simbólicas entre diferentes grupos e realidades. Se, por um lado, as diferentes experiências proporcionam imaginários e compreensões diversificadas da vida e da realidade circundante, por outro, esses espaços de troca de experiências favorecem a criação de um imaginário comum. Haveria uma unidade na diversidade? Jovens pobres e ricos, moços e moças, de etnias diferentes, com graus de escolaridade diversa poderiam fomentar nos intercâmbios de experiências um imaginário comum, distinto daquele produzido pela grande mídia da massificação cultural?

De acordo com o pensamento de Santos (1996), "a ordem global busca impor, a todos os lugares, uma única racionalidade. E os lugares respondem ao mundo segundo os diversos modos de sua própria racionalidade". Sendo assim, as ações coletivas juvenis se constituem num espaço de construção de significados alternativos às arbitrariedades massificadoras dominantes. Os movimentos sociais e juvenis tendem a apresentar concepções alternativas de sociedade, economia, política, religião, entre outros, que podem desestabilizar e contrastar com os significados culturais dominantes.

Articulação por redes

Diferentemente das práticas da década de 1960, em que grande parte das organizações juvenis era contagiada por uma visão de futuro baseada na utopia de uma nova sociedade protagonizada pela política, quando o Estado seria governado pela classe trabalhadora, na contemporaneidade as atuais práticas e tendências das organizações juvenis estão mais articuladas e formando redes numa perspectiva sociocultural na qual a busca de novas relações, de emoções, de paz, dos direitos humanos e da boa convivência – entre os jovens, entre estes e os demais seres humanos e também com o meio ambiente – parece atrair mais os jovens. De qualquer forma, pelo lado mais pessimista dessa mesma perspectiva, faz-se preocupante a tendência atual denominada por diversos cientistas e pesquisadores de pós-

-moderna, na qual parece avançar o descrédito das ideologias que faz "com que muitos jovens já não se projetem para o futuro. Esse fenômeno tem o efeito de forçá-los a concentrar-se, no momento atual, na busca de sensações e emoções passageiras, o que não conduz a um sentido mais profundo da vida".[92]

Uma das raízes dessa tendência se planta na década de 1960, quando os jovens começam a rejeitar e a se manifestar contra a Guerra Fria, contra os Estados Unidos na guerra do Vietnã, que matou mais de sessenta mil pessoas, feriu trezentas mil e deixou consequências negativas irreparáveis para toda uma população, e contra as invasões soviéticas na Hungria e na Tchecoslováquia; enfim, foram tantas iniciativas de resistência que o ano de 1968 chegou a ser chamado de "o ano da Grande Recusa".

Os novos estilos de vida, somados às diversas manifestações e iniciativas juvenis e de resistência, foram traduzidos como "contracultura", e esta trazia consigo um viés e um forte desejo transformador da realidade vigente. Porém, essa busca ou essa utopia não se traduziu em grandes projetos políticos, mas, sim, numa espécie de ação direta ou de movimento espontâneo, sem necessidade de uma maior centralização, institucionalização, e de regras e normas preestabelecidas. É nessa perspectiva que ganha aprovação e se massifica, especialmente entre os jovens, a utopia dos *hippies*, que negava a sociedade moderna, materialista, consumista, alienante e repressora, e procurava criar comunidades místicas, de paz, amor e muita música, capazes de construir experiências de paraíso, de um mundo pacífico e harmonioso, no aqui e agora da história humana. "Não vamos fazer violência, vamos fazer amor!", tornou-se um lema importante de muitas organizações e movimentos juvenis que se inspiravam no movimento *hippie*. A busca de construção de uma sociedade sem violência era a mola-mestra desses movimentos juvenis.

Incertezas, inseguranças, medos e a busca de sentido para a vida

Diante das incertezas proporcionadas pela própria ciência e pela velocidade das transformações tecnológicas, diante das inseguranças decorrentes dos tornados, furacões e desmoronamentos, diante do medo de morrer causado pelas guerras e diferentes formas de violência, diante das

---

[92] BORAN, J.; CANESCHI, L. A.; SANTOS, D. F. Pastorais e movimentos de evangelização da juventude. In: BEOZZO, J. O. et al. (Org.). *Juventude, caminhos para um outro mundo possível*, p. 185. Cf. CORREA, J. B. *Culturas juveniles*, pp. 34-35.

crises do mercado e da ineficiência das instituições políticas, a busca de sentido é reduzida e diluída ao tempo presente e os desejos de felicidade almejam ser satisfeitos em curto prazo, mesmo que reduzidos a um curto espaço de tempo. Tem-se, assim, um aparente controle maior do momento presente, porém a dimensão da memória e do projeto para o futuro, bem como as perguntas sobre o passado e as utopias, perdem relevância, trazendo consigo o risco da ausência de perspectivas (LEOCCARDI, 1991). Diante do enfraquecimento da esperança e do esvaziamento de perspectivas mobilizadoras da sociedade, na cultura moderna, os jovens voltam a ser considerados como aqueles que:

> Recebem a cultura moderna de braços abertos. Eles são seus grandes propagandistas e suas grandes vítimas. Devido à sua flexibilidade e aos estágios biológico e psicológico pelos quais estão passando, eles têm uma capacidade e sensibilidade acuradas para detectar terremotos e movimentos que estão por acontecer sob a terra. Eles são uma espécie de sismógrafo que indica para onde a futura sociedade está se dirigindo. Se lhes dermos ouvido, eles irão ajudar-nos a antecipar, a nos preparar para os terremotos inevitáveis que precisamos enfrentar e suplantar.[93]

Ao que parece, o jovem atual não está muito interessado nem em tirar lições do passado nem em olhar para os horizontes ou para o infinito. Já no início da década de 1960, ao procurar compreender a realidade dos jovens portugueses, A. Alves de Campos[94] concluía que a eles "o que interessa é a realidade presente, o viver na atualidade! O passado... passou! Não interessa!". A diluição da busca de sentido no tempo presente permite não dar muita atenção para objetivos inalcançáveis e se traduz em ações voluntárias, tais como a luta por qualidade de ensino, redução das taxas de mensalidades e do valor cobrado pela energia elétrica, contra os pedágios, pela limpeza dos rios; e tais ações normalmente se mostram incapazes de influenciar e acionar transformações estruturais da sociedade, especialmente quando são iniciativas mais isoladas ou pontuais. De qualquer forma, principalmente quando formam redes articuladas de ações coletivas, essas iniciativas acabam por desafiar o poder estabelecido, ao inverter a lógica dominante instrumental, propiciando a elaboração de identidades comuns, de sentimentos de pertencimento, de iniciativas de solidariedade e de canais de expressividade, construindo alternativas de sentido. Traduzem-se,

---

[93] BORAN, J. *Os desafios pastorais de uma Nova Era*, p. 61.

[94] ALVES DE CAMPOS, A. *A juventude e os seus problemas*, 1961, p. 27. (Col. Juventus, 1).

então, em momentos esporádicos de maior visibilidade, quando certos conflitos são acirrados, quando certos desafios ou objetivos envolvem um maior número de jovens interessados em enfrentá-los ou alcançá-los, ou dependem das conjunturas e experiências de organização. Nesses casos, não há como desintegrar as dimensões coletiva e individual, pois o ator coletivo e o sujeito se constroem juntos.[95]

Nem otimismo nem negativismo: realismo

Não é apenas um estilo de vida dos jovens procurar responder a demandas específicas e diluídas no tempo presente. Basta ver que as poucas iniciativas governamentais e políticas públicas para a juventude no Brasil carecem de um projeto global de desenvolvimento e quase sempre respondem apenas a demandas emergenciais, decorrentes de tragédias ou por conta de situações de risco. O incentivo à produção de conhecimentos científicos e continuados sobre a realidade dos jovens é extremamente reduzido. Os jovens são afetados duplamente por concepções a respeito: primeiro, por aquela que os considera e idealiza. Normalmente, quando são excessivamente valorizados, esse positivismo não passa de constatação retórica que os torna "super-homens frustrados", porque a própria realidade os impede de ser e agir conforme aquilo que sugere. Essa concepção é incapaz de gerar processos de emancipação, organização e libertação dos jovens, porque parte do princípio ou da fantasia de que eles já vivem essa realidade e são bons ou suficientemente capazes por natureza. E, segundo, pela concepção que os compreende como "seres monstruosos", como "problemas sociais", e tende a condenar os jovens por meio da discriminação, de exclusões diversas, tornando-os vulneráveis aos delitos, propensos à violência, e então lhes aplicam políticas de repressão extrema, até torná-los, já degradados e quase sem saída possível, presa fácil para os bandos.[96]

O próprio excesso de negatividade desestimula o jovem, criando nele uma realidade praticamente impossível de ser alterada, devido à gravidade do problema que ele estaria aceitando carregar consigo. Dessa maneira, somente certos casos particulares, considerados mais problemáticos, passam a ser "controlados" por instituições diversas ou ser objeto de políticas públicas. A falta de realismo e de compreensão dos jovens faz com que as

---

[95] SPÓSITO, M. P. *Algumas hipóteses sobre as relações entre movimentos sociais, juventude e educação*, p. 87.

[96] KLIKSBERG, B. O contexto da juventude na América Latina e no Caribe: as grandes interrogações. In: THOMPSON, A. A. *Associando-se à juventude para construir o futuro*, p. 53.

práticas e as políticas voltadas a eles sejam reduzidas a boas intenções, cuja materialização delas se faz ausente.

A proposição e reivindicação de políticas públicas para a juventude, e especialmente a concepção de jovem como sujeito de direitos, demandam realismo, carecem de estudos científicos a respeito e capacidade de ouvi-los e compreendê-los em sua própria realidade. Sem ampliar a atual compreensão sobre os jovens, principalmente com relação à parcela dos excluídos ou empobrecidos, como pessoas humanas e sujeitos de direitos, não haverá condições de se contribuir para elevar o seu nível de qualidade de vida. Nesse sentido, pode-se considerar que os movimentos sociais de trabalhadores, de mulheres, de jovens, de sem-terra, entre outros, que em não poucos casos acontecem de maneira silenciosa, sem grande expressividade social,

> questionam a reprodução das hierarquias e desigualdades sociais e econômicas, bem como das diversas formas de estigmatização existentes, como também problematizam os padrões culturais e os vieses de gênero e geração existentes. Estes sujeitos sociais reivindicam, cada vez mais, ter vez e voz nos espaços públicos e nos processos decisórios, [...].[97]

É nesse sentido que Freitas percebe que, ao considerar

> os jovens como sujeitos de direito, evita-se qualquer entendimento de que a juventude é uma faixa etária problemática, essencialmente por ser a mais comum vítima dos problemas socioeconômicos do País. Evita-se também sua idealização no sentido de entendê-la como única protagonista de mudança, em uma nova interpretação heroica de seu papel mítico. A juventude brasileira é fruto da sociedade brasileira e, em tempos de globalização e rápidas mudanças tecnológicas, deve ter condições, oportunidades e responsabilidades específicas na construção de um país justo e próspero.[98]

Respeito às identidades, à individualidade...

O alargamento do conceito de sujeito de direitos também para as mulheres, idosos, crianças e adolescentes, deficientes físicos, homossexuais, indígenas, negros, entre outros, fez com que, nas últimas duas décadas, as diferentes formas de violência contra esses "sujeitos" que, em diversos casos, eram consideradas cultural ou normal e às vezes até necessária para

---

[97] CARNEIRO, M. J.; CASTRO, E. G. de. *Juventude rural em perspectiva*, p. 289.

[98] Citado por: FREITAS, M. V. Juventude: mapeando a situação. In: BEOZZO, J. O. et al. (Org.). *Juventude, caminhos para um outro mundo possível*, p. 27.

resolver conflitos pessoais, domésticos, entre vizinhos ou grupos, fez com que tais práticas passassem a ser objetivamente nomeadas como antissociais ou como crime e, portanto, merecedoras de punição. É verdade que o fato de uma prática ser considerada violenta ou antissocial não significa que ela deixará de existir, mesmo quando severamente punida. Chama a atenção uma pesquisa realizada com jovens no Rio de Janeiro[99] que aponta para uma discriminação de índice elevado contra homossexuais, travestis e prostitutas; agredi-los e humilhá-los não são consideradas práticas antissociais "muito graves" por aproximadamente 60% dos jovens.

E antes de considerar as organizações juvenis, é preciso constatar o óbvio: que os jovens possuem individualidade e desejos; são seres humanos, ambíguos, contraditórios, limitados, ousados, sonhadores, que amam, sofrem, divertem-se, rebelam-se, acomodam-se, reagem contra as injustiças, enfrentam ou fogem dos conflitos, pensam a respeito das suas condições e experiências de vida, posicionam-se diante delas, e normalmente insistem em conquistar sempre melhores condições de vida. Escutá-los, constatar suas práticas culturais, perceber suas formas de sociabilidade e busca de humanização, ver aonde o seu protagonismo avança, é o mínimo que se pode fazer para tê-los como parceiros na definição e promoção de ações e políticas que possam potencializar o que já trazem de experiências de vida.

O Estatuto da Criança e do Adolescente e as Políticas Públicas

Desde o início do século XIX, já se faziam leis para "cuidar" ou proteger a sociedade contra adolescentes perigosos. O Código Criminal do Império, de 1830, recomendava a internação de menores de 14 anos que cometessem atos tidos como indesejáveis pela sociedade. Somente com a criação do Estatuto da Criança e do Adolescente (ECA), promulgado em 1990, é que o menor "infrator" deixa de ser um problema, alguém que deve ser internado, separado do meio social e punido. Agora ele passa a ser entendido como vítima de uma sociedade violenta e, portanto, sujeito de direitos.

Esse estatuto tem sido motivo de constantes debates e controvérsias, especialmente na imprensa escrita, sendo até mesmo acusado, por alguns segmentos sociais, de dar proteção indevida a indivíduos considerados perigosos, ainda que adolescentes; mas não se pode negar que é um marco legal de um processo de abertura democrática que procurou transformar a realidade vulnerável e de exclusão de crianças e adolescentes em conflito com a lei ou em situações de risco, proporcionando-lhes proteção, medidas

---

[99] Cf. MINAYO, M. C. de S. et al. *Fala, galera*, p. 195.

socioeducativas e outros direitos e alternativas de atendimento. A punição aos poucos foi sendo superada pela busca de ações preventivas, e as crianças e jovens passam a ser sujeitos de direitos.

Mesmo que esse estatuto exija políticas públicas para o setor, ainda hoje, no Brasil, encontramos poucas ações destinadas especificamente ao segmento juvenil. O que há são ações governamentais que, em sua grande maioria, se inserem em políticas que atingem a juventude, porque esta faz parte de uma das várias faixas etárias. Não há uma satisfatória focalização e priorização de políticas públicas de juventude no Brasil. Não se pode negar que nos últimos anos houve diversos projetos e iniciativas governamentais de inclusão de jovens, especialmente no que tange a questões educacionais, porém, mesmo que seus objetivos sejam ousados, eles são insuficientes e não conseguem incluir um leque enorme de jovens excluídos da sociedade. Em relação a esses programas e projetos para a juventude, há que se considerar não apenas os recursos que saem dos cofres públicos e os objetivos que esses projetos se propõem alcançar; faz-se necessário, ao avaliar o impacto desses programas, considerar que mudanças esses projetos realmente causam na vida e nas escolhas dos jovens e, também, se existem ou não mecanismos de diálogo entre as instâncias políticas e as crianças, adolescentes e jovens, destinatários das políticas sociais em questão. Ao que parece, ainda hoje, os meninos e as meninas são concebidos e tratados como objetos e são desconsideradas as suas condições de pessoas participantes da sociedade, sujeitos de transformação social.[100]

Embora a juventude possa representar um período da vida caracterizado por situações de grande vulnerabilidade, devido às atividades de alto risco em que grande parte dos jovens é submetida, nem sequer no âmbito da segurança e da saúde existem políticas específicas para os jovens; sendo assim, as demandas por políticas públicas para a juventude permanecem como estado de coisas precariamente resolvido no âmbito de políticas genericamente destinadas a um público mais amplo, onde os jovens competem para poder ser minimamente atendidos. Percebe-se a ampliação de uma política compensatória e de caráter corretivo de distorções causadas por jovens que vivem em contextos de desvantagens sociais. Acompanham essa perspectiva os discursos morais e políticos sobre a importância da utilização das artes, do esporte e do trabalho com os jovens envolvidos em drogas, vícios e crimes. Esses discursos tendem a reduzir os jovens das camadas populares a uma "população-alvo", desprovida de direitos, exceto

---

[100] Cf. CASTRO, L. R. de; CORREA, J. (Org.). *Juventude contemporânea*, p. 91.

do direito de políticas públicas capazes de controlar o seu tempo livre e de integrá-los à ordem social. Esse tipo de políticas não são construídas sob a perspectiva dos direitos de juventude, mas, sim, sob a ótica dos problemas definidos pelo mundo adulto.

A noção de adolescência ganhou maior grau de institucionalidade e reconhecimento na sociedade brasileira com o Estatuto da Criança e do Adolescente, sendo entendida como uma fase do desenvolvimento humano que vai dos 12 aos 18 anos, a qual comporta necessidades e direitos específicos, como a existência de conselhos tutelares e de defesa em todos os níveis da federação.

Movimentos sociais e juventude

Por mais que os movimentos sociais sejam considerados atores fundamentais na reconstrução da democracia participativa e incorporem um grande contingente de jovens em seus quadros, pode-se considerar que há certa indiferença ou certo silêncio desses movimentos com relação ao tema juventude. Eles não são tidos como sujeitos de direitos nem como protagonistas nesses processos de organização e movimentos sociais. A especificidade da juventude, mesmo entre as suas lideranças principais, em muitos casos aparece não como jovens liderando um projeto político transformador ou propondo e defendendo políticas públicas, mas, sim, como um projeto que atrai pessoas diversas, inclusive jovens.

Pode-se afirmar que a indignação e o inconformismo são características marcantes dos jovens descendentes do Contestado. Entre eles aparece uma articulação inclusiva e não excludente das duas fases abordadas nesta seção sobre o protagonismo juvenil. Há elementos da década de 1960 e outros novos incorporados nas lutas e organizações de jovens do Contestado hoje. A presença de jovens anticapitalistas e que atuam em diferentes movimentos sociais foi marcante em meados do século passado e continua sendo ainda hoje, porém a forma de atuação e mobilização desses jovens foi mudando. Percebe-se hoje que o protagonismo juvenil se dá, no Brasil, divergindo ou incorporando elementos da experiência dos jovens de 1960:

- que os jovens hoje procuram se articular em redes e outrora se articulavam de forma piramidal;

- que passaram a utilizar recursos da indústria cultural e tecnológica, tal como a internet, e procuram consolidar laços e chamar um maior número de adeptos, através dos mais variados meios de comunicação, e antes o poder da comunicação de massa era muito fraco;

- que tanto outrora como agora as causas que defendem primam e são quase exclusivamente em prol da coletividade; os interesses pessoais aparecem menos;

- que os métodos que preferem utilizar para alcançar seus objetivos são hoje mais descentralizados, participativos e divulgados do que acontecia no passado;

- que o enfrentamento do sistema econômico hegemônico, bem como das contradições internas da própria organização juvenil, era mais forte outrora do que agora;

- que tanto outrora como agora assumem uma prática da não violência, são majoritariamente favoráveis ao desarmamento e não costumam nem pretendem usar armas;

- que o discurso costuma ser combativo contra todas as formas de opressão, ditaduras, polícias repressivas, contra a criminalização dos movimentos sociais, procurando ampliar-se num sentido global; porém, o agir foi se dando cada vez mais localmente;

- que houve uma passagem ou mudança de foco, sendo que outrora a organização de movimentos juvenis incorporava uma conotação política mais forte que a cultural e estava mais subordinada às lutas gerais dos trabalhadores;

- que hoje não pretendem se tornar um espaço organizado com identidade única, como outrora, mas em espaços de encontros da diversidade de organizações, grupos e indivíduos, que tenham consensos mínimos na perspectiva da transformação social;

- que hoje a adesão espontânea a ações diretas é mais comum que outrora, quando a preocupação maior era com um planejamento mais amplo e em longo prazo;

- que suas formas de atuação, tanto outrora como agora, consideram elementos do modelo marxista-leninista de organização, sem menosprezar a importância da mística ou da religião, na sua perspectiva libertadora e profética;

- que a conscientização do povo era uma meta mais mobilizadora de jovens no passado, havendo assim uma verticalidade no processo educativo; hoje se procura antes considerar os elementos de sabedoria já presentes no meio popular, sendo que a educação acontece mais na horizontalidade da vida, nas relações entre movimentos, grupos e pessoas;

- que a criatividade, a autonomia na sua articulação como grupo, a liberdade e a independência de cada sujeito, de agir e decidir sobre sua participação nas ações coletivas, bem como a não hierarquização da organização, mais hoje que ontem, são elementos defendidos e praticados no cotidiano;

- que a burocracia é quase sempre considerada um estorvo, mas já há uma compreensão maior de que deve ser assumida nas suas exigências fundamentais;

- que há um engajamento juvenil para a realização de um socialismo nos moldes latino-americanos: autogestionário, democrático, plural, não ditatorial, cristão ou ao menos sensível à religiosidade popular e sem um centralismo ou um único órgão de direção;

- que uma boa parcela dos jovens, tanto antes como agora, se juntam num protesto e resistência abertos e, geralmente, preparados coletivamente. Esses protestos entendem que o atual modelo de sociedade é considerado inaceitável e que existem alternativas sociais possíveis. Todavia, mais outrora do que agora, pretendia-se criar um amplo e permanente movimento que envolvesse um número cada vez maior de pessoas e permitisse um coletivo que fosse a expressão dos protestos atuais e resultado da conjunção de interesses diversos.

Pode-se perceber que boa parte dos jovens, durante todo o século XX, no Brasil, a começar pelo movimento da irmandade cabocla do Contestado, sempre procurou não apenas resistir a um dado modelo ou regime de sociedade ou de governo, mas também conquistar espaços onde pudesse ter vez e voz, firmando-se em uma utopia que os fizesse capazes de inventar ou inserir-se em movimentos que buscassem alternativas ligadas ao cotidiano, à cultura local, a um estilo de vida diferenciado, bem como que estivessem preocupados com transformações mais amplas e de ruptura com os modelos impostos ou manipulados por grupos ou setores hegemônicos da sociedade.

1.2.5 Visibilidade e realidades de jovens no Brasil hoje

Ser jovem no Brasil – sobretudo no Brasil simulado
dos meios de informação –
é um ideal e um privilégio.
Mariana Araujo e Eduardo G. Coutinho

Normalmente se houve falar dos jovens de "hoje em dia" como sendo alguém que apresenta duvidosa aparição de decadência. Essa visão carece de uma compreensão ampla e diferenciada, estrutural e dinâmica, que considere a multiplicidade das concepções de vida, bem como os elementos comuns e os contrastes entre os jovens de diversas gerações e entre os jovens de uma mesma geração. Fato é que uma caracterização universal dos jovens ainda se parece apenas uma ilusão. Segundo Walter Jaide,[101] "uma geração não será simplesmente um rebanho com certa tendência. Pelo contrário, é uma *complexio oppositorum*, na qual existem tendências muito diversas e até claramente opostas".

A juventude carrega consigo uma condição transitória e provisória, com significados simbólicos de potencialidade e fragilidade, de maturidade e imaturidade, que se abre para as múltiplas possibilidades e realidades vividas por jovens, rapazes, moças, de etnias e classes sociais diferentes. Na atualidade, duas dessas realidades se destacam e aparecem logo de primeira mão: os jovens que vivem nas cidades e os do meio rural. Além dessas, outra realidade que contempla um grande contingente de jovens por um período considerável de tempo é a do meio estudantil e universitário. Consideraremos somente elementos referentes à juventude brasileira em geral com apenas um diferencial para a juventude do meio rural, devido ao fato de que outras realidades juvenis, tais como a do meio estudantil, a das comunidades religiosas, a dos grupos culturais e desportivos, entre outras, já foram citadas anteriormente ou serão consideradas mais adiante.

Antes de entrar propriamente nos dados relativos à realidade juvenil brasileira, vale lembrar que, mesmo tendo havido alguns avanços nos indicadores sociais na América Latina divulgados atualmente pelo Programa das Nações Unidas para o Desenvolvimento (PNDU) e pelo Relatório de Desenvolvimento Humano (RDH), uma parcela significativa da juventude

---

[101] JAIDE, W. As ambiguidades do conceito de "geração". In: BRITTO, S. (Org.). *Sociologia da juventude II*, p. 26.

continua sujeita a sérias limitações, limitadas a direitos básicos como o de acesso a conhecimento disponível e adequado às modernas necessidades sociais, ou ao direito de uma vida longa e saudável, muitos dos quais percebidos nos déficits educacionais, nas formas de inserção no mercado de trabalho e nos padrões de mortalidade.[102]

Da mesma forma, podem-se observar alguns aspectos da realidade da juventude no atual processo de globalização, segundo um trabalho da Shell Alemã realizado em 1997, que culminou no XII Estudo Shell da Juventude, e teve como resultado duas considerações importantes: a primeira afirma que:

> as crises no setor do trabalho, o desemprego, globalização, racionalização e a queda ou mudança da ocupação deixaram entrementes de ser "apenas" encargos da vida adulta, dos quais os jovens estariam dispensados para poder viver sua juventude. Tudo isso atingiu, pelo contrário, o ponto crucial da fase jovem, chegando a questionar se ela ainda tem algum sentido.[103]

A segunda consideração é uma lista estabelecendo a ordem dos dez maiores problemas que afetam a juventude, sendo que foram assim classificados: desemprego (45%); drogas (36,4%); problemas com as pessoas mais próximas (32,1%); falta de vagas para aprendizes (27,5%); problemas escolares e de formação (27,1%); medo do futuro e falta de perspectivas (20,9%); grupos de violência e criminalidade (19,8%); problemas pecuniários (18,9%); problemas de saúde (18,9%); falta de ocasião para o lazer (16,6%).

Os jovens são sempre os primeiros a sentir a necessidade de mudanças, mas nem sempre são eles que estão à frente delas; todavia, ao se tratar de vítimas, eles aparecem quase sempre como sendo as primeiras e, ao se tratar de beneficiários, faltam pesquisas para responder. De qualquer forma, parece que as novas tecnologias de comunicação, o sistema educacional e até mesmo a lógica do mercado, nas últimas duas décadas, têm sido pensadas, tendo os jovens como primeiros destinatários e consumidores.

Realidades juvenis: família, educação, violência...

Ao observar os números referentes às realidades juvenis no Brasil, foram incorporados no Documento Base da 1ª Conferência Nacional de Juventude[104] os índices destacados a seguir.

---

[102] WAISELFISZ, J. J. (Org.). *Relatório de desenvolvimento juvenil*, 2003, p. 13.

[103] Cf. KLOSINSKI, G. *Adolescência hoje*, p. 170.

[104] 1ª Conferência Nacional de Juventude: levante sua bandeira. Documento-Base,

a) Dentro das questões relacionadas à família, gênero e residência, a população jovem do Brasil apresenta-se com: um quinto com filhos; 83% dos solteiros não pretendem sair ou vão esperar mais um pouco para deixar a casa dos pais; 11,7 milhões vivem em famílias que não têm condições para satisfazer suas necessidades básicas; 70,7% vivem em municípios urbanos; o principal problema do seu bairro é a infraestrutura; 47,1% não gostariam de ter um homossexual como vizinho.

b) Dentro dos temas relacionados à educação, cultura, trabalho e lazer, a população jovem do Brasil aparece com apenas 24% dos estudantes que acham que a escola entende muito o jovem; com apenas 3,6% dos entre 20 e 24 anos que chegaram à universidade; com 1,3 milhão de analfabetos; com 76% que acham a escola muito importante para o futuro profissional; com as temáticas da educação e emprego como os assuntos que mais interessam aos jovens, sendo que quase metade deles estão desempregados; com 56,6% que não praticam atividade esportiva; com 4,5 milhões que não trabalham nem estudam; com aqueles que trabalham ganhando, em média, menos da metade do que ganham os adultos, e 63% deles não têm carteira profissional assinada, e o desemprego é maior para os negros (23,8%) do que para os brancos (16,4%), maior para moças (22,2%) do que para rapazes (14,5%); com apenas 10,1% que costumam ir ao cinema; com cerca de metade que quase nunca vai a uma biblioteca; com cerca de 80% que se informam apenas através da televisão e nunca participaram da produção de informação em meios de comunicação; com 77,4% dos jovens das classes D e E que não sabem usar computador.

c) No que tange às problemáticas da violência e da exclusão, dentre a população jovem do Brasil, tem-se: que a taxa de homicídios é 2,5 vezes maior entre os jovens do que entre os outros segmentos etários; que, enquanto o número de assassinatos se manteve estável no restante da população, entre a juventude esse índice

2007. Disponível em: <http://www.juventude.gov.br>. Acesso em: 22 nov. 2009. Os dados aqui considerados se encontram espalhados no interior do documento e foram agrupados segundo uma opção do autor dessa obra. Os dados citados pelo documento são extraídos de pesquisas realizadas entre os anos de 2000 e 2005 pelas seguintes instituições: Instituto Cidadania, Ministério da Saúde, PNAD, Unesco, Casen, Ibase e IBGE, entre outros.

cresceu 81,6% nos últimos 22 anos; que uma parcela significativa dos 50,5 milhões de jovens vive, inaceitavelmente, situações graves de exclusão social; que 70% dos óbitos entre os jovens se devem a causas externas evitáveis; que segurança e violência são os problemas que mais preocupam os jovens.

d) Ao constatar a realidade da participação cidadã e das perspectivas e sonhos dentre a população jovem do Brasil, tem-se: que 92% acham que a sua vida pessoal vai melhorar nos próximos cinco anos; que 84% acham que podem mudar o mundo; que 28,1% participam de algum grupo, porém, ao tratar de grupos como: movimentos estudantis, sindicatos, grupos religiosos, associações profissionais e partidos, esse índice cai para 15%, e ainda que o desejo de participação seja bem maior, contudo, encontram barreiras e falta de espaços adequados; que 57% gostariam de fazer parte de um grupo de defesa do meio ambiente; que 59% acham que o melhor jeito para resolver os problemas do País é a participação da população nas decisões importantes do governo; que 69% entendem que a política influencia sua vida, mas apenas 43% consideram ter alguma influência na política.

Outro elemento importante a ser considerado sobre a visibilidade da juventude hoje no Brasil provém das pesquisas realizadas atualmente. Apenas para citar uma referência dessas pesquisas, tem-se o III Simpósio Internacional sobre Juventude Brasileira, acontecido em junho de 2008, no qual foram apresentados 248 trabalhos nas sessões de Comunicação Oral. Ao observar as temáticas apresentadas, pode-se perceber que o maior interesse e as tendências da pesquisa científica da atualidade no Brasil sobre juventude estão voltados para a temática da educação, com certa abertura para a educação popular, seguindo com a temática da violência, considerando especialmente as questões relacionadas ao crime, à vulnerabilidade e à exclusão; em seguida aparece o campo das questões culturais, étnicas e identitárias; e ganham também uma fatia significativa as pesquisas sobre sexualidade, saúde e gênero, bem como as voltadas para a perspectiva da cidadania ou política.

É verdade que praticamente todas as temáticas abordadas carecem de um objeto único. Quase todos os títulos abordam dois ou três temas que se cruzam e interpenetram, por exemplo: diversas pesquisas que procuram analisar elementos da comunicação virtual, da internet, abordam temas diversos, tais como sociabilidade, violência, identidade, entre outros. Da mesma forma, o tema escola e educação quase sempre é tratado vinculado a outras temáticas, tais como a questão de inclusão, arte, aprendizagem, medidas socioeducativas, pedagogia, discriminação, entre outras. Outras questões como subjetividade, identidade e sociabilidade perpassam a maioria das temáticas abordadas, porém elas não se apresentam como o foco central dessas pesquisas. Percebe-se que as pesquisas sobre juventude e adolescência na atualidade brasileira têm na educação escolar formal uma opção prioritária. A temática da violência, ao aproximar temas como exclusão social, violência sexual e familiar, jovens ligados ao crime e em conflito com a lei, além de outros tipos de violência ao corpo, discriminação e situações de risco, alcança a segunda colocação. As questões culturais e as relacionadas à sexualidade também estão em alta, bem com as ligadas à cidadania e à política. Em seguida, vem a questão da sociabilidade midiática ou da comunicação virtual. Pelo lado inverso, percebe-se que praticamente não há pesquisas sobre organizações juvenis, bem como sobre a realidade camponesa ou ligada ao meio ambiente. E mesmo juntando a dimensão moral e ética à perspectiva religiosa, a busca de conhecimento acadêmico e científico nessa temática é quase insignificante.

Dando destaque a essa última questão, pode-se dizer que o tema da ética e dos valores humanos deve estar de alguma forma diluído nas várias abordagens e pesquisas sobre juventude. Impressiona, porém, o fato de que essas temáticas apareçam explícitas em apenas 1,2% das pesquisas. Da mesma forma, sabe-se que no Brasil os agrupamentos juvenis vinculados às instituições religiosas reúnem o maior número de jovens de maneira processual e sistemática; nesse sentido, destacam-se os grupos de pastorais da juventude da Igreja, porém, praticamente não há pesquisas científicas que versem sobre essa prática ou experiência de sociabilidade e organização juvenil na atualidade brasileira. Qual seria a razão desse desinteresse da academia a pesquisas cujo objeto seja a experiência religiosa dos jovens?

Essa mesma realidade da falta de pesquisas sobre a perspectiva religiosa dos jovens pode ser também verificada na obra *Bibliografia sobre a juventude*, organizada por Cardoso e Sampaio (1995), na qual as autoras citam uma significativa quantidade de obras e pesquisas publicadas nacional e internacionalmente sobre juventude, porém, ao que parece, elas não tiveram acesso ou não consideraram relevante a produção bibliográfica que aproxima religião e juventude, porque não contemplam essa temática.

1.2.5.1 Desenvolvimento da juventude com destaque ao meio urbano

Vivamos agora o futuro esperado!
E "que o instante vivido dure eternamente!".

Ernst Bloch

Desenvolvimento da juventude por Unidades Federativas do Brasil

A realidade dos jovens não é a mesma do restante da população. Mesmo havendo consideráveis avanços no processo de integração social dos jovens no Brasil, nas duas últimas décadas, eles continuam sujeitos a limitações e vulnerabilidades, especialmente no que tange ao acesso ao conhecimento, à saúde, à segurança, à renda, enfim, ao desenvolvimento e à qualidade de vida. Ainda hoje não existem parâmetros suficientes para medir o grau de exclusão e/ou inclusão social dos jovens. Não há um quadro completo nem um método adequado de mensuração do grau de vulnerabilidade dos jovens no Brasil nem entre os países do globo. O que se tem são índices provisórios e em processo de desenvolvimento, com adaptações e melhorias a cada ano. Algumas temáticas relacionadas à juventude já obtiveram pesquisas mais aprofundadas, tais como a questão da educação e do crime.

A Unesco vem realizando estudos, focalizando a situação social e econômica das juventudes no Brasil, que tendem a culminar num Índice de Desenvolvimento da Juventude (IDJ). Esse IDJ aponta para aspectos e graus de desigualdade inerentes aos jovens do Brasil. Diversos outros fatores poderiam ser considerados, a fim de se obter um quadro mais completo do IDJ, porém, os elementos relacionados à educação, saúde e renda são indispensáveis e fundamentais para uma visão inicial das realidades juvenis do Brasil. Ao observar os resultados dessa pesquisa da Unesco, percebe-se que:

- As Unidades da Federação (UFs) que se encontram com o melhor índice de educação e de renda, como Santa Catarina, Distrito Federal e São Paulo, não se encontram com os índices mais favoráveis de saúde, especialmente no que tange à mortalidade por causas violentas. Nesse caso, a melhoria das condições econômicas e educacionais parece nem sempre resolver o problema das mortes violentas da juventude, mas, ao contrário, o aumento da renda pode ser sinônimo de mais violência e morte dos jovens.

- As UFs que se encontram com os piores índices de renda e educação, como Maranhão e Piauí, nem sempre mostram também os piores índices de saúde; nesse caso, especialmente no que tange à mortalidade por causas violentas, estas duas UFs estão entre os melhores índices.

- A mortalidade por causas internas nem sempre está correlacionada com a questão da renda e da educação. Pode-se perceber isso no caso do Amapá, cuja renda e educação estão dentro da média nacional, enquanto o índice de saúde, especialmente de mortes por causas internas, está entre os piores índices.

- Ao contrário da observação anterior, percebe-se que um alto índice de analfabetismo e baixa renda nem sempre resultam em falta de saúde e mortes por causas violentas, como é o caso do Rio Grande do Norte. Ao contrário, esta UF possui o melhor índice de saúde, mesmo estando abaixo da média nacional em termos de renda e educação.

- Na maioria das UFs o índice de educação equivale, com pequenas diferenças, ao índice de renda. Uma exceção pode ser vista no Acre, onde a renda se situa na média nacional, enquanto a educação e a saúde estão entre os piores índices.

- O IDJ de algumas UFs pode estar com os piores índices mesmo quando a renda *per capita* encontra-se dentro da média nacional, como é o caso de Roraima e Acre.

Os debates públicos, as pesquisas acadêmicas, os espaços na mídia e no interior de diversas instituições sociais, religiosas e empresariais no Brasil, têm abordado a juventude de maneira mais insistente nas últimas duas décadas. Ao delimitar a juventude dentro da faixa etária dos 15 a 29 anos, tem-se praticamente a terça parte da população brasileira; segundo o IBGE, são cerca de 50 milhões. Essa faixa etária nunca antes alcançou índice tão alto, se comparado ao restante da população. E como a taxa de natalidade despencou nas últimas duas décadas, caso essa tendência continue, esse grupo etário não terá mais tamanha densidade demográfica, ao menos por algumas décadas.

Elementos indispensáveis para a análise dos dados

Três elementos são considerados centrais na análise desses dados: a) o modelo econômico adotado nas últimas décadas pelo Brasil tem afetado os jovens de maneira violenta e excludente; b) é preciso avaliar os discursos e as expectativas criadas para os jovens e compará-los com as reais iniciativas de inclusão social da juventude, com as oportunidades e melhorias na qualidade de vida dessa significativa parcela da população; c) faz-se necessário perceber o protagonismo juvenil e as diferentes formas de manipulação e dominação da juventude presentes nas iniciativas, eventos, projetos que o consideram destinatário principal.

- De acordo com dados da Unesco (2004), o rosto dos homicídios no Brasil é preponderantemente masculino, negro, tem idade de 15 a 24 anos e são praticados com arma de fogo. No Brasil, os homicídios foram responsáveis por 39,9% das mortes de jovens, destacando-se que, nos estados do Rio de Janeiro, Pernambuco e Espírito Santo, essa causa foi responsável por mais da metade dos óbitos juvenis. Por sua vez, a taxa de homicídio dos jovens negros é quase o dobro da taxa de homicídio encontrada na população de jovens brancos. Segundo Waiselfisz,[105] "entre 1996 e 2006, os homicídios na população de 15 a 24 anos de idade passaram de 13.186 para 17.312, representando um aumento decenal de 31,3%. Esse crescimento foi bem superior ao experimentado pelos homicídios na população total, que foi de 20% nesse período". Ele diz ainda que,

dentre os 91 países para os quais o WHOSIS divulgou dados sobre homicídios na faixa de 15 a 24 anos de idade para um ano compreendido entre 2003 e 2007, o Brasil, nessa área, ocupa uma incômoda 6ª posição, logo abaixo de países com evidentes problemas com suas gangues juvenis, como El Salvador e Guatemala, ou países de longa história de guerrilhas e narcotráfico, como a Colômbia. A situação do Brasil, com 50 homicídios a cada 100 mil jovens, encontra-se bem longe da de países como Japão, Hong Kong, Islândia ou Cingapura, que praticamente não registram homicídios jovens, ou a de países como Itália, Polônia, Grécia, Suécia, Coreia, Austrália, Reino Unido, França, Noruega, Suíça, entre outros, que registram menos de um homicídio em 100 mil jovens. [...] Entre os jovens de 15 a 24 anos de idade, se em 1980 a taxa de homicídios foi de 30 em 100 mil jovens, passou para 50,1 em 2007, o

---

[105] WAISELFISZ, J. J. *Mapa da violência*, 2008, p. 53.

que revela, de forma inequívoca, a exclusiva participação juvenil no drama do crescimento da violência letal do país.[106]

O perfil do adolescente em conflito com a lei, que cumpre medida de privação de liberdade em uma das 190 instituições existentes no Brasil, é assim caracterizado por Silva & Guereesi (2003):[107] 90% são do sexo masculino, 76% têm idade entre 16 e 18 anos, mais de 60% são negros, 51% não frequentavam a escola e 49% não trabalhavam quando cometeram o delito, 66% viviam em famílias consideradas extremamente pobres e 85,6% eram usuários de drogas, quando adentraram a instituição. Os adolescentes em conflito com a lei são aqueles que possuem maior dificuldade de inserção social e menos recursos para se defenderem. Os adolescentes mais pobres têm o seu acesso à justiça dificultado também porque são vítimas de preconceitos de classe social e de etnia, comuns nas práticas judiciárias.

Especialmente nas grandes cidades brasileiras, a vida vem sendo marcada por um assustador aumento da violência intra e interclasses. A realidade juvenil brasileira mostra que os jovens estão entre as principais vítimas do modelo de desenvolvimento econômico e social, observado nas últimas décadas, que vem gerando um vazio existencial, uma crise social e uma cultura de violência e morte.[108] Houve um aumento da exclusão, do desemprego e da precariedade da ocupação profissional. Constatou-se um déficit educacional que atinge a juventude. Mais da metade dos jovens brasileiros entre 15 e 24 anos não estudava em 2001, e somente 42% da população nessa faixa etária chegou ao ensino médio.[109] Outro aspecto que atinge de forma acentuada os jovens é o crescimento da insegurança decorrente da violência, principalmente nas grandes cidades. O simples fato de procurar manter-se vivo é, para muitos jovens, uma batalha cotidiana. A própria esperança de vida dos jovens foi abalada por causa da insegurança,

---

[106] WAISELFISZ, J. J. *Mapa da violência: anatomia dos homicídios no Brasil*, 2010, pp. 85s, 143. Disponível em: <http://www.institutosangari.org.br/mapadaviolencia>. Acesso em: 20 abr. 2010.

[107] SILVA, E. R. A.; GUERESI, S. *Adolescentes em conflito com a lei: situação do atendimento institucional no Brasil*. Brasília, Instituto de pesquisa econômica aplicada – IPEA, ago. 2003. Disponível em: <http://www.ipea.gov.br>.

[108] Uma pesquisa realizada nos EUA em 1982 constatava que na idade de 18 anos a maioria dos jovens desse país já deveria ter assistido a cerca de 18 mil assassinatos na televisão. Cf. WARREN, Michael. *Os jovens e a ameaça nuclear*, p. 104 [578].

[109] IBGE – Pesquisa Nacional por Amostra de Domicílios (PNAD), realizada em 2002.

da impunidade e do medo de morrer que, com exceção dos últimos anos, haviam se ampliado nas últimas décadas devido ao aumento da morte de jovens por causas violentas, em grande parte mais presentes nas grandes cidades e correlacionadas ao tráfico.[110] Para Libanio:

> é uma cultura do vazio, da idolatria do dinheiro, do sucesso, do consumo, do poder, da opulência, do desperdício, da facilidade, da exploração, da asfixia de ideais morais. A violência e a droga permeiam-na como respostas imediatas. Elas se alimentam mutuamente. A violência pede droga para ser praticada. A droga produz violência para descarregar as emoções. Facilita tal procedimento uma cultura da impunidade, que protege os criminosos de classe média e alta.[111]

Uma das formas de exclusão social dos jovens no Brasil passa pelas diferentes formas de discriminação vivenciadas no próprio local de residência, na escola, no espaço público, ao procurar emprego, entre outras situações semelhantes. Conforme pesquisa da Unesco,[112] os jovens afirmam que o principal momento no qual sofrem discriminação é ao procurar emprego: 10,6% sentem-se discriminados ao procurar emprego e entendem que a discriminação é devida primeiro à aparência (21,9%), depois à escolaridade (17%), seguindo com a falta de experiência, entre outros. Na escola, são 8,7% dos jovens que se sentem discriminados, especialmente por causa da aparência (24,4%), seguida da cor/raça (22,7%), seguindo com a condição financeira, entre outros. Os espaços públicos também discriminam 7,8% dos jovens, pelos mesmos aspectos e sequência citados em relação à escola, porém com um índice superior em praticamente dois pontos percentuais para cada item. A casa também é considerada um local de discriminação para 7,1% dos jovens; nesse caso, o problema financeiro vem em primeiro grau com 16,8% dos casos, seguido da aparência e da gravidez, entre

---

[110] Cf. WAISELFISZ, J. J. *Mapa da Violência III – Os jovens no Brasil*, 2002, p. 25. Se a taxa da mortalidade da população brasileira caiu de 633 para 573 para cada 100 mil habitantes entre os anos 1980 e 2000, a taxa em relação aos jovens cresceu de 128 para 133 no mesmo período. Segundo o Ministério da Saúde, em 2002 morreram no Brasil 28 mil jovens de 20 a 24 anos, sendo que 72% dessas mortes aconteceram por causas externas, muitas vezes relacionadas ao tráfico de drogas. O consumo de bebida alcoólica atinge 52% dos jovens, cerca de 13% fumam e 10% já experimentaram maconha. Cf. Sistema Nacional de Informações sobre Mortalidade – Datasus.

[111] LIBANIO, J. B. *Jovens em tempos de pós-modernidade*, p. 62.

[112] Cf. FONSECA, A. B.; NOVAES, R. Juventudes brasileiras, religiões e religiosidade. In: ABRAMOWAY, M.; ANDRADE, E. R.; ESTEVES, L. C. G. (Org.). *Juventude: outros olhares sobre a diversidade*, p. 155.

outros. A discriminação por causa da religião acontece principalmente na escola, na qual 2,8% dos jovens se sentem discriminados. Em seguida essa forma de discriminação acontece em casa e no espaço público, sendo que na busca do emprego essa forma de discriminação não aparece. Mesmo entre aqueles que seguem religiões afro-brasileiras, tradicionalmente discriminados, essa discriminação específica praticamente não aparece. É por causa da cor da pele, ou por serem negros, que são discriminados. Outros jovens discriminados são os membros de gangues e os viciados em drogas, em relação aos quais 88,4% e 76,9%, respectivamente, não gostariam de tê-los como vizinhos.

De acordo com o Censo Demográfico 2000, cerca de 20% da população brasileira tem entre 15 e 24 anos de idade, totalizando 34 milhões de jovens. Destes, 32,3% são considerados extremamente pobres ou pobres, pois vivem em famílias com renda *per capita* de até 1/2 de salário mínimo. Dos jovens extremamente pobres, 52% são mulheres e 48%, homens. A análise dos indicadores sociais dos jovens brasileiros revela aspectos flagrantes de desigualdade social, sobretudo quando a comparação se dá entre jovens negros e brancos. Do total dos jovens analfabetos na faixa etária de 15 a 24 anos, 73% são negros; e dos jovens extremamente pobres, que não trabalham e não estudam, 71% são negros. Os dados de rendimento mostram que, quanto menor a renda familiar *per capita*, maior o índice dos jovens negros (IPEA – Diretoria de Estudos Sociais; IBGE, PNAD 2002).

Perfil da juventude brasileira

Uma das pesquisas mais amplas sobre o Perfil da Juventude Brasileira foi desenvolvida no interior do Projeto Juventude, realizada pela Criterium. Foram entrevistados cerca de 3.600 jovens entre 15 e 24 anos, em todo o território nacional. E um conjunto de análises dos dados, desenvolvidas por diferentes autores, está publicado no livro *Retratos da juventude brasileira: análises de uma pesquisa nacional*. Nessa pesquisa, os dados relativos à situação educacional dos segmentos juvenis mostram um aumento significativo das oportunidades escolares nos anos 1990. Cresceu bastante o número de matrículas na esfera pública do ensino fundamental e médio, porém o mesmo não ocorre no ensino superior, que cada vez mais está sendo relegado à iniciativa privada. A questão do atraso escolar é uma realidade em nosso país: 50% dos estudantes com 14 anos de idade ainda não concluíram o ensino fundamental. A realidade educacional das mulheres denota uma pequena diferença positiva para elas em relação aos homens. No Censo de 2000, elas aparecem com 0,3 anos de estudo a mais que os homens. Entre os jovens, essa diferença vai a 0,7 anos. Os considerados brancos aparecem com 1,7 anos a mais de escolaridade em relação àqueles considerados não brancos. Por mais que o analfabetismo funcional (menos de quatro anos de estudo) tinha decrescido nos últimos anos em todo o Brasil, assim mesmo a desigualdade continua gritante. Ao comparar o Nordeste com o Sul, tem-se uma diferença de quase 50%: no Nordeste, 46,1% dos homens e 39,2% das mulheres; e no sul, 19,6% e 21,4%, respectivamente, não alcançaram quatro anos de escolaridade. Quanto aos jovens, a média de analfabetismo funcional dos acima de 15 anos de idade chega a quase 16%, e mais de metade dos jovens estavam fora da escola em 2000, sendo que, destes, 57% nem sequer completaram o ensino fundamental dito obrigatório. Além desses dados, seria válido considerar a questão da qualidade da educação, porém nesse aspecto os critérios para mensurar são muito questionáveis. Fato é que a precariedade material e de equipamentos, os baixos salários e a falta de formação permanente do magistério, as inadequadas propostas pedagógicas vigentes, a falta de abertura da escola à comunidade, a falta de bibliotecas e locais de lazer, a falta de segurança e as práticas de violência, a falta de transporte e as distâncias a serem percorridas pelos jovens das comunidades rurais, a depredação das unidades escolares, entre outros aspectos, demarcam a realidade de uma educação precária, ineficaz e excludente.

A maior parte dos jovens ainda mora com os pais. Segundo a Pesquisa Nacional por Amostragem de Domicílio (PNAD/2002), apenas 12,5% já formaram família. A juventude procura conquistar independência econômica e um progressivo desligamento da autoridade dos pais. Decorrem disso conflitos inevitáveis, mas, na maior parte das vezes, a família permanece como fonte de referência e apoio fundamental para os jovens, mesmo que dados relativos à gravidez precoce revelem que houve um crescimento no número de adolescentes e jovens grávidas: 695 mil (22,6%) dos nascidos vivos no Brasil, em 2001, eram filhos de mães com idade entre 15 e 19 anos.[113]

Ao olharmos a realidade brasileira, veremos que nem sempre são dadas, aos jovens, as oportunidades de acesso às atividades de esporte, lazer e cultura. Pesquisas comprovam que, em 2001, cerca de 21% dos municípios brasileiros não tinham uma biblioteca pública, 92% não possuíam cinema e 24% não contavam com ginásios poliesportivos, deixando à mostra uma realidade de poucas chances de os jovens mais pobres usufruírem dos equipamentos culturais mesmo onde eles existem, pois nem sempre

---

[113] MINISTÉRIO DA SAÚDE. *Datasus*. Sistema de Informações sobre Nascidos Vivos – SINASC, 2001.

estão situados em locais de fácil acesso dentro das cidades (que, em geral, estão no centro, e não na periferia).[114]

Quando o assunto é "busca do corpo perfeito e estética", há, por um lado, o desejo de atingir os padrões ideais impostos pela indústria da beleza. Cada vez mais, garotos e garotas colocam a saúde em risco. Nesse caso, adolescentes e jovens de hoje sofrem esse novo tipo de escravidão: dos modelos de beleza total. Chegar ao corpo ideal é, hoje, para muitos, a condição fundamental para uma vida feliz e realizada. Segundo a Agência de Notícias dos Direitos da Infância, em 1994 foram realizadas 5 mil cirurgias plásticas em jovens com idade entre 15 e 25 anos, no Brasil.[115] Em 1999, esse número passou para 30 mil. O corpo tem ganhado investimentos crescentes de um contingente cada vez mais elevado de jovens. Drogas, tatuagens, perfumes, depilação, bronzeamento, musculação, maquiagens, pinturas nos cabelos e penteados exóticos, *piercings*, óculos e roupas são arsenais cada vez mais procurados e consumidos pelos jovens.

Logicamente que a veneração ao corpo não é um fato apenas contemporâneo. Desde os tempos medievais, o corpo dos jovens ganhava grande visibilidade nas iconografias. Em geral o corpo jovem aparecia como belo, forte, solto, ágil, saudável, reto, não obeso, nem calvo, deformado ou corcunda, sem manchas. Quando algum desses defeitos apareciam no corpo de um jovem, é porque se pretendia representá-lo como portador não necessariamente de um defeito físico, tal como aparentemente se percebe, mas como portador de um espírito maligno, de um vício ou de algum defeito moral ou social. Os anjos bons sempre apareciam jovens perfeitos fisicamente, loiros, olhos azuis e dificilmente eram magros ou defeituosos; já os maus apareciam normalmente pretos ou manchados, enferrujados, banguelas, com cabelos grandes e desarrumados.

É na área da saúde que os jovens brasileiros encontram os maiores desafios e preocupações. O panorama é alarmante. A mortalidade juvenil vem crescendo de modo assustador, bem acima da média geral da população, cujo índice vem caindo. As mortes dos jovens por causas violentas alcançam um índice de aproximadamente metade dos óbitos. No ano de 2000, no Rio de Janeiro, 74,3% dos jovens que morreram, as causas

---

[114] IBGE. *Perfil de Municípios*, 2001.

[115] ANDI – Agência de Notícia dos Direitos da Infância. Trecho do artigo intitulado "Abaixo as Barbies". Disponível, na íntegra, em: <http://www.andi.org.br>.

foram homicídio, suicídio e acidentes de trânsito; destes, 55% foram assassinados.[116]

Estilo de vida pós-moderno

Ao que tudo indica, os jovens brasileiros estão mais propensos a assumir um estilo de vida que poderia ser denominado de pós-moderno. Ao referir-se a essa juventude, Libanio sugere que:

> o narcisismo dessa geração nasce de dupla experiência. Ela se cansou de ser Prometeu, conquistadora e destruidora da natureza, colonizadora e opressora de povos, construtora de indústrias e megalópoles. Envergonhou-se da façanha da modernidade e não quer continuá-la. Em contrapartida, sente-se um Sísifo diante das transformações humanísticas com que a juventude de 1968 sonhou. Tanto esforço para levar a pedra até o alto da montanha e vê-la rolar para baixo. Então, que fazer? Deixar que a pedra da história continue rolando e debruçar-se sobre o lago da existência a contemplar narcisisticamente o próprio rosto.[117]

Também Ortega y Gasset[118] percebe que o atual desenho que a juventude faz de si mesma é como algo "triunfante", cujo protagonismo se faz evidente. Para ele, "o jovem atual vive sua juventude com tamanha determinação e segurança, que parece existir só nela. Não se preocupa absolutamente com o que a maturidade pensa dele; mais ainda: esta tem a seus olhos um valor quase ridículo". Da mesma forma, poeticamente, Caetano Veloso lembra Narciso na letra da música Sampa, procurando explicar o

---

[116] Cf. LIBANIO, J. B. *Jovens em tempos de pós-modernidade*, p. 77.

[117] Segundo Libanio (2004, p. 106), o mito greco-romano de Narciso tem sido uma grande fonte de inspiração para os artistas há pelo menos dois mil anos. Na mitologia greco-romana, Narciso ou o Autoadmirador era um herói do território de Téspias, Beócia, famoso pela sua beleza e orgulho. [...] ele era filho do deus-rio Cefiso e da ninfa Liríope. No dia do seu nascimento, o adivinho Tirésias vaticinou que Narciso teria vida longa, desde que jamais contemplasse a própria figura. A beleza de Narciso era tão incomparável que ele pensava ser semelhante a um deus, comparável à beleza de Dionísio e Apolo. Narciso, após desdenhar os seus pretendentes masculinos, foi amaldiçoado pelos deuses para amar o primeiro homem em que pousasse os olhos. Enquanto caminhava pelos jardins de Eco, descobriu a lagoa de Eco e viu o seu reflexo na água. Apaixonando-se profundamente por si próprio, inclinou-se cada vez mais para o seu reflexo na água, acabando por cair na lagoa e se afogar. Narciso deriva da palavra grega *narke*, "entorpecido", símbolo de vaidade e insensibilidade, de onde também vem a palavra narcótico. Disponível em: <http://pt.wikipedia.org/wiki/Narciso#Vers.C3.A3o_de_Ov.C3.ADdio>.

[118] ORTEGA Y GASSET, J. Juventude. In: *A rebelião das massas*, p. 245.

que lhe ocorreu quando esteve diante da grande São Paulo pela primeira vez:

> [...] Quando eu te encarei
> Frente a frente
> Não vi o meu rosto
> Chamei de mau gosto o que vi
> de mau gosto o mau gosto
> É que Narciso acha feio
> o que não é espelho
> E a mente apavora o que ainda
> Não é mesmo velho
> Nada do que não era antes
> quando não somos mutantes.

Ainda seguindo o pensamento de Libanio,[119] por um lado, pode-se afirmar que, especialmente no mundo urbano, o narcisismo caiu em cheio na juventude pós-moderna. Agora a leitura do *Diário de Che Guevara* vem sendo substituída por horas de academia, exercícios corporais, saunas, bioenergia, psicoterapia, meditações transcendentais, massagens e pelo desfrute. A própria estética vem substituindo a ética, em muitos casos, e os antigos rituais religiosos que deixavam marcas no corpo passam a ganhar novas formas na atualidade. As tatuagens, os desfiles de modas, as formas de se vestir e de emagrecer demonstram que os jovens procuram se adequar aos novos padrões impostos pela publicidade. Isso tem uma conotação de sagrado para muitos jovens que, como consequência, em não poucos casos, pagam o preço da anorexia, bulimia e outros tantos transtornos psíquicos e orgânicos. Por outro lado, os jovens não somente se percebem possuidores de um corpo, mas percebem-se um corpo e, então, investir no corpo significa investir em si mesmo, significa construir uma identidade particular, conferir-lhe uma expressão simbólica de poder e distinção, de interação e comunicação com o seu meio.[120] Assim, a uniformidade, a previsibilidade e a racionalidade funcional passam a ser descartados, emergindo, assim, as pretensas individualidades, o ecletismo das modas, dos estilos, e os cultos e ritos do corpo e da imagem.

---

[119] LIBANIO, J. B. *Jovens em tempos de pós-modernidade*, p. 106.

[120] Cf. PAIS, J. M. Buscas de si: expressividades e identidades juvenis. In: ALMEIDA, M. I. M. de; EUGENIO, F. (Org.). *Culturas jovens*, p. 21.

Como a utopia social parece impossível, o jovem se volta para o seu corpo, que passa a ser o seu mundo, o seu novo universo de realização.[121] O interesse pelo corpo desativa a preocupação com o mundo; a utopia volta-se para o corpo e se esquece da realidade social. Por um lado, pode-se afirmar que a racionalidade vai sendo substituída pelas emoções e por uma espécie de "pragmatismo", no qual a reflexão prioriza as coisas locais e conjunturais, desconectando-se da memória histórica e de um pensamento mais global e estrutural; e, por outro, percebe-se na atualidade, como uma das consequências culturais do avanço das novas tecnologias comunicacionais, que a recente supervalorização do corpo vem cedendo lugar para um novo tipo de percepção e relação, onde a presença física perde progressivamente o seu valor para a imagem e a presença virtual. O corpo real, substancial e situado geograficamente é substituído pela representação simbólica do corpo, mutável, em constante deslocamento, nômade. Há uma transcendência dos limites territoriais e das identidades específicas, contínuas, homogêneas. Se até recentemente um dos motivos que deslocavam os jovens do campo para a cidade era a necessidade de estabelecer contatos e relações reais, hoje cresce o número de jovens que vão diminuindo as relações reais em prol das virtuais. Mesmo habitando em meio a uma multidão de pessoas, o jovem vem sofrendo a solidão, a dispersão e o isolamento em um espaço privado, devido ao seu relacionamento apenas virtual com outras pessoas.

Diferentes expressões e formas de participação

Nas mais diferentes formas de expressão e ocupação dos espaços da cidade, propositadamente ou não, os jovens procuram manifestar o seu compromisso e a sua participação na construção da sociedade. Não buscam apenas participação simbólica nos espaços de socialização e nos organismos e instituições diversas, porém, na mídia em geral, eles são normalmente apresentados dessa maneira. São raros os programas em que aparecem como participantes, agentes ou protagonistas. Ao contrário, surgem quase sempre como expectadores, galera, consumidores, vitrine, vítimas e como resultado ou consequência de processos, instituições e estruturas.

Para muitos jovens do mundo urbano, até mesmo a rua se lhes apresenta como um "espaço liso", que se abre ao nomadismo, às transições, ao devir, ao performativo, à superação do controle e da ordem; é um espaço de envolvimento e atuação, como palco de defesa de uma convicção e proposta de participação cultural. Tal como, por exemplo, acontece com

---

[121] Cf. CNBB. *Evangelização da juventude*, n. 16.

os jovens grafiteiros, pichadores, *breakers, rappers* e *skaters*, que, separados ou unidos, promovem eventos que se constituem em "cultura de rua", movimentando a cidade, dando-lhe novos significados, ritmos, mensagens e sons, reivindicando-lhe mais democratização dos espaços urbanos e questionando a ordem das coisas, a estabilidade e as planificações urbanísticas, os condomínios fechados e as estruturas inertes e congeladas dos prédios, proporcionando-lhe mobilidade, à base dos rolamentos, dos odores e movimentos do corpo que vibra em seus deslizamentos sobre espaços estriados, transformando-os em lisos com o fluxo, o movimento e o fluido dos *skates*.[122] É claro que esses movimentos juvenis não são homogêneos, eles comportam ambiguidades e contradições; porém, não se pode negar que, ou ao menos alguns segmentos e tendências deles, comportam a perspectiva da resistência e do protesto, bem como um compromisso social de transformação da realidade brasileira, tal como aparece claramente no manifesto da Rede Brasileira de *hip-hop*:

> Nós, jovens que fazemos *hip-hop* nas favelas brasileiras, comprometidos com as lutas sociais do nosso povo, por reforma agrária, em defesa dos direitos humanos, contra o racismo e o machismo e pela ecologia, convidamos cada homem e cada mulher a colocar nossas vidas neste desafio: reencontrar a nossa identidade, a originalidade e a cultura do povo brasileiro massacrado.[123]

A música e os esportes

O rápido processo de urbanização trouxe consigo a necessidade de empregos e capacitação profissional; os costumes e a forma de organização e constituição familiar sofreram uma mudança drástica. Emerge o jovem indivíduo-massa, com suas crises por viver sozinho no meio da multidão. E para responder a essas crises, criam-se inúmeras formas de grupos e ritos coletivos ou comunitários. Até há um passado recente, especialmente nos Estados Unidos, os esportes costumavam ser organizados e instituídos, também nas escolas superiores, como forma de canalizar as energias dos jovens, desviando-as da atividade política, do radicalismo estudantil, das agitações e indisciplinas comuns no interior das universidades. Da mesma forma, no Japão, na década de 1920, além de promover o esporte, também as restrições puritanas da sexualidade foram atenuadas e as sociedades

---

[122] Cf. CASTRO, L. R. de; CORREA, J. (Org.). *Juventude contemporânea*, pp. 116-118.

[123] Disponível em: <http://www.realhiphop.com.br/mcr/rede/manifesto.htm>. Acesso em: 10 nov. 2008.

políticas foram banidas das universidades; no entanto, como afirma Lipset,[124] essa técnica americana não funcionou.

Tanto o esporte quanto a música passaram a ser ferramenta cada vez mais importante para reunir jovens em grupos, não apenas na perspectiva do lazer, mas também na da organização, da cooperação, da mobilização política, da cidadania e da solidariedade. Verifica-se, ao mesmo tempo, nas periferias das grandes cidades, a aparição de inúmeros grupos que reúnem adolescentes e jovens para expressarem-se por meio das mais diversas linguagens artísticas e meios de comunicação: música, grafite, teatro, dança, poesia, *rapps*, *funk* e rádios. Esses grupos passam a denunciar as condições de vida enfrentadas, procuram intervir socialmente, apresentando demandas específicas. Nesse sentido, vale citar Spósito, que, em relação à atualidade da questão cultural-juvenil brasileira, afirma:

> No Brasil, a emergência de movimentos culturais tem sido objeto de investigação, desde final dos anos 1980, com o arrefecimento das formas tradicionais de militância juvenil. Os principais estudos realizados até agora indicam que a diversidade de formas de manifestação – estilos musicais variados, do *rock* ao *rap*, passando pelos ritmos de origem africana e pelo *funk*, a dança, as artes plásticas, o teatro, os esportes, entre outros – não impede, no entanto, a identificação de alguns traços comuns: o desenvolvimento da autoestima e de atribuições positivas no processo de construção da identidade; a mobilização para uma presença diferençada nos espaços públicos; o estímulo às formas coletivas de ação e de solidariedade no âmbito de sociabilidades fragmentadas e desagregadoras; o surgimento de conflitos sociais em torno dos direitos da população jovem e de políticas públicas voltadas para esse segmento. A pesquisa da Fundação Perseu Abramo com os jovens metropolitanos também investigou outras formas de participação e, mesmo não atingindo a maioria dos jovens, elas são bastante frequentes: 22% afirmaram ter algum tipo de participação em grupos próximos do local onde habitam, sendo preferidos os grupos religiosos, seguidos pelos grupos musicais.[125]

Participação política, concentração de renda e o potencial juvenil

Em relação à participação política, pode-se afirmar como Minayo que há um processo de despolitização que pode ser constatado no mundo

---

[124] Cf. LIPSET, S. M. Alternativas para as atividades estudantis. In: BRITTO, S. (Org.). *Sociologia da Juventude IV*, p. 57.

[125] SPOSITO, M. P. *Os jovens no Brasil: desigualdades multiplicadas e novas demandas políticas*, 2003. Disponível em: <http://www.lpp-uerj.net/olped/documentos/1013.pdf>. Acesso em: 10 nov. 2009.

inteiro;[126] também, Eric Hobsbawm[127] constatou a decadência dos partidos políticos no Ocidente, sendo uma das instituições mais questionadas do final do milênio, que vem cedendo lugar para o dinamismo da mídia e das novas tecnologias de informação. O descrédito em relação às instituições políticas e aos partidos é uma característica dos jovens. Por mais que 65% deles defendam que a democracia é um regime ideal, menos de 1% desses mesmos jovens confia nos governos, nos políticos e na justiça.[128]

O movimento estudantil secundarista conquistou o voto aos 16 anos, porém são comuns entre os jovens expressões de indiferença, de aversão e até de nojo à política. Isso se apoia na percepção da corrupção, da safadeza, da sem-vergonhice, da mentira, das decepções e da prevalência de interesses escusos em muitas pessoas e instituições políticas. Tal desqualificação não significa que a juventude esteja desligada do assunto; 85% dos jovens consideram a política importante e 65% sabem que ela influi diretamente em suas vidas. Pode-se dizer que há descrédito, sim! Apatia política, não! O que se nota é uma inclinação para as mudanças locais, através das pequenas ações, e não para grandes obras ou revoluções.

No Brasil, existem muitas e variadas formas de grupos e organizações juvenis: dos estudantes, das Pastorais da Juventude (PJs) e de outros grupos de juventude cristã, de grupos que se articulam em torno da cultura, da ecologia, da sexualidade e de prevenção contra doenças sexualmente transmissíveis; em torno de ideais e valores éticos ou de cidadania, das associações de bairros, de esportes e da política partidária. Não há, portanto, apatia e desmobilização dos jovens. Nesse caso, o desafio está em criar formas e meios para que essas organizações tornem públicas as suas questões, dando-lhes visibilidade, expressando-as como demandas políticas.

---

[126] Em uma pesquisa realizada com jovens no Rio de Janeiro, de todas as classes sociais, o conceito que estes têm dos partidos políticos é extremamente baixo. Há praticamente uma unanimidade de reprovação, sendo a entidade colocada em último lugar com nota de 2,55. Outras organizações políticas, como o governo, o Congresso Nacional e o Poder Judiciário, também receberam notas que vão de 3,2 a 4,4. Nessa mesma pesquisa, instituições como a família e a Igreja receberam, respectivamente, conceitos entre 9,0 a 7,2, conforme a classe social do jovem (Cf. MINAYO, M. C. de Souza et al. *Fala, galera*, p. 208).

[127] HOBSBAWM, E. *A era dos extremos*, 1995. Cf. MINAYO, Maria C. de S. (Org.). *Fala, galera*, p. 206.

[128] Pesquisa da Unesco: Juventude, violência e cidadania. *Jornal do Brasil*, Caderno A, 8, 25 nov. 1997. Reportagem de Jaílton de Carvalho.

Pensando na possibilidade de transformar o mundo, cerca de metade dos jovens brasileiros manifesta o desejo de participar principalmente em associações comunitárias ou profissionais, em entidades ligadas à defesa do meio ambiente, contra o racismo, de assistência social ou ainda nos conselhos de educação e de saúde. Existe uma ampla diversidade de formas de atuação coletiva entre os jovens, dos mais diversos tipos e com diferentes raios de abrangência. Essa presença participante se fez notar no cotidiano de muitas comunidades, nos momentos de decisão coletiva a respeito de gastos públicos, nas grandes mobilizações e acontecimentos políticos do país, nos encontros e fóruns, onde se buscam desenhar os traços de um outro mundo possível, e nos espaços em que se inicia o debate a respeito das políticas de juventude; desse modo, outro desafio que se coloca é a criação de mecanismos de apoio e reconhecimento da diversidade de formas de atuação dos jovens.

Pode-se concluir essa rápida análise da realidade juvenil afirmando que o elevado índice de concentração de renda no Brasil se apresenta como o principal aspecto gerador de vulnerabilidade e exclusão da juventude, sendo que os primeiros afetados são os jovens negros/mulatos e brancos/pobres que habitam nas regiões Norte e Nordeste. O acesso aos benefícios sociais básicos lhes é negado, sendo que o fator educacional também se apresenta como discriminador. O limitado acesso ao fator educacional gera grandes perdas, tanto na integração ao mercado de trabalho quanto na melhoria da qualidade de vida, com uma renda *per capita* digna. O Brasil cresceu em alfabetização. O analfabetismo juvenil felizmente foi reduzido. Nesse campo, as desigualdades de gênero parecem não tão preocupantes quanto os indicadores étnicos. As mulheres possuem índice de alfabetização e escolarização maiores que os homens. Os negros e mulatos são os mais discriminados, situados nos piores índices de alfabetização e escolarização. As mulheres têm mais acesso à educação, porém estão em desvantagem e são discriminadas no mercado de trabalho. É verdade que a qualidade do ensino-aprendizagem no Brasil está muito aquém do esperado e da média internacional.

Potencial juvenil não falta. Os jovens, graças à elevação dos níveis educacionais e por serem mais flexíveis às mudanças, são mais capazes de aproveitar as transformações trazidas pelas novas tecnologias; possuem um potencial que os torna atores estratégicos do desenvolvimento nacional. Destaca-se, entre os jovens, uma grande abertura aos valores de solidariedade social, responsabilidade ambiental e da atuação em movimentos que exigem mudanças éticas, sociais e políticas, como foi o caso da campanha pelas Diretas Já (abril de 1984), dos "Caras-Pintadas", para o Impeachment de Fernando Collor (agosto de 1992), do Movimento Contra a Alca (maio de 1997), do movimento pelo Passe Livre (2004 e 2005, em Florianópolis).

1.2.5.2 Um diferencial para jovens do meio rural

Até recentemente, o mundo rural ou camponês era visto como algo isolado e separado da sociedade global. Os bens aí produzidos eram consumidos ali mesmo ou nas comunidades mais próximas; eram comuns as denominações de interior e de sertão para quem vivesse no campo ou da agricultura. Diversos preconceitos, tais como o de caipira, Zé-ninguém, matuto, colono, dado a misticismos e religiosidades, ignorante, atrasado, ingênuo, conservador, eram sofridos pela população do meio rural, especialmente pelos jovens, trabalhadores e trabalhadoras do campo, que procuravam estabelecer relações com jovens do mundo urbano.

Jovens do meio rural: ficam ou migram?

Essa não tem sido uma problemática comumente debatida entre os jovens do meio rural. Uma das preocupações constantes, por exemplo, dos jovens das pastorais da juventude e de movimentos juvenis e populares da região do Contestado, sobre a realidade dos jovens do meio rural, tem sido a questão da tendência de eles permanecerem ou não na localidade onde habitam seus pais. Outras problemáticas geralmente discutidas e presentes nos encontros e fóruns sobre a realidade dos jovens do meio rural são os projetos de desenvolvimento rural, as iniciativas grupais ou comunitárias, o cooperativismo, a agroecologia, saúde e qualidade de vida. Há momentos de mística ou de espiritualidade que geralmente não são questionados, apenas vivenciados.

Com relação à tendência de permanência ou não do jovem no meio rural, conforme os dados coletados no Brasil nas últimas décadas, percebe-se que está acontecendo um esvaziamento das pequenas localidades rurais. Beltrão et al. (2004) perceberam que nas áreas rurais, em localidades com menos de 20 mil habitantes, houve um declínio populacional de 80,5% em 1940 para 34% em 2000. Este índice encontra-se hoje em 18%. Outro problema que atinge as jovens rurais é a diminuição da taxa de fecundidade, já que, conforme a tendência, em breve haverá uma estagnação seguida de um decréscimo populacional. O número de filhos por mulheres entre 15 e 45 anos, que era de 6,2 em meados do século passado, caiu para 2,4 em 2000.[129] Outra mudança acontece em relação ao fluxo migratório rural, no qual a faixa etária vem caindo, principalmente a das mulheres: no último meio século, a faixa etária média da população migratória caiu de 34 anos (de ambos os sexos) para 22 anos de idade (dos homens) e 17 anos (das mulheres). As moças não somente deixam antes o meio rural como também o deixam em maior número, causando como consequência outro agravante: um número maior de rapazes no meio rural que de moças.

Não vem ao caso discutir agora as causas dessa migração, porém, de maneira generalizada, poder-se-ia dizer que são muitas as razões e as motivações dos jovens para permanecer ou não no meio rural, e, dentre elas, pode-se destacar basicamente dois fatores: por um lado, as dificuldades encontradas no meio rural e, por outro, as expectativas de uma vida melhor na cidade; de outra maneira, poder-se-ia afirmar que uns migram por opção, outros por obrigação e outros ainda por exclusão. De qualquer forma, dentre os elementos já considerados nesta seção, a tendência atual é a de que, no meio rural, permanecerão cada vez menos pessoas, com idade cada vez mais avançada e majoritariamente homens. Esvaziamento, masculinização e envelhecimento da pirâmide populacional serão os tripés da configuração humana das comunidades rurais, caso permaneça a tendência atual.

A permanência ou não dos jovens no meio rural depende de vários fatores, de várias razões ou motivações, que vão desde a questão das condições socioeconômicas como renda, remuneração e resultados positivos na produtividade rural, até as possibilidades de novos empreendimentos na propriedade rural; deve-se considerar também o acesso a certas atividades não agrícolas no meio rural, próximas ao local de residência, tais como a educação, o lazer, a participação em uma comunidade, um sindicato ou em movimentos sociais. Somam-se a isso o desejo de autonomia para tomar decisões e, na gestão dos estabelecimentos familiares, a questão das heranças, o acesso ao crédito e a políticas públicas, a perspectiva da atividade sexual e da vida matrimonial, e uma série de outras possibilidades de socialização na atividade agrícola e no convívio social no meio rural. Todos esses elementos compõem um conjunto articulado capaz de dar motivações favoráveis ou insatisfações ao jovem em relação à vida no meio rural.

---

[129] Cf. IBGE. *Tendências demográficas no período 1940/2000*. Na Região Sul do Brasil, o número de habitantes das áreas rurais passou de 9,2 milhões de habitantes (55,7% do total), em 1970, para 4,8 milhões (19,1% do total), em 2000. A distribuição dos jovens entre 15 e 29 anos por sexo, entre os estados do Sul do Brasil, é semelhante, salientando-se a predominância de rapazes sobre as moças, em proporções, respectivamente, de 53% e de 47%.

Os jovens preferem a cidade ou o meio rural?

Ao que parece, no caso brasileiro, as diferenças de renda, educação, emprego e atividades recreativas não são tão evidentes entre os jovens do meio rural e os do meio urbano. Parece que o grau de insatisfação ou descontentamento em relação à realidade vivida do jovem rural e do jovem urbano se equivale. Dessa forma, emerge a questão: por que há maior e quase que exclusivo deslocamento dos jovens do meio rural para viverem na cidade? É diminuto o número de jovens que vivem na cidade que pretendem viver e trabalhar no campo. Logo, se a realidade objetiva sugere uma similaridade, há que se perguntar sobre questões de outra ordem. É possível que a resposta esteja relacionada ao sentido, ao significado ou às motivações. Tal como já vinha acontecendo no período do Contestado, a ideologia desenvolvimentista ganhou novo impulso a partir de meados do século XX, levando a uma ampla difusão de supostos valores ou vantagens da vida urbana e um desprezo pela vida no campo. E essa ideologia se disseminou de forma generalizada, não se sucedeu apenas no âmbito das classes sociais, no sentido de que a classe média urbana propagasse um espírito discriminatório contra a classe mais empobrecida do campo.

O meio rural não é uma unidade homogênea, assim como as suas entidades representativas e associações são diversas. Tudo isso sugere uma ampla diversidade de atividades rurais e de socialização possível nesse meio, ainda que o meio rural tenha sido produzido ideologicamente em termos de oposição à cidade, sendo inclusive considerado local das coisas arcaicas, do atraso e do conservadorismo. Fato é que, no Brasil, o Movimento dos Trabalhadores Rurais Sem-Terra é uma das iniciativas do meio rural considerada das mais avançadas e revolucionárias que este País já viu. E por mais que normalmente os jovens não venham a se constituir numa categoria ou numa organização fundamental dentro do movimento, não se pode negar que a participação deles nesse movimento tem sido sempre de significativa importância.

O significado de meio rural não é imutável e as distinções internas no meio rural, bem como as distinções entre urbano e rural, têm variado ao longo do tempo. Dentre os estudos que abordam essa temática, há duas correntes principais que se polarizam. Uma sugere que há uma urbanização completa do rural e outra que até mesmo as pequenas e médias cidades são ainda rurais, havendo assim uma espécie de renascimento do rural. Neste último caso, a ideia de ruralidade não se reduz à das atividades agropecuárias, mas a um amplo processo de diversificação e socialização, sugerindo inclusive uma diluição do rural no urbano, perdendo-se assim os antagonismos sugeridos na ideia anterior. Nesse caso, o Brasil passa a ser muito mais rural do que se imagina. Segundo Abramoway (2003), é praticamente impossível encontrar diferenças estruturais que sirvam como um divisor de águas entre um grande número de municípios ou áreas classificadas como "rurais" e "urbanas".

Wanderley[130] refere-se à população rural brasileira como aquela que está presente nos pequenos municípios, onde, com frequência, é mais numerosa que a população urbana. Os jovens do meio rural participam ao mesmo tempo de espaços mais próximos à casa e à vizinhança como da cidade, não havendo, assim, por parte destes, uma distinção rígida entre o mundo do seu trabalho profissional com o mundo dos seus espaços de socialização. Isso não significa que haja uma indiferenciação entre o meio rural e o urbano. No cotidiano da vida, as coisas mudam consideravelmente. Olhando pela perspectiva do jovem urbano, o meio rural costuma-lhe interessar para passar os fins de semana, curtir um lugar tranquilo, participar de alguma atividade de lazer ou para sair da rotina e descansar.

Diferentemente da realidade urbana, o jovem do meio rural tem um ritmo de vida fortemente ligado ao tempo e à cultura. Seu espaço de vida é mais singular, e o meio ambiente, o clima, a tradição familiar, as formas de socialização local e as perspectivas de futuro se lhes impõem de maneira mais radical e determinante que ao jovem do meio urbano.[131] Por mais que a ideia de singularidade do meio rural pareça razoável, devido a sua dimensão histórica, quando noutros tempos havia ali maior isolamento ou restrição em relação aos centros urbanos, o que se percebe na contemporaneidade é o meio rural se tornando cada vez mais diversificado ou heterogêneo. As modificações nas últimas gerações são evidentes. Houve um alargamento do espaço social, uma maior comunicação e proximidade entre os meios rural e urbano. O automóvel e os sistemas educacionais e de comunicação introduziram novas referências, possibilidades, oportunidades, tanto no campo da economia como das questões culturais e outras mais.

A invisibilidade no meio rural

Um dos problemas inerentes à vida familiar no meio rural é a invisibilidade dos jovens. Normalmente, eles não são considerados agricultores,

---

[130] WANDERLEY, M. de N. B. Jovens rurais de pequenos municípios de Pernambuco. In: CARNEIRO, M. J.; CASTRO, E. G. de. *Juventude rural em perspectiva*, p. 23.

[131] WANDERLEY, M. de N. B. Jovens rurais de pequenos municípios de Pernambuco. In: CARNEIRO, M. J.; CASTRO, E. G. de. *Juventude rural em perspectiva*, p. 23.

mas aprendizes, filhos ou futuros agricultores. O seu trabalho não é remunerado. Na maioria dos casos ele não recebe nada além daquilo que as necessidades básicas exigem. Essa invisibilidade dos jovens se repete de maneira ainda mais acentuada nas mulheres, mesmo quando adultas. O seu trabalho é muitas vezes visto como uma "ajuda" ao marido agricultor. Mesmo que as atividades produtivas sejam realizadas por todos os membros da família, normalmente elas aparecem (junto às instituições diversas) como sendo uma atividade do pai de família. Até mesmo nas festas de igreja, quando são escalados os festeiros, costuma-se ler o nome completo do marido e, em seguida, se lê "e esposa".

Não somente a invisibilidade do trabalho feminino, mas também a falta de reconhecimento de seu papel na unidade familiar (tal como a remuneração, que para as moças é inferior à dos rapazes), acompanhada, em alguns casos, da sua exclusão ao direito de herança da terra e da preferência por parte dos pais de que um filho homem o suceda na propriedade e o ampare na velhice, são fatores que as levam, em maior número, a deixar o meio rural para estudar ou procurar alternativas de vida no meio urbano. O interesse em estudar mais representa para as moças a busca de uma possibilidade de emprego melhor e maior reconhecimento, valorização e realização pessoal e profissional.

Com a conquista dos direitos individuais, na modernidade, houve uma desintegração da unidade familiar e um agravamento da crise entre os gêneros e as gerações também no meio rural. A dificuldade dos pais em convencerem ao menos um de seus filhos a permanecer no meio rural e o fato de as mulheres predominarem sobre os homens no êxodo rural são dois exemplos dessa crise. As diferenças, que se transformam em desigualdade entre homens e mulheres, já não se sustentam mais, mesmo no meio rural. Por mais que as relações de desigualdade e iniquidade entre homens e mulheres possam ser vistas como hábito, tradição ou como produto de uma ordem social dominante e opressora, há sinais de que está havendo mudanças dessa "naturalização" dos papéis também nos espaços privados. Exemplo disso é o crescimento do número de mulheres que deixam o papel de "domésticas" para ser assalariadas, também no meio rural.

> CAPÍTULO SEGUNDO

A religiosidade de jovens do Contestado

> *De todos os animais selvagens,*
> *o homem jovem é o mais difícil de domar.*
> *Platão*

Existe uma vasta herança bibliográfica, cultural e religiosa do Contestado. Há muitos escritos, monumentos, símbolos, ritos, fotografias, filmes, peças de teatro, poesias e orações espalhados pelo sul do Brasil. Não será possível contemplar tudo o que há de produção em torno da participação juvenil no Contestado, porém se fará um esforço nesse sentido. A participação da juventude não se deu de forma organizada, enquanto categoria social, mas pela presença de indivíduos jovens nos mais variados espaços, tanto do lado dos caboclos como do lado do exército, do governo e dos "ruralistas" da época. É difícil estabelecer um conceito capaz de abarcar com precisão a parcela juvenil presente na guerra. Como já foi citado anteriormente, os censos da época apontavam para 75% das pessoas como tendo menos de 30 anos de idade. Isso significa que grande parte dos participantes da guerra pode ser considerada jovem.

O Contestado não acabou

Praticamente cem anos se passaram desde os primeiros combates no chão Contestado. Esses combates foram, geralmente, denominados de guerra, que aconteceu durante os anos de 1910 a 1916, abrangendo uma região que equivale, hoje, a aproximadamente 1/3 do território catarinense. O território onde ocorreu a guerra é, hoje, conhecido por muitos como "Região do Contestado". Sua abrangência é situada na parte do sul do Paraná, no meio oeste, e boa parte no planalto norte e da região serrana catarinense. Além de sua amplitude geográfica, o fato de a guerra ter envolvido diretamente cerca de 30 mil pessoas, sendo que, destes, aproximadamente oito mil foram mortos, torna o Contestado um dos maiores conflitos armados da história do Brasil.

Esse movimento não acabou e o nome "Contestado" adquiriu diversas faces, sendo usado, até mesmo, para fins turísticos e mercadológicos. Todavia, ele continua, hoje, muito presente nas lutas e organizações populares, juvenis, estudantis, sindicais, ecológicas, culturais e religiosas dos descendentes dos que lutaram no Contestado. Diversos olhares e projetos se dirigem para a comemoração dos cem anos do Contestado. Interesses e imaginários opostos se apresentam e disputam espaços e hegemonias. Entre eles, polariza-se a versão do mercado e do turismo, por um lado, e a da militância-mística juvenil, por outro.

O Contestado, liderado em grande parte por jovens, produziu uma mística própria que se traduz numa espécie de identidade cultural do povo da região. Provisoriamente, pode-se afirmar que essa mística tem em João Maria uma referência central. Ela sobrevive nos mitos, símbolos, rituais religiosos e na tradição oral e escrita dos descendentes do Contestado. Os jovens outrora agredidos, violentados, silenciados e amedrontados, aos poucos voltam a sonhar com uma sociedade liberta das diferentes formas de opressão e exclusão, e, agarrados a uma mística, passam a se organizar de diferentes formas para construir alternativas possíveis em seu cotidiano local e, também, com uma preocupação global-estrutural. É nesse sentido que diversas experiências juvenis procuram manter viva a memória do Contestado. Atualmente, em Santa Catarina, foram instituídas – ou estão sendo pensadas – várias casas ou centros, organizações e movimentos diferenciados de juventude. Esse é um fato novo na história de jovens catarinenses. Em geral, as suas diferentes formas de organização e mobilização apresentam pelo menos três características em comum: certa referência ao Contestado; uma mística expressiva, normalmente fundada nos valores e princípios cristãos; e uma interface utópica diretamente conectada a uma práxis sociotransformadora. O Contestado marcou profundamente a vida, a cultura e a religiosidade dos que sobreviveram à guerra e dos seus descendentes. Em torno da mística que a sustentou, foi sendo "construída" uma nova concepção ou imagem do sagrado que, aos poucos, passou a habitar o imaginário, ou seja, a cultura e a religiosidade dos seus descendentes. Mais do que os registros históricos e a bibliografia existentes sobre o Contestado, o interesse aqui é resgatar a sua mística, desde as suas origens e, especialmente, em sua recepção e ressignificação, na atualidade, junto a jovens.

Um aspecto marcante do Contestado foi a compreensão de que meninos e meninas virgens tinham um poder espiritual maior do que os adultos e idosos. Somente eles (alguns dentre eles) eram capazes de receber mensagens do além, dos santos e/ou monges venerados pela irmandade cabocla. A velhice e a morte geralmente foram entendidas como consequência de pecado e punição. Logo, a pessoa santa só poderia ser aquela que tivesse menos idade, porque menos dada a pecar. Assim, santos e santas em vida podem dialogar com santos e santas do além, devido a essa afinidade ou proximidade espiritual. Foi assim que, deixando as cidades e povoados vizinhos praticamente vazios, milhares de pessoas das redondezas passaram a se reunir em torno desses meninos e meninas e dos demais líderes do reduto de Taquaruçu, constituindo a sonhada "cidade santa", onde, após a "batalha final", os que fossem salvos do poder da besta, se fossem velhos, ficariam jovens, e todos seriam felizes.[1]

Jovens no Contestado

É sabido que não foram poucos os jovens que assumiram posições de liderança na Guerra do Contestado. Alguns desempenharam papéis importantes durante o desenrolar da guerra, com uma atuação reconhecida; dentre eles, entre tantos outros menos citados pelos historiadores, aparecem: uma jovem imigrante polonesa (cujo nome não é conhecido), que escrevia a pedido do líder Bonifácio Papudo; a "filha de um certo João Alemão" (também de nome desconhecido), raptada por José Maria da casa de seus pais, mas que o seguia livremente em sua missão; Teodora Alves e Maria do Carmo, tidas por virgens videntes; Chica Pelega, tida como heroína e guerreira nas batalhas contra o exército, especialmente no reduto de Taquaruçu; Sebastiana Rocha, chamada de virgem; Antoninho, comandante-geral do reduto de Bom Sucesso; Maria Rosa, vidente, virgem e comandante do reduto-mor de Caraguatá; Manoel Ferreira dos Santos, considerado enviado de Deus; Joaquim Ferreira dos Passos, chamado de menino-Deus; Claudiano Alvez A. Rocha, médico; Francisco Alonço de Souza, comandante de um piquete chucro, em Caraguatá; Adeodato Manoel Ramos, líder-geral dos dois últimos anos da guerra. Já entre os mais conhecidos, havia o jovem advogado Nereu Ramos, filho de coronel e chefe político lageano, e o presidente de Santa Catarina Vidal Ramos; além do jovem capitão Matos Costa e de diversos jovens vaqueanos ou filhos de coronéis, tais como Altino de Farias, e centenas de jovens militares, entre outros.

---

[1] Cf. TOMAZI, G. *Mística do Contestado*, p. 132.

Estes são os jovens mais citados na historiografia e na tradição oral dos descendentes do Contestado. Alguns deles atuaram, praticamente, do começo ao fim da guerra; outros, em apenas alguns momentos ou fases. A participação e atuação de jovens no Contestado foram extremamente relevantes, permitindo, inclusive, pensar no seu protagonismo, a ponto de alguns, dentre eles, serem aceitos como seres "sagrados", "meninos-Deus", "virgens", videntes e profetas, ganhando legitimidade, aprovação e, até mesmo, obediência e submissão por parte dos mais velhos. Alguns comandaram fases importantes da guerra, atuando como líderes de piquetes e de redutos, influenciando decisivamente no dia a dia da irmandade em guerra. E não havia apenas rapazes, mas também moças que "davam as ordens" no cotidiano da guerra.

Existiam jovens dos dois lados da guerra. Machado[2] faz referência a um jovem que defendia os interesses da Southern Brazil Lumber and Colonization Co. "O jovem advogado lageano Nereu Ramos, filho do ex-governador Vidal Ramos, era, em 1916, representante oficial dos interesses da Lumber junto ao governo de Santa Catarina". Machado[3] menciona, também, a participação de uma jovem que ajudou redigir algumas preces dos caboclos. Era uma polonesa que não morava nos redutos, mas a ela recorriam "para que redigisse as preces que seus combatentes carregavam em patuás amarrados ao pescoço". Vale lembrar, também, que dentre os membros do exército que atuaram na guerra uma grande parcela era constituída de jovens, levados a defender a ordem, a pátria e a República, no território Contestado. Contudo, os maiores destaques que se encontram na historiografia do Contestado, com relação à participação de jovens, fazem referência àqueles que viveram nos redutos. As citações de indivíduos jovens, participantes da Guerra do Contestado, relatando as suas identidades, são encontradas mais claramente nas obras de Vinhas de Queiroz (1977), Valentini (1998) e Machado (2004), entre outros.

Valentini[4] lembra a figura de João Maria Paes de Farias, conhecido por João Ventura, filho de Chico Ventura, que afirmou: "aquele que matou meu pai não haveria de se esconder na barriga de um peixe que nós não achasse (sic)... foi dado um jeito nele". Fica claro, na fala desse jovem, o desejo de vingança pela morte do pai, que contribuiu para sua participação na guerra. A participação de outros jovens e até de alguns adolescentes,

---

[2]   MACHADO, P. P. *Lideranças do Contestado*, p. 149.

[3]   Ibid., p. 256.

[4]   VALENTINI, D. J. *Da cidade santa à corte celeste*, p. 135.

escolhidos para receber as ordens de José Maria, morto no primeiro combate no Irani, foi ampla e valorizada. A virgem Teodora e também Manoel deitavam-se no chão e, cobertos com um lençol branco, o povo rezava sobre eles até que recebessem alguma ordem de "São" José Maria. Tanto Teodora como Manoel, que logo viria a substituí-la, tiveram importante influência sobre o povo da cidade santa de Taquaruçu. Segundo Paulo P. Machado,[5] "a menina Teodora, com 11 anos de idade, neta de Eusébio F. dos Santos, começou a relatar sonhos e visões que tinha com José Maria e a difundir a necessidade de todos se dirigirem a Taquaruçu a fim de aguardar o retorno do monge [...]". Segundo Vinhas de Queiroz,[6] Manoel, tido como enviado de Deus, era um rapaz que, com cerca de 18 anos, passou "a receber mensagens do monge (José Maria) no interior da floresta" e, ao voltar, comunicava as suas "palavras sagradas" aos circunstantes. Esse jovem Manoel exerce sobre o reduto extraordinária influência, chegando até a ser reconhecido como chefe e comandante dos homens de armas. E depois de ter apresentado algumas atitudes moralmente desaprovadas pela comunidade cabocla do reduto de Taquaruçu, perdeu seu espaço de enviado de Deus para Joaquim, e desapareceu. Joaquim, neto de Euzébio, chamado de menino-Deus, tinha 11 ou 12 anos de idade ao assumir o comando. Logicamente que a autoridade desses meninos e meninas era sustentada e legitimada pelo patriarca Eusébio e sua esposa Querubina, pessoas muito respeitadas na cidade santa de Taquaruçu.

Chica Pelega, Maria Rosa e outras lideranças jovens

Outra jovem que se tornou referência mítica do reduto de Taquaruçu foi Chica Pelega, que Euclides Felippe descreve como "a heroína de Taquaruçu". Segundo ele, ela era uma virgem de

> coração compassivo e generoso; logo ao chegar a Taquaruçu, atraiu todas as simpatias, principalmente das crianças e dos enfermos. Assim de imediato chamou atenção de José Maria, indo aos poucos se tornando indispensável auxiliar de enfermagem. Em breve aprendeu a lidar com os chás, as infusões, o conhecimento e o trato com as ervas medicinais.[7]

---

[5] MACHADO, P. P. *Lideranças do Contestado*, p. 198.

[6] VINHAS DE QUEIROZ, M. *Messianismo e conflito social*, pp. 113; 117; 120.

[7] FELIPPE, J. E. *O último jagunço*, p. 55. Para Sanford de Vasconcellos (2000, p. 14), Flávia Roberta ou Chica Pelega foi "uma das heroínas das batalhas travadas pelos sertanejos resistentes contra os exploradores estrangeiros e as tropas do exército nacional". Ele diz ainda (idem, p. 21) que "ela significa a indignada síntese de uma coletividade injustiçada".

Essa jovem exerceu papel importante entre os caboclos, no primeiro reduto e ataque a Taquaruçu, onde houve muita euforia e os caboclos conquistaram uma vitória importante, seguida, porém, de um massacre, principalmente dos velhos e das crianças. Logo após ter sido destruído, à bala e a fogo, no segundo combate, o reduto de Taquaruçu, os que conseguiram sobreviver e fugir juntaram-se no novo reduto de Caraguatá, liderado por Maria Rosa.

Nesse reduto, Joaquim perdeu seu prestígio, ficando à sombra de Maria Rosa, que a todos cativava. Ela "toma parte, montada em seu cavalo, empunhando a bandeira branca de cruz verde ao centro, infundindo ânimo e coragem aos sertanejos".[8] Maria Rosa era filha de Elias de Souza, lavrador da Serra da Esperança. Ela era considerada uma menina normal como as demais, mas de vez em quando se trancava em seu quarto e ficava até dois ou três dias em oração. Ao voltar para a vida normal, trazia comandos e orientação do monge José Maria, para o povo obedecer. A virgem Maria Rosa é a figura feminina de maior destaque, especialmente nos primeiros dois anos da guerra. Segundo Vinhas de Queiroz,[9] era ela quem "durante as procissões marchava à frente, carregando uma grande bandeira com cruz verde". Ela era uma menina-moça carismática, capaz de atrair a atenção de todos. Não sabia ler, mas falava desembaraçadamente, e eram-lhe atribuídas qualidades excepcionais como vidente, juíza e comandante. Dificilmente alguém fazia algo sem antes consultar "quem tudo sabia". Vinhas de Queiroz[10] também escreve que o povo a considerava santa e cumpria religiosamente as ordens que dela emanavam. "Era encarada como a representante da vontade do monge, de quem conhecia os secretos desejos. Designava os chefes ostensivos, destituía-os dos comandos, sentenciava". Maria Rosa foi contemplada com o título de um capítulo do livro de Vinhas de Queiroz,[11] que fala dela como uma adolescente dos seus 15 anos, loura, cabelos crespos, pálida, alegre, de extraordinária vivacidade, que não sabia ler nem escrever, mas falava com desembaraço. Machado se lembra de Maria Rosa, como uma moça que:

---

[8] VALENTINI, D. J. *Da cidade santa à corte celeste*, pp. 136; 137. Valentini (p. 139) cita uma entrevista que lhe deu Miguel C. de Souza (ou Manoel B. dos Santos): "Aquela menina, se tivesse uma força brigando com os jagunços, ela passava com um cavalinho na frente e era fogo que faziam de fuzilaria e metraiadora (*sic*) que parecia queimando roça e nunca acertaram ela".

[9] VINHAS DE QUEIROZ, M. *Messianismo e conflito social*, p. 151.

[10] Ibidem, pp. 151ss; FELIPPE, J. E. *O último jagunço*, p. 55.

[11] VINHAS DE QUEIROZ, M. *Messianismo e conflito social*, p. 151.

[...] tinha entre 15 e 16 anos, era bonita e andava de roupa branca, montada num cavalo branco. Como "virgem", procurou manter um comando direto sobre os "pares de França" e o conjunto da população de Caraguatá. Maria Rosa, ao contrário de Teodora ou dos meninos-Deus Joaquim e Linhares, não submetia suas ordens a um conselho. Ela as dirigia diretamente às formas. A partir do comando-geral, Maria Rosa passou a distribuir comandos específicos, de forma, de guardas, de piquetes de briga, de reza e de abastecimento. O combate de Caraguatá [...] vencido pelos "pelados", é considerado o principal feito de Maria Rosa.[12]

Helcion Ribeiro entende que, diferentemente do que aconteceu com Anita Garibaldi, a qual passou para a história catarinense como a guerrilheira heroína "por ter lutado tão somente por e com o seu homem", Maria Rosa foi interpretada pela historiografia como sendo a heroína vencida. Todavia, segundo ele, Maria Rosa:

durante sete meses liderou o grande "êxodo dos oprimidos" – pobres e crentes – que abandonaram Caraguatá rumo ao Reduto de Pedras Brancas.[...] Maria Rosa fez a fé cristã tomar formas concretas de transformação social. É sob a sua coordenação que se experimenta, no Contestado, o maior tempo de vida fraterna, com tempos de paz, onde todos viveram como irmãos, dividindo seus bens com alegria, perseverando na crença religiosa, tendo tudo em comum.[13]

Havia várias tendências ou facções dentro do movimento do Contestado. Após a vitória de Caraguatá, muitos líderes resolveram derrubar Maria Rosa do comando para que outros líderes "mais aguerridos" o tomassem. Foi assim que Francisco Alonso de Souza, conhecido como Chiquinho Alonso, assumiu o comando-geral e Maria Rosa passou a exercer um papel secundário no conflito, ajudando no atendimento às pessoas doentes, crianças, mulheres e idosos. Chiquinho Alonso era um rapaz de uns 25 anos, que teria proclamado a si próprio ante o povo como comandante-geral; a partir de então, Maria Rosa teria sugerido que todos atendessem aos comandos dele. Esse novo comandante, filho de Manoel Alonso, homem trabalhador, andava "com aquela cisma que iria brigar muito".[14]

Segundo Vinhas de Queiroz, Francisco Alonso de Souza, ainda moço, saiu à frente de um piquete – sem dar satisfação à virgem, saqueou e incendiou uma bodega e matou o encarregado e, depois dessa façanha,

---

[12] MACHADO, P. P. *Lideranças do Contestado*, p. 222.

[13] RIBEIRO, Helcion. *Da periferia um povo se levanta*, pp. 116s.

[14] Cf. VINHAS DE QUEIROZ, M. *Messianismo e conflito social*, p. 164.

dizendo-se inspirado por João Maria, ao voltar para o reduto, teria proclamado a si próprio, ante o povo, como comandante-geral (outra versão diz que ele foi aclamado, pelo povo, comandante-geral). Nesse momento, a virgem Maria Rosa teria dito: "Ele é quem manda [...], eu não tenho mais nada com isso". Ele foi morto em combate contra colonos, em Rio das Antas, no Dia de Finados de 1914. Esse ataque foi comandado pessoalmente por Alonso com um piquete de apenas 35 homens. Do lado dos colonos, morreram sete e do lado dos atacantes morreram doze pessoas, entre os quais o comandante.[15]

Com a morte do jovem Alonso, quem assume o comando-geral dos redutos, que perduraria até o final da guerra, em 1916, foi Adeodato Manoel Ramos, também conhecido como Liodato, natural do Cerrito, município de Lages, nascido em 1887. Ele assume o comando-geral, com 27 anos de idade, afirmando ter tido um sonho no qual lhe aparecera José Maria, ordenando que assumisse o posto de comandante-geral. Em relação a esse importante personagem do Contestado, emerge a questão de como um jovem, caboclo, não alfabetizado, tropeiro e domador de cavalos, religioso e músico, conseguiu transformar-se em comandante-geral dos redutos por praticamente dois anos, enfrentando as polícias do Paraná e Santa Catarina, reforçadas pelo exército brasileiro, além de mais de mil civis, somando ao todo cerca de oito mil homens?

Adeodato

Sendo Adeodato o último comandante-geral dos redutos, coube a ele liderá-los nas fases mais críticas. Em janeiro de 1915, ele liderava cerca de 10 mil pessoas no grande reduto de Santa Maria. O desfecho final da guerra é um fato controverso. Essa fase final foi a que continua mais presente na memória e marcou profundamente a vida dos descendentes do Contestado. Ao falar de Contestado, depois de João Maria e de José Maria, Adeodato é, ainda hoje, o personagem mais citado pelos descendentes do Contestado, tanto pelos militares como para a historiografia mais próxima, historicamente, do Contestado. Mesmo para os remanescentes e descendentes do Contestado, a figura de Adeodato foi marcada, com raras exceções, pela "demonização". Pode-se dizer que ele se tornou uma espécie de bode expiatório. Foi projetado como "modelo e catalisador do mal" e sua morte foi tida como uma espécie de "alívio" ou "apaziguamento" geral. Segundo Machado, coube a ele "a difícil missão de lutar contra a fome, as deserções e a degeneração das práticas comunitárias nos redutos". Para

---

[15] Cf. ibidem, pp. 163; 164; 203.

seus adversários, tratava-se do "chefe jagunço mais cruel", "assassino frio e degenerado", responsável pelo período de "terror" nos redutos do Contestado. Esse jovem assumiu o comando-geral por ter um perfil de liderança e dominar, também, práticas militares. Machado assim o interpreta:

> Sem dúvida, Adeodato destacou-se entre os rebeldes; inicialmente, por sua habilidade militar. Por conta da sua atividade de tropeiro e domador, conhecia cada palmo do terreno por onde passava, onde conseguir gado para arrebanhar, onde e para quem vender couro e erva-mate em troca de suprimentos e munição. Manejava sua Winchester com extrema precisão, "era bom atirador, uma coisa louca", na peleja com arma branca sabia como fazer "sangrar o pescoço" dos "peludos". Tinha amigos e compadres espalhados por todo o sertão, os quais lhe serviam de "bombeiros" (espiões). Mas, acima de tudo, Adeodato tinha capacidade de liderança; em alguns despertava extrema fidelidade e dedicação; em outros, apenas temor. "Ele mandava e não pedia." Tinha uma voz grave e potente e impunha respeito apenas por sua presença. Também sabia encantar por suas habilidades artísticas, cantava décimas nas festas e gostava de entrar em "porfias" como desafios de trova, e exemplo de um declamador repentista. Adeodato reunia qualidades pessoais de uma liderança carismática, na definição de Weber, uma liderança que era reconhecida por deter determinadas capacidades entendidas como sobre-humanas, não necessariamente religiosas, mas prodigiosas.[16]

Cabe destacar, aqui, outra versão historiográfica, ainda mais positiva da personalidade e liderança de Adeodato, da peça teatral de autoria de Romário Boreli, apresentada recentemente por alguns grupos da região. Ele colocou na boca desse último líder da guerra, ao considerar perdida a guerra, o seguinte discurso:

> Aqui se acostumava dizê que um home não morre quando tem companhero. [...] Nóis não semo bandido, nem matemo por gosto, porque pelo memo impurso e pela mesma ânsia, nóis enfrentemo o risco de morte, sofremo e morremo. Se um home se alevanta e diz: 'vô morrê se fô perciso', pode não sê bonito, nem muito religioso, mas só acontece porque arguma coisa tá muito errada antes disso.[17]

---

[16] MACHADO, P. P. *Lideranças do Contestado*, pp. 293; 306; 299.
[17] Apud TOMAZI, G. *A mística do Contestado*, p. 92.

Os grandes sonhos: uma cidade santa e um milênio igualitário

Pode-se afirmar que os jovens do Contestado não assimilaram passivamente a dominação imperialista que se instalava no Sul do Brasil; pelo contrário, apresentaram-se como parte importante das forças latentes da sociedade. Sua relevância advém do fato de que eles desenvolveram uma atitude rebelde, crítica e de resistência contra o processo de instalação da sociedade capitalista na região. Basta ver que boa parte dos comandantes ou líderes do Contestado era formada por jovens que, a partir da experiência dos redutos, sonharam com um outro mundo possível, também denominado de "milênio igualitário" ou de "cidade santa" e assumiram uma postura profética, guerreira e de busca de alternativas de vida.

Viver em uma aldeia, cuja cultura predominante é indígena, talvez seja uma experiência completamente diferente daquela em que se vive em uma comunidade rural capitalista cristã moderna. De qualquer forma, essas duas culturas podem-se apresentar com traços de continuidade e descontinuidade, complementares ou de ruptura radical, comuns ou absolutamente divergentes. Na Guerra do Contestado, essas culturas, também denominadas de "culturas do sertão", forçadamente ou não, pacífica ou violentamente, foram obrigadas a coexistir e a expressar suas ambiguidades entre festas, conflitos, violências e transmutações.

As manifestações e a atuação juvenil, nessa guerra, foram expressivas. Não há uma homogeneidade, mas, sim, fragmentaridade na atuação e nos modos de ser e de se fazer jovem. Existe uma multiplicidade de comportamentos juvenis. Jovens guerreiros são ao mesmo tempo festivos e místicos. O quadro santo, onde se reza em procissão, é também o local dos treinamentos de guerra e das comemorações festivas das vitórias alcançadas. Os campos sagrado e profano se mesclam em um mesmo local e em uma mesma experiência de vida, prenhe de conflitos e possibilidades.

Descendentes do Contestado: violência e protagonismo

Os descendentes do Contestado continuam sendo desprezados culturalmente, empobrecidos economicamente, manipulados politicamente e desconsiderados religiosamente, e os primeiros a sentirem isso na própria pele são os jovens, ao procurarem o primeiro emprego, ao tentarem ingressar numa universidade pública, ao serem presos mesmo sem terem cometido nenhum delito. São os jovens, descendentes do Contestado, os primeiros a sofrer os efeitos de uma sociedade violenta. As agressões e o medo de falar, morrer e sonhar, herdados do Contestado, continuam ainda hoje presentes. Termos discriminatórios de outrora continuam dominando o imaginário de boa parte da população dos descendentes do

Contestado, tais como: "fanáticos", "ignorantes", "monstros", "imbecis", "violentos", "criminosos", "desordeiros", "não merecedores de confiança", "malfeitores", "ladrões", "impatrióticos", "vagabundos". Assim, a realidade de medo, perseguição, violência e sofrimento em que se encontra a grande maioria dos descendentes do Contestado continua sendo "legítima", "natural" ou "sagrada".

O debate sobre o protagonismo juvenil pode ser considerado uma categoria cujos teóricos favoráveis, ou os contrários, apontam para o jovem, considerando pelo menos duas perspectivas cujos extremos se encontram e são complementares, mas que no processo costumam ser consideradas antagônicas. Até recentemente, os jovens poucas chances teriam de aparecer como protagonistas desse processo, pelo menos por três motivos:

- porque, com raras exceções, entendeu-se que as aldeias indígenas e as comunidades rurais se organizavam tendo como referência a sabedoria dos mais velhos;

- porque o jovem tem sido compreendido como portador de limites e pontos falhos e fracos, somados à inexperiência e ao medo de fracassar ou falhar, levando-o assim a ser visto apenas às margens dos processos, exercendo no máximo uma espécie de "treinamento" para o protagonismo;

- porque os meios de comunicação, sejam eles da tradição oral ou escrita, com raríssimas exceções, são controlados ou dominados pelos adultos ou idosos.

Mesmo assim se pode dizer que o protagonismo juvenil foi uma realidade no Contestado que se expressou em diversos aspectos:

- em certos bailes, festas, formas de lazer e em competições diversas;

- em trabalhos de educação e cuidado com os mais novos, no cuidado da saúde de todos, bem como em serviços de organização dos redutos;

- nos conflitos, brigas e na rebeldia, na promoção de novidades e de alternativas, na liderança exercida nos piquetes chucros, nos quadros santos, nos pares de frança e nos gritos de guerra;

- na manutenção e promoção dos costumes e tradições, nos ritos de coesão e integração comunitária, tais como a devoção a santos e santas, rezas, acesso a mistérios e na captação do desconhecido e de mensagens vindas do além;

- do lado do exército, não se pode perceber um protagonismo juvenil, mas, sim, submissão e obediência aos comandos dados por autoridades jurídicas, governamentais e empresariais adultas.

Nos primeiros anos da República, a modernização do capitalismo e o processo acelerado de urbanização causaram descontentamentos, medos, inseguranças e conflitos. Fizeram com que dois mundos se confrontassem, também na Região Contestada: o mundo da "civilização", do progresso, das metrópoles, avançado, adulto, mais forte e vencedor, e o mundo do "sertão", pré-moderno, pré-político, ultrapassado, imaturo, repleto de crenças e misticismos. Tudo isso pesou contra os homens e mulheres do Contestado. As condições de miséria e penúria, juntamente com outros fatores da complexa realidade social que enfrentavam, levaram os camponeses à consciência de sua exploração e ao reconhecimento de sua condição de explorados. Alimentaram, então, o sonho de uma sociedade diferente e foram à luta.

2.1 Heranças religiosas do Contestado

A religião é a mais audaz tentativa
de conceber o universo inteiro
como algo humanamente significativo.
Peter Berger

Não é objetivo proporcionar uma distinção conceitual entre espiritualidade e religiosidade, mas, sim, falar da fé, da esperança e da mística que, unidas, constituem-se em uma experiência religiosa considerada referência de vida e sentido para os jovens do Contestado na atualidade. *A priori*, entende-se que a espiritualidade faz parte da estrutura do ser, da personalidade, e pode, ou não, ser uma raiz a partir da qual a religiosidade se desenvolve. Esta, por sua vez, faz parte de um processo que normalmente incorpora ritos, mitos, símbolos, textos sagrados e, também, a fé e a esperança como aquilo que a alimenta e dá sustentação. Sabe-se, porém, que tanto o ateísmo quanto a religiosidade comportam ambiguidades e contradições. Uma reflexão teológica que procura superar a ambivalência desses dois conceitos é aquela que procura distinguir idolatria de espiritualidade ou de crença no Deus da vida, ou no Deus verdadeiro. No campo da antropologia religiosa, é possível dizer que uma pessoa pode ser religiosa mesmo sem ter espiritualidade e fé, e pode ter espiritualidade e fé mesmo sendo "arreligiosa". Tal como afirma Enio Brito:

> A religiosidade tanto pode ser uma fonte de força para as pessoas como pode, também, ser um refúgio para a fraqueza, sendo que nenhuma dessas duas possibilidades é boa ou ruim por si mesma. Como o ser humano tem capacidade tanto para o bem quanto para o mal, a religiosidade pode, por um lado, corroborar a dignidade pessoal e o senso de valor, promover o desenvolvimento da consciência ética e da responsabilidade pessoal e comunitária, ou, por outro, a religiosidade pode diminuir a percepção pessoal de liberdade, pode gerar uma crença de que não seja tão necessário o cuidado pessoal, e pode facilitar a evitação da ansiedade que geralmente acompanha o enfrentamento autêntico das possibilidades humanas. [...] Dependendo da maneira como é vivida, a religiosidade pode encobrir a espiritualidade, pode até sufocá-la, como é o caso dos idólatras, dos fanáticos religiosos, das pessoas supostamente ingênuas que não conseguem sequer criticar sua religião, assim como é o caso das pessoas que não participam comunitária ou ecologicamente do mundo. [18]

Diversas imagens ou fotos de "São" João Maria são encontradas em algumas igrejas, grutas, monumentos e em muitas casas dos descendentes do Contestado. Em torno desse santo popular, que peregrinava pela região Sul do País, entre meados do século XIX e os primeiros anos do século XX, foi sendo construída uma mística que serve de referência fundamental para suas vidas. Não somente os mais velhos, mas também boa parte da juventude, na atualidade, continua venerando e acreditando no poder desse santo. Sua mensagem continua sendo propagada de diferentes maneiras: não faltam *shows*, festivais, romarias, teatros e outras formas culturais e artísticas que resgatam a mensagem e a mística do Contestado e de "São" João Maria.

Experiências de fé

Existem inúmeras localidades onde se encontram marcas ou heranças de "são" João Maria ou do Contestado. Como exemplo, vale destacar uma, na cidade de Porto União (SC), palco de algumas batalhas do Contestado. Naquela cidade, a certa altura do Morro da Cruz, há um monumento, uma gruta e uma fonte de água de "São" João Maria. Ao visitar o local, na Sexta-Feira Santa do ano de 2007, foi possível verificar que diversas pessoas, a maioria adolescentes e jovens, lá estavam; umas chegavam e outras

---

[18] BRITO, E. Espiritualidade e religiosidade: articulações. In: VALLE, E. (Org.). Por uma psicologia cultural da religião. *Revista Rever*, PUC-SP, 4/2009. Disponível em: <http://www.pucsp.br/rever>.

saíam. Duas mulheres, tendo nas mãos um pequeno livro bem antigo, rezavam, com uma fé ou uma devoção que arrancava admiração daqueles que as viam. Havia outra mulher e dois adolescentes – um menino e uma menina – que logo ao chegar ao local se aproximaram da água que corria através de um pequeno canal e lá banharam a cabeça, o rosto, e a menina também passou água por três vezes num de seus olhos, que estava vermelho e inflamado. A mulher explicou a uma amiga que, ao molhar a cabeça, a dor passava. Disse que a dor ia e voltava, fazia muitos anos, porém, quando voltava, ela logo se dirigia ao poço para molhar a cabeça e se sentia curada.

Esses fatos poderiam parecer sem sentido para alguns racionalistas, porém é visível que, para aquelas pessoas, essa experiência de fé, que parece incorporar um elemento misterioso ou de magia, tem um valor fundamental. Noutra ocasião, um homem de nome Arnoldo F., do interior do município de Timbó Grande (SC), local central da Guerra do Contestado, disse saber muita coisa sobre o profeta João Maria e também sobre o Contestado. Ao chegar a sua residência e manifestar o interesse de ouvi-lo a respeito, esse homem logo foi dizendo: "Outro dia, veio um advogado lá de Canoinhas aqui me perguntar sobre isso. Eu vi que o interesse dele era ganhar dinheiro… Então já fui dizendo que não tinha nada para contar pra ele…". E continuou: "Quanto ao senhor, vejo que é diferente. Então vou te contar o que eu sei". Foram pelo menos duas horas me contando "causos", como ele dizia. Ao perguntar se sabia alguma oração de "São" João Maria, ele disse que sabia várias e em seguida ficou em silêncio. Então falou: "Eu fui um piá *infruído*, onde tinha esses velhinhos perto de casa. Eu desde pequeno ia lá puxar água ou uma lenha pra eles e logo eles começavam a me contar histórias e eu aprendi muito: histórias, orações…". Ele disse que sabia uma oração que aprendera fazia mais de quarenta anos. Era uma oração que conseguiu com um desses velhinhos que conversavam com "São" João Maria e ensinavam as orações dele. Disse, ainda, que levou um ano para decorá-la (pois é uma oração bastante grande) e que a rezava todos os dias. Então com muita devoção ele rezou…[19]

Fatos marcantes como esses fazem pensar sobre o valor da religiosidade do povo que passa de geração a geração. Outrora, as "coisas do povo" foram vistas como irracionais, envoltas por uma mística nebulosa, fundadas na magia ou em superstições. Fato é que as ciências acabam mudando, revendo suas crenças, e o povo, por sua vez, vai ressignificando as suas.

---

[19] Pode-se ver a oração e outros "causos" de Arnoldo em TOMAZI, G. *A mística do Contestado*, p. 408. Disponível em: <http://www.sapientia.pucsp.br/tde_busca/arquivo.php?codArquivo=639>.

O Batismo nas águas de São João Maria

Há um rito dos descendentes do Contestado para celebrar uma das três formas de Batismo, o chamado Batismo nas águas de São João Maria; com a presença dos padrinhos e amigos, ao jogar água sobre a cabeça do batizando, diz-se as seguintes palavras: "Nós te batizamos em nome do Pai, e do Filho, e do Espírito Santo, de nossa Senhora, Maria mãe de Jesus e de São João Maria". O Cristo crucificado e Maria são dois símbolos centrais e persuasivos no catolicismo popular do Contestado. Mesmo na casa de muitos evangélicos, a imagem da Mãe não é sempre desprezada. Em geral, ela se encontra em local menos público da casa, normalmente escondida no quarto. Essas devoções pertencentes ao *sensus fidei*, ou à fé do povo, não são facilmente abandonadas, mesmo depois de tantas mudanças e novidades religiosas. A cultura popular está profundamente banhada de religiosidade, de mística e de espiritualidade. Antônio Gramsci abriu as portas do marxismo para o reconhecimento dos valores da cultura popular quando disse que:

> Nas manifestações da vida social e espiritual do homem comum há uma riqueza de ver, de pensar e de dizer, que nem a ciência e nem a política ainda exploraram devidamente. Com isso podemos sair de um discurso sobre o povo, sobre a cultura do povo, para um trabalho concreto de reconhecimento do que é efetivamente o modo de viver ou ser do povo.[20]

O desprezo e a riqueza da cultura religiosa popular

Para aprofundar a questão do valor da cultura e da religiosidade popular, herdadas pelos jovens e por eles transmitidas para as próximas gerações, é preciso lembrar que o pensamento marxista "pré-gramsciano" e o próprio pensamento de Gramsci sobre a cultura e a religiosidade popular não conseguiram romper com os dogmas do materialismo e do economicismo tradicional, em que as coisas estavam bem definidas: havia a classe dominante que, de forma autoritária, impunha a sua cultura, a cultura burguesa, elitista, erudita, ilustrada, avançada e científica. Era a cultura dos "cultos" e a sua cultura era a "única". Nesse espaço, habitavam o intelectual burguês e o intelectual orgânico. O primeiro era o que reproduzia a cultura dominante, dando-lhe sustentação e legitimidade; e o segundo era uma espécie de "convertido" à causa da classe trabalhadora e responsável pelo seu processo de organização e "pensamento estratégico", enquanto classe que deveria fazer a revolução. Antes de o povo se deixar "formatar" pelos

---

[20] Apud VALLE, E.; QUEIRÓZ, J. J. (Org.). *A cultura do povo*, p. 136.

intelectuais orgânicos "no processo de formação, enquanto classe", esse povo era simplesmente denominado de massa: povo disperso, dominado, alienado, manipulado, incapaz, conservador e ignorante. Não sendo culto, também não poderia ter cultura. O que tinha era uma espécie de capacidade de apropriação, interiorização e reprodução da cultura e da ideologia dominantes. E essa experiência de receptor passivo da cultura dominante era denominada de cultura popular.

Para as elites intelectuais da época, essa cultura popular, "permitida", devia também ser controlada, pois ela corria o risco de se tornar heterogênea e sair dos limites da conformidade com a cultura "universal" e "homogênea". Diversos pesquisadores eram enviados "em missão" junto aos povos denominados por eles de "primitivos" e, também, junto aos povos atrasados ou em desenvolvimento; e ao estudarem a cultura e a religião desses povos, assustavam-se com os aspectos de barbárie neles existentes ou fascinavam-se com as coisas exóticas que aí encontravam. O máximo que conseguiam ver nessas culturas era um grande leque de superstições e misticismo, de crenças absurdas e infantis, de símbolos, ritos e danças exóticas ou esquisitas, que mais se pareciam com estados alterados da consciência ou esquizofrenias, mas era preciso saber o que se passava nesse "outro" mundo...

Os primeiros escritos sobre o Contestado muito bem souberam reproduzir essa versão da cultura popular. Sejam os sacerdotes franciscanos, sejam os militares, sejam, ainda, os intelectuais da primeira metade do século XX, nenhum conseguiu romper com essa concepção da religiosidade popular do Contestado como sinônimo de barbárie e fanatismo. É claro que há ambiguidades nos primeiros escritos publicados sobre o Contestado. Como foi o caso do próprio Capitão Matos Costa, que era, na época do Contestado, responsável por guarnecer a região de Canoinhas e União da Vitória. Ele afirmou que "a revolta do Contestado é apenas uma insurreição de sertanejos espoliados das suas terras, dos seus direitos, da sua segurança". Afirmou também que o problema estava na ignorância, na falta de instrução e de justiça.[21]

Um exemplo: Quando se pensa a cultura diretamente a partir do conceito de classes "burguesia x classe subalterna" ou a partir da lógica do poder "dominantes x dominados", normalmente o que recebe maior

---

[21] AHEx, Ficha funcional do capitão João Teixeira de Matos Costa, elaborada pelo tenente-coronel Fernando Lopes da Costa, p. 6. In: PEIXOTO, D. *Campanha do Contestado*, p. 94.

espaço nos textos ou livros é a classe dominante/burguesa, mesmo que para ser criticada. "Falem mal, mas falem de mim!" O problema é que desmontar ou desconstruir o pensamento dominante de uma época não significa necessariamente elevar os dominados ou emancipá-los; ao contrário, significa reconhecer que diante do poderoso poder dominante, aos dominados resta somente gritar e serem dominados. Ao fazer a crítica do poder elitista e burguês, nem sempre se estaria desconstruindo-o, e desconstruí-lo nem sempre significa que algo eminentemente novo teria o seu lugar.

Quanto à compreensão da religiosidade dos jovens, como parte da cultura popular, pode-se dizer que somente nas últimas duas ou três décadas, com teólogos como João Batista Libanio, Hilário Dick e Jorge Boran, entre outros, é que foi possível superar o pensamento eclesiástico "oficial" e tradicional, pré-moderno, que via neles a presença de "uma fé e uma reflexão incapaz de captar e compreender a fé, a teologia e a tradição verdadeiras". Dizia-se que a falta de educação e a ignorância impediam os jovens e toda a classe popular de pertencerem devidamente a uma Igreja ou a uma religião. Eles viveriam numa espécie de sincretismo onde acabavam aceitando aspectos de várias matrizes religiosas sem discernimento. Ao que tudo indicava, o avanço das ciências e dos processos educacionais poderia ajudar as pessoas a entenderem melhor a própria religião e não mais se deixariam dominar pelos sincretismos e religiosidades diversas. Sendo assim, o próprio catolicismo popular estaria fadado ao desaparecimento. Ele não resistiria ao mundo contemporâneo em seu processo de secularização e racionalização.

Com o avanço da ciência e da sociedade secularizada "perfeita", não haveria mais espaço para obscurantismos, fantasias, devocionismos e fanatismos, próprios da religiosidade popular. Eles se tornariam peças de museu. Esse mesmo objetivo seria alcançado com o auxílio da consciência crítica e do próprio povo que passaria a se entender enquanto classe social ou classe trabalhadora, superando o senso comum. Para essa classe alcançar o seu destino, que é a revolução ou a sociedade perfeita, ela deveria começar por combater tudo o que a levasse à alienação e a oprimisse; tudo o que impedisse a transformação social; então devia começar por combater as instituições religiosas, pelo seu reacionarismo, o estado burguês e todos os demais meios de manipulação e dominação burgueses.

A cultura popular e a perspectiva religiosa

Novas perspectivas de compreensão da cultura popular emergiram, especialmente, a partir do final da década de 1980, quando essa perspectiva teórica entrou em crise. Aos poucos foram surgindo novas formas de pensar o presente, de interpretar a história, de ressignificar as devoções, os ritos populares, os mitos e as utopias. Assim sendo, também o catolicismo, a religiosidade e a cultura populares foram recebendo novas abordagens ou, pelo menos, novas significações e considerações. Os conceitos de fragmentariedade e de ambiguidade da cultura popular foram ganhando espaço e recebendo crescentes considerações de positividade. O povo sabe acumular historicamente; a experiência lhe dá sabedoria e consciência crítica.

Clifford Geertz prioriza a questão da cultura como um contexto especial, onde os acontecimentos sociais, os comportamentos, instituições e processos podem ser vistos "com densidade". Para ele, na base da conflitividade política está a conflitividade cultural. Ao estudar a cultura, ele prioriza a dimensão simbólica e propõe que o conhecimento da religião não seja um olhar "de fora", mas um olhar a partir de dentro da própria perspectiva religiosa.

Falar de "perspectiva religiosa" é, por definição, falar de uma perspectiva entre outras. Uma perspectiva é um modo de ver em sentido mais amplo, com significado de "discernir", "apreender", "compreender", "entender". É uma forma particular de olhar a vida, de construir o mundo, como quando falamos de uma perspectiva histórica, uma perspectiva científica, uma perspectiva estética.[22]

Alba Zaluar, após anos de convivência, estudos e experiências junto às periferias urbanas, mais propriamente junto aos jovens da Cidade de Deus, na periferia da cidade do Rio de Janeiro, percebeu que havia algo de incontrolável por parte dos jovens, diante da violência praticada nas periferias cariocas. Havia uma engrenagem envolvendo quadrilhas, traficantes e polícia que os jovens não controlavam.[23] Apesar desse lado incontrolável da violência, ela também encontrou, entre os jovens e, mais amplamente, no senso comum, um grande dinamismo: instável, propenso à mudança, algo que não é meramente receptivo e não está cristalizado. Percebeu que é na própria fragmentariedade que está a força da resistência popular. Também percebeu que "a ideologia dominante não é homogênea e não consegue se impor de maneira absoluta. Para que uma ideia se efetive no meio popular, ela precisa passar por intensas negociações e conflitos". Alba entende a cultura como "estrutura de significado socializada pela qual as pessoas dão forma à sua existência cotidiana". Alba, ao observar o "pensamento" religioso-popular, junto à Cidade de Deus, concluiu que:

---

[22] GEERTZ, C. *A interpretação das culturas*, p. 126.

[23] Cf. ZALUAR, A. *Condomínio do diabo*, pp. 21s.

O desembaraço com que misturavam diferentes tradições religiosas sem o menor cuidado com a ortodoxia tão cara aos puristas, seja do candomblé, seja do catolicismo, a fim de comporem a sua visão de mundo, só pode ser comparado com a facilidade com que lançavam mão de inúmeras instâncias de mediação entre eles e o resto da sociedade na defesa de sua capacidade de sobreviver. Difícil, portanto, reduzir esse pensar a um sistema preestabelecido e fixo de conteúdos culturais explicados em uma instância pela sua posição subalterna ou dominada no processo de produção ou como prisioneiros de uma prática vista na tradição estruturalista como mera execução de um código subjacente.[24]

Outros elementos nessa direção são oferecidos por Ênio Brito,[25] ao sugerir que "não basta olhar com simpatia para a cultura popular ou denunciar a sua lenta destruição pelo processo de modernização e globalização". É preciso uma compreensão mais abrangente, pois "ainda conhecemos muito pouco a cultura popular". Segundo ele, "a cultura popular, na sua fragmentariedade e dinamismo interno, possui uma força vital capaz de resistir e sobreviver às ameaças impostas pelo processo de modernização e globalização", porém, por estar ameaçado, "o futuro da cultura popular depende de uma responsabilidade ampla: individual, coletiva e institucional", capaz de "superar a compreensão evolucionista e, também, a romântica, sobre a cultura popular, pois ambas são reducionistas. A primeira por propor o seu entendimento em termos de 'residual' ou 'atrasada', e a segunda por exaltá-la como espontaneamente libertadora". Ele diz, ainda, que "diante do atual processo de violência cultural que lança a cultura popular para a lógica do mercado ou do consumismo, não basta falar de autonomia e autodeterminação da cultura popular. Faz-se necessário que, com ela, a academia estabeleça alianças, parcerias, estimule o diálogo e procure formar intelectuais qualificados, atentos e amorosos para com a vida do povo".

Carlos Rodrigues Brandão, sobre o "ser católico, nas dimensões brasileiras", afirma:

> Apenas em anos muito recentes (pós-Vat. II), verificou-se uma paulatina revalorização da ideia de "popular", quando aplicada a um modo próprio de realização religiosa comunitária, que deixa de ser uma expressão arcaica, desfigurada e profanadoramente concorrente do trabalho legítimo da Igreja, e passa a ser uma modalidade que caracteriza, no fim das contas, a cultura, a fé e a identidade religiosa do "povo brasileiro". [...] O catolicismo popular que

---

[24] ZALUAR, A. *A máquina e a revolta*, p. 29.

[25] BRITO, Ê. J. da C. *Cultura popular: memória e perspectiva*, pp. 153-163.

a Igreja reconhece como forma variante de um modo oficialmente legítimo de "ser católico" passa a significar, como Igreja Popular, a transformação do próprio sentido e, portanto, da própria identidade da Igreja Católica, finalmente convertida, em intenção pelo menos, àqueles a quem um dia resolveu converter.[26]

Fé e sabedoria dos jovens

Orlando Espin pesquisou as comunidades latinas do sul dos Estados Unidos e procurou compreender a fé e a sabedoria daquele povo. Ele percebeu que o caminho dessa fé e dessa sabedoria é árduo e complexo, cheio de encruzilhadas, mas também de possibilidades. É o caminho inverso da ciência tradicional e instrumental e da teologia dogmática e "oficial". O caminho do povo torna inseparáveis a fé e a vida, na busca da dignidade humana. Seguindo a partir de diversos pontos da cultura popular, esses caminhos, adentrando-se na religião popular e no catolicismo popular, encontram um "centro", é o lugar do *sensus fidei*.

> Os jovens e toda a cultura popular são portadores e herdeiros de uma "intuição-cheia-de-fé" que lhes permite sentir se algo é, ou não, verdadeiro *vis-à-vis* ao Evangelho, ou se alguém age, ou não, de acordo com o Evangelho cristão e com "a regra de ouro" dos princípios e mandamentos mais elevados. A intuição lhes permite sentir se seus líderes estão, ou não, vivendo aquilo que anunciam. Essa intuição "cheia de fé" origina-se do encontro das mais elevadas aspirações e utopias humanas, cujo protagonista, segundo o catolicismo popular, é o próprio Espírito Santo, e, sendo assim, essas intuições caminham para a infalibilidade. O povo tem uma profunda convicção que lhe faz conceber a verdade de maneira infalível e isso pode se traduzir a ele numa espécie de fanatismo. Este incorpora o problema da certeza da vitória, inerente às suas lutas, tal como foi vivida no Contestado. A tentação desse critério é considerar que seja possível encontrar essa intuição-cheia-de-fé em estado puro. Para isso se faz necessário alertar para o fato de que a própria revelação divina sempre reserva para si algo "ainda não revelado", misterioso, escondido.[27]

Mais do que uma instituição, a religiosidade popular é feita de expressões de vida e de sentimentos. É uma maneira de "viver" a tradição dos antepassados, dos ancestrais, do cristianismo, de encarar a vida, os problemas sociais e morais. A religiosidade popular do Contestado é a "forma" que o povo achou para dar sustentação simbólica e teórica à sua resistência

---

[26] In: VIOLA, S. et al. *Brasil & EUA: religião e identidade nacional*, pp. 55s.

[27] ESPIN, O. *A fé do povo*, pp. 120-125.

e busca de alternativas de vida, diante do imperialismo opressor que então se implantava na região. Foi a forma de vida encontrada para que os jovens e todo o povo pudessem afirmar a sua identidade e sobreviver em meio a um mundo violento e excludente; a "forma" que os derrotados acharam mais significativa para, a partir daí, defender os seus direitos e a sua dignidade. Houve todo um empenho dos "subalternos" para explicar, justificar e, de algum modo, controlar uma realidade social que parecia perigosa demais para ser enfrentada por outros meios além do simbólico. A tentação, nesse aspecto, é achar que a religiosidade popular seja, necessariamente, legitimadora ou, então, transformadora da realidade vigente ou de uma dada conjuntura social. Ela seria ambos e muito mais. Ela atua como importante preservador da dignidade e identidade do povo e como fiador de sua esperança, de que a realidade atual não é o fim da história, que a transformação da realidade ainda é possível, ou que a realidade presente não tem a última palavra.[28]

A religiosidade popular do Contestado filtrou e incorporou, além de elementos do catolicismo popular, diversos outros das tradições de origem africana, indígenas e, mais recentemente, também alguns aspectos de tradições religiosas orientais. Assim, essa religiosidade popular é uma espécie de "síntese religiosa" do povo, sempre de novo ressignificada pelas novas gerações. Essa religiosidade traz as marcas de sua história, de suas raízes ibéricas e da conquista traumática de ameríndios e escravos africanos pelos cristãos. Ainda revela as expressões de desespero dos derrotados e de sua esperança por justiça. A sobrevivência dessa religiosidade popular aparece, hoje, como a linguagem duradoura de um povo subjugado, derrotado, esperançoso. Religiosa em expressão, conteúdo e experiência, essa linguagem, há muito, é o código pelo qual esperança e coragem são compartilhadas e mantidas como plausíveis por gerações de caboclos e outros descendentes do Contestado.

O *sensus fidei* é um verdadeiro "lugar teológico", como fonte de intuições "cheias de fé", de sabedoria de vida e de revelação divina. Os jovens são sempre os últimos e primeiros, ao mesmo tempo, herdeiros e transmissores da fé e da mística presentes no *sensus fidei*. Se é possível uma teologia, se há uma revelação divina e uma verdade universais, elas só podem estar entre aqueles que, historicamente, tiveram a significância de suas vidas negada. Eis mais uma vez a necessária presença dos jovens. Ao "filtrar" as heranças culturais e religiosas, os jovens geram novas identidades sem

---

[28] ESPIN, O. *A fé do povo*, pp. 112 e 167.

negar, mas incorporando as antigas. À medida que alguém considera, valoriza, promove, incentiva, participa e mesmo estuda com respeito a cultura popular, essa pessoa estará também contribuindo na emancipação ou na "elevação" da cultura humana como um todo, e assim estará cooperando para a construção de um mundo onde caibam muitos mundos, sem exclusões, complementares, respeitosos, solidários e reciprocamente aprendentes. A tentação é achar que tudo o que foi filtrado e sobreviveu na fé e na mística dos jovens, no caso, descendentes do Contestado, seja merecedor de veneração, seja dogma, coisa inquestionável, digno de total respeito e consideração. Mas não é bem assim: por mais que o ponto de partida seja de que, se sobreviveu, se está vivo depois de um século, é porque deve ter um significado profundo, a cultura popular, na qual se faz bem presente a fé e a mística dos jovens, é dinâmica, e os jovens a vivificam e são capazes de filtrá-la, eliminando do seu seio ou jogando para o esquecimento aquilo que consideram insignificante, desnecessário, desprezível.

A mística de jovens do Contestado

A mística dos jovens do Contestado se fundamenta na experiência da cruz, do crucificado, do derrotado, do sofrimento. A esperança de vitória final passa pela experiência da dor, da resistência, do enfrentamento, da luta e da teimosia na crença de que alternativas existem e que outro mundo é possível. Deus nem sempre é citado ou evidenciado, porque Ele foi reconduzido mais à esfera do privado. São poucos os espaços de mística em que fica explícita a presença de Deus: é mais o ser humano que é contemplado e são os grandes mártires e lutadores do passado que são venerados ou referendados, mas quando Deus é colocado no centro, é visto como aquele que, por um lado, permite o sofrimento e leva os sofredores a aprenderem a lidar com ele, a não desesperar, a aguentar, até que for possível, a esperar contra toda a esperança; por outro, esse mesmo Deus é aquele que, sendo misericordioso, perdoa os pecados, dá poder, força e encorajamento aos jovens, a fim de que estejam sempre animados na construção de um outro mundo possível ou do próprio reino de Deus; e nesse caminho, a não aceitar o sofrimento, a lutar contra todo o tipo de violência, idolatria, sacrificialismo, opressão e agressão à vida.

No Contestado, ainda hoje, há uma riqueza de símbolos e ritos que se traduzem em uma mística que procura levar as pessoas à irmandade, ao encorajamento, à solidariedade, à vida comunitária, ao altruísmo com relação às vítimas. Dela não germina a crença em um deus poderoso, machista, conquistador e violento. A religiosidade dos jovens é festiva. Festeja, antecipando simbolicamente o que se sonha, espera-se e se luta. Nessa mística, procura-se incorporar, de maneira equilibrada, razão, contemplação, emoção e práxis transformadora. A realidade não escapa da fé e a mística, por mais que olhe para o alto, procura ter os pés no chão. Sendo assim, depreciar a fé e a mística dos jovens do Contestado não é apenas mais um erro teórico, como daqueles que de primeira mão escreveram a respeito; é, também, mais uma forma de "limpeza de área", de genocídio. Destruir a fé, ridicularizar as crenças, menosprezar a mística é destruir a vida, muitas vidas; é calar a boca de quem quer falar; é silenciar o próprio Espírito Vivificador presente na realidade e na vida do povo. Ao considerar e reconhecer o valor dessa fé e dessa mística, estar-se-ia abrindo as portas para a superação do darwinismo socioeconômico, do malthusianismo (da sua teoria populacional) e do niilismo epistemológico das ciências. A mística e a fé dos jovens são prenhes de sabedoria e esperança. A partir delas, eles aprendem a lidar com o sofrimento e a lutar para eliminá-lo, dando assim um novo sentido às suas vidas, às suas lutas e às suas diferentes formas de convivência e organização.

O paradigma da esperança

Para concluir, vale lembrar ainda uma reflexão de Ernst Bloch. Para ele, o grande paradigma da atualidade continua sendo o da esperança. É a partir dela que se pode inventar ou reinventar "um novo senso comum emancipatório, e uma nova subjetividade individual e coletiva com capacidade e vontade de emancipação"; o mesmo afirma Boaventura de Sousa Santos, para quem:

> o único caminho para pensar o futuro parece ser a utopia. E a utopia é a exploração, através da imaginação, de novas possibilidades e vontades humanas, por via da oposição da imaginação à necessidade do que existe, só porque existe, em nome de algo radicalmente melhor que a humanidade tem direito de desejar e por que vale a pena lutar.[29]

Muitos adultos e jovens antes de Bloch já haviam sonhado e lutado por uma sociedade liberta das diferentes formas de opressão, da desigualdade social, das divisões de classes e de todo tipo de violência e exploração do homem pelo homem, da mulher pelo homem, e qualquer outra possibilidade que se possa imaginar. Muitos desses sonhadores foram chamados de socialistas utópicos. Mesmo assim, a busca de implantação de comunidades-modelo, a exemplo dos primeiros cristãos (Sant-Simon, Fourier), a criação de cooperativas ou de fábricas-cooperativas pelo Estado (Proudhon,

---

[29] SANTOS, B. S. *A crítica da razão indolente*, pp. 331-332.

Louis Blanc), a organização de associações de produtores (Robert Owen), iniciadas há cerca de dois séculos, continuam inspirando muitos jovens do Contestado em sua mística e em sua práxis.

Bloch e a volta do humanismo

Parece que o humanismo e mesmo o socialismo utópico, que foram postos em questão e até mesmo considerados "fora de moda" pelo racionalismo cientificista e positivista e pelos diversos tipos de determinismos, voltam a ocupar importantes espaços na atualidade, em tempos de pós-modernidade ou de pós-marxismo, graças a "revisionistas" ou a "românticos-revolucionários" como Bloch, que, por se manter fiel a seus ideais humanistas da juventude e devido às suas convicções em relação à ética, à liberdade de pensamento e expressão, à democracia, ao pacifismo e à religião, teve uma vida quase sempre de exílio e perseguição. Isso não fez dele um filósofo pessimista ou triste; ao contrário, ele não cansou de tematizar conteúdos quentes, tais como a felicidade, a liberdade, a fantasia, o lazer, o prazer, o desejo, o afeto, as carências humanas, os sonhos acordados e noturnos, a música, os mistérios e os cantos e encantos da vida e da morte.

2.2 Heranças do Contestado em lideranças jovens catarinenses

Eu vos escrevi, jovens, porque sois fortes,
porque a Palavra de Deus permanece em vós, e
porque vencestes o maligno.
1Jo 2,14

Um mito da Polinésia: Hutu e Pare

Um mito da Polinésia, citado por Mircea Eliade,[30] fala de um jovem chamado Hutu, cuja lança arremessada o conduzira a Pare, jovem nobre cujo coração havia sido conquistado pela habilidade e pelo porte do moço Hutu; revelando a ele sua admiração e seu amor, convidou-o a entrar em sua casa, mas ele recusou-se e foi embora. Acabrunhada pela vergonha, "ordenou aos criados que arranjassem tudo na casa e a colocassem em ordem. Depois ficou sozinha, sentou-se, chorou, pôs-se em pé e enforcou-se". Cheio de remorsos e temeroso da ira do povo, Hutu decidiu salvar a alma dela no mundo inferior. Primeiramente, sentou-se e entoou as palavras

---

[30] Cf. ELIADE, M. *O conhecimento sagrado de todas as eras*, p. 221.

mágicas dos sacerdotes, relativas à morte e à morada dos mortos. Depois se levantou e pôs-se a caminho. Encontrou a Grande-senhora-da-noite, que preside a Terra das Sombras. Quando Hutu perguntou-lhe qual o caminho, ela, mal-humorada como sempre, indicou o atalho que o espírito dos cães toma para ir ter com as regiões inferiores. Mas suas boas graças foram conquistadas quando o moço ofereceu-lhe a sua preciosa clava manual feita de diorito. Acalmada pelo presente, a deusa indicou o caminho verdadeiro, cozinhou raízes de samambaia para ele e colocou-as num cesto, ao mesmo tempo em que o aconselhava a comer do alimento com parcimônia, pois seria a única comida durante a viagem inteira. Se ele comesse o alimento do mundo inferior, não conseguiria trazer de volta o espírito de Pare, e sua própria alma seria condenada a permanecer naquelas regiões para sempre. A deusa deu-lhe ainda outro conselho: "quando estiveres descendo ao mundo das sombras, inclina tua cabeça, pois quando estiveres próximo dele um vento lá de baixo soprará em ti e levantará novamente a tua cabeça e estarás em posição correta para te apoiares em teus pés ao tocar o solo". Hutu chegou em segurança ao mundo inferior e, quando perguntou por Pare, foi informado de que ela estava "na aldeia". Embora soubesse que Hutu chegara e que a procurava, Pare, envergonhada, ocultou-se. Na esperança de atraí-la para fora de casa, Hutu organizou competições de arremesso de bola giratória e lançamento de dardo, às quais ele sabia que ela gostava de assistir, mas ela não apareceu. Por fim, desgostoso, Hutu disse aos outros participantes: "trazei uma árvore bem comprida e lhe cortemos os galhos". Feito isso, trançaram-se cordas que foram amarradas ao topo da árvore. Puxando as cordas, as pessoas fizeram a árvore vergar até a copa tocar o solo. Hutu pôs-se sobre a copa e o outro homem sentou-se sobre seus ombros. Hutu gritou "solta", e a árvore arremessou os dois bem alto. Encantados com a exibição todos gritaram com alegria. Isso foi demais para a curiosidade de Pare e ela se aproximou para assistir ao novo jogo. Finalmente, ela disse: "Deixa-me participar, também, mas quero sentar-me nos teus ombros". Entusiasmado, Hutu respondeu: "Segura-te em meu pescoço, Pare!". O topo da árvore foi novamente puxado para baixo, e largaram-se as cordas ao sinal convencionado. A árvore subiu com tal ímpeto que arremessou as cordas contra a parte inferior do mundo de cima, onde elas se enredaram no capim que existe na entrada do reino das sombras. Subindo pelas cordas, trazendo Pare às costas, Hutu emergiu no mundo da luz. Foi diretamente para o local onde jazia o corpo de Pare. O espírito da jovem nobre entrou novamente em seu corpo e reviveu.

Talvez Pare pudesse ser comparada ao Contestado, ou seja, aos membros da irmandade que lutaram na Guerra do Contestado contra as forças militares e civis que os envergonhavam e os massacravam, e, hoje, pregam que aquele evento foi algo do passado, sem relevância para a realidade atual; e Hutu poderia ser comparado àqueles jovens descendentes do Contestado que, apesar de serem julgados culpados pela morte de Pare, na verdade, o que eles procuram é ser protagonistas no resgate do Contestado e na defesa da vida, na construção de uma sociedade melhor, atuando em movimentos sociais e estudantis, em organizações populares e juvenis, em pastorais sociais e da juventude. O Contestado, ressuscitado por Hutu, passa a exercer uma influência positiva, animadora e de encorajamento às novas gerações que lutam por um mundo melhor.

Expressões juvenis de resgate da memória

Atualmente, são inúmeras as expressões juvenis de resgate da memória do Contestado. Dentre as organizações juvenis que valorizam e debatem o Contestado em diversas de suas atividades, destacam-se as que trabalham artes e jogos semelhantes àqueles organizados por Hutu. Apenas para citar três exemplos: estudantes da Universidade do Contestado constituíram o grupo teatral de nome "Temporá" e apresentam, desde o ano de 1992, uma peça sobre o Contestado em diversos municípios da região; diversos grupos das Pastorais da Juventude promovem encontros e festivais, tal como o Festicontestado, contemplando diversas modalidades artísticas, inclusive músicas e poesias inéditas sobre o Contestado; grupos ligados ao Movimento dos Trabalhadores Rurais Sem-Terra, como o "Tampa de Panela", também estão apresentando uma peça teatral, de autoria própria, sobre o Contestado.

Diferentemente das outras construções teóricas que preferem deixar Pare no "mundo inferior", jovens descendentes do Contestado procuram ver nele não uma coisa do passado sem relação com a realidade atual, tal como o fazem os donos dos meios de produção: das terras e águas, das indústrias e empreendimentos capitalistas diversos; nem como objeto de negócios, de finalidades lucrativas, como o fazem agentes de turismo, dirigentes de certas universidades e donos de meios de comunicação de massa, que ressignificam o Contestado, tornando-o mercadoria; mas, sim, como uma referência utópica, como uma herança cultural e religiosa prenhe de sabedoria que se atualiza e se faz presente nas diferentes organizações populares e juvenis, nas suas formas de resistência diante da opressão e na busca de alternativas diante das violências e sofrimentos que lhes são impostos, e em vista de um outro mundo possível.

Os jovens descendentes do Contestado, por um lado, têm sido vítimas de um sistema opressor e geralmente sobrevivem em realidades "inferiores" à média geral; por outro, procuram ser sujeitos da história, em iniciativas que refletem, em diferentes expressões juvenis, uma realidade múltipla, fundada em representações coletivas e individuais diversas. Geralmente, em suas iniciativas, eles fazem memória do Contestado, dando, com isso, sentido à realidade presente e à luta por outra sociedade possível.

As violências contra os descendentes do Contestado continuam

Pesquisas atuais[31] demonstram que muitos jovens, filhos e herdeiros do Contestado, continuam padecendo, praticamente, os mesmos sofrimentos e, também, lutando e sonhando de forma semelhante ao que fizeram jovens de outrora. O Contestado deixou grandes marcas no corpo e na alma de nossos avós, de nossa gente. Ele foi um dos maiores conflitos armados da história do Brasil, acontecido num momento em que o imperialismo estadunidense, juntamente com as empresas de colonização e os coronéis, apoiados pelo governo republicano da época, aqui se instalaram para devastar a região, saquear as riquezas e engordar seus lucros. Para isso, inventaram essa guerra no intuito de acabar com as culturas locais nativas e com o povo caboclo, indígena e negro que habitava esse chão, pois esse povo era visto como ignorante, supersticioso, preguiçoso, pré-moderno e incapaz de desenvolver o País e, por isso, deveria desaparecer, ser liquidado. A região deveria ficar desabitada, a fim de que pudessem aí habitar os colonos euro-descendentes que, em breve, viriam do Rio Grande do Sul e, também, da Europa e dos Estados Unidos. Esse povo, contudo, não aceitou tal projeto e, reunindo-se em redutos, normalmente liderados por jovens, resistiu até a morte na busca de direitos, reconhecimento, terra e dignidade. Essa guerra continua ainda hoje a influenciar a vida, a cultura e a religiosidade do povo da região e, especialmente, dos jovens que continuam sendo as principais vítimas do atual sistema que, como outrora, é excludente, opressor e violento.

---

[31] Essa pesquisa aconteceu entre os anos de 2007 e 2011 e realizou 14 entrevistas com jovens ou assessores de organizações, pastorais e movimentos sociais que trabalham com jovens em Santa Catarina. Todos os entrevistados destacam a importância do resgate da história do Contestado como referência importante para a sua atuação junto à juventude catarinense. Nesse período, o autor participou e assessorou diversos eventos de juventude em Santa Catarina: festivais, fóruns, encontros, assembleias, escolas de formação, seminários, cursos, reuniões, palestras, mobilizações, missões, celebrações, romarias, teatros e outros eventos, cujas constatações, sistematizações e análises, de maneira resumida, serão consideradas a seguir.

Atualmente, grande parte dos descendentes do Contestado vive numa situação de miséria, violência, desemprego e analfabetismo, porém, mesmo vivendo nessa situação e sendo herdeiros de uma luta inglória, há algo que os move, que faz com que continuem confiando na vida, que oferece um sentido à sua história e não os deixa desesperar. E isso pode ser chamado de mística. Por meio dela, há todo um empenho dos jovens, dos "sem-poder", dos "sem-terra" e dos "sem-direitos" para explicar, justificar e, de algum modo, controlar e enfrentar a atual realidade social que lhes é inaceitável.

Lideranças jovens fazem acontecer um outro mundo possível

Partindo do princípio de que existem diversas heranças religiosas, culturais e políticas do Contestado, tentaremos discorrer não sobre o papel das religiões, suas funções ou seu campo específico de atuação, mas, sim, sobre como alguns jovens, lideranças, descendentes ou atuantes junto a descendentes do Contestado avaliam a sua religiosidade e a sua atuação social e política, bem como as aproximações que estabelecem entre a sua práxis e o Contestado.

Foram realizadas 14 entrevistas com jovens e adultos, líderes ou assessores de grupos, pastorais, movimentos, ONGs e outras organizações de jovens catarinenses cujos propósitos estatutários e práticas visam construir alternativas, propor ou defender direitos e políticas públicas, resistir ao atual processo de globalização neoliberal, construir uma sociedade democrática, igualitária, com respeito à diversidade cultural, entre outras definições semelhantes que poderiam ser sintetizadas no *slogan* dos Fóruns Sociais Mundiais: "Por um outro mundo possível".

Vale lembrar que também há algumas dessas organizações juvenis, cujos jovens (entrevistados) a elas associados entendem-se agentes da construção do Reino de Deus, que passa pela construção de um outro mundo possível, mas que se dão o direito de reservar uma margem de mistério e de religiosidade às suas lutas e propósitos, uma religiosidade que estaria situada no horizonte utópico, cuja história humana não dá conta de contemplá-lo em toda sua amplitude e abrangência. Eles sonham em construir o impossível, ou seja, o sentido de sua práxis está projetado para além da história do concretamente possível.

Ao analisar os resultados dessa pesquisa de campo, pode-se perceber, nos parágrafos a seguir, a atualidade e a importância do Contestado para os/as jovens. A maioria dos atuais jovens que melhor se identificam com o Contestado, no seu espírito de resistência e busca de alternativas por um mundo melhor, vive mais na zona rural ou nos bairros das cidades.

Possuem, em média, 28 anos, afirmam-se de etnia cabocla, são cristãos católicos, estão cursando ou já concluíram o ensino superior, são educadores (professores) ou agentes de pastoral, atuam em Movimentos Sociais, estudantis, ONGs e nas Pastorais da Juventude. Sua visão político-ideológica incorpora os elementos: democrático, libertário e socialista ou socialista cristão. Destaca-se a crença no protagonismo juvenil, na transformação social, na importância estratégica da juventude e na construção de movimentos sociais. Fala-se, também, da importância de se estar, ensinar e aprender com os jovens para encontrar ou dar um sentido para a vida, e da necessidade de se defender e propor políticas públicas para a juventude. O horizonte do Reino de Deus também aparece, com menor insistência, entre os motivos da atuação dos entrevistados junto à juventude.

Ao perguntar sobre a importância da entidade, movimento ou organização em que esses jovens líderes/assessores atuam, as respostas colhidas foram agrupadas de maneira semelhante à sugestão de Jacques Delors.[32] Em geral as entidades que representam ou assessoram trabalhos com juventude, numa perspectiva de transformação social, colocam-se como sujeitos de um processo de aprendizagem no qual três elementos podem ser considerados fundamentais e interconectados, dentro de uma mesma perspectiva e unidade. As respostas apontaram, primeiro, para a importância de aprender a "conviver, crer e esperar", procurando priorizar a coletividade e as redes de esperança, fraternidade e solidariedade; segundo, a importância de "aprender a ser e a conhecer", ganhando destaque aqui as diferentes formas de organização da juventude e a necessidade de um processo educativo e evangelizador, que procure contemplar a integralidade do ser humano em suas relações com o meio ambiente, na perspectiva da transformação da realidade; terceiro, aparece a importância de "aprender a fazer" e a defender alternativas de vida para os jovens.

A primazia das relações, do afetivo e vivencial

Hegel já advertia que a primazia pertence não ao mundo dos indivíduos ou das instituições, e sim das relações. Nos grupos privilegiam-se o afetivo, o vivencial, o espontâneo. Especialmente nas grandes metrópoles o indivíduo se sente forçado a se recolher no interior de algum grupo e a aprofundar as relações no interior desse mesmo grupo, não mais como outrora em que se privilegiava aos indivíduos a participação em associações contratuais e racionais. Agora, mesmo se acentuando a dimensão afetiva e sensível, percebe-se um desabrochar da consciência da vida grupal e uma

---

[32] Cf. DELORS, J. (Org.). *Educação, um tesouro a descobrir*, pp. 89ss.

descoberta da necessidade de organização e participação da vida política. Essa sociabilidade se fundamenta no estar-junto e, em muitos casos, em simples relações tácteis.[33] A permanência do grupo, que é algo mais do que uma reunião de indivíduos, é uma comunidade de ideias, preocupações pessoais, estabilidade de estrutura que supera as particularidades dos indivíduos, cujas características de muitos grupos se fundamentam, antes de tudo, no sentimento partilhado.[34] A nova ordem se baseia na lógica da fusão. O individualismo vem perdendo espaço. Estamos no âmbito da sociabilidade. Por mais forte que seja a influência da tecnologia na vida dos jovens, como afirma Hilário Dick,[35] "é muito sintomático que na era da internet, do chat, do orkut e de tantas outras invenções de informática, dar-nos conta de que nunca na história humana houve tanta procura juvenil de vivências grupais".

A dimensão religiosa e o Contestado para os jovens

A dimensão religiosa ou mística é "fundamental" ou "muito importante" para a maioria das entidades, movimentos ou organização em que os jovens entrevistados atuam. É insignificante o número daqueles que dizem "não ser importante ou ser relativa" essa dimensão. Nesse aspecto a relação entre Contestado e mística é muito próxima. Há uma herança mística do Contestado que anima e fortalece as organizações juvenis e populares hoje. Geralmente, essa mística não se apresenta como ruptura em relação à tradição católica e cristã, mas como uma de suas formas e dimensões. A mística tem um papel fundamental de continuar alimentando a esperança da transformação social; é o eixo aglutinador da juventude. Numa época em que essa dimensão é desvalorizada, os jovens buscam matar sua sede do Transcendente. A mística é um motor fundamental de motivação das pessoas, o que contém um potencial importante na mobilização, unificação e ação dessas pessoas.

A temática do Contestado tem sido geralmente contemplada e é considerada importante pelos jovens e pelas entidades nas quais atuam. O Contestado aparece enquanto memória histórica e resgate da identidade, cultura e religiosidade popular, importantes na dinamização da esperança e no encorajamento para a busca de alternativas de vida, e como referência das causas populares e religiosas, da resistência popular e da crença no Deus dos empobrecidos. Também aparece como referência e lição na luta

---

[33] Apud MAFFESOLI, M. *O tempo das tribos*, pp. 127s; 152s.

[34] MAFFESOLI, M. *O tempo das tribos*, p. 138.

[35] DICK, H. *Divino no jovem*, p. 54.

de classes por cidadania, pela terra, por libertação e por um outro mundo possível. Sua memória aparece como subversiva, geradora de movimentos sociais e como compromisso com a transformação social.

Dentre as lideranças do Contestado, consideradas referências para a práxis e para a vida dos jovens e suas respectivas organizações, surge, por um lado, um questionamento em relação à "personalização" de líderes como sendo contra os processos de construção coletiva; por outro, destacam-se a presença de João Maria, José Maria, Maria Rosa, Chica Pelega e Adeodato. Vale destacar que João Maria nem sequer participou fisicamente de algum momento da guerra, pois não se tem notícias de sua presença na região depois do ano de 1897. De Chica Pelega não há documentos históricos; ela aparece mais como a mulher guerreira do Contestado. Em relação a Adeodato, liderança principal dos dois últimos anos da Guerra, há certo silêncio por parte dos entrevistados. Os idosos o demonizam e os jovens silenciam a seu respeito. João Maria ou João Maria D'Agostini é lembrado como monge, profeta, santo e referência das referências. Maria Rosa é lembrada como uma jovem que encarou com coragem a liderança dos caboclos, sem perder de vista a mística. Foi uma jovem guerreira, combatente e persistente na defesa dos direitos do seu povo. José Maria é lembrado como monge e como quem dá o sentido da liderança e da estratégia. Sua morte no primeiro combate da Guerra não é recordada como sinônimo de martírio, talvez por ele ter sido recebido, no pós-Contestado, como um falso profeta, responsável por conduzir o povo à derrota, ao massacre.

Para os entrevistados, o Contestado é sinônimo de luta e resistência; incorpora a dimensão da mística e da organização popular; é considerado um movimento camponês, religioso e popular; aparece como um corte de classes, um enfrentamento contra o imperialismo e o neoliberalismo, destacando-se a atuação cabocla e as lideranças jovens; ganham-lhe relevância as dimensões profética, messiânica e utópica. Eles consideram como infundadas, incoerentes ou falsas algumas explicações do Contestado, principalmente aquela que o vê como coisa do passado e sem relação com a realidade atual, como uma luta de lunáticos, fanáticos e ignorantes, uma guerra suicida e alienada baseada em ideias mágicas e superstições.

Cem anos do Contestado: disputa de projetos

Em relação à comemoração dos 100 anos do Contestado, percebe-se que os jovens entrevistados questionam a dimensão festiva inerente à palavra comemoração e sugerem um processo de valorização e resgate da memória popular e da resistência dos antepassados, com celebrações visando ao fortalecimento e à articulação dos movimentos populares e das organizações juvenis, tratando do Contestado como um marco histórico para a construção de uma vida igualitária, solidária e ecologicamente sustentável e saudável, resgatando dívidas sociais e combatendo a ideologia triunfalista neoliberal, mercadológica e turística que vem se impondo contra o espírito do Contestado. Para isso, sugerem-se muitas iniciativas ou fortalecimento de processos já existentes, tais como a luta pela terra e reforma agrária, encontros, seminários, festivais, debates, fóruns, atividades culturais, pesquisas, publicações, romarias e projetos de lei que valorizem e garantam um conhecimento maior dos estudantes e do povo sobre a história do Contestado.

Para concluir, vale citar parte de uma reflexão realizada no ano de 2000 na Assembleia Legislativa do Estado de Santa Catarina, em uma sessão especial, que teve como tema central: "Brasil outros 500 – Resistência Indígena, Negra e Popular". Wilson Santin, liderança do MST, foi um dos participantes da plenária que usou da palavra e, entre outros elementos citados, fez memória de "três personalidades, de três grandes lutadores do povo", referindo-se a eles desta forma:

> a luta de Sepé Tiaraju, nas Missões do Rio Grande do Sul, a luta do monge João Maria, na Guerra do Contestado, aqui em Santa Catarina [...] e a luta de Antônio Conselheiro, na guerra dos Canudos, na Bahia. E, por sinal, agora, em Porto Seguro, comemora-se toda essa farsa dos 500 anos, mas nós, dos movimentos populares, nós, o povo brasileiro, não estamos contentes com essa situação, estamos lá também nos manifestando.[36]

Nessa mesma sessão, o coordenador da mesa, deputado Pedro Uczai, sendo o último a fazer uso da palavra, procurou contribuir na "desconstrução da memória dominante e construir a memória dos silenciados", e lembrou que "a história escrita de nossos municípios de Santa Catarina é uma história que não tem índio, não tem negro, não tem caboclo, não tem agricultor, não tem mulheres". E pode-se acrescentar, não tem jovens também.[37]

Poesia cabocla: "Contestado, pra mode do már nóis se livrá"

Por fim, depois de ouvir muitos contos e causos herdados da cultura e da linguagem cabocla do Contestado, surgiu uma poesia minha, declamada nas edições do Festicontestado e também em uma cena da peça

---

[36] Cf. UCZAI, P. (Org.). *Os últimos 500 anos de dominação e resistência*. p. 53.

[37] Cf. ibidem, p. 80.

teatral do grupo "amigos de São Pedro",[38] cujo título é "Contestado, pra mode do már nóis se livrá!".

> *Minha amiga, meu irmão*
> *Uma coisa eu quero te contá*
> *A cultura cabocla eu quero considerá*
> *Nessa poesia qu'é coisa séria*
> *é tar como uma guerra*
> *que não se brinca de brigá*
> *não se canta pra chorá*
> *não se briga de brincá*
> *e não se fala pra farseá*
> *coisa tar que hoje é de enjoá!*
>
> *Nóis viemo tudo aqui pro Contestado*
> *Prá à irmandade se juntá*
> *de pé, rijo iguar caraguatá*
> *que se dobra e não quebra*
> *pra mode o mau nóis enfrentá*
> *pois uma luta só se vence,*
> *se organizado a gente tá*
> *se não se deixá intristecê*
> *e outro mundo tivé pra esperá.*
>
> *Chamaro nóis de inguinorante e fanático*
> *que religião é pra abandoná*
> *não seguimo seus parpite*
> *há rica herança a conservá*
> *destreza, valentia não fartô*
> *pros nossos pais à irmandade i se juntá*
> *isso tudo ainda foi poco*
> *pros peludo nóis derrotá.*

---

[38] No ano de 2007 aconteceu a primeira edição do Festicontestado nos municípios catarinenses de Lebon Regis, Fraiburgo e Timbó Grande; no ano de 2009 aconteceu em Caçador, Fraiburgo e Timbó Grande, e no ano de 2010, em Timbó Grande e Tangará. A peça teatral com estreia na ocasião da celebração dos 50 anos do município de Pinheiro Preto, no dia 1º de agosto de 2012, tem como título: "Das raízes aos pinhões, do assalto ao trem pagador à esperança de dias melhores".

Vinham eles com fuzii e canhão
era a besta com fogo e bala
gente boa, de bom coração
morreu quase tudo, era uma grande porção
de gente bem melhó que eu
os fiio seu, entristeceu
é que... nas vala apodreceu
e é difício acreditá,
arguns sequé pudéro recramá!

Veja só meu camarada
cumpanhero nessa estrada
já varemo muita jornada
coisa e tar nóis já vencemo
tem que vê as coisa boa
coisa boa que fizemo.
Tar como o Contestado
No quar nóis não se acovardemo.

Ouvimo falá de um tar de João Maria
mas quando vimo, não era só um tar
Profeta e santo aquele home
muito tinha a ensiná
não dexô ninguém com fome
de sabê, benzê, batizá
e dos már a nóis curá
Encantado no Taió ele tá
más um dia há de vortá.

Teve um tempo triste e feio
era quase só carreiro
enxotados por coroné e fazendero
pra não morrê tinha que debandá
nóis não queria vingá nem matá
pra mode már pió não acontecê
nois garrava a fugi
só que eles tinham capanga, jagunço e arma feia
prá tentá se engrandecê, enriquecê
e a nóis... fazê padecê.

Índio botocudo, a nóis apelidaro
Pra desse modo desprezá
E nossa terra roubá
Inté morrê resistimo
e não deixamo escravizá
1910 tempo dos primeiro entrevero
Do que temo a noticiá
Coisa que ninguém quis contá...
De quando a estrada de ferro
E a Lumber já tavam a se instalá
Foi la pras banda do Caçadô
e as divisa tava a disputá.

De pranxa-em-pranxa, ferro-em-ferro,
10 mir home a estrada foi fazê,
co'a promessa que progresso ia trazê
só se ilude o governo
que o nosso povo desconhece
tudo entrega ao americano
que onde passa sangue corre
e leva tudo o que nóis temo.

Mataro quase tudo que é índio
pra fazenda aumentá
coroné tinha o governo
e o exército a apoiá
a caboclada se revorta
e começa organizá!

Teve um tá de Zé Maria
dito santo e benzedô,
era home forte e valente.
Inimigo sai da frente
se arrecue enquanto dé
e se aqui a nóis vié incomodá
nóis vamos infrentá
nem que a coisa venha a enfeiá.

Não foi poco, quatro ano
é uma história pra contá

nos reduto nóis sonhamo
e tinha tudo a partilhá
tempo bom quando contamo
com Maria Rosa a comandá.

Nos reduto muita gente
ia chegando de todo lugá
doze par de frança, ia à frente
Zé-Maria "fala" pra vidente
e o comando já ta dado
São Sebastião no exércio encantado
vinha la pra ajudá.

Reza e festa não fartava
tinha inté porcissão
quantas veiz não tinha nem pão
mas a cantoria alegrava
carqué um que desanimava
quando argum irmão fartava.

Nóis queremo a lei de Deus
Repúbrica, coisa do dêmo
Chegamo inté, o governo,
nóis querê derrubá
mas inté hoje padecemo
e quantas veis já acreditemo
que tudo ia meiorá.

Adeodato é um mistério
Que nóis tamo a desvendá
Mais de 15 mil home ele tava a liderá
Muié, criança e jovem eram muitos a lutá
A Santa Maria virou cidade
E valentia não fartô
Houve morte entre nois
E o exércio nos derroto.

Então me conte cumpanhero
aonde é que vamo chegá?
quando pr'uns é só dinhero

e outros fica a esperá
Contestado é um entrevero
que continua inté hoje
e tem gente querendo entrá.

Pra mode o mal nóis tudo se livrá
e custe inté o que custá!
veio mundo é pra esquecê
e este mundo transformá
e o mal nóis tamo a se livrá
pátria livre, vamo vencê
e com vancê tâmo a contá!
Prá os 100 anos nóis bem celebrá.

CAPÍTULO TERCEIRO

Religiosidade, utopia e protagonismo juvenil

A história, a fazem os homens possuídos
e iluminados por uma crença superior,
por uma esperança super-humana.
Mariátegui

O Zaratustra e o niilismo da sociedade moderna são expressões de uma crise seguida de uma mudança de época, na qual os humanos desprezam alguns e dão legitimidade a outros meios simbólicos considerados mais capazes de lhes proporcionar significado e vida. É nesse sentido que o campo religioso foi forçado a uma tomada de posição diante da modernidade. Três atitudes ganharam maior expressividade nessa tomada de posição:

a) a primeira foi de rejeição ou de negação, pois via no processo de desenvolvimento da modernidade um espírito demoníaco que a comandava;

b) a segunda foi de aprovação ingênua e legitimadora, pois via nesse processo um comando e uma ordem divinas;

c) a terceira concepção foi um olhar realista, crítico e dialético diante da modernidade. Para essa concepção, as duas anteriores se encontram, nos seus resultados, semelhante a uma crença irracional e carente de sentido. Esta, porém, incorpora as duas primeiras, superando-as. A negação pura e simples da modernidade cai na reclusão ou em uma espécie de profecia da desconstrução; já a aceitação ingênua e desatenta tende a se transformar em indiferença diante do mundo; e a terceira procura captar suas contradições internas, aprovar seus avanços e sugerir caminhos de superação, caminhos de esperança, diante de seu lado perverso, alienante, antiecológico e desumano.

Nem morte de Deus nem volta do religioso

As explicações tradicionais da religião, tais como a de fato social (Durkheim), de ideologia (Marx) ou de modelo mental (Weber), parecem insuficientes quando se pretende compreender o sentido e o significado da religião para os jovens de hoje. O cotidiano juvenil é rico de religiosidades. Diversas práticas do cotidiano juvenil estão banhadas de pequenas "estratégias espirituais" consideradas necessárias para a sobrevivência e a qualificação das suas vidas. Os mundos virtuais, robóticos e cibertecnoculturais, cujos primeiros sujeitos e destinatários são os jovens, estão impregnados de messianismos, milenarismos, gnosticismos e misticismos. O campo religioso brasileiro tem sofrido significativas alterações nas últimas décadas. Não só os fiéis mudam sua adesão religiosa, alterando os quadros de pertencimento, mas também as formas dessa adesão alteram-se.

Por mais que se temesse ter chegado o tempo em que as pessoas se tornariam a-religiosas, o suposto discurso da morte de Deus parece não ganhar credibilidade e as religiões não são mais vistas unicamente como ilusão, compensação, projeção, instrumentos de manipulação e controle, alienação. Assim como em qualquer ser humano, também as instituições sociais e religiosas são portadoras de ambiguidades, de contradições.

O que ocorre é um processo de secularização na qual as práticas religiosas foram sendo, progressivamente, relegadas aos espaços e às camadas sociais mais distanciadas do avanço das ciências. Isso não significa, *a priori*, que houve um esvaziamento dessas práticas. O que houve foi uma marginalização delas para os espaços menos visíveis e dominantes da sociedade moderna. Nesse sentido vale a reflexão de Rubem Alves,[1] que, ao falar do "exílio do sagrado", afirma que aos poucos os seres humanos passaram a fazer coisas não previstas no receituário religioso, e isso de forma constante e progressiva. Uma nova classe interessada não em coisas sagradas, mas em produzir, comercializar, descobrir novos mercados, obter lucros, criar riquezas, foi ganhando campo, em oposição aos cidadãos do mundo sagrado. Em nome do princípio da utilidade e da racionalidade da produção da riqueza, a tradição vai sendo sacrificada. A burguesia triunfante entende que sua atitude não deve ser a que busca contemplar e compreender a natureza, mas, sim, manipular, controlar, transformar, dominar... Assim, o

---

[1] ALVES, R. *O que é religião?*, pp. 39-51.

universo religioso foi sofrendo um processo de desencantamento, a natureza foi perdendo sua aura sagrada. A natureza passou a ser apenas uma fonte de matérias-primas, destituída de valor simbólico. Até mesmo as pessoas perdem o seu valor. Elas valem quanto consomem ou enquanto possuem bens materiais.

Marcel Gauchet[2] aponta para a realidade atual como resultado de um processo histórico que tem suas raízes na religião, mas que culminará em um Estado secular moderno sem religião. Ele busca as raízes da modernidade na experiência religiosa. Diz que a modernidade é uma espécie de encarnação do divino no social. E a pós-modernidade incorpora uma série de valores partilhados por diferentes grupos sociais, formando uma espécie de adesão politeísta desses grupos a uma série de valores que se opõem uns aos outros, gerando uma espécie de "guerra dos deuses"; possibilita, assim, uma pluralidade de valores que garantem certa coesão do todo social, mas que também geram conflitos "bipolares", que tendem para uma maior socialização, por um lado, e a um maior individualismo, por outro.

Com o devir da modernidade avançada, essa tendência estaria levando a uma recomposição do sentido, não mais ditada pelas instituições e costumes tradicionais, mas que contempla as transformações no campo religioso. É nesse sentido que Habermas[3] entende que estamos vivendo uma época pós-religiosa, na qual acontece uma crise dos fundamentos, uma crise do cristianismo, e a sociedade se mostra plural e complexa. Ao deixar de lado as tradições e os costumes, os seres humanos passam a criar novos valores e a defender suas próprias normas éticas. Para ele, o desgaste da religião não leva necessariamente a um vazio moral e não necessitamos de fundamentos transcendentais para chegar a um consenso universal aceitável.

Dessa maneira, as práticas e a dimensão religiosa da vida parecem fugir do controle das religiões e, também, da subordinação ao padroado régio ou ao Estado, como foi nos séculos XVI a XIX. Liberta-se do controle das ideologias totalitárias dos séculos XIX e XX e passa a vagar por experiências individuais e por novas experiências grupais e coletivas, em muitos casos, bem diferentes daquelas que, tradicionalmente, eram controladas pelas instituições religiosas, sociais ou políticas. Agora, enfrentando ou subordinando-se, ela se depara com o espírito do mercado, cujos

---

[2] Cf. GAUCHET, M. *La religion dans la Démocratie*, 1998.

[3] Cf. ESTRADA, J. A. *Por una ética sin teología*. Habermas como filósofo de la religión, 2004.

anjos mensageiros são os meios de comunicação de massa. Eles abrem os "apetites" das pessoas e prometem satisfazê-los. É o mercado que à sua frente envia "lúcifer" a fim de angariar consumidores e adoradores, capazes de promover seu espírito mediante os mais diversos meios possíveis, sejam eles tradicionais ou novos.

Negação do sagrado, será?

O desejo de culminar em algum deus ou de tornar-se sagrado é inerente aos seres humanos e impregnado nas suas diferentes instituições sociais e religiosas. Sendo assim, o processo de secularização moderno é mais um caminho de transmigração que de abandono do sagrado. A negação do sagrado é, na verdade, a consagração daquilo que o nega. Quando a razão e a ciência procuraram avançar em detrimento do dado religioso é porque elas próprias assumem essa perspectiva projetando-se como sagradas. Porém, na pós-modernidade a própria ciência aparece ofuscada e relativizada; o sagrado foge do seu controle. Há certo consenso em torno da ideia de uma crise da ciência moderna e, por outro, uma reação ao desenraizamento sofrido como consequência da mundialização do mercado e da tecnologia. As suas promessas de liberdade total, de bem-estar geral e de vitória sobre a dor, o sofrimento e a própria morte não se realizaram. Logo, como esse é um desejo profundo do ser humano, ele acaba por procurar satisfazê-lo em outros "locais", "espaços" ou "momentos".

De qualquer forma, ao lado de uma cultura impregnada de individualismo, convive a compreensão do ser humano como ser relacional, aberto a uma autonomia maior regida pela alteridade. Ou seja, as múltiplas manifestações do "sagrado" presentes hoje se, por um lado, foram "secularizadas", por outro, podem expressar o reaparecimento da sensibilidade diante do mistério, do transcendente, do utópico.

Alberto Antoniazzi tem sugerido que o sagrado reaparece hoje, também, em formas primitivas que despertam "temor e tremor". Não são mais tanto despertadas por conta das forças incontroláveis da natureza, mas, sim, por causa das doenças, das ameaças de morte, de desemprego, das crises econômicas e das inseguranças diversas. As angústias do tempo presente movem as pessoas na direção d'Aquele que tem poder. O esoterismo, a magia, a pajelança, a "macumba" são procuradas até mesmo por intelectuais. A procura de soluções aos problemas pessoais e a busca de uma identidade individual é a porta de entrada para experiências religiosas novas, alternativas. Ele afirma que: "O fenômeno do sagrado e das religiões, neste final de milênio, apresenta-se como extremamente complexo. Não há uma explicação completa e abrangente do que está acontecendo". Segundo Antoniazzi, "nas sociedades tradicionais, era a sociedade ou a 'cultura' que determinava a identidade do indivíduo. No mundo moderno, pluralista, é o indivíduo que pode e de algum modo deve escolher sua identidade, determinar quem ele é".[4] Agora, as pessoas têm direito a uma religião puramente interior, acompanhada da inevitável racionalização científica do mundo; assim como a ideia de democracia e de liberdade, também o indivíduo é um fenômeno muito recente e contemporâneo. O capitalista contrata não mais a força de trabalho de uma família, mas a de um indivíduo. A própria identidade de uma pessoa não mais passa pela comunidade a que pertence, pelo clã ou aldeia, mas é individual.

Essa realidade leva a opções religiosas de cunho subjetivista, individualista e à "adesão parcial", ou seja, a pessoa aceita partes da doutrina e das orientações de uma ou de várias religiões. As religiões poderão tornar-se apenas um fator de definição da biografia pessoal e da busca de sentido para a vida. Outro aspecto nas religiões que oferece suporte na definição da identidade pessoal é seu caráter comunitário. Na insegurança gerada pela sociedade atual e com certa nostalgia do passado, tenta-se "recriar o clima religioso da sociedade tradicional". É o que fazem muitos movimentos ou "seitas". São grupos de caráter autoritário e que oferecem acolhida calorosa e espaço para a valorização individual.

A religião dá sentido à vida e identidade às pessoas

Dessa forma, ao falar de religião, tem-se em conta não a especulação teológica sobre Deus, deuses ou seres transcendentes, e, sim, as práticas religiosas relacionadas e as representações do transcendente elaboradas a partir de experiências, aspirações, contradições e crenças que dão sentido à vida dos jovens, dos seus grupos, movimentos, organizações, e, também, a forma de como se interconectam com outras formas de vida social para determinar o conteúdo e o significado das imagens e práticas religiosas. Georg Simmel[5] sugere que o mundo "pode não caber inteiramente nas formas de cognição". Haveria, assim, coisas no mundo em relação às quais o pensamento humano simplesmente não consegue pensar. É o limite da mente em sua totalidade que permite conceber a possibilidade da transcendência.

Por mais que ter saúde, família, trabalhar, ter um emprego estável e razoavelmente bem renumerado sejam as principais preocupações das pessoas, isso não significa que esses elementos sejam suficientes para definir a

---

[4] ANTONIAZZI, A. O sagrado e as religiões... In: CALIMAN, C. (Org.). *A sedução do Sagrado*, pp. 11-13.

[5] Cf. SIMMEL, G. *On individuality and social forms*, p. 357.

identidade individual e social de alguém. Sob o ponto de vista jurídico, a identidade supõe um nome próprio, um nome patronímico, uma nacionalidade, eventualmente uma profissão e categoria socioprofissional. Sob o ponto de vista sociológico e antropológico, podem-se procurar, também, nos novos meios de comunicação, tais como o plaxo, sonico, orkut, facebook, entre outros, características pessoais que os jovens fazem questão de apresentar ao público em geral sobre sua identidade. Ao observar esses meios, pode-se perceber que o elemento religioso, apesar de não ser fundamental, não deixou de ser importante na definição identitária dos jovens brasileiros.

De qualquer forma, vale a pena averiguar, no processo atual de globalização e abertura de novos campos comunicacionais nos quais a família e a comunidade religiosa local perderam parte de sua capacidade socializadora, quais os novos meios ou instrumentos de socialização disponíveis e capazes de atrair e "educar" os jovens na atualidade. O que se percebe é que todos os avanços tecnocomunicacionais da atualidade não conseguem satisfazer nem superar a necessidade da proximidade, do contato físico, do diálogo que envolve o toque e o abraço, a mensagem comunicada pelo corpo, a comunicação dinâmica do grupo e da comunidade, os momentos de lazer compartilhados, os cheiros e o calor humano.

Desde as revoluções liberais dos séculos XVIII e XIX, em nome do respeito à liberdade de consciência e ao princípio da não discriminação, elementos relacionados às crenças, às pertenças culturais e nacionalidades, foram sendo retirados dos indicadores de identificação. A técnica e o material substituem o imaginário simbólico e o sentir religioso. E quando esses são evocados, frequentemente é na lógica do consumo de determinados bens e serviços, tais como segurança, saúde, proteção, sucesso e reconhecimento social. Por exemplo, ao identificar-se com católicos, os orkutistas não estão necessariamente dizendo que assumem a totalidade dos valores, normas e princípios próprios dessa Igreja. Contudo, esses valores, normas e princípios também não estão congelados no tempo. Sua elasticidade e maleabilidade permitem serem aceitos de uma forma porosa e interpretada segundo as diferentes realidades vividas pelos próprios jovens. E o viver cotidiano, inscrito nas dinâmicas, ambiguidades e fragmentação da vida dos jovens, é frequentemente marcado pela surpresa, pelo novo e o desconcertante.

Stuart Hall, herdeiro da pesquisa cultural de esquerda da Inglaterra, sugere que as atuais mudanças estruturais são fragmentadoras das paisagens culturais de classe. Ele questiona: "o que é a identidade de classe quando as identidades de gênero, etnia, nação e religião, que no passado nos proporcionaram sólidas localizações como indivíduos sociais, se encontram transformadas na experiência que delas têm os indivíduos?".[6] As identidades coletivas tradicionais parecem entrar em crise e acontece, inclusive, um esvaziamento da categoria classe social sendo substituída pela de geração. As teorias gerais, e mesmo a realidade atual, desenvolvem-se na incerteza, uma vez que não há um rumo certo para os acontecimentos. Dessa forma, não somente os jovens, mas também a sociedade como um todo, encontram-se em terreno movediço, da desconstrução e reconstrução constantes; logo, pode-se afirmar que não apenas elementos racionais e conscientes regulam a vida cotidiana, mas também o instinto, a intuição, a herança genética, o inconsciente, os elementos obscuros, incertos e incontroláveis.

No decorrer das últimas décadas, com o eclodir de várias teologias, movimentos religiosos, sincretismos e, até mesmo, a pulverização do dado religioso nas outras esferas da sociedade, evidencia-se a crise da própria identificação religiosa. A individualização da religião, na modernidade, marca, por um lado, a busca da pluralização de caminhos e, por outro, a necessidade de uma pertença "escolhida" e particular. O efêmero e o "espírito do camaleão" parecem orientar o tempo presente; a falta de memória histórica e a fragmentação dos conhecimentos, como também dos próprios sistemas de significação, levam a um desenraizamento, a uma despersonalização e perda da identidade individual.

Juventude e velhice: significados diferentes

Sabe-se que o significado da juventude não é igual para os diferentes períodos da história nem para as diferentes culturas ou nações. Há sociedades, como a China antiga, em que as pessoas mais velhas desfrutam de maior prestígio que as mais novas, e há outras, como os Estados Unidos, nas quais as pessoas com mais de 40 anos de idade são consideradas praticamente descartáveis no mundo do trabalho. Ao tratar do tema da velhice, Bloch percebe que na sociedade burguesa "há uma falta de clareza ou esclarecimento sobre o ganho que a idade traz", que a velhice proporciona e, não obstante tudo o que é brutalmente negativo, está associado a ela. Essa sociedade entende a velhice como "perda" e nela coloca uma maquiagem de juventude, mas, para ele, essa sociedade está em declínio e, na novidade da experiência socialista, não há o que temer de ver no "ser velho" o reflexo de sua imagem, ao contrário, saúda-se o seu apogeu. Nela, cada um dos estágios da vida se apresenta como um ganho possível, específico,

---

[6] HALL, S. *Da diáspora: identidades e mediações culturais*, p. 67.

que compensa a despedida do estágio precedente. A velhice passa a ser desejável, um ideal da "visão panorâmica" e, eventualmente, da colheita. E nisso não há exclusão da juventude, mas a inclui como algo que se deixa amadurecer. Assim, não haveria mais sofrimento no desejo de retornar à juventude. Para Bloch, quem uma vez encontrou a juventude, conservá-la--á para sempre, como algo cálido, luminoso, ao menos consolador diante dos olhos.

A boa juventude sempre vai atrás das melodias do seu sonhar e de seus livros, espera encontrá-las, conhece a errância ardente e obscura pelo campo e pela cidade, aguarda a liberdade que lhe está adiante. Ela é um anseio para fora de si, para sair da prisão da coerção externa [...] mas também por sair da própria imaturidade. O anseio pela vida adulta impulsiona o jovem, mas de tal modo que o leva a querer modificar totalmente essa vida.[7]

Bloch e o jovem Goethe

Ao referir-se à juventude, Bloch lembra Goethe, que, ao se aproximar o tempo ansiado de estudante, "deixou a casa paterna, largamente insatisfeito, em busca de uma vida que combinasse mais com ele, uma vida com que se identificasse"; e que, ao se perguntar para onde ia, aponta para o caminho de que "isso é pura invisibilidade devoradora na protonévoa chamada juventude". E quanto ao seu sentimento em relação à pessoa amada, diz que "todo o conteúdo de minha alegria é um ansiar efervescente por algo que não tenho, por algo que nem conheço". Segundo Bloch, havia um estado emotivo utópico que não era estranho ao jovem Goethe. Esse estado não se reduzia a questões relacionadas ao "íntimo de uma fantasia juvenil doentia", representada pela pequena burguesia e pela nobreza descarada e frívola. Nele, aparecem também as lágrimas de uma juventude, que provinham de corações em toda parte apertados, que representavam desejos insatisfeitos, atividade freada, felicidade impedida, sofrimento amargurado. Sofrimento provocado pela própria insuficiência diante do próprio sonho acordado e pela insuficiência do mundo, sofrimento causado "pelo destino, o velho rochedo mudo".[8]

Bloch fala da juventude, lembrando os anos de 1770, época da ascendente burguesia, quando a juventude alemã permitiu o irrompimento de seus impulsos mais aguçados a ponto de não renunciar à vida, deixando de se submeter à realidade dada, à passividade sofredora e à violência,

---

[7] Cf. BLOCH, H. *O princípio esperança*, v. 1, pp. 44s; 118.

[8] Cf. ibidem, v. 3, pp. 55ss.

explodindo num tumulto reivindicatório, num protesto onde o fervor da juventude se somou a uma virada de época, uma inquietação que se rebelou contra a servidão, o ditame das regras, o despotismo e a "antinatureza". Foi uma virada alemã, uma revolução burguesa sem burguesia a apoiá-la. Dessa essência estreita, restrita à vanguarda e à juventude, proveio essa categoria sobrelevada, mas igualmente compreensível *Sturm und Drang*: que reunia juventude e transbordamento utópico.[9]

A juventude possui uma dimensão mística e um poder transformador

Ao falar de juventude, desde uma perspectiva humanista-marxista-utópica, Bloch aponta para a possibilidade e a necessidade de se lutar contra o poder que massacra e destrói e em prol de uma nova humanidade, mostrando a riqueza dos jovens e o seu potencial transformador. Com certeza, ele buscou ajudar as novas gerações a imaginar novas aventuras e instigar a força de seu desejo de mudar o mundo, de modo que, como afirma Berman, venham não só a fazer parte do mix, como também a fazer parte da mixagem.[10]

Ao analisar a sociedade alemã dos anos 1900, Bloch percebe que aflorou, entre os jovens, com considerável amplitude, a determinação de não pertencerem a ninguém, senão a si próprios. Antes disso, a criança e o adolescente pertenciam aos pais e eram mais ou menos amavelmente escravizados. A juventude se percebeu como um começo, almejava vida nova e própria, distinta da adulta e melhor em tudo, a saber, informal e sincera. Estendia-se, assim, um campo aberto que apenas aos jovens parecia acessível, visível. Primeiro rapazes e, depois, também moças se coligaram numa espécie de entusiasmo guerreiro contra a sociedade de funcionalidade racional em que se encontravam. Bloch, contudo, classificou a juventude desde uma perspectiva de classes e criticou o fato de ser sentida não como condição, e sim como uma classe própria. Segundo ele,[11] "fazia-se um corte longitudinal meramente orgânico atravessando todas as classes", ao ponto de o senso pequeno-burguês hitlerista e liberal projetar a juventude como algo que superasse os partidos. E, sendo assim, o movimento juvenil se tornava presa fácil de um Estado letal que preencheria o pote dos sonhos dessa juventude com lodo e com o próprio sangue dela. Isso não impediu que a própria juventude pequeno-burguesa, conduzida por um processo

---

[9] Cf. ibidem, v. 3, pp. 57 a 58.

[10] BERMAN, M. *Aventuras no marxismo*, p. 32.

[11] Cf. BLOCH, H. *O princípio esperança*, v. 2, pp. 140-142.

educativo liberal, se sentisse muito rebelde, crítica contra a cidade precária e corrompida, e contra as maldades do filisteu maldoso, ou seja, do indivíduo e da sociedade burguesa.

A juventude não pode ser reduzida a essa perspectiva pequeno-burguesa. Segundo Bloch, houve, apesar disso, o movimento de jovens proletários. Ele apresenta algumas diferenças entre ambos:

> o jovem operário não se sente em maior desvantagem em relação ao adulto como tal do que a operária em relação aos homens como tais. O inimigo de ambos é o empregador, sua concepção de burguês diz respeito primordialmente ao capitalista, não ao filisteu maldoso. Na família proletária também falta ou é fortemente reduzida a tensão entre pai e filho. Porque, enquanto o burguês vê no filho apenas o herdeiro, o proletário com consciência de classe educa o seu filho para ser seu companheiro. A juventude burguesa acredita não ser aburguesada, talhando as pessoas conforme a idade, destacando bochechas coradas contra palidez adulta. [...] A juventude proletária, em contrapartida, não cria um contraste fictício com sua classe, mas se identifica com ela. Considera-a tão jovem e cheia de futuro quanto a si mesma, e igualmente preocupada com a manhã da vida, com a vida de amanhã.[12]

Bloch lembra, ainda, que "a inclinação da juventude para o mistério, para cerimônias e grandes palavras é extraordinária e frequentemente sinal de uma certa profundidade de caráter".[13] Para falar de religião, faz-se necessário falar não apenas de religiões institucionalizadas, mas de religiosidade ou de religião popular constituída de redes de experiências religiosas, de reflexões diversas, de sabedorias e de teologias, que incorporam as perspectivas da libertação, feminista, indígena, negra, juvenil, intercultural e inter-religiosa, entre outras. É falar das mensagens compartilhadas pelos nodos da memória e da cultura popular que as transmitem de acordo com as necessidades. Estas, por sua vez, formam um sistema prenhe de esperança.

Esperança na vida, vazio existencial e religiosidade

A religião fala de experiências humanas. Ela constitui um acúmulo simbólico, teórico e ritual de grande valor. Bloch procurou englobar os valores das pessoas que trabalham, o interesse verdadeiro pelo outro, a maneira direta de falar, o sentido concreto, a esperança, a utopia e a largueza em relação ao futuro, uma confiante adesão à humanidade que virá, a não redução do tempo ao contábil, ao econômico que exprime o predomínio

---

[12] BLOCH, H. *O princípio esperança*, v. 2, pp. 143s.

[13] BLOCH, H. *O princípio esperança*, v. 3, p. 59.

do material sobre todas as formas de pensamento e a consideração de tradições religiosas prenhes de profecia e de anúncio de "Boas-Novas" aos empobrecidos e excluídos de todos os tempos e espaços. Ele soube colocar esperança na vida e também vida e sabedoria na esperança, fazendo com que a realidade vigente não tivesse a última palavra, pois, se ela existe, situa-se no horizonte utópico e lúcido. Dessa maneira, a morte não é dona da última palavra.[14]

A miséria, a fome, a falta de trabalho, a insegurança, o tráfico de drogas, as doenças, a falta de amor e compreensão gritam por socorro, e o grito que emerge entre jovens é mais forte. Sobrevém, diante disso, a pergunta que visa ser respondida: até que ponto a religião ou a religiosidade dos jovens contribui e é um caminho de superação de tais realidades? Até que ponto as utopias ou as esperanças de um outro mundo possível movem os jovens, hoje, e lhes são relevantes na sua busca de sentido?

Alves de Campos, ao estudar a realidade da juventude francesa, na década de 1960, sugeriu que, por mais que 76% dos jovens se declarassem católicos, viviam num "vazio de alma" e careciam de uma fé mais interiorizada, e a sua religião estava "reduzida, muitas vezes, a uma crença cega e imprecisa, sem demasiada influência no comportamento do indivíduo". Segundo ele, isso "leva-nos a pensar mais numa mística latente que num conteúdo doutrinal sincera e intensamente vivido".[15]

Nesse sentido, abre-se a compreensão da religiosidade num sentido mais vivencial. A experiência religiosa é algo que dá sentido à vida. Nossa época já colocou em discussão a fé da modernidade na ciência e na técnica. A ciência, por um lado, fez uma crítica da religião, denunciando seu caráter ideológico, mágico e irracional, mas, por outro, procurou suplantá-la com o mito do progresso científico e tecnológico, sustentado pela crença de que esse mito seria capaz de tornar a sociedade harmônica e livre de conflitos e contradições. Dessa maneira, a mística é colocada dentro de uma realidade específica e com pessoas concretas. Com o passar dos anos, essa experiência "fundante" vai sofrendo alterações e ganha novos significados, dependendo do "contorno social" onde ela é vivida.

A religiosidade acontece dentro de um processo histórico e cultural e, sendo assim, vários outros fatores influenciam e são influenciados por ela. Michel de Certeau, ao estudar a mística, entendida como sinônimo de religiosidade, nos séculos XVI e XVII, definiu-a como a procura de

---

[14] BLOCH, H. *O princípio esperança*, v. 3, p. 230.
[15] ALVES DE CAMPOS, A. *A juventude e os seus problemas*, 1961.

uma linguagem dialogal do "eu" para o "tu", dentro de um mundo repleto de discursos autoritários e, ao mesmo tempo, como uma aprendizagem na arte de escutar o "outro", num mundo que só quer falar, convencer e doutrinar. Daí pode-se deduzir o caráter popular e até mesmo subversivo da mística, pois se apresenta numa espécie de polarização ou oposição em relação à linguagem do poder de dominação e manipulação vigentes numa dada sociedade. É nessa mesma perspectiva que se pode afirmar que há uma sabedoria popular, em que pobres, jovens e excluídos sabem e ensinam os demais. Como exemplo dessa perspectiva, tem-se os jovens místicos do Contestado, que não "fugiram do mundo", mas, a partir de dentro do seu próprio mundo, um mundo real e místico, um mundo de sofrimentos e de sonhos, tornaram-se "militantes". Essa militância não foi somente uma militância política, foi mais do que isso: foi uma mística-militante. E para usar palavras de Boff,[16] a mística foi, para eles, o "motor secreto", o "entusiasmo" que os animou, o "fogo interior" que os alentou na monotonia das tarefas cotidianas e permitiu que mantivessem "a soberania e a serenidade nos equívocos e nos fracassos", que os fez "aceitar a derrota com honra, antes que buscar a vitória com vergonha". E, depois da derrota, os descendentes do Contestado experimentaram por longos anos "a mística ou a experiência do silêncio" ou, usando uma frase de José Martí, do "fechar os olhos para ver melhor".

3.1 Identidade religiosa juvenil na atualidade catarinense e brasileira

> *A questão está não tanto em definir a identidade que*
> *se tem, e sim aquela que se forja.*
> G. Tomazi

Pretende-se, aqui, trazer presente algumas pesquisas realizadas em Santa Catarina e no Brasil sobre a identidade religioso-católica da juventude. Ao falar de identidade religiosa juvenil, não se pretende apontar para uma espécie de essência ou "originalidade" juvenil, nem mesmo para uma teoria da juventude capaz de abarcar as juventudes em um mínimo denominador comum, mas, sim, sugerir um olhar focado na juventude católica, cuja identidade passa pela alteridade, sendo construída historicamente

---

[16] BOFF, L.; BETTO, Frei. *Mística e espiritualidade*, pp. 25; 34.

mediante os processos de socialização que se estabelecem entre os jovens, de diferentes denominações religiosas, e com as demais pessoas.

Por mais que, na atualidade, o conhecimento e a identidade religiosa tendam a uma especialização ou a um refinamento cada vez maior, outrora, em meados do século passado, havia uma generalização maior, tal como a observação de A. Alves de Campos,[17] que, ao estudar a juventude portuguesa, entendeu o problema dela como sendo um fenômeno que não é específico de nossa época, mas, sim, "de todas as idades e civilizações". Como ele diz, "se quisermos analisar, sob o ponto de vista religioso, o problema da nossa juventude, havemos sempre de ter em conta a diferença de classes sociais, de meios de trabalho, de idade e também de sexos". Essa tese demonstra uma contradição teórica. Se a primeira afirmação apela para uma generalização "do eterno problema da juventude", a segunda sugere a necessidade de estudos mais aprofundados, considerando as diferenças de sexo, classe, idade, para uma maior e melhor compreensão da juventude.

Dois caminhos: da religião ao jovem e do jovem à religião

Em se tratando de uma equação possível entre religião e juventude, pelo menos dois caminhos se apresentam. Um seria aquele que parte de certa religião que, desde as suas doutrinas e sua história, procura conhecer e explicar a realidade dos jovens; o outro seria o dos próprios jovens que procuram conhecer, se reconhecer e explicar a sua própria religiosidade, a religião à qual pertencem, ou as religiões, de maneira mais ampla. Todavia, não há nem uma única identidade juvenil nem um único campo religioso ou uma dimensão religiosa da vida predeterminada, com limites bem definidos, a serem considerados. No cotidiano das religiões, e na experiência vivida pelos jovens, esses dois caminhos são heterodoxos e se encontram imbricados, interconectados e diluídos entre si.

Já não se pode falar, de maneira razoável, de uma dada religião apenas a partir de símbolos, ritos, doutrinas e textos sagrados, e também não é suficiente falar da identidade da juventude menosprezando a sua dimensão religiosa e simbólica. Dessa maneira, ao falar de juventude, deve-se ter presente uma realidade cambiante, um fato social instável; ao falar de religião, procurar-se-á ter presente não somente as formas e configurações tradicionalmente conhecidas, mas também uma realidade líquida, que evolui, está em movimento e em mutação. Falar-se-á, portanto, de religião num sentido mais diluído, profundo e complexo, a ser chamado de "religiosidade".

---

[17] ALVES DE CAMPOS, A. *A juventude e os seus problemas*, p. 38.

De qualquer forma, não se pode subestimar a influência dos jovens dentro das religiões, nem o peso, a vitalidade e a importância de uma dada religião vivida e assimilada pelos jovens. Logo, a reflexão não fará uma opção unilateral, mas procurará enfocar essa temática como via de mão dupla e com interconexões diversas, sendo inclusive necessário questionar constantemente os instrumentos conceituais que dificilmente conseguem abarcar amplamente o fenômeno que liga religiosidade e juventude. Por um lado, seria um tanto simplista falar de identidade religiosa procurando perceber apenas o que há de "idêntico", "semelhante" ou "análogo" em todos os jovens. Por outro, seria por demais reducionista falar da dimensão religiosa do jovem restringindo-a ao campo do desenvolvimento individual. A tendência desses dois discursos é cair no vazio. No primeiro caso, por procurar homogeneizar, excluir as diferenças e sugerir apenas elementos comuns como reconhecidamente dignos de referência; se assim for, uma realidade particular acabará se impondo como uma realidade generalizada, fazendo com que as demais identidades sejam desconsideradas ou forçadas a uma aculturação, ou seja, a uma sujeição àquela que se impõe. Isso pode ser exemplificado com a lei que, na França, recentemente proibiu o uso dos véus islâmicos, havendo uma negação do valor da diversidade, uma expressão de intolerância e, inclusive, uma negação de um principio básico da modernidade, que é a liberdade religiosa. Em nome de um Estado laico, que em princípio se impõe com base em uma lei que pretende tratar igualmente a todos os cidadãos, o que de fato aconteceu foi uma espécie de ditadura da maioria, uma imposição autoritário-assimilacionista que pretende integrar as minorias aos padrões da maioria.[18]

No segundo caso, por considerar que a única forma de entender a busca de sentido e a dimensão religiosa do jovem é aquela que passa pelo conhecimento de seu próprio desenvolvimento individual.

O caminho da alteridade faz perceber o singular e o comunitário

A noção de identidade assumida não passa pelo estudo de casos, ou pelo mundo dos indivíduos e das imagens que fazem a respeito de Deus ou do mundo para si mesmos, mas comporta necessariamente a perspectiva da alteridade, na qual o que distingue precisa ser considerado para que se percebam o similar e o singular. É que as identidades variam historicamente e dependem do seu contexto de definição. Alguém pode procurar definir sua identidade em torno daquilo que poderia parecer "essência" ou permanente em sua vida, tal como o fato de estar vivo, de se relacionar, de sentir,

---

[18] Cf. CASTRO, L. R. de; CORREA, J. (Org.). *Juventude contemporânea*, p. 114.

de pensar, de ter uma filiação, de morar em certo país, ter certa cor dos olhos, sexo, uma dada religião, e outros elementos herdados que possam ser considerados essenciais ao seu ser. Todavia, por mais que esses elementos possam ser constitutivos da identidade de alguém, há que considerar, também, as mudanças, os processos de socialização e a dinâmica de recomposição identitária em que esse mesmo indivíduo se expõe permanentemente. Sendo assim, as identidades, sejam quais forem, mesmo que comportem certo sentimento de unidade, têm-se revelado extremamente dinâmicas ou, pelo menos, devido às rápidas mudanças na sociedade contemporânea, essa dimensão plural da identidade tem sido a que mereceu maior interesse ou busca de compreensão por parte das ciências nas últimas décadas.

No caso brasileiro e também latino-americano, nas décadas de 1960 a 1980, especialmente, com as CEBs (Comunidades Eclesiais de Base) e a Teologia da Libertação, forjou-se um novo rumo ao devir das sociedades. Atualmente, porém, o caráter mais religioso-comunitário abriu-se para formas e preocupações mais "societárias" e "individuais". O mundo religioso-comunitário ganha novas formas: de um lado ele tende a resistir a uma dada sociedade, comumente denominada moderna, ou a adaptar-se a ela, inclusive lhe propondo alternativas sociotransformadoras; de outro, ao procurar adaptar-se à sociedade moderna, ele tende a reconhecer os seus princípios fundamentais, dentre os quais se encontram os direitos do indivíduo. Ao reconhecê-los, contudo, estes também acabam por se impor, reivindicando, inclusive, uma posição de primazia sobre as necessidades e os interesses mais comunitários e coletivos. Nesse caso, também a busca de Deus acaba por desprezar certas formas religiosas institucionalizadas (Igrejas, sinagogas, templos, mesquitas), quando estas não satisfazem os desejos do consumidor ou quando elas apresentam algum elemento mais crítico, constrangedor ou dissonante, sobretudo em relação a certos valores ligados à moral sexual, questionamentos contra as injustiças sociais e a política. Tanto a negação do mundo moderno como a necessidade de fazê-lo avançar e mudar fizeram com que boa parte da juventude católica desse período procurasse assumir uma missão no mundo.[19]

A marca juvenil atual é a proliferação de grupos juvenis que se configuram como espaços de criação cultural e se tornam verdadeiros canais de

---

[19] As decisões da Conferência Mundial de Ensino em Estrasburgo e a Assembleia Ecumênica de Jovens, de Lausanne, ambas em 1960, refletiram e assumiram compromissos na direção de uma presença e atuação cristã autêntica no mundo e na própria Igreja. Cf. VAN DER BENT, A. J. *A juventude e o Conselho Mundial de Igrejas*, pp. 116ss.

articulação de identidades coletivas. Cerca de 15% dos jovens, no Brasil, participam diretamente de algum grupo juvenil. Esses grupos se constituem em espaços de aprendizagem e de preparação para a vida adulta; sugerem a necessidade de uma busca e um encontro do jovem com as mais diversas fontes de energia disponíveis e possíveis, como, dentre outras, diferentes tradições e culturas. A religiosidade não deixa de ser uma referência na elaboração do projeto de vida do jovem. Na seletividade de suas escolhas religiosas, de suas bricolagens e ressignificações, os jovens elaboram para si um mundo com algum sentido totalizante.

Diversos rituais se multiplicam entre os jovens

Tanto as formas de militantismo político herdadas do passado quanto as práticas religiosas tradicionais não só cativaram menos como perderam o impacto social sobre os jovens das últimas décadas. As grandes ideologias e os metarrelatos cedem lugar a novos constructos teóricos. As certezas cedem lugar a novas crenças e experiências, e os indivíduos isolados, vinculados ou não a alguma instituição de socialização religiosa, cedem lugar a novas tribos urbanas e comunidades emocionais. Fato é que, tanto individual como socialmente, o novo vem sempre carregado de heranças a serem reproduzidas, suprimidas e substituídas. Valores novos não são autorreconhecíveis. A descontinuidade, a ruptura e a própria proposição de alternativas, paradoxalmente, fazem parte de um mesmo arcabouço de heranças históricas. Valores tradicionais são rebuscados como forma de enfrentamento a valores novos de fraca aceitação, ou em vias de superação. Diante da complexidade da sociedade atual e pela dificuldade de se forjar valores novos e seguros, acaba-se por voltar ao passado, à procura de segurança e legitimidade, caindo-se geralmente em novos fundamentalismos.

Para a juventude, uma das marcas da modernidade que se diferencia das sociedades tradicionais é que, nestas, havia rituais de caráter iniciático que marcavam solenemente a passagem dos jovens à comunidade dos adultos, tornando-os os novos transmissores do patrimônio cultural; enquanto na modernidade cada um é obrigado a construir individualmente a sua inscrição no espaço social e religioso, num contexto plural, dinâmico, de indeterminação crescente e aceleramento das mudanças identitárias. Acusam-se, muitas vezes, os jovens de tudo querer modificar, de não se identificarem mais com o passado dos seus progenitores; porém, isso não é convincente, porque as heranças e os processos "osmóticos" na relação pai/mãe-filhos são de caráter dominante em relação às novidades que os filhos possam, de fato, introduzir em suas identidades e nas mudanças sociais.

O pulular do religioso é um fenômeno atual que, por um lado, permite verificar certo esvaziamento das Igrejas no que tange à prática religiosa; por outro, os rituais (mais ou menos religiosos) se multiplicam, especialmente entre os jovens. A vida parece não suportar permanecer por muito tempo sem algo que marque passagens, superações, diferenciações, novidades. E quando as instâncias tradicionais de integração e sentido não respondem satisfatoriamente às necessidades de um novo período histórico, novas ofertas emergem e se estabelecem. Se é verdade que o religioso é procurado mais em termos de escolha privada e diante do desencantamento do mundo, da crise das ideologias, das promessas ou propagandas enganosas das ciências e das situações de insegurança social e empobrecimento, faz-se necessário perguntar que "religioso" poderia suprir essas demandas? Onde os indivíduos encontrarão encantamento, qualidade e sentido para a vida, satisfação das necessidades e explicações científicas satisfatórias?

Ao que parece, ao menos no cotidiano do povo brasileiro, a religiosidade não se traduz em certezas, mas em fé e esperança. Ela é mais heterodoxa, dinâmica, sincrética, integradora e comunitária. Segundo Leandro, "as gerações mais novas procuram menos a rotina da experiência religiosa e investem mais em momentos fortes, mais portadores de significação, podendo esta [a religiosidade] ser fragmentada no tempo e em função das circunstâncias mais ou menos imediatas". Segundo a mesma autora, os jovens "se afiguram menos enleados por mecanismos de reprodução do idêntico e se tornam mais em sujeitos-autores do seu devir humano e espiritual",[20] passando a se reconstruir permanentemente. É claro que esse processo de reconstrução não se reduz a um eterno processo de descontinuidade e de ruptura e ressignificação individual constante em relação à tradição. É um processo no qual se integram elementos de várias ordens. Suas aspirações mais profundas incorporam elementos utópicos e outros, filtrados das suas heranças; assim, a aceitação, a recusa e a inovação em relação a seu meio e o passado que lhes é transmitido andam juntos.

A religião diante das escolhas pessoais e da transmissão familiar

Como a pertença religiosa hoje é livre, não é mais transmitida de geração a geração, mas, sim, segundo os desejos ou escolhas pessoais, e como os desejos do indivíduo são quase sempre insaciáveis, o trânsito religioso tende a se tornar regra, e novas formas de religiosidade são criadas quando as antigas são rejeitadas. Geralmente, são líderes carismáticos, rodeados

---

[20] LEANDRO, M. E. Herdeiros das identidades religiosas. *Rev. Port. de Ciência das Religiões*, p. 27.

por jovens, que fazem emergir novas formas de vida grupal e comunitária; inventam redutos, tribos urbanas, quilombos, acampamentos, mais mil e uma formas de expressarem a sua rejeição ao tradicionalismo das instituições, às contradições da sociedade moderna e ao individualismo dos seres humanos.

Mesmo que a religião esteja sendo relegada ao foro das escolhas individuais e privadas, não se pode negar a importância da tradição e da família no que tange às futuras escolhas religiosas das crianças. Até mesmo os pais, que não participam efetivamente de rituais religiosos, tendem a incentivar os filhos para que o façam. Procuram batizá-los e encaminhá-los a certos processos de iniciação à vida cristã ou outros. A Igreja também não celebra certos sacramentos sem que tenha havido, anteriormente, um tempo de formação. É verdade que nem o incentivo dos pais nem as exigências internas da própria Igreja estão conseguindo uma satisfatória prática religiosa dos jovens. Segundo pesquisas realizadas por Regina Novaes, Elaine Ribeiro e outros, sobre juventudes sul-americanas, "a transmissão intergeracional do catolicismo está em queda". Percebem que "esta geração segue menos a religião de seus pais e suas mães" e, consideram que:

> as mudanças no campo religioso, que se torna cada vez mais plural e competitivo, assim como o rápido desenvolvimento das tecnologias de informação e de comunicação, são fatores importantes que devem ser levados em conta na caracterização do que é "ser jovem hoje". Escolha religiosa pessoal e tecnossociabilidade redefinem relações intergeracionais e favorecem vias de identificação entre pares da mesma geração.[21]

Esse sentido totalizante, cuja noção de fundo é a própria ideia de Deus, tem sido denominada de "Energia", como sendo uma procura insistente dos jovens. Energia é uma ideia disseminada socialmente, especialmente no repertório da cultura juvenil, nas emissoras da mídia, nas academias e escolas. Ela está presente, também, nas conversas de profundidade, na dança, na arte, na música, na cultura popular, no mundo das ciências, nas crenças e nos contatos emocionais com Deus, através dos mais diversos tipos de rituais e de religiosidades, pelos quais os jovens, e também os grupos sociais, organizam sua posição no mundo e dão ou recebem sentido à sua existência. Assim, a religiosidade tem sido entendida como uma energia a ser buscada e fundamental para os jovens.

---

[21] NOVAES, R. C. R.; RIBEIRO, E. (Org.). *Livro das juventudes sul-americanas*, pp. 42; 45.

Há, no campo religioso, a tendência de a juventude optar pelo sincretismo religioso e pelas formas rituais e religiosas mais ecumênicas e plurais e menos institucionais e rígidas. Essa maior liberdade de expressão e dificuldade em viver vinculado a valores institucionais sinaliza para mudanças importantes de comportamento religioso. Os jovens de hoje estão fazendo suas escolhas em um campo religioso mais plural e competitivo. Cresce o número dos "sem religião", mas também se expande o fenômeno de adesão simultânea a sistemas diversos de crenças. Combinam-se práticas ocidentais e orientais, não apenas em nível religioso, mas também terapêutico e medicinal.

O jovem procura o sagrado, mas um sagrado mais privado, mais *light* e menos exigente. Mesmo com 65% dos jovens de 14 a 25 anos se declarando católicos, o que se nota é um sensível aumento das Igrejas evangélicas pentecostais, dos jovens carismáticos católicos e de crenças e práticas esotéricas ou classificadas como "nova era" (mapa astral, búzios, tarô).[22] Esse aumento de pertencimento nem sempre significa maior presença e participação nos rituais, celebrações e iniciativas da respectiva religião. E também a diminuição desse pertencimento nem sempre significa uma participação menor nas atividades, rituais, celebrações da respectiva religião.

De qualquer forma, pode-se afirmar que as religiões tradicionais, com suas interpretações da realidade, não têm conseguido concorrer com as outras instâncias mais "secularizadas", geradoras de sentido. Fala-se de uma espécie de "reconfiguração do religioso", já que o "sagrado" está ao mesmo tempo presente, mas sendo substituído por outros sistemas de sentidos e ofertas de bens da salvação. As religiões estariam sendo compreendidas pelos jovens, segundo Perrault, "não mais como sistemas que detêm e defendem verdades, mas como diferentes expressões culturais de uma mesma busca do absoluto. A partir de então, empréstimos e trocas se tornam possíveis, permitidos e encorajados". E, segundo ele, "esse religioso

---

[22] Documento de Conclusão do Projeto Juventude – Instituto Cidadania, 2004, p. 93; cf. Unesco. Pesquisa *Juventude, juventudes: o que une e o que separa*, realizada em 2004, sob coordenação de Miriam Abramoway e Mary Castro, com cerca de dez mil adolescentes e jovens em todo o Brasil. A população jovem segundo a religião, no Brasil, em 2004 era: Católica 31.649.346 = 66,2%; Protestante 8.978.085 = 18,8%; Espírita 683.244 = 1,4%; Outras 678.482 = 1,4%; Religioso que não segue uma religião 3.798.506 = 7,9%; Ateu, não tem religião 1.911.223 = 4%; Não sabe/não opinou 133.785 = 0,3%; Total de jovens no Brasil: 47.832.671. No que faz referência a outras religiões, destacam-se as afro-brasileiras (Candomblé e Umbanda) com 0,7% e as de origem oriental (Budismo, Islamismo) com 0,2% dos jovens.

não está mais contido no único território das religiões confessionais".[23] Se é verdade que a pós-modernidade traz consigo a redescoberta da dimensão religiosa, uma abertura para o transcendente e novas vivências do sagrado, também se percebe que isso acontece mais numa perspectiva pessoal e relacional do que institucional. Dessa maneira, é necessário perceber os novos "sopros do Espírito", os novos "fermentos espirituais" que estão acontecendo fora das instituições religiosas e que estão atraindo os jovens, dando a eles razões de viver.

A comercialização do "sagrado" seduz e amedronta, mas o que salva é a espiritualidade

O comércio ou a oferta do "sagrado", realizado pelo secularismo ou pelo pentecostalismo e neopentecostalismo, tem agradado e sido objeto de consumo de um número crescente de jovens. No âmbito católico, a Renovação Carismática Católica – RCC tem-se inspirado nos métodos neopentecostais de evangelização e está entre os movimentos religiosos que atraíram uma considerável parcela de jovens nas últimas duas décadas. Diante da complexidade e das incertezas da realidade vigente, também os grupos fundamentalistas têm crescido, pois parecem oferecer certezas e seguranças aos jovens. Há, também, um grupo relevante de jovens que se encontra em crise religiosa. Segundo João Batista Libanio, o jovem entra em crise religiosa quando, ao ingressar no mundo universitário, depara-se com as críticas de filósofos, cientistas e professores, e sua fé não lhe oferece elementos suficientes de reflexão para uma discussão consistente. Emerge daí a pergunta que não quer calar: para que a religião? Segundo ele:

> os sentimentos dos jovens em crise variam do ceticismo à repulsa, da indiferença ao aborrecimento, do cansaço à inutilidade diante da religião. Essa crise ataca máxime aqueles que vieram de famílias religiosas, que estudaram em colégios confessionais, que frequentaram as paróquias e movimentos de jovens.[24]

A participação de uma parcela considerável de jovens em atividades religiosas e pastorais sugere que busca de espiritualidade e de sentido para a vida talvez seja, para eles, não apenas uma forma de resistência e enfrentamento das crises geradas pela modernidade, tais como a crise dos metarrelatos, da racionalidade, das ideologias, do "super-homem", entre outros.

---

[23] Cf. PERRAULT, J. P. Pensar a religião entre os jovens e pensar a juventude a partir da religião. In: CASTRO, L. R.; CORREA, J. (Org.). *Juventude contemporânea*, pp. 166-167.

[24] LIBANIO, J. B. *Jovens em tempos de pós-modernidade*, p. 99.

Contribuem para essa busca, também, os medos dos jovens centrados em si mesmos, vulneráveis, inseguros, sem perspectivas e vítimas de uma realidade complexa e excludente. Segundo Regina Novaes, esse contexto em que a juventude está inserida configura-se com três marcas ou medos: o medo de sobrar, por causa do desemprego; o medo de morrer precocemente, por causa da violência; e o medo de estar desconectado, justamente pela importância atribuída pelos jovens à comunicação virtual pela internet e ao telefone celular.[25] Mas seriam apenas as crises de uma dada sociedade e os medos dos próprios jovens que os levariam a procurar o transcendente, o sagrado-para-além-de-si e a espiritualidade? Regina Novaes lembra, também, a contribuição social da religião ou das instituições religiosas:

> Não me atrevo a afirmar que "o medo de sobrar", a insegurança para planejar o futuro profissional e a experiência de vivenciar precocemente a morte de amigos, primos e irmãos resultem, direta e necessariamente, em reforço de valores religiosos, busca de fé ou na valorização da religião como *locus* de agregação social. Apenas lembro que, para minorias militantes, as instituições religiosas continuam produzindo grupos e espaços para jovens onde são construídos lugares de agregação social, identidades e formam grupos que podem ser contabilizados na composição do cenário da sociedade civil. Fazendo parte destes grupos, motivados por valores e pertencimentos religiosos, jovens têm atuado no espaço público e têm fornecido quadros militantes para sindicatos, associações, movimentos e partidos políticos.[26]

A Igreja Católica e a evangelização da juventude

No Brasil, por mais que a Igreja Católica seja a instituição que, historicamente, deu apoio e incentivo ao maior número de jovens, contribuindo inclusive financeiramente para as suas diferentes formas de organização, a falta de uma compreensão mais profunda sobre o fenômeno e a realidade juvenil dificultaram ou impediram a Igreja de realizar uma ação evangelizadora mais afetiva e eficaz junto à juventude. O jovem concreto, real, com seus valores, anseios e problemas, foi pouco considerado e se projetou o jovem "problema" ou o jovem "ideal". É nesse sentido que a

---

[25] NOVAES, R.; VITAL, C. A juventude de hoje. In: THOMPSON, A. (Org.). *Associando-se à juventude para construir o futuro*, pp. 112-113. Cf. CNBB – Conferência Nacional dos Bispos do Brasil. Documento de estudos n. 93, Evangelização da Juventude, p. 17.

[26] Disponível em: <http://www.scielo.br/scielo.php?script=sci_arttext&pid=S0103-40142004000300020. Acesso em: 05 maio 2010.

CNBB, no Documento Evangelização da Juventude, evidencia duas imagens predominantes da juventude na sociedade contemporânea:

> Duas imagens da juventude predominam nos meios de comunicação e na opinião pública. De um lado, as propagandas e as novelas apresentam os jovens como modelos de beleza, de saúde e de alegria, despreocupados, e impõem padrões de vida e de consumo aos quais poucos jovens realmente têm acesso. Os jovens também são caracterizados pela força, ousadia, coragem, generosidade, espírito de aventura, gosto pelo risco. De outro, nos noticiários, estão os jovens envolvidos com problemas de violência ou comportamentos de risco, que são, na maioria das vezes, negros e oriundos dos setores populares. Essas duas imagens polares convergem para o mesmo senso comum que considera a juventude individualista, consumista e politicamente desinteressada. Mas esses são estereótipos que não dão conta da diversidade de experiências da juventude brasileira.[27]

Por mais que houvesse esforços nesse sentido e, especialmente, discursos favoráveis, os jovens mais empobrecidos e excluídos quase sempre foram os menos contemplados nas iniciativas educacionais ou evangelizadoras da Igreja. Há uma dívida da Igreja para com esses jovens. Muitas escolas e universidades católicas contemplaram e continuam a incluir apenas jovens de classe média e alta em seus processos educativos.

Ainda permanece, em pais ou avós dos jovens de hoje, o "trauma" da supressão da Juventude Universitária Católica (JUC) e de outros movimentos da Ação Católica. Na mesma hora em que o golpe militar perseguia e torturava os jovens revolucionários, muitos membros da hierarquia da Igreja se calaram, deixaram de dar respaldo e abandonaram os jovens. Falava-se que esses jovens esqueciam o elemento espiritual para se dedicar ao social. E isso se justificava no fato de que, especialmente, os jovens da JUC procuraram autonomia em relação ao controle e comando das autoridades da Igreja. A eles era concedido o direito de atuar politicamente, de assumir uma missão na sociedade, porém exigia-se que isso acontecesse sob a orientação da hierarquia eclesiástica.

Essa e outras formas de organização dos jovens da Igreja, tais como a JOC, JEC, JAC, entre outras, desapareceram. Algumas por afastarem-se e outras por terem sido afastadas da Igreja. No entanto, elas continuaram inspirando as pastorais sociais da Igreja, a Teologia da Libertação e as Pastorais da Juventude. Várias casas da juventude e movimentos juvenis

---

[27] CNBB. *Evangelização da juventude*, n. 36-37.

consideram valiosa essa herança. E não foi apenas no Brasil e na América Latina que essas organizações se desenvolveram. O programa da JOC dos Estados Unidos, por exemplo, se voltava para a questão racial, a fome no mundo, a pobreza, a migração e a comunidade.

De fato, pode-se dizer que houve uma mudança significativa na concepção da Igreja sobre a realidade juvenil. Se na década de 1960 os jovens eram chamados pela Igreja e como Igreja a uma presença emancipadora, ao protagonismo e à luta por uma nova sociedade, vinte anos depois, quando aconteceu o II Encontro Latino-americano de Pastoral da Juventude (1980), a Igreja se coloca separada da juventude e preocupada com ela:

> O que pode a Igreja fazer para ajudar a juventude latino-americana que aparece em atitude passiva ante a mudança ou atraída pela violência, frustrada, indiferente ante a religião, sem ideias, cooptada pelo erotismo, marginalizada pelo sexo, pelo trabalho, pela política e presa fácil do poder do narcotráfico, que mina as forças da juventude e lança os jovens como elos de uma cadeia de vício e de morte?[28]

Pouco mais de duas décadas depois, a evangelização da juventude foi tema central da 44ª Assembleia Geral da CNBB (2006), e a preocupação com a juventude passou a significar, para os bispos do Brasil, uma preocupação com os rumos da sociedade e da própria Igreja. Acreditam no velho chavão: "Qual a juventude, tal o porvir"; que o futuro da própria Igreja e também os rumos que a sociedade irá tomar, "depende de como forem educados e evangelizados os adolescentes e jovens de hoje, que serão seus futuros responsáveis". Diversos fatores devem ter levado a CNBB a adotar a juventude como tema central dessa assembleia, que culminou, no ano seguinte, com o lançamento do documento: "Evangelização da Juventude: Desafios e Perspectivas Pastorais". O texto se mostra atento a diversos aspectos da história, da cultura, da psique, das transformações e da realidade atual da juventude, considerando os fatores econômico, político, social e religioso. Um elemento mais positivo entrou, sobretudo, no lugar teológico do jovem.[29] Ao fazer referência a esse "lugar teológico" do jovem, o documento entende que:

---

[28] Cf. GASQUES, J. Indagações sobre a Pastoral da Juventude no Brasil. *REB: Revista Eclesiástica Brasileira, Cultura e Nova Evangelização, a Caminho de Santo Domingo*. Fasc. 207, p. 588, set. 1992.

[29] Cf. DICK, H. *Uma boa notícia para a juventude?* Disponível em: <http://www.casadajuventude.org.br/index.php?option=content&task=view&id=1731&Itemid=0>. Acesso em: 10 jun. 2010.

Entrar em contato com o "divino" da juventude é entender a sua psicologia, sua biologia, sua sociologia e sua antropologia com o olhar da ciência de Deus. O jovem necessita de que falemos para ele não somente de um Deus que vem de fora, mas também de um Deus que é real dentro dele em seu modo juvenil de ser alegre, dinâmico, criativo e ousado. [...] Considerar o jovem como lugar teológico é acolher a voz de Deus que fala por ele. A novidade que a cultura juvenil nos apresenta neste momento, portanto, é sua Teologia, isto é, o discurso que Deus nos faz através da juventude... Precisamos aprender a ler e a desvelar o jovem de hoje. Trata-se de ver o sagrado que se manifesta de muitas formas, também na realidade juvenil.[30]

Esse documento reconhece o protagonismo juvenil no processo de evangelização da juventude: "o jovem é o evangelizador privilegiado de outros jovens" e procura estimular nos jovens "o espírito missionário" para que aqueles que já estão integrados e participando da caminhada da Igreja, também assumam o desafio de levar outros jovens a um encontro pessoal com Jesus Cristo e, a partir desse encontro, se tornem "artífices da renovação social". Dentre uma multidão de jovens dispersos pelo mundo afora, existe uma pequena parcela deles que estão organizados na Igreja e, dentre esses, uma parcela ainda menor é daqueles que procuram assimilar o Evangelho como uma Boa-Notícia aos empobrecidos, aos jovens e ao mundo, e, a partir daí, abrem-se para uma ação missionária responsável e transformadora. A Igreja entende que esses jovens, apóstolos de outros jovens, "tem um poder de comunicação e de convencimento que o adulto não possui". Ao procurar ir ao encontro dos jovens que estão "fora" da Igreja e/ou excluídos da sociedade, a Igreja sabe que não há outro caminho mais adequado que o de animar, mobilizar e capacitar os jovens que estão "dentro".

A Igreja dos sonhos dos jovens? – Dados de uma pesquisa

Sobre o que os jovens que participam de uma Igreja cristã pensam a respeito da própria Igreja, o padre Hilário Dick, durante muitos anos assessor nacional da Pastoral da Juventude do Brasil, entende que:

O que a juventude sonha é uma Igreja que celebra a vida, que seja um povo de irmãos, que seja comunhão e participação, que tenha preferência pelos pobres, que seja profética e libertadora, que seja solidária e evangelizadora, que seja capaz de confiar e desafiar, isto é, que seja comunitária.[31]

---

[30] CNBB. *Evangelização da juventude*, p. 55; cf. JOÃO PAULO II, *Cristifideles Laici*, Carta Apostólica, n. 46; cf. também CNBB. *Diretrizes gerais...*, Doc. 61, nos 236 e 237.

[31] Cf. DICK, H. *O Divino no jovem*, p. 53.

Em uma pesquisa realizada recentemente, junto a 18 jovens lideranças da Pastoral da Juventude, na Diocese de Chapecó,[32] constatou-se que, ao ingressarem na Pastoral da Juventude, os jovens tendem a participar, também, para além do espaço eclesial, de outros espaços de atuação sociais, tais como: Partidos Políticos, Sindicatos Rurais e Urbanos, Movimentos Sociais, Associação de Rádios Comunitárias entre outros. A marca da esperança, do idealismo e da generosidade, tendo em vista a busca de uma sociedade melhor, é uma característica fortemente apontada pelos entrevistados. Segundo um jovem entrevistado, "[...] existem muitos que são capazes de doar a sua vida para transformar esta realidade. Desenvolvem ações de conscientização, campanhas, trabalhos em diferentes espaços e veem no Projeto de Deus a fonte inspiradora para a libertação desses problemas e construção de um mundo novo". Para todos os entrevistados, a religião é importante, especialmente por favorecer a fé e o seguimento de Jesus Cristo; a vivência comunitária e fraterna e o compromisso com a construção de um mundo melhor. As críticas que possuem à Igreja, geralmente, são de caráter estrutural, nas relações de poder e na questão da incompatibilidade entre discurso e prática de muitas lideranças. E os elogios atribuídos à Igreja estão voltados à sua opção pelos pobres e ao seu compromisso social, na defesa da vida e luta pela paz, bem como na formação de lideranças leigas e atividades pastorais diversas. Ao analisar os resultados da pesquisa, Fernanda Segalin percebe que esses jovens:

> Na Igreja Católica, participam ativamente da vida das comunidades, exercem função de liderança eclesial e muitos deles são líderes ou participam ativamente de outros organismos sociais de luta e organização popular. A formação oferecida pela Igreja os torna capazes de perceber que a construção do Reino de Deus se dá por intermédio desses espaços sociais, por isso enfatizam que a Igreja contribui, sim, para formar militantes sociais. Em relação à Igreja Católica, os jovens possuem muitas expectativas, elogiam o intenso incentivo à formação de lideranças, consciência crítica, o processo de decisões colegiadas e coletivas através dos diversos conselhos constituídos, a organização das diversas pastorais, a provocação feita aos cristãos para defenderem a vida partindo da Fé em Jesus Cristo. [...] Manifestam a indignação frente ao conservadorismo, burocracias, decisões centralizadas [...]. Esses jovens, de forma geral, elogiaram a atuação da Igreja junto à juventude, o que não exclui o desabafo de que em algumas localidades a opção é só discurso. Faltam recursos humanos e financeiros para incentivar o trabalho de evangelização no mundo juve-

---

[32] Cf. SEGALIN, F. C. *Juventude e Igreja*, 2009.

nil; dificuldade de diálogo e falta de confiança são algumas das dificuldades enfrentadas.

Mesmo com toda a diversidade de grupos, associações e organizações, na realidade atual, muitos jovens que se identificam com membros de grupos ligados e articulados a uma instituição religiosa e os das pastorais da juventude são os de maior número, porém pesquisas científicas a respeito dessa realidade são praticamente inexistentes. É mais comum pesquisadores se interessarem por dimensões exóticas ou do campo educacional da realidade juvenil. O cotidiano e o interesse mais generalizado dos jovens têm tido pouca relevância científica. Os extremos, cuja raridade de experiências domina: de um lado, aparece o "apocalipse", a tendência para o caos e a morte, e, de outro, a possibilidade de experiências e realidades totalmente diferentes das vividas no cotidiano juvenil, passam a ser objeto de estudos prioritários de muitos pesquisadores desse setor, assim como da mídia em geral. É claro que as generalizações, segundo um dos métodos da pesquisa científica, decorrem necessariamente das particularidades, das experiências, de "um" cotidiano interpretado e comparado com "outros".

Uma das perguntas dessa mesma pesquisa visava captar as sugestões que a juventude catarinense tem para fazer à Igreja. Houve 161 sugestões que, agrupadas em categorias, apresentam como principais insistências: o apoio ao protagonismo juvenil, priorizando as PJs e a formação de jovens; a opção pelos pobres e jovens, com iniciativas de combate ao uso de drogas e à violência e de inclusão social e religiosa dos jovens; e repensar a Igreja, a fim de que se torne mais dinâmica, acolhedora, participativa, moderna e menos moralista e materialista.

A pertença e a importância da religião aos jovens

Para a juventude, a sua pertença a uma determinada crença ou denominação religiosa não decorre mais da tradição. Pesquisas apontam para certa ruptura com as instituições religiosas e um crescimento dos que se declaram sem religião, ateus ou agnósticos.[33] A população jovem é que apresenta maior índice dos que se denominam sem religião: 9,3%, enquanto na população adulta, esse índice é de 7,4%. O catolicismo tradicional é substituído por uma espiritualidade mais dinâmica, corpórea,

---

[33] ABRAMO, H. W.; BRANCO, P. P. M. (Org.). *Retratos da juventude brasileira*, p. 374. O Censo de 2000 registra que, dentre os jovens brasileiros, de 15 a 24 anos, 73,6% se declararam católicos; 14,1% evangélicos (3,9% históricos e 10,2% pentecostais); 9,3% sem religião (incluindo 1% ateus/agnósticos); e 3,0% espíritas, afro-brasileiros e orientais.

auditiva e orante. Cresce o número dos que acreditam em forças superiores espirituais ou divinas, que se manifestam para pessoas, em detrimento do número dos que acreditam em Deus conforme a sua religião determina.

Outras pesquisas

Em outra pesquisa, realizada no Rio de Janeiro, em 2001, coordenada por Regina Novaes,[34] percebeu-se um contraditório tripé que se faz presente na experiência dos jovens, a saber:

a) forte disposição para mudança de religião;

b) ênfase na escolha individual, gerando maior disponibilidade para a reafirmação pessoal do pertencimento institucional;

c) desenvolvimento de religiosidade sem vínculos institucionais. Essa pesquisa chamou a atenção para o fato de que mais da metade dos entrevistados – caracterizados como classe C – mudaram de religião. No extrato mais pobre, dois fenômenos se destacaram: quase um terço dos jovens se declararam "sem religião" e mais jovens se declararam evangélicos pentecostais do que católicos praticantes; e que metade dos entrevistados que declararam ter pais ateus ou agnósticos também declararam ter eles próprios uma religião.

Segundo a antropóloga Regina Novaes, o jovem "entra e sai das religiões com facilidade" e isso pode derivar do fato de que aumentou a liberdade religiosa das últimas gerações, porque os próprios pais já não conseguem mais transmitir aos filhos a sua denominação religiosa, em boa parte dos casos por serem adeptos de denominações religiosas diferentes e muitas famílias serem plurirreligiosas. Segundo uma pesquisa realizada com estudantes universitários da PUC de São Paulo, 47% deles integram famílias em que ao menos um dos membros adere a uma posição religiosa diferente dos demais.[35] Essa mesma pesquisa apresenta como aspectos mais positivos das religiões a sua dimensão humanitária, solidária, a capacidade de reunir pessoas em torno de uma causa e até mesmo de transformar a sociedade; destacaram-se, também, a promoção da comunidade e do bem-estar, a capacidade de religar, a condução pelo caminho da luz, a moralidade, o amor incondicional a Deus e ao próximo, a crença na imortalidade, a oração

---

[34] NOVAES, R.; MELLO, C. Jovens do Rio. *Comunicações do Iser*, n. 57, ano 21.

[35] Jorge Cláudio Ribeiro realizou a pesquisa com alunos e alunas do primeiro ano de todos os cursos de graduação da PUC-SP, somando um total de mais de 3 mil jovens. O estudo analisa a forma como eles se relacionam com as religiões.

para superar obstáculos, a promoção da paz e defesa da ética, entre outras, como características positivas das religiões. Ao criticar as religiões, os jovens foram contundentes contra o fanatismo, o conformismo, o autoritarismo, o emocionalismo, a manipulação, a dominação e a exploração financeira exercida por parte de dirigentes religiosos sobre os fiéis. Ao perguntar sobre a participação em rituais religiosos, essa pesquisa constatou que 63% dos jovens universitários somente praticam a religião em situações especiais, ou não a praticam, e apenas 37% deles a praticam semanal ou mensalmente. Os índices mais altos de frequência ocorrem entre estudantes de Educação; seguem-se os de Exatas; Biológicas; Jurídicas e Econômicas; ao final, os de Humanas. Os universitários de 17-18 anos são os de maior frequência, que cai na faixa de 19-20 anos e sobe na faixa de 21 a 25 anos. A escolaridade dos pais parece influir no nível de comparecimento dos sujeitos a rituais. É claramente maior o nível de assiduidade ritual dos jovens quando a escolaridade dos pais é menor que a graduação; a linha decai quando os genitores completaram a universidade e, mais ainda, depois de concluírem uma pós-graduação. Outro dado importante, relativo à participação dos jovens nos rituais religiosos, é a renda familiar, cuja participação é inversamente proporcional à renda. Quanto maior a renda, menor a participação e vice-versa. Sendo que, praticamente, não há diferenças na participação ritual dos que ganham acima de 11 e acima de 50 salários mínimos.

Ao analisar os resultados da pesquisa realizada com jovens universitários da PUC-SP, Jorge Claudio Ribeiro constata que:

> Verifica-se em nossos jovens, em comparação com seus pais, uma sensível redução na adesão religiosa e uma menor aceitação da autoridade das Igrejas. No entanto, um número expressivo dos universitários ainda acredita num ser transcendente. [...] eles têm respeito pela ética das religiões e nutrem uma atitude tolerante e não exclusivista em matéria religiosa. Mas as religiões só são consideradas significativas se/quando contribuem para a experiência pessoal da fé. Por outro lado, [...] os sujeitos não hesitam em fazer carga contra Igrejas concretas, sobretudo quando estas induzem à submissão e se proclamam donas da verdade. Por trás dessas críticas há uma positividade baseada na afirmação de que cabe principalmente a cada um definir a própria vida, que lutar pelo que se acredita tem valor ritual e que nenhuma religião é a única verdadeira. Ao expressarem suas críticas, os universitários afirmam a primazia (mas não exclusividade) da razão, o valor da autonomia, da experimentação, do pluralismo e da imersão neste *saeculum*. [...] Eles consideram, assim, que o tempo e a história trazem novas questões e suscitam respostas novas, que nenhum conhecimento é definitivo, que estamos radicados num mundo em constante

mutação. O respeito à igualdade entre gêneros e religiões é um princípio ético fundamental. Em sua raiz, esses valores revelam características marcantes de uma religiosidade que é movida pela fé, a qual, sendo energia, pode compor-se com a razão.[36]

Não se pode descartar a hipótese de que haja pensamentos, vivências ou comportamentos naturalmente religiosos no ser humano, porém o mais provável é que eles sempre se desenvolvem sob condições e influências de natureza psicossociocultural. Os primeiros pensamentos e vivências religiosas começam a se processar na vida da criança no início de maneira mais intuitiva, pré-lógica e animista. A família e, especialmente, os pais formam o espaço da socialização primária da vida religiosa que, somente depois, na adolescência, a partir da escola, da comunidade, de grupos e instituições diversos, passa por um novo processo de socialização que se prolongará por toda a vida. A religiosidade recebida da família pode se manter e ser significativa por toda a vida, mas, também, pode ser substituída por outras orientações religiosas ou, mesmo, por uma atitude agnóstica ou ateia. Na adolescência, abrem-se diversos espaços de socialização da vida religiosa, a participação em atos litúrgicos, em grupos de jovens, na catequese, nas escolas bíblicas, entre outras, assim como na participação em outros eventos culturais, artísticos, sociais e dos meios de comunicação.

Ao cruzar dados de várias pesquisas sobre a questão da religiosidade da juventude brasileira, Alexandre Brasil Fonseca e Regina Novaes,[37] dentre um leque de outros elementos por eles considerados, destacam:

> • A pertença religiosa no Brasil por classe social parece ter a seguinte perspectiva ou tendência: o índice de jovens que se declara católico aumenta de maneira inversa ao poder aquisitivo; entre os protestantes, os de "outras religiões" e os sem religião o índice aumenta na classe média; entre os espíritas e os ateus o índice aumenta de acordo com o aumento do poder aquisitivo.
> • O assunto "religião" no Brasil aparece entre os temas mais presentes nas conversas em família. Por um lado, especialmente das conversas entre o jovem com a sua mãe, a religião aparece como tema mais recorrente para 40,8% dos

---

[36] RIBEIRO, J. C. *Religiosidade jovem: pesquisa entre universitários*, pp. 224s.

[37] FONSECA, A. B.; NOVAES, R. Juventudes brasileiras, religiões e religiosidade. In: ABRAMOWAY, M.; ANDRADE, E. R.; ESTEVES, L. C. G. (Org.). *Juventude: outros olhares sobre a diversidade*, pp. 147-170. Nessa pesquisa, cerca de dez mil jovens de 15 a 29 anos foram entrevistados; cf. Unesco. Pesquisa *Juventude, juventudes: o que une e o que separa*, 2004; cf. NOVAES, R.; MELLO, C. *Jovens do Rio*, 2002.

jovens; por outro, praticamente nesse mesmo índice, o tema se faz também ausente nas conversas entre o jovem e o seu pai. No entanto, 21,5% dos jovens conversam muito com o pai sobre religião e 24,9% dos jovens não conversam com as suas mães sobre religião.

• Dentre um vasto leque de possibilidades e escolhas, 5,4% dos jovens afirmam que, ao sair de casa, a atividade que mais gostam de fazer é ir à igreja. Essa escolha está em sexto lugar nas escolhas dos jovens como opção de lazer ou de ocupação fora de casa; somente perdeu para "reunir-se com amigos" (15,3%), praticar esportes (12,3%), dançar (9,1%), ir a festas (8,9%) e ir a bares (8,3%). Outras escolhas diversas, de menor importância, somaram 40,7% das opções preferidas pelos jovens.

• Dentre os espaços citados como locais em que os jovens costumam se encontrar ou reunir, a igreja aparece em sétimo lugar, com 10,9% das opções dos jovens.

• Ao perguntar sobre a participação social do jovem em algum grupo ou organização social, comtata-se que, no Brasil, 81,1% dos jovens que afirmam participar ou ter participado de alguma organização social, e que somam 22,1% do total da juventude, afirmam que seus grupos de participação são de cunho religioso.

• Cerca de 10 milhões de jovens brasileiros destacam, assim, o valor e a importância de participarem, identificarem-se e pertencerem a grupos religiosos. Isso denota uma presença e um sinal de que a religiosidade e a filiação religiosa continuam sendo um fator de agregação social e algo que faz sentido para as novas gerações.

• Para cerca de 30% dos jovens, independentemente da sua religião, há uma percepção de que a democracia não representa um elemento primordial para a vida em sociedade. Ao perguntar sobre o interesse pela política, por religião, encontra-se o "maior interesse" pela política entre os espíritas, seguido dos católicos; o "médio interesse" está entre os espíritas, seguido dos protestantes; o "pouco interesse" está entre os sem religião, seguido dos católicos; e o "nenhum interesse" está entre os ateus, os de outras religiões e os sem religião.

Nesse campo, vale destacar outra pesquisa realizada em Santa Catarina, na qual foram entrevistados 240 jovens, sobre assuntos pertinentes à própria Igreja e ao seu trabalho e desafios junto à juventude. A primeira constatação é que a religião é considerada de grande valor para os jovens: 86% deles afirmaram que a religião é muito importante, 13% que é importante e apenas 1% a considerou nada importante.[38]

---

[38] Pesquisa realizada pelo Regional Sul IV da CNBB, entre os meses de junho e setembro de 2006, com 240 jovens de Santa Catarina: 23% são do campo; 49% da cidade-centro e 28% da cidade-periferia; 54% do sexo feminino e 46% do

Ao afirmar que a religião é muito importante, esses jovens sugeriram várias razões, dentre as quais aparece que é porque "tem relação com o sentido da vida, horizonte de sentido"; "pelos valores morais, éticos e familiares (serve como orientação, base e fundamento da vida) e nos torna melhores, mais humanos"; "por causa da fé, Palavra de Deus, seguimento de Jesus (é uma escola que nos educa para o amor e para a vida)"; "porque dá força, autoestima e apoio para superar problemas e vencer obstáculos (ter um futuro melhor)"; "por causa do valor da comunidade"; "por causa da esperança de transformação social e libertação"; "por causa dos valores espirituais que defendem e vivenciam"; "por causa de uma experiência ou vivência de vida significativa na Igreja"; "por ser uma dimensão da vida, ajuda no equilíbrio humano e social. É uma necessidade vital"; "por nos dar uma identidade e pertença a um grupo"; e "por causa da tradição que assim nos educou".

Nas afirmações de que a Igreja é pouco ou nada importante, apareceram críticas como: "pela forma com que as pessoas conduzem a Igreja"; "como ela é imposta, se torna pouco agradável. Deve ser convidativa, agradável e receptiva"; "a Igreja não nos ajuda e só nos critica. Não muda nada, não faz diferença"; "a Igreja é muito pacata e há coisas mais importantes e empolgantes; outras prioridades"; "a religião se transformou em um comércio"; e ainda "o que o mundo precisa é de um estilo de vida baseado em Cristo, e não de uma religião. O que vale é ter fé, acreditar em Deus, em Cristo, mas a religião não é necessária".

Enfim, dentre os que afirmaram que a religião não é nada importante tem-se o comentário: "Lido com as questões existenciais sem depender de religião. O importante é crer em Deus e ter fé, e para isso não preciso da religião. Deus é um só e todas as religiões falam diferente sobre ele".

Ao perguntar sobre os aspectos considerados de maior importância na atual forma de atuação da Igreja, os jovens responderam que são, respectivamente: a catequese e o ensino da doutrina católica, o aspecto celebrativo-devocional, a formação de lideranças e a sua ocupação com os mais pobres. A questão político-partidária, a atuação junto aos meios

---

masculino; 72% têm escolaridade até o ensino médio completo e estão ou já completaram o ensino superior; 58% dizem atuar na Igreja; e 35% atuam em ONGs, movimentos sociais e organizações profissionais e partidos políticos. Os demais se identificaram como empresários, seminaristas, de outras religiões ou igrejas... Essa pesquisa foi realizada em preparação à 39ª Assembleia Regional de Pastoral – CNBB Sul IV, acontecida nos dias 22 a 24 de setembro de 2006, cujo tema central foi a Juventude.

de comunicação e junto às universidades foram considerados os itens de menor relevância.

Nessa mesma pesquisa, perguntou-se sobre a identidade da Igreja. Nesse aspecto, 64% das afirmações foram positivas, destacando-se os seus aspectos de acolhida, organização e compromisso com o povo; dos aspectos negativos, que somaram 30% das afirmações, aparecem as definições de autoritária, fechada e atrasada. Nos termos da atuação e reconhecimento do papel da Igreja na sociedade, esses mesmos jovens apontaram com maior índice de aprovação: a defesa dos direitos humanos e a luta pela paz; o aspecto celebrativo-litúrgico e a sua credibilidade. Já a sua postura moral e em relação à sexualidade, o seu discurso político ou a sua visão de mundo, bem como as suas normas de organização interna – celibato dos padres, não ordenação de mulheres, valorização de leigos e leigas – foram considerados aspectos mais criticáveis ou negativos da Igreja. Ao questionar qual deve ser a atuação da Igreja junto à juventude, os entrevistados consideraram como prioridade a organização e o incentivo de grupos de jovens, seguida da formação de lideranças jovens e, ainda, o apoio às Pastorais da Juventude. As iniciativas de combate à violência e o apoio a Movimentos Eclesiais e populares de Juventude ficaram entre os itens de menor relevância.

Eu e os outros jovens

Outra pesquisa semelhante foi realizada junto a duas escolas diocesanas de formação para jovens. Primeiro, na diocese de Joinville-SC, depois na diocese de Caçador-SC. Ao perguntar a 46 jovens da Escola Diocesana de Joinville sobre a sua identidade, a partir das questões: quem sou, o que penso, o que quero, o que gosto e o que faço, foi possível perceber que, dentre as 230 caracterizações pessoais, apareceu, em cerca de 23% das afirmações, que o desejo de felicidade e uma realidade de alegria, amizade, amor, companheirismo e paz são os elementos primazes da autodefinição desses jovens. Em segundo lugar, com 21% das afirmações, aparece o jovem como guerreiro, sonhador, lutador, idealista, promotor de mudanças e melhorias, agente de construção de um mundo melhor, político, que procura ajudar os outros, especialmente os outros jovens, deixando-os felizes. Em seguida, ganhando a terceira posição, com 17% das afirmações, está a perspectiva da religião ou religiosidade, o relacionamento com Deus, o seguimento de Jesus e a participação na Igreja. A ênfase nos desejos pessoais, tais como viver a vida, aproveitar ou curtir a vida, fazer o que se gosta, viver bem, ter uma boa carreira, o valor da família, da música e do esporte, aparecem em quarto lugar, com 14% das afirmações. Outras atitudes ou características pessoais, como de pessoa sensível, indecisa, humilde, tímida, fiel, persistente, ansiosa, incompreendida, ágil, dinâmica que trabalha, estuda, erra, faz bagunça, conquista, entre outras, ganharam a quinta colocação, com cerca de 12% das indicações. Houve ainda outras definições sem maior relevância.

Em síntese, os aspectos positivos a respeito de si mesmos somaram-se em torno de 90% das afirmações, sendo que as demais sugerem que os jovens são "normais" ou definidos de maneira vaga ou ininteligível; praticamente não aparecem aspectos negativos a respeito de si mesmos, apenas uma ou duas autocríticas.

Na mesma questão pediu-se para cada jovem opinar a respeito dos demais jovens. Isto é, como são, o que pensam, querem, do que gostam e o que fazem os "outros" jovens. Foi explicado que cada jovem não se preocupasse em observar as exceções, mas, sim, as características que se pareciam dominantes nos jovens na atualidade. Diferentemente das respostas da primeira questão, nesta apareceu em primeiro lugar uma caracterização negativa do jovem. Dentre as 230 respostas a essa questão, 30% das afirmações a respeito dos "outros" jovens os classificavam como um problema, como inconsequentes, irresponsáveis, bagunceiros, aproveitadores da vida, dados às coisas do mundo, à libertinagem, a loucuras, que só pensam em festa e diversão, inclusive levando a destruir a si mesmos e aos outros. Em segundo lugar, aparece a dimensão relacional, alegre, esperançosa e de atuação transformadora dos jovens. Sobressaem aqui, com aproximadamente 28% das afirmações, as definições dos jovens como amigos, companheiros, dinâmicos, revolucionários, felizes, interessados em melhorar o mundo, que buscam a liberdade e a paz, a felicidade de si e dos outros; responsáveis, informados, afetivos, carinhosos, amorosos, audaciosos, pessoas maravilhosas, que trabalham, lutam e fazem acontecer melhorias. Em terceiro lugar, com 21% das afirmações, aparecem os jovens como pessoas voltadas para a satisfação de seus próprios desejos e interesses, porém, ao mesmo tempo, carentes, dependentes, fechadas, *ligths*, dadas ao presente, normais, conduzidas ou dominadas pelo mundo, tranquilas, indecisas, que vivem sem grandes objetivos e sonhos, mas que pensam em tudo, em muitas coisas, em suas necessidades. Ao falar de como são os "outros jovens", a importância de Deus, de Jesus Cristo, da Igreja, da oração, do interesse em evangelizar aparece em 7% das afirmações. As demais se referem a questões diversas e sem relevância.

Essa mesma pesquisa foi realizada com jovens da Escola de Juventude da Diocese de Caçador. Ao perguntar a jovens da Escola de Juventude – EDIJUV, da Diocese de Caçador, sobre a sua própria identidade, a partir dos indicativos: quem sou, o que penso, o que quero, o que gosto e o que faço, foram oferecidas cerca de 30 respostas para cada indicativo, somando um total de 150 respostas; algumas são ambíguas e com mais de uma definição, mas assim mesmo foram agrupadas em torno de 5 conceitos.

Em primeiro lugar aparecem, em 41% das afirmações, qualificações que denotam jovens com autoestima e de bem com a vida: feliz, alegre, amigo, companheiro, amado (ou amoroso), extrovertido, de paz, descontraído, inteligente, criativo, trabalhador, realista, perseverante, simples, humilde, sincero, verdadeiro. Em segundo lugar, com 24% das afirmações, há jovens que desejam e/ou lutam por um mundo melhor: batalhador, lutador, sonhador, que procura construir um mundo melhor, idealista. Em seguida, com 17% das afirmações, ficando em terceiro lugar, aparecem jovens em processo de formação, que destacam o valor da família e da religiosidade: cristão, dedicado à família, que ama a vida e a Deus, participa da igreja, dos grupos de jovens, que reflete, pensa, procura conhecer. Em quarto lugar aparecem os jovens mais preocupados consigo mesmos: que procuram satisfazer seus desejos, interesses, planos, objetivos, com 13% das afirmações. Pelo lado da autocrítica, em quinto lugar, com 5% das indicações, aparecem os jovens frustrados e infelizes: problemático, confuso, sem perspectivas, desencontrado, com dificuldade de relacionamento (com pais, familiares etc.).

Ao perguntar a jovens da Escola de Juventude – EDIJUV, da Diocese de Caçador, sobre a identidade dos outros jovens que eles conheciam (em geral, ou na sua maioria), a partir dos indicativos: quem são? O que pensam? O que querem? O que gostam? E o que fazem?, foram oferecidas a essa pesquisa cerca de 30 respostas para cada indicativo, somando 150 respostas; algumas são ambíguas e com mais de uma definição, mas assim mesmo foram agrupadas em torno de cinco conceitos.

Em primeiro lugar, com 31% das afirmações, os jovens foram citados como frustrados ou manipulados, alienados e consumistas, que só querem festa e prazer, mas sem compromisso; despreocupados com as realidades sociais, infelizes, passivos, acomodados, de vida fácil, com drogas, violência; revoltados, desunidos, calados, sem causa. Em segundo lugar, com 25% das afirmações, aparecem como pessoas que desejam e/ou lutam por um mundo melhor; destaca-se a união dos jovens, que pensam no futuro, são guerreiros, sonhadores, procuram espaços na sociedade, ter voz e vez, reconhecimento, lutadores, persistentes, que procuram seus direitos, cidadania, um mundo mais humano, solidário e com paz, qualidade de vida, e promovem mobilizações sociais. Em seguida, com 21% das afirmações, são identificados com pessoas com autoestima e de bem com a vida, amigas, criativas, que gostam de diversão, de música, de cantar, dançar, de festas, e procuram ser independentes, livres, alegres, felizes, animadas. Misturando reflexões positivas com negativas, em quarto lugar, com 15% das afirmações, aparecem jovens mais preocupados consigo mesmos (egoístas, individualistas), que tentam chamar a atenção, fazer o que querem sem medir as consequências, realizar seus desejos e caprichos no aqui e agora, colocar-se no centro do mundo, buscar bens materiais e *status*. Ainda em outras definições, com 8% das afirmações, há aqueles à procura ou destacando a importância do trabalho, do estudo, do valor da vida, da formação, da família, da religiosidade e da fé.

Enfim, reafirma-se a ideia de que a identidade religiosa supõe uma pertença, porém, tanto uma como outra não são fixas, mas, sim, dinâmicas. Por mais que alguém se defina como católico durante toda a vida, pode-se perceber que não é a mesmo "católico" hoje como foi há cinco décadas, e o fato de os brasileiros terem hoje menor índice de participação nos ritos e práticas religiosas dominicais não os impede de continuar católicos. Assim como na sociedade moderna, em que tudo parece ter sido colocado num ritmo cada vez mais acelerado, também se poderia perceber na própria maneira de vivenciar a religiosidade um rápido e permanente processo de reelaboração e ressignificação. As próprias identidades estão sujeitas às transformações e às reelaborações daí decorrentes, deixando de ser um dado fixo do "eu" e passando a ser resultado de uma série de fatores interconectados que influenciam na permanência ou na mudança desse mesmo "eu". Há uma dialética ou duas faces indissociáveis na identidade religiosa: aquela que assume os valores do mundo ou defende para ele novos valores e a que procura a promoção individual.

3.2 A força sociopolítica da religião cristã desafia os jovens

> *O mito move o ser humano na história. O*
> *proletariado tem um mito: a revolução social. Esse*
> *mito se move com uma fé veementemente ativa.*
>
> *Mariátegui*

Como foi possível perceber, as pesquisas sobre juventude e religião permitem afirmar que é inegável a influência dos valores religiosos na construção da cidadania e, também, da identidade juvenil. Existe uma afinidade eletiva entre religião e política que ocorre sempre que a vivência da religiosidade é capaz de transcender a experiência humana e nortear a conduta da pessoa religiosa no cotidiano. A esfera religiosa permeia a participação do indivíduo na esfera social. Os valores religiosos podem ser causa de participação social, na medida em que assumem uma dimensão coletiva e pública. A esfera religiosa pode ser uma referência para a participação social, política e democrática. A vivência religiosa pode fomentar a experiência da cidadania e o engajamento social.

Religião e marxismo: rupturas e aproximações

Desejamos, aqui, proporcionar uma reflexão sobre afinidades eletivas entre religião e marxismo na busca de uma nova sociedade, considerando e desafiando os jovens ao protagonismo, na práxis sociotransformadora. Ernst Bloch vai ser apresentado como um ponto de partida e uma referência fundamental da aproximação entre religião cristã, marxismo e juventude. Dentre os muitos filósofos e sociólogos citados por Bloch em suas obras, e que devem ter influenciado o seu pensamento, destacam-se Feuerbach, Marx, Engels, Rosa Luxemburgo, Gramsci e Weber, os quais, também, serão contemplados, especialmente no que tange às suas reflexões sobre a relevância e a influência da religião na edificação da sociedade.

Comumente ouve-se que a Igreja Católica condenou o marxismo e que os "marxistas" reduziram a religião à conotação de ópio do povo. Essa concepção ganha, sim, de Marx uma reflexão, mas ele não fez apenas essa afirmação. Disse também que, além de ser uma felicidade ilusória de um mundo que precisa de ilusões,

> a religião é a teoria geral deste mundo, seu compêndio enciclopédico, sua lógica em forma popular, sua solene completude, sua justificação moral, seu fundamento universal de consolo e legitimação. A religião é expressão de sofrimento real, protesto contra um sofrimento real, suspiro da criatura oprimida, coração de um mundo sem coração, espírito de uma situação sem espírito...[39]

Logo, sem mudar a situação que necessita de ilusões, não se podem mudar as ilusões provindas de uma dada situação! Eis o porquê da necessidade do ser humano de quebrar as correntes que o aprisionam e poder colher a flor viva da vida e da liberdade, como sugeriu, poeticamente, Rubem Alves. Ele acrescenta que Marx também sonhava e imaginava. Ele se perguntava sobre a possibilidade de outro tipo de trabalhos que desse felicidade e prazer aos homens. Trabalho como expressão da liberdade,

---

[39] Cf. ALVES, R. *O que é religião?*, pp. 69-82.

atividade espiritual criadora, construtor de um mundo em harmonia e sem opressores e oprimidos. É do próprio marxismo que Bloch assumiu uma "perspectiva religiosa" ao falar da religião em sua função de denúncia profética da sociedade baseada no lucro, na opressão e na alienação, combinada com a visão escatológica de uma nova ordem onde seriam superados os antagonismos de classe e os meios de produção seriam comunitários.

Feuerbach mereceu diversas páginas dos escritos de Bloch. Em relação aos conteúdos religiosos, Bloch entende que Feuerbach fê-los "retornarem do céu para o ser humano", de tal maneira que este não foi criado à imagem fiel de Deus, mas Deus à imagem fiel do ser humano, mais exatamente, "à imagem do respectivo modelo ideal de ser humano". Assim surge o divino como imagem do desejo, humanamente hipostasiada. É uma "teoria do desejo da religião" ou uma "antropologização da religião", ou a revogação da "duplicação celestial do ser humano" que, segundo Bloch, apresenta um ser humano estaticamente predeterminado, carecendo de um conceito utópico. Para além, e tecendo uma crítica a Feuerbach, Bloch sugere que "não somente o sujeito deve ser concebido de modo utópico, como exigência de devolução de toda a plenitude cedida aos deuses, mas também a natureza que o circunda; ela de modo algum deve apresentar-se como finalizada...".[40]

Sem sombra de dúvidas, Bloch foi grande conhecedor de todos os importantes relatos da modernidade, entre eles os de Karl Marx e os dos neomarxistas. Marx gastou boa parte de seu tempo procurando compreender a religião. Ao estudar o capitalismo, percebeu que este não produz apenas mercadorias, mas também sua legitimação ideológica sob a forma de religião, de teologia e de filosofia. Nesse sentido, a religião estaria organicamente ligada a um sistema específico de relações de produção. Marx elaborou a ciência do capital e percebeu que a religião não era culpada pelas desgraças e sofrimentos da humanidade e previu que nada era mais impossível que a eliminação de ideias ou crenças, ainda que falsas, das cabeças dos homens. A religião, porém, não fazia diferença alguma. Ela era sintoma, reflexo, imagem invertida, sombra, eco de um mundo real, a ser transformado, desde a sua base material. Percebeu que não se mudavam as condições de vida pela crítica da religião, como faziam muitos filósofos da sua época, mas pela transformação das relações de produção, da infraestrutura econômica.

---

[40] Cf. BLOCH, E. *O princípio esperança*, v. 3, pp. 368 a 371.

Max Weber foi professor de Bloch e, por isso, também deve ter sido uma referência importante em seu pensamento. Michael Löwy, marxista convicto, encantado com a teologia da libertação latino-americana, um dos maiores leitores de Bloch da atualidade, gastou parte considerável dos seus escritos tentando mapear possíveis aproximações e diálogos entre conceitos de Marx e Weber, sobre religião. Ele aproxima-os ao afirmar que ambos parecem concordar que o espírito do capitalismo, ou o próprio capitalismo como sistema econômico, teria sido sobremaneira influenciado pela reforma. Löwy reconhece que "A Ética protestante..." é "precisamente um estudo brilhante, penetrante e profundo da correlação, da relação íntima, da congruência entre estas duas estruturas culturais: a ética protestante e o espírito do capitalismo...".[41] Bloch também entende, como Weber, que "a influência de ideias religiosas sobre a cultura material está realmente acima de qualquer dúvida".[42] Se o período de desenvolvimento capitalista foi, em grande parte, determinado por influências religiosas, tanto favoráveis quanto desfavoráveis, também uma nova sociedade, a sociedade socialista, o será. Sendo assim, nem uma interpretação materialista unilateral nem uma bitolada interpretação causal "espiritualista" da cultura são bem-vindas ao pensamento blocchiano.

O próprio Marx, segundo Löwy, não quis reduzir a religião à economia, pois não negou a eficácia histórica das ideologias religiosas. Marx reconheceu que a religião pode desempenhar, durante certo período, o papel principal; a economia não é determinante senão em "última instância", no sentido em que designa a função estrutural, o papel e a importância da esfera religiosa. Ao observar a importância da política nos tempos antigos e da religião na Idade Média, o próprio Marx revela a impropriedade da interpretação materialista da história. Ele mesmo afirmou que "os homens fazem a sua própria história, mas não a fazem exatamente da maneira como gostariam; eles não a fazem em circunstâncias escolhidas por eles mesmos, mas em circunstâncias diretamente recebidas, dadas e transmitidas pelo passado".[43] A partir da "Ideologia Alemã", a religião começou a ser estudada como realidade social e histórica (ou como um sistema cultural), como ideologia, ou seja, uma das produções espirituais de um povo. É nesse sentido que Bloch assume de Marx o caráter duplo do fenômeno religioso:

---

[41] LÖWY, M. *A guerra dos deuses.* pp. 35-54.

[42] WEBER, M. *Os pensadores*, p. 233.

[43] Cf. SINGER, P. *Marx*, p. 60.

de legitimação e protesto contra as condições existentes, e acrescenta ao caráter de protesto e resistência a importância da profecia e da utopia.

Engels, Gramsci e outros

Engels elaborou um paralelo entre cristianismo primitivo e socialismo moderno, como movimento dos oprimidos pela libertação; com a diferença de que o cristianismo primitivo aponta para o além e o socialismo, para este mundo. Ele percebe que a luta entre materialismo e religião não corresponde àquela entre revolução e contrarrevolução, ou entre classes opostas. Inclusive pode ocorrer o contrário: religião revolucionária e materialismo absolutista. Outros comunistas, como Cabet e Weitling, chegaram a afirmar que "cristianismo é comunismo".

Gramsci abriu ainda mais as portas da ciência política marxista para considerar a pluralidade e a riqueza das manifestações da cultura popular e, por sua vez, da religião. Ele, citado por Octavio Ianni, afirma que "nas manifestações da vida social e espiritual do homem comum há uma riqueza de ver, de pensar e de dizer que nem a ciência nem a política ainda exploraram devidamente".[44]

Ainda antes de Antonio Gramsci, Rosa Luxemburgo já havia defendido a tese de que a luta pelo socialismo se dava em nome dos verdadeiros valores do cristianismo original. Ambos apontaram para o caráter utópico da religião e para as contradições internas e históricas dela. É nesse sentido que Bloch procurou resgatar o caráter revolucionário da religião – não da religião teocrática das Igrejas oficiais, que aparecem como aparelho de mistificação a serviço dos poderosos –, mas da religião clandestina, subversiva, herética, contestadora e rebelde. Essa religião, ou essa "versão" da religião judaico-cristã, seria não uma "roupagem" de interesses de classe, mas uma das configurações mais significativas da consciência utópica, do princípio esperança.[45]

Löwy entende que Bloch seria um "ateísta religioso", um teólogo da revolução, capaz de produzir "não somente uma leitura marxista do milenarismo, mas, também, uma leitura milenária do marxismo, na qual a luta socialista pelo Reino da Liberdade é vista como herdeira direta das heresias escatológicas e coletivistas do passado".[46]

---

[44] In: VALLE, E.; QUEIRÓZ, J. J. *A cultura do povo*, p. 136.

[45] Cf. LÖWY, M. *Marxismo e teologia da libertação*, p. 21; LÖWY, M. *A guerra dos deuses*, p. 29.

[46] LÖWY, M. *A guerra dos deuses*, p. 30. O milenarismo é próprio das religiões de salvação. É a esperança de uma felicidade perene no mundo, quando os seres

Também alguns membros da Escola de Frankfurt compartilharam as ideias de Bloch. Entre eles destacam-se Max Horkheimer, Erich Fromm e Walter Benjamim; depois deles, Lucien Goldmann aproxima-se de Bloch ao comparar a fé religiosa e a fé marxista, afirmando que ambas têm em comum a recusa do individualismo puro e a crença em valores transindividuais; ambas têm uma aposta num futuro histórico ou transcendente, que pressupõe o perigo do erro e a esperança de sucesso. Também, na América Latina, entre outros, destaca-se o peruano José Carlos Mariátegui, que fala da força revolucionária não como algo que se funda na ciência, mas que "reside em sua fé, em sua paixão e vontade. É uma força religiosa, mística, espiritual".[47]

Tudo é política, mas política não é tudo

Pode-se dizer que sempre existe um conteúdo ideológico ou político em qualquer discurso, instituição ou movimento religioso. Logicamente que não se pode reduzir a religião a essas dimensões, mas, também, não se pode insistir demasiadamente num caráter neutro, nem numa pureza simbólica, nem na possibilidade da inexistência de conexões e articulações entre religião e política, onde quer que ambas existam. Tais conexões podem ser reciprocamente legitimadoras ou conflituosas. O desprezo pela dimensão religiosa em certos países socialistas parece não ter sido sustentado por muito tempo. Nos anos de 1980 constatava-se que o interesse religioso crescia, especialmente entre os jovens, nos países socialistas. Diferentemente do que se julgava da religião do passado, agora ela se fazia necessária para a continuidade da construção da sociedade socialista, para a defesa da paz e, também, devido a certo descontentamento encontrado entre jovens desses países.[48]

Religião e cidadania entre os jovens

Ao pensar a problemática da cidadania entre os jovens, faz-se necessário uma percepção e uma sensibilidade mais aguçadas que as tradicionais formas de análise e discurso. É preciso perguntar como os próprios jovens procuram conceituar e exercer o que entendem por cidadania. Dessa

---

humanos serão libertados pela divindade. O milenarismo foi considerado heresia pela ortodoxia cristã, pois, segundo esta, o Reino de Deus já existe na terra, e na Igreja, desde a ressurreição de Cristo.

[47] LÖWY, M. *A guerra dos deuses*, pp. 32-33.

[48] Cf. Relatório de MTI (Agência de Notícias Húngara), no jornal do Partido Socialista Húngaro, *Népszabadság*, de 26/10/1984, p. 4; citado por TOMKA, M. *O mal-estar da juventude e a religião*: a conjuntura húngara, p. 82 [556].

forma, não haveria uma cidadania preestabelecida pelo conjunto da sociedade em que existisse um espaço pertencente aos jovens e, justamente a esse espaço, seria possível questionar o grau de cidadania dos jovens; mas, ao contrário, o pesquisador haveria de se perguntar sobre quais e como os próprios jovens inventam e criam espaços diferenciados de cidadania, para além dos já estabelecidos e aceitos tradicionalmente. Existem muitas formas de reivindicação e de vivências de autonomia e de socializações diversas, que para os jovens podem ser consideradas formas de exercício de cidadania, mesmo quando não haja reconhecimento social. Apenas para citar dois exemplos muito simples: alguns jovens reivindicam o direito de estar na rua como espaço de cidadania e outros acreditam que ter acesso a uma escola ou universidade é mais uma obrigação e uma imposição social que um espaço ou conquista de cidadania. Intervenções políticas ou políticas públicas para a juventude podem não se tornar espaços de cidadania, já que os próprios jovens podem não se sentir sujeitos do processo de conquista dessas mesmas políticas. Muitas vezes, fala-se, ou propõe-se, que a cidadania se parece com um mapa a ser desenhado para que outros viessem a percorrê-lo. Mesmo que fossem mapas de futuro, não valeria a pena desenhá-los se ninguém se interessasse em percorrê-los. Da mesma forma, não se poderia perguntar aos jovens sobre o sentido ou a importância das políticas públicas para a juventude, quando se sentissem excluídos delas. Por mais que certas políticas lhes sejam garantidas como direitos, isso não significa que elas os transformem em cidadania. Para que um direito se transforme em elemento de cidadania, precisa ser internalizado e reconhecido socialmente como viável, capaz de satisfazer necessidades e/ou desejos particulares, específicos e não apenas universais.

A participação cidadã e a busca da superação da democracia meramente representativa para uma democracia participativa têm atraído muitos jovens. A luta por espaços de reconhecimento e por políticas públicas em nível local tem gerado um questionamento crescente em relação às atuais estruturas pesadas, burocráticas e ineficazes no que tange à implantação das decisões e projetos uma vez reivindicados e aprovados junto aos conselhos municipais e outros espaços de participação dos jovens na esfera pública (RUA, 1998).

Novaes e Fonseca, após uma análise, com cruzamento de diversos dados sobre juventude e religião na sociedade brasileira atual, concluíram que:

> Na emergência de um mundo religioso plural, já há um pluralismo religioso que se faz presente no seio das famílias, nas escolas, em espaços públicos. Conflitos não estão ausentes. Mas os jovens convivem hoje com velhos e novos

fundamentalismos, assumidos sincretismos, crenças seculares e religiosas na sociedade e na família. Diferentes trajetórias religiosas juvenis se inscrevem em um campo de possibilidades em que se pode escolher entre vivenciar a libertação (ou reescolha) da religião familiar de origem; fazer novas escolhas religiosas que não faziam parte da experiência de gerações anteriores e, ainda, de ser religioso sem religião. O desafio será sempre não desconsiderar essa importante dimensão da vida dos jovens, mas também não tratá-la isoladamente como se as religiões e religiosidades não estivessem no mundo sempre grávidas de historicidade.[49]

Tal como aconteceu em Cuba no início do processo revolucionário, os estudantes não se moveram no sentido de radicalizar sua marcha pela transformação porque eram jovens "desfavorecidos" e excluídos dos benefícios que aquela sociedade lhes podia oferecer, mas, sim, porque eram cidadãos. Talvez não fossem apenas os possíveis benefícios materiais futuros que moviam os jovens estudantes cubanos a fazer a revolução. Seu combate incorpora outra dimensão: o desejo de ver desmoronado o império dos valores universais do opressor e o prazer de lutar para ver elevados os valores culturais próprios daquela nação, assim como a causa socialista internacional e a esperança de um amanhã melhor. Sua revolta passa do âmbito estudantil para uma luta de significado social, fundamentada na consciência, no desejo e nos princípios revolucionários.

Não são poucos os casos em que muitos jovens se movem mais em torno de questões simbólicas que em torno de benefícios materiais. As mediações simbólicas, para uma parcela significativa da juventude, são tão ou mais importantes quanto a renda, ao menos para aqueles aos quais as necessidades básicas se encontram supridas. Um jovem que consegue ampliar seu acesso à cultura, à música, ao esporte, ao lazer, à tecnologia digital, entre outros, é capaz de renunciar ou abrir mão de muitos bens ou benefícios materiais e, inclusive, oferecer serviços diversos como voluntário, sem exigir nenhuma recompensa material. Nesse sentido, pode-se falar em "poder simbólico", tal como utilizado por Bourdieu,[50] como sendo "um poder de construção da realidade que tende a estabelecer uma ordem gnosiológica: o sentido imediato do mundo e, em particular, do mundo social". A religião, juntamente com a arte, a língua, fazem parte como

---

[49] Cf. NOVAES, R.; FONSECA, A. B. *Juventudes brasileiras, religiões e religiosidade*, pp. 167; 170.

[50] BOURDIEU, P. *O poder simbólico*, p. 8.

"estrutura estruturante" desse sistema. São "instrumentos de conhecimento e de construção do mundo dos objetos, como formas simbólicas".

Bourdieu fala da eficácia e do poder simbólico

Segundo Bourdieu,[51] "a religião, como estrutura estruturante, exerce um poder sobre as pessoas porque comporta símbolos estruturados e [...] os símbolos são instrumentos por excelência da integração social". Dessa maneira, não se podem reduzir as práticas religiosas a atos de alienação, ignorância ou masoquismo, mas se deve compreendê-las como parte constituinte e constituidoras da cultura. Esta, segundo Clifford Geertz,[52] deve ser concebida como um "sistema de significados construídos historicamente", ou como "sistemas entrelaçados de signos interpretáveis" no qual o ser humano se percebe "amarrado a teias de significados que ele mesmo teceu", e, como seres incompletos, inacabados, desinformados, em processo de formação, necessitados da cultura que os completa, informa, preenche. Fazendo parte de um "sistema de significados", as práticas religiosas têm a função de contribuir para a compreensão da identidade das pessoas, integrando-as à sociedade, e conferindo-lhes uma esperança e um sentido para a vida. Para Bourdieu, toda opção ritual e religiosa está carregada de justificativas "do existir" numa posição social determinada. E,

> [...] o interesse religioso tem por princípio a necessidade de legitimação das propriedades materiais e simbólicas associadas a um tipo determinado de condições de existência e de posição na estrutura social, dependendo portanto diretamente desta posição, a mensagem religiosa mais eficaz para satisfazer o interesse de um determinado grupo [...] é aquela que lhe fornece um sistema de justificação das propriedades que estão objetivamente associadas ao grupo, na medida em que ele ocupa uma determinada posição na estrutura social.[53]

Ao falar da eficácia e do poder simbólico, relacionado às temáticas da cidadania e da juventude, é necessário, em primeiro lugar, fazer um resgate histórico do conceito de cidadania. Na Antiguidade Grega, os cidadãos procuraram resolver conflitos sociais estabelecendo uma espécie de medida igualitária com leis que garantiam a todos os cidadãos certos direitos comuns, que não eram estendidos ao mundo do trabalho, dos escravos, das mulheres e crianças, mas apenas aos homens livres. Com as revoluções francesa e americana, reivindicações burguesas, libertárias e

---

[51] BOURDIEU, P. *O poder simbólico*, p. 10.

[52] GEERTZ, C. *A interpretação das culturas*, pp. 4s; 36.

[53] BOURDIEU, P. *A economia das trocas simbólicas*, p. 51.

igualitárias foram incorporadas em prol de um número maior de pessoas, e novos privilégios foram instituídos e antigos, abolidos. De qualquer forma, o conceito moderno de cidadania trouxe consigo o princípio universalista e naturalista dos direitos. Tal como a declaração dos direitos humanos, o conceito moderno de cidadania visava extrapolar as fronteiras de governos e nações e se estabelecer não somente em termos relacionados à práxis política, mas também no âmbito social, considerando a necessidade de ampliação crescente para todas as camadas sociais.

As liberdades burguesas foram garantidas e uma parcela significativa da população desfruta dos privilégios que esta lhes garante. Ir e vir, escolher uma profissão ou outra, onde morar, o que comunicar, que faculdade e curso participar, o que comer, como se vestir, o que consumir, opções sexuais, para quem votar e a oportunidade de ser votado, participar em organizações sociais, de classe, gênero, entre outras, são direitos geralmente garantidos em leis nacionais e/ou universais, tais como as dos direitos humanos. É verdade que, de um lado, existem governos que se estabelecem, impedindo o exercício de liberdades universais e, de outro, as próprias leis do mercado se impõem de tal forma que, para boa parte da população, essas liberdades são reduzidas à léxis, porque na prática elas são privilégios de apenas uma parcela da população.

Como certos governos se dão o direito de restringir direitos dos cidadãos, assim também os direitos mais universais tendem na atualidade a ceder espaço para os direitos individuais. A antiga lógica do "todos por um" cedeu lugar ao pensamento moderno do "todos por todos" que, por sua vez, nos umbrais ou já dentro da pós-modernidade, prima pelo direito do indivíduo, correndo assim o risco de se transformar em "todos contra todos" ou em "cada um por si" e "salve-se quem puder". Precisa-se considerar que não bastam liberdades garantidas em lei, instituídas como direitos humanos universais; faz-se necessário verificar a relação entre a léxis e a práxis do direito. Conforme afirma Minayo,[54] "entre a letra da Declaração dos Direitos Humanos que reconhece a igualdade ontológica de todos e a realidade vivida e reproduzida nos mais variados aspectos da dinâmica social, há uma abissal distância a ser percorrida na conquista da cidadania".

O poder público, os grupos religiosos e a democracia

Segundo Habermas,[55] as cosmovisões naturalistas não têm *prima facie* prioridade sobre concepções religiosas ou cosmovisões concorren-

---

[54] MINAYO, M. C. de S. et al. *Fala, galera*, p. 203.

[55] HABERMAS, J. *Entre naturalismo e religião*, pp. 126-128; 11.

tes. Cidadãos secularizados não podem negar que haja racionalidade nas cosmovisões religiosas. Essas, porém, precisam de tradução para se tornar acessíveis a todos no âmbito da esfera pública. Para que os grupos religiosos atinjam os objetivos políticos almejados, através de sua atuação nessa esfera, devem seguir, em primeiro lugar, as regras que nela imperam. A ação política é a única ou a mais competente a ser praticada. Não há outra forma de atuação política acessível aos diversos segmentos sociais, incluindo aqui os grupos religiosos, além do espaço público (político, democrático) que tem regras próprias a serem respeitadas. Habermas procura demonstrar que projetos que beneficiam diretamente os fiéis de determinada denominação ou das denominações religiosas em geral também são legítimos por ser desejados por grande parcela da população. Habermas considera que, para funcionar a esfera pública democrática, é preciso a solidariedade dos cidadãos e que um número relativamente grande de cidadãos satisfaça determinadas expectativas vinculadas à civilidade de seu comportamento apesar das diferenças de fé e de cosmovisões. A fé deve estar em consonância com o privilégio cognitivo das ciências socialmente institucionalizadas, bem como com a precedência do Estado secular e da moral social universalista.

Ainda seguindo as pegadas de Habermas,[56] pode-se afirmar que naturalismo e religião são mais complementares que excludentes e que, mesmo havendo uma primazia da esfera social sobre a religiosa, parece haver hoje uma busca maior dessa dimensão religiosa, não somente reduzida a uma espécie de recanto do mundo subjetivo e privado, mas também como força mobilizadora e transformadora, capaz de exercer um papel de compromisso e responsabilidade social em uma realidade em que as instituições reguladoras da justiça, do direito, da legalidade e da própria moral são altamente questionadas. Ele afirma que, por mais que na modernidade a religião tenha perdido o seu significado estruturador da sociedade, assim mesmo continuamos a receber dela uma "força inspiradora", a consciência daquilo que falta, daquilo que falhou, dimensões do convívio pessoal e social, nas quais os progressos da racionalização social e cultural provocaram danos irreparáveis.

Juventude x capitalismo e neoliberalismo

Os jovens na atualidade não resistem ou protestam apenas contra o capitalismo e o neoliberalismo, mas também contra o socialismo.[57] E a

---

[56] HABERMAS, J. *Entre naturalismo e religião*, p. 14.

[57] Prova recente disso foi o Protesto na Praça da Paz Celestial (Tian'anmen), na

relação entre juventude e capitalismo tem suas aproximações e rupturas. Uma das bandeiras da juventude na busca de cidadania tem como eixo a luta contra o capitalismo; paradoxalmente, a história do regime capitalista, segundo Otávio Ianni,[58] "tem sido a história do advento político da juventude. Em cada País em que se desenvolve o sistema capitalista de produção, os jovens assumem importância crescente no campo da ação política". Para ele "a recente história política dos países em que o capitalismo começa a desenvolver-se exibe nitidamente uma participação cada vez mais acentuada desse segmento da população".

Ao falar dos jovens contra o capitalismo, faz-se necessário, antes de mais nada, lembrar que o capitalismo nasceu "liberal". Ele se edificou a partir de uma "revolução industrial" que cresceu em oposição ou se projetando como superação da economia agrária, tradicional, feudal, pré-moderna, cuja sociedade era tida como conservadora e regida por ideias religiosas. As primeiras e grandes críticas ao capitalismo liberal foram normalmente atribuídas a Karl Marx, que é um dos mais reconhecidos estudiosos desse modo de produção. Ele denunciou as suas contradições, o seu lado irracional, anti-humano, alienante, fetichista, consumista, mercadológico e explorador da força de trabalho, principalmente das mulheres e crianças. Ele também deu positividade ao desenvolvimento das forças produtivas e outras inovações que seriam indispensáveis no processo de superação do capitalismo e instalação de uma economia socialista.

Devido às críticas, ao descontentamento, às lutas sociais, às reivindicações de cunho socialista, bem como por sugestão de algumas encíclicas papais e certos movimentos de Igreja, instalou-se em boa parte das nações um Estado forte e interventor, capaz de dar legitimidade e sustentação ao capitalismo, assim como certo bem-estar social para a população em

---

China, em 1989, mais conhecido como Massacre da Praça da Paz Celestial, onde ocorriam diversas manifestações lideradas por estudantes. Os manifestantes (em torno de cem mil) eram oriundos de diferentes grupos, desde intelectuais, que acreditavam que o governo do Partido Comunista era demasiado repressivo e corrupto, até trabalhadores da cidade, que acreditavam que as reformas econômicas na China haviam sido lentas e que a inflação e o desemprego estavam dificultando suas vidas. Os protestos consistiam em marchas (caminhadas) pacíficas nas ruas de Pequim. O governo, na noite de 3 de junho, enviou os tanques e a infantaria do exército à praça para dissolver o protesto. As estimativas das mortes civis variam entre 400 e 7 mil.

[58] IANNI, O. O jovem radical. In: BRITTO, S. (Org.). *Sociologia da juventude I*, p. 225.

geral. Nesse caso, o capitalismo passou a ser chamado, por muitos, como neocapitalismo. O capitalismo neoliberal volta a se impor no contexto da derrocada do socialismo e a ideologia antiestatista foi generalizada, tanto na versão socialista quanto na capitalista o Estado deixa de ser aplaudido. A parcela dos que dele se beneficiam parece cada vez mais reduzida, ao ponto de se sugerir um Estado mínimo, desresponsabilizando-o de suas funções e obrigações sociais, privatizando ou terceirizando suas tarefas e diminuindo sua força. Ele é acusado de incompetência, lentidão, burocratismo, corrupção e obstáculo para o progresso.

Ao que parece, as críticas feitas contra o Estado, acompanhadas do seu desmonte, permitiriam certa autorregulação e desenvolvimento da economia, cuja ideologia sugere haver uma evolução ou uma tendência para melhorar, cada vez mais, a sociedade. Nesse sentido, poder-se-ia imaginar que a iniciativa privada, as empresas, indústrias e o comércio, entre outros, "liberados" das forças opressivas do controle, dos impostos, das leis e do intervencionismo estatal, seriam capazes de um compromisso ou uma responsabilidade social maior, favorecendo, assim, automaticamente, ao conjunto da sociedade.

Se assim fosse, os jovens teriam mais facilidade ao primeiro emprego e até mesmo para abrir um empreendimento próprio, com maior garantia de sucesso, mas não é isso o que acontece. Inclusive, em termos teóricos, aparecem dois problemas nessa concepção: a crença no ser humano enquanto fundamentalmente bom, que permite sugerir a ideia da autorregulação da economia, e a realidade histórica que tem provado o contrário. A controvérsia se situa na corrente, que se parece mais coerente na atualidade, de que o ser humano não é fundamentalmente bom e, sim, contraditório, ambíguo, corruptível; logo, como poderia esse mesmo ser humano edificar um Estado bom, sem contradições, incorruptível? E se esse Estado é impossível, então haveria outro caminho para resolver os graves problemas da humanidade, tais como o ecológico e o da fome?

A juventude entende estar participando da construção de uma nova sociedade não como único sujeito histórico das mudanças, mas, sim, enquanto propositora de um novo jeito de ser, crer, viver e intervir nos processos que modifiquem a sua própria condição de vida, e assim passam a interferir em mudanças sociais mais amplas, revelando elementos que parecem ressignificar o passado para melhor construir o presente. Eles transitam em diferentes tradições religiosas, instituições sociais e organizações populares, a fim de encontrar sentido e significado para suas vidas e ao mesmo tempo para a própria sociedade como um todo. Eles se deslocam dos centros para as periferias e de um bairro a outro, ora do campo para a cidade, ora da cidade para o campo; vão às áreas indígenas, quilombos, redutos e comunidades diversas à busca de novidades turísticas ou iniciativas de resistência ou de alternativas históricas. Visitam experiências que estão dando certo e também procuram conhecer aquelas que falharam; criticam o poder político e transitam do político ao cultural, perseguindo a mudança das estruturas de significação da vida cotidiana; organizam-se em redes para se apropriarem de uma malha de ações difusas, sem centralidade e sem finalidades únicas; abandonam certos mitos e edificam novos, tais como os mitos da evolução, do poder da ciência e do igualitarismo, para dar ênfase à diferença, aos diversos estilos de vida, à possibilidade do erro, do não sucesso em suas empreitadas; os lugares sagrados transitam entre as Igrejas tradicionais e novas, família, escola, academia, shopping centers; inventam novas formas de socialização, tais como a praça, a rua, o grupo, a rede difusa de identidades genéricas; seus vínculos são informais e sua sociabilidade é mais líquida, elástica e maleável; suas organizações, movimentos e estilos de vida procuram o novo, querem transcender às fronteiras territoriais e são permeáveis às múltiplas expressões que se conectam no plano sociocultural em todo planeta; baseiam seus relacionamentos em pequenas unidades territoriais, sociais ou religiosas e se interligam aos movimentos globais, mediados pela tecnologia de rede.

Pode-se dizer que a rejeição da política partidária e a não adesão a uma tendência política específica por parte dos jovens que lutam contra o capitalismo estão ligadas a um novo ideário, cujas origens parecem recentes e estão ligadas a uma agenda variada de ações coletivas, por grupos independentes, mas de alguma forma conectados nacional e internacionalmente numa perspectiva de ação direta, com conotações que variam conforme as circunstâncias ou as realidades específicas e que tendem a filtrar e fazer uma espécie de síntese que incorpora elementos de teorias religiosas, anarquistas, socialistas, marxistas, ambientalistas, ecologistas, feministas, progressistas e desenvolvimentistas, apropriando-se do que parece não contraditório e libertador nelas. O ponto de aglutinação é que a ordem social atual é inaceitável, que o protesto ou a contestação abrem caminhos de mudança e que a busca de alternativas se dá em nível local, mas depende de uma visão global.

As novas lideranças jovens mesclam formas tradicionais e inovadoras e se utilizam da criatividade e do humor nas suas ações, procurando aglutinar um maior número de adeptos nas suas iniciativas de protesto não violento, a exemplo das manifestações de 26 de setembro de 2000, em

Seattle, onde apareceu uma ampla dinamicidade num processo permanente de ressignificação da política. Conforme Janice Tireli, nos anos seguintes às manifestações de Seattle, houve um conjunto criativo de manifestações coletivas, tais como:

> espetáculos artísticos, "bicicletadas", carnavais globais, festas de rua, reclamações e protestos, invasões de terrenos estatais ou edifícios de escritórios para atividades construtivas e não lucrativas, marchas, músicas e cantorias, danças, teatro de rua, discursos, distribuição gratuita de comida, feiras de escárnio e maldizer, oferta de empréstimos não lucrativos à porta de grandes bancos, bloqueios de ruas, encerramento de instituições, sabotagem, destruição ou interferência na infraestrutura capitalista. Cada evento ou ação foi organizado autonomamente por um grupo ou por possíveis coligações existentes entre grupos, indivíduos e movimentos em nível local, regional e nacional.[59]

A memória histórica das lutas da classe trabalhadora é para esses jovens de significativa importância, porém essa história parece captada mais pelas marcas do corpo, pelas intuições e pelas imagens e monumentos encontrados nas viagens turísticas e nas trocas comunicativas, via internet, do que decorrentes de pesquisas e estudos aprofundados. De qualquer forma, a grande crítica continua sendo contra o capitalismo, pois mesmo quando esse se apresenta mais humanizado, não deixa de ser opressor, alienante e excludente. Mediante a exploração de homens e mulheres e a destruição do meio ambiente, esse sistema procura maximizar o lucro, gerando violências diversas e a desumanização da humanidade. Critica-se também a política enquanto instrumento do grande capital que impede o processo emancipatório e não se coloca a serviço da coletividade, e que resultou num saber técnico voltado para a conquista e manutenção do poder. E a grande bandeira atual dos jovens militantes "cristãos-marxistas" parece ser a solidariedade com os oprimidos e os empobrecidos, sejam eles pessoas ou povos. Dessa bandeira, emergem diversas experiências de cooperação, de autogestão, de economia solidária, de agroecologia, entre outras, que questionam e propõem alternativas ao princípio jurídico e político da atual ordem instituída.

A religião é utópica e dispõe de uma força transformadora

Vale retornar ao pensamento de Bloch sobre religião enquanto utopia e força transformadora da sociedade. Para ele, onde quer que exista

---

[59] SOUSA, J. T. P. de. *Os jovens anticapitalistas e a ressignificação das lutas coletivas*, p. 11.

esperança, ali existe religião, porque ali se revela a nostalgia do Reino de Deus ou do Reino da Liberdade, o grande projeto utópico que a humanidade não cessa de sonhar mesmo quando, de olhos abertos, ela não tenha condições para ver. Bloch não se esqueceu de que a religião fora conceituada de ópio do povo, por fazer parte da superestrutura ideológica de dominação do capital contra e em detrimento do trabalho e do trabalhador. Ele tinha bem presente o ensaio de Marx sobre "A questão judaica", onde define a religião como sendo "falsa consciência" ou como "o reconhecimento do homem através de um desvio", onde a superação da religião seria, então, o reconhecimento do outro sem qualquer mediação ou "desvio" na transparência de uma sociedade emancipada; e ainda que para Marx a religião fosse a causa da não emancipação humana e política,[60] Bloch, mediante o seu conceito de princípio-esperança, preferiu compreendê-la de maneira diferente. Ele repensou a religião unindo-a à utopia. Bloch entendeu que a religião em suas formas de protesto e rebeldia é uma das formas mais significativas de consciência utópica, do princípio esperança. Ele sonhava com uma autêntica união entre cristianismo e revolução. Ele continuou abrindo os caminhos seguidos por Gramsci, que via na religião uma multiplicidade de religiões distintas e frequentemente contraditórias, e também a mais gigantesca utopia que a história jamais conheceu.[61]

As épocas de mudança são períodos de juventude da história

A ideia de juventude, para Bloch, está muito ligada à de esperança, à de mudança de época, a uma produção criativa, a uma guinada histórica. Para ele, "as próprias épocas de mudança são os períodos de juventude na história". Os lugares privilegiados de toda força nova, de tudo o que se move em direção ao novo são a juventude. Uma pessoa jovem sente que há dentro de si o alvorecer, o esperado, a voz do amanhã.

Ela se sente com vocação para algo que se agita por dentro, que se move no seu próprio frescor e ultrapassa o que até aquele momento veio a ser o mundo do adulto. A boa juventude acredita que tem asas e que tudo o que é direito aguarda a sua chegada ruidosa, e até é constituído por ela, ou pelo menos libertado por ela.[62]

Ao relacionar juventude e religião, ele afirma que "os grandes movimentos de libertação do século XX foram fundamentalmente movimentos

---

[60] ASSMANN, H.; MATE, R. *Sobre la religión*, p. 20.

[61] Cf. LÖWY, M. *Marxismo e teologia da libertação*, pp. 20; 22.

[62] BLOCH, H. *O princípio esperança* (v. 1), p. 117.

de Juventude".[63] No Brasil, isso pode ser confirmado, por exemplo, no elevado número de jovens que participaram dos Fóruns Sociais Mundiais ou que participam do Movimento dos Trabalhadores Rurais Sem-Terra, das Pastorais Sociais, entre outros. Conscientemente ou não, grande parte dos jovens que participam desses movimentos de libertação é contagiada, de alguma forma, pelo pensamento blochiano. Enfim, destacando o valor da perspectiva cristã, Andrés Torres Queiruga, ao considerar o valor da religiosidade e da mística cristã, sugere aos jovens:

> Vocês jovens têm ainda a imaginação muito livre; digam-me se é concebível alguém propor algo que vá além do que Jesus disse: que Deus é Pai e é amor, que nos ama muito mais do que podem amar-nos um pai ou uma mãe, que ama sem condições, que perdoa sem limites, que o faz com todos sem exceção (começando pelos desprezados e também pelos pecadores), que o amor é a única lei da vida, que o serviço é a norma [...]. Estou convencido de que, por muito que falemos, não é possível encontrar outros vetores superiores, outras dimensões mais profundas para a relação religiosa do ser humano com Deus, com os demais e com o mundo.[64]

---

[63] BLOCH, H. *O princípio esperança* (v. 1), pp. 117s.

[64] TORRES QUEIRUGA, A. *O Cristianismo no mundo de hoje*, p. 23.

CAPÍTULO QUARTO

Jovens na busca de novos paradigmas

O pensamento complexo não é o pensamento
completo; pelo contrário, sabe de antemão
que sempre há incerteza.
Edgar Morin

Tirar do baú coisas novas e velhas

Ao falar de novos paradigmas, não significa que tenhamos a pretensão de romper com as teorias já constituídas ou com os caminhos já abertos para a compreensão da juventude, mas, sim, perceber a insuficiência, os conflitos e contradições inerentes às teorias e aos métodos por elas percorridos, a fim de se afirmar como campo científico. Em primeiro lugar, ao referir-se à juventude, é necessário considerar que tanto o pesquisador quanto o objeto de seu estudo são dinâmicos, sujeitos, participantes de processos históricos também dinâmicos, conflitivos, ambíguos, em processo permanente de transformação. Em segundo lugar, há que se considerar que toda a história do *homo sapiens* contemplou e absorveu a necessidade e o desejo de buscar mais conhecimentos, de obter mais certezas, de construir melhores explicações da realidade e, para isso, lançou mão de crenças, utopias e a ideia do devir, como possibilidades de superação de uma dada realidade e como horizonte de sentido. As sociedades procuram viver o presente projetando-se para o futuro e obtendo lições do passado que, por sua vez, é ressignificado, constantemente, no embate entre o que está sendo realizado com aquilo que está dado. Em terceiro lugar, pode-se dizer que os novos paradigmas não são apenas teóricos e metodológicos; são também realidades e práticas constituídas, cuja "carne ainda não se fez verbo", ou seja, cujas elaborações científicas se fazem ainda ausentes ou, pelo menos, insuficientes.

A dialética é inevitável! Dela emerge a questão: como poderia haver uma prática desprovida de sua própria explicação científica? Mas o questionamento inverso também não se parece menos relevante: como podem ser construídas teorias que não se traduzem em práticas nem as absorvem de maneira razoável? Eis, pois, a razão da ambição por novos paradigmas: é o fato de que cada momento histórico e os próprios ramos da ciência incorporam um conjunto de crenças, valores, formas de trabalhar, visões do ser humano e do mundo, ora reconhecidos, ora quebrados pela comunidade científica, acontecendo assim revoluções permanentes, donde emergem novos paradigmas.[1]

Nesse sentido, não é que este trabalho seja capaz de propor novos paradigmas e, sim, sugerir caminhos e apontar para a importância da criatividade e das crenças que poderão conduzir o pesquisador a desejá-los. É possível que eles já existam na realidade, não tanto enquanto dados brutos, mensuráveis e objetivos, mas enquanto crenças, interpretações e valores novos, diferenciados dos antigos, mesmo que a comunidade científica ainda não os reconheça como tais. A busca de compreensão de uma dada realidade incorpora elementos subjetivos e objetivos, e percebe que se interpenetram ou se interconectam de tal forma que nem um dos dois elementos pode ser exclusivo. Sendo assim, a primeira atitude do pesquisador, que busca compreender a realidade e o fundamento do sentido da vida social, não é quantificar, mas procurar explicar a dinâmica da vida social, que incorpora um conjunto de crenças, valores, hábitos, tradições, atitudes, práticas e, inclusive, elementos "líquidos" que sempre escapam às mãos do pesquisador, porque, mesmo que seja considerado uma das formas indispensáveis da qualificação do conhecimento, aquilo que pode ser observado e quantificado não pode ser absolutizado, porque não apenas os resultados obtidos como também os métodos da pesquisa aplicados são sempre limitados e, portanto, insuficientes. A realidade é sempre mais complexa do que aquilo que dela pode ser apreendido. Isso não significa que o pesquisador possa renunciar perseguir os métodos, técnicas, procedimentos e linguagem que poderão dar uma explicação precisa, ordenada, de sentido ou, ao menos, satisfatória e convincente da realidade.

---

[1] Cf. GOHN, M. da G. *Teoria dos movimentos sociais*, p. 13; KRISCHKE, P. J. (Org.). *Ecologia, juventude e cultura política*, 2000; KUHN, T. *A estrutura das revoluções científicas*, 1978.

A juventude vem-se tornando algo concreto, vivo, e não apenas uma convenção social, uma criação dos costumes, um produto literário ou um estado de espírito. Ela deixa de ser apenas um lugar e se torna um sujeito histórico. Ela não deixa de ser um mito, porém a deusa juventa não se passa apenas na cabeça; ela ousa descer para o corpo todo e se torna movimento, rito, história, deixando assim de ser apenas uma abstração ou uma teoria voltada para um passado remoto. Já não se pode mais falar de juventude apenas num sentido mítico. Faz-se necessário reconhecê-la em sua práxis e em suas relações. Hoje a juventude não é mais considerada uma deusa, intocável, sagrada. Ela é feita de humanos e, por isso, carrega consigo a semente de contradição, de antagonismo, de ambiguidades, presentes em qualquer ser humano e, também, na sociedade como um todo.

Visões de mundo: mecanicista, sistêmica, holística...

Dentre os paradigmas emergentes na atualidade, aparece uma crítica à visão mecanicista do mundo, por entender que ela tentara a maximização da especialização e do conhecimento sob um objeto cada vez "menor", e assim perdeu de visão o todo. Esse paradigma foi absorvido na visão sistêmica, segundo a qual todas as coisas, por menores que sejam, são encaradas como inseparáveis do todo cósmico. O micro e o macro são como manifestações diversas da mesma realidade essencial. Não existe centro, mas sistemas ou redes de comunicação e de conhecimento interligadas. Essa visão, aprendida de culturas milenares, busca compreender o mundo, o ser humano, o cosmos e a vida como uma totalidade, onde tudo se interliga, inter-relaciona e interdepende. Supera-se a ideia de que é natural ou cientificamente provado que só os mais fortes sobrevivem. A própria microbiologia de um lado e a cosmologia de outro, hoje, dão provas de que, tanto o universo como os micro-organismos sobrevivem não à base das lutas e disputas de uns contra os outros, e, sim, à base da cooperação e da reciprocidade.

Na cosmovisão holística, o ser humano não constitui o centro do universo, mas uma das suas partes, uma manifestação dele. Esse deslocamento, em que o ser humano passa a ser um dos seres do planeta Terra, é o grande sinal de transformação das instituições sociais, dos valores e ideologias paradigmáticas dessa cultura. A ciência moderna sentiu-se obrigada a confirmar que existe uma sinfonia universal no cosmos. Apreendida pela atualidade, essa sinfonia em muito poderá alterar o *modus vivendi* da humanidade desorientada. O universo é um dinâmico e imenso sistema de relações de todos com todos, é como uma rede de inter-relações, comunicações e responsabilidades mútuas. Esse cosmos encontra-se em movimento, tem um ritmo, e certamente um propósito. Ele não se apresenta como acabado ou pronto, mas sempre em aberto, por fazer-se. Apresenta-se como gênese, como expressão primeira do devir, como potencial a ser desenvolvido, como virtualidade a ser materializada.

O que existe é um universo, com galáxias, sóis, planetas, continentes, plantas, rios, estrelas e pedras que fazem parte de um mesmo e único processo cosmogênico de bilhões e bilhões de anos. A partir de todos e de cada um, emergem forças ou energias destrutivas ou vivificadoras, capazes de criar e recriar vidas, nascer e renascer seres. Ninguém existe só, mas coexiste, *com-vive*. A planta depende da lua, a lua da terra, a terra do sol, o sol do galo que canta e agradece... Isso não significa que o universo seja algo tão grande e poderoso que se torne ele próprio o sujeito que se impõe ao indivíduo, fazendo deste um mero predestinado, cabendo-lhe apenas o esforço de adaptação. Ao contrário, cada ser humano, interagindo com os demais seres, precisa aprender a fazer o seu meio e contribuir na construção do seu mundo, e o de toda uma coletividade, de maneira criativa, responsável e conforme os grandes consensos humanos, tais como as leis universais e as regras de ouro, que geralmente são extraídas do que é comum entre os diferentes textos sagrados e tradições humanas.

Os diferentes povos e culturas, considerados pelos evolucionistas como primitivos, apresentam uma integração do ser humano consigo mesmo e com a comunidade. Não havia separação entre o espiritual e o material e o conhecimento emergia de um entrelaçamento entre razão e fé, entre realidade e esperança. O político, o mítico e a vida em sociedade constituíam um só e mesmo espaço de reflexão e vida. Na medida em que os seres humanos vivem e enfrentam situações problemáticas, constroem conhecimentos e ações que vão modificando suas concepções de vida e de mundo. Os seres humanos sempre procuraram o sentido da existência e respostas às perguntas sobre a sua origem, identidade e destino. Desde os primórdios da humanidade, o ser humano defronta-se com situações da realidade vivida que lhe são um verdadeiro desafio. É no campo do imaginário que acontece o conflito entre a realidade e o transcendente. Em geral, os seres humanos, não somente na antiguidade, mas também na atualidade, ao se perguntarem sobre a morte, explicam-na não como perda, mas como transformação ou passagem e, por isso, enterram os mortos, entendendo haver algo para além dessa realidade. Como já foi citado, no primeiro combate do Contestado, no Irani, após ter sido morto pelas forças do exército, José Maria foi enterrado de tal forma que pudesse ressurgir um ano depois, como prometera, para dar sustentação à luta da irmandade cabocla.

A busca do paraíso e do transcendente são coisas do passado?

A complexidade da dinâmica dos processos de formação das identidades está relacionada com as mudanças de paradigmas, com a emergência de novos valores, com o devir da pós-modernidade, com as transformações no campo religioso, com as mudanças nas relações sociais, de gênero e familiar, entre outros aspectos. As mutações pipocam em todo lado. Identidades se dispersam e se casam com outras, gerando novas identidades. Os próprios sistemas de referências outrora relativamente estáveis e estruturantes parecem hoje diluídos, desintegrados e postos em questão. Ao que pode ser notado anteriormente, no Brasil atual, mesmo entre os que estão praticando a sua religião e se sentem pertencer a um credo, algo parece não satisfazer suficientemente. O conceito de Deus, as respostas de sentido, as interpretações sobre o problema do sofrimento, a forma de organização interna e de educação da fé, entre outros fatores, levam as pessoas a participar ou a buscar ensinamentos em outros cultos ou doutrinas.

Talvez esteja havendo, na atualidade, uma redescoberta da transcendência, como aquilo que vem garantir a possibilidade e a continuidade da vida, e o medo da morte volta a contar com certos ritos e mitos. Deles emergem respostas de formulações que o ser humano faz ao buscar o sentido da vida. A crença na existência de um criador, senhor absoluto, de um mantenedor e ordenador de todas as coisas é encontrada em todos os diferentes povos e culturas. Segundo Fritjof Capra:

> as tradições orientais referem-se constantemente a uma realidade última, indivisível, da qual todas as coisas são partes componentes. Esta realidade é denominada Brahman no Hinduísmo, Dharmakaya no Budismo, Tao no Taoísmo; todos os fenômenos do mundo são manifestações desta realidade última.[2]

Com a passagem do mundo medieval para o mundo moderno, entra em cena a ciência junto com uma nova classe interessada em produzir, comerciar, viajar, descobrir novos mercados, racionalizar o trabalho, obter lucros, criar riquezas... Em nome do princípio da utilidade prática, a tradição será, sistematicamente, sacrificada à racionalidade da produção da riqueza. Com a entrada do utilitarismo, o universo encantado do sagrado, por fazer referência a entidades imaginárias, por fugir à compreensão humana e por estar acima das leis naturais ou físicas, ou seja, em outra

---

[2] CAPRA, F. *O tao da física*, p. 103.

dimensão, foi considerado desprovido de sentido. O padrão para a avaliação de todas as coisas passa a ser o lucro. É arrancado das pessoas o seu valor religioso ou é aceito apenas como mercadoria. As pessoas valem quanto produzem, quanto ganham, quanto consomem. Pelo inverso, o mercado é mitificado. E, assim mesmo, não parece muito provável que a religião esteja fadada ao desaparecimento. Segundo Rubem Alves:

> Curioso que ainda tivesse sobrado espaço para a religião. Curioso que os fatos da economia não tivessem liquidado, de vez, o sagrado. Parece, entretanto, que certas realidades antropológicas permanecem, a despeito de tudo. As pessoas continuam a ter noites de insônia e a pensar sobre a vida e sobre a morte... E os comerciantes e banqueiros também têm alma, não lhes bastando a posse da riqueza, sendo-lhes necessário plantar sobre ela também as bandeiras do sagrado. Querem ter a certeza de que a riqueza foi merecida e buscam nela os sinais do favor divino e as cercam das confissões da piedade. [...] Também os operários e camponeses possuem almas e necessitam ouvir as canções do céu a fim de suportar as tristezas da terra. E sobreviveu o sagrado, também como religião dos oprimidos...[3]

A sociedade tecnológica prometeu o paraíso à humanidade. Afirmou que, com o progresso e a expansão do mercado, a humanidade entraria no paraíso. Para grande parte da humanidade o que recebeu, até hoje, além da possibilidade de sonhar, foi apenas uma grande desilusão. A sua terça parte encontra-se absolutamente excluída de qualquer benefício oferecido pela ciência e pela técnica. O neoliberalismo, ao mesmo tempo em que propõe a globalização da economia, gera uma intensa dinâmica de desintegração, de destruição e desarticulação da esfera pública, que é o espaço onde se materializariam os direitos sociais: saúde, moradia, educação, segurança e previdência; gera um aumento da pobreza e das condições de exclusão social para as grandes maiorias, e uma expansão de um conjunto de relações sociais, marcadas pela corrupção generalizada e por um tecido social competitivo, individualista e não solidário. A qualidade total, defendida pela lógica do mercado, não coloca no centro a vida, em suas diferentes expressões, mas a eficiência, a eficácia, a produtividade e o lucro. Desencantada com os resultados obtidos pela ciência, a humanidade está inquieta e, como nos primórdios, o ser humano continua a se perguntar sobre Deus e sobre si mesmo, e sobre o sentido da vida. E porque normalmente não encontra, satisfatoriamente, as respostas, a insatisfação cresce. Entre as

---

[3] ALVES, R. *O que é religião?*, p. 51.

tendências humanas de "sair" do mundo ou negá-lo, parece emergir uma nova sensibilidade, uma mística da solidariedade.

As crises do socialismo, das ciências, das religiões e das utopias não foram suficientes para que fosse proclamado o "fim da história", mas, ao contrário, abriram as portas para um novo reinventar, refazer e recriar a história, e apontaram para uma necessária ruptura com a lei do sacrifício e com a pseudo-harmonia vigente no mundo globalizado. Carlos Fonseca disse que "quem não é capaz de sonhar é um pobre diabo", e Mariátegui sugeriu que "a história, a fazem os homens possuídos e iluminados por uma crença superior, por uma esperança super-humana".[4]

A busca do transcendente negada, durante muito tempo, pelo positivismo tecnicista está sendo resgatada como aspecto fundamental na formação do ser humano. Compreender as pessoas como números ou como peças de uma engrenagem já não é mais suportável. A religiosidade que fora apresentada como fadada ao desaparecimento, com a ascensão da modernidade, é ainda uma dimensão fundamental que orienta e faz o ser humano sentir-se gente, que o torna solidário e respeitado em sua inviolável dignidade. O sentido e a importância da dimensão religiosa da vida humana já não podem ser negados, nem pela ciência nem pela política, sob a pena de impossibilitar um salto de qualidade no resgate do ser humano como totalidade e integridade.

Entre os velhos e os novos paradigmas da juventude

Ao considerar a importância dos mitos, fazendo menção a tempos primitivos da existência humana, não se pretendia colocá-los como aspectos de um tempo superado, que só vale ser lembrado a fim de se perceber a distância e a evolução em que a sociedade atual se encontra em relação àquela sociedade. Eles, ainda hoje, continuam presentes e – por que não dizer – necessários para a solução dos problemas humanos e sociais, bem como inevitáveis no que tange às promessas de um futuro melhor. Multiplicam-se, através das magias dos laboratórios, dos foguetes espaciais, da bioengenharia, entre outros inventos da modernidade, novos ritos, mitos e leis tidos por indispensáveis na manutenção da ordem e para sugerir a possibilidade de maior longevidade, de menos doenças, sofrimentos e mortes. Assim como o fogo roubado dos deuses e insuflado nas narinas do ser humano prometia dar a ele vida, hoje também os santuários das novas tecnociências e dos novos empreendimentos, em meios de comunicação, parecem sugerir a existência de novos deuses, cujos desejos tendem a se

---

[4] LÖWY, M.; NASCIMENTO, C. *Marxismo e socialismo na América Latina*, p. 47.

expandir e serem adorados ou consumidos por um número sempre maior de humanos. E qual é o ganho ou o preço ao ser humano da invocação desses deuses?

No que tange mais especificamente à realidade das novas gerações, três fatores podem ser considerados delimitadores ou fronteiriços entre velhos e novos paradigmas da juventude: o primeiro passa pela mudança dos códigos (ou ideologias) para as relações; o segundo passa pela mudança do enfoque antes centrado na estrutura e no indivíduo e depois na vida coletiva; e o terceiro elemento considera o caráter metodológico da ação dos jovens que passa do centralismo burocrático e institucionalizado de caráter piramidal e de massa para uma forma de participação mais horizontal, individual e articulada em redes. Conforme Krauskopf,[5] as mudanças paradigmáticas em relação às dimensões da participação juvenil podem ser pensadas em termos de "velhos e novos paradigmas", conforme quadro a seguir:

Dimensões	Velho paradigma	Novo paradigma
Identidades coletivas	Baseadas em parâmetros socioeconômicos e político-ideológicos	Baseadas em parâmetros ético- existenciais
Orientação		
Mudança social	A modificação da estrutura modifica o indivíduo	A mudança pessoal se orienta a modificar as condições da vida coletiva
Espacialidade	Epicentro local, trincheiras globais	Epicentro global, trincheiras locais
Temporalidade das ações	Se busca efetividade de longo prazo; metas em soluções futuras	Se busca efetividade a curto e médio prazo; metas concretas
Organização		
Estrutura	Piramidal institucionalizada	Horizontal, redes vinculantes e flexíveis
Rol	Centralizador representativo	Facilitador, mediador com respeito à diversidade

---

[5] KRAUSKOPF, Dina. *La desafección política de la Juventud*, p. 129.

Dimensões	Velho paradigma	Novo paradigma
Ação	Coletiva, massificada hegemônica burocrática	Coordenações transitórias, reivindicações de participação individual fracamente institucionalizada

Fala-se de uma crise de paradigmas em relação ao campo religioso. Emerge um mundo religioso mais plural, mais individual e menos institucional. O número dos cristãos que não participam de uma Igreja aumentou. A sociedade está impregnada de marcas cristãs, todavia as missões dos sacerdotes foram sendo assumidas por militantes de movimentos sociais, ecologistas, pedagogos, assistentes sociais, psicólogos e educadores de diversas áreas.

No novo paradigma juvenil, não habitam mais as grandes teorias ou ideologias, sejam elas socialistas ou estudantis e populares; agora eles preferem estabelecer relações e lutas mais conjunturais e setoriais, por causa de preferências sexuais, de defesa do meio ambiente, de direitos das mulheres, por causa do cuidado do corpo, para prestar serviços de solidariedade, pela ética e pela paz. É o cotidiano da vida que merece atenção especial desse novo paradigma. O risco desse novo paradigma é reduzir o agir a pequenos grupos desarticulados e a um enfoque exclusivamente local e centrado no indivíduo.

Ao que tudo indica, as perspectivas atuais sugerem que é preciso que o jovem seja ético e responsável se quiser ver um dia uma mudança mais ampla nas estruturas sociais e não o contrário. O tempo futuro se parece muito distante para preocupar os jovens desse novo paradigma. É o hoje que precisa ser pensado devidamente e construído, a fim de que valha a pena viver também o tempo presente. Neste novo paradigma juvenil, prefere-se participar de ações com coordenações transitórias e não centralizadas, que respeite a heterogeneidade juvenil e o indivíduo, agora mais autônomo, não se interessa em representar uma classe de jovens e também não mais aceita deixar-se anular em prol do coletivo. As redes de jovens se mostram mais facilitadoras dos intercâmbios que centralizadoras.

Pode-se considerar que, na história da humanidade, ao menos quatro paradigmas se destacaram sobremaneira. O primeiro era aquele em que grande parte do tempo, no cotidiano da vida, era dedicado ao lazer, à espiritualidade e à convivência entre familiares ou membros de uma mesma aldeia. Nesse paradigma, o trabalho estressante era reduzido ao máximo, trabalhava-se basicamente apenas o necessário para garantir a alimentação e a moradia. Um segundo paradigma foi o do trabalho cansativo, da guerra e vontade de poder. Se o paradigma anterior era de quatro ou cinco horas de trabalho diários, este alcançou quinze ou mais horas, uma vez que era preciso acumular riqueza e ter segurança de que ela não seria desapropriada ou extorquida por outrem. Fizeram-se necessários grandes exércitos e outras instituições capazes de garantir a concentração do poder político nas mãos dos donos do capital, e um amplo processo de desenvolvimento industrial. A necessidade de poder e riqueza crescentes se sobrepôs a outras necessidades tidas então por secundárias, tais como as culturais e religiosas. Esse paradigma culminou no materialismo, na competição e no individualismo. A sociedade do conhecimento, da informação e da comunicação passou a ser o novo paradigma, também chamado de pós-moderno ou pós-materialista. Se é verdade que esse paradigma já contagiou uma significativa parcela da humanidade, também é verdade que, tanto quanto os demais, ele comporta contradições e deixa lacunas e vazios tais como a busca da espiritualidade e de sentido, a realização do ser, a sabedoria, a paz, a erradicação da miséria e das doenças, o equilíbrio entre desejos e necessidades, a busca de um mundo inclusivo, democrático, solidário e ecologicamente sustentável, culturalmente plural, entre outros. É justamente a partir dessas lacunas e vazios que se abrem as portas para a emergência de um novo paradigma. Não que este exclua o anterior, mas vem fazendo parte de uma "revolução silenciosa" cujos partidários, mormente jovens, parecem aumentar dia a dia. É nessa percepção que René Dreifuss, mesmo reconhecendo que estamos numa "época das perplexidades", afirma:

> O mundo vai sendo restaurado e renovado com uma ampla recomposição de forças, onde a mudança parece não somente possível e desejável, mas necessária e legítima. Tudo indica que começamos a enfrentar uma constante desconstrução e reconstrução de estruturas e práticas políticas, de instituições e sistemas, na procura de novas referências.[6]

---

[6] DREIFUSS, R. A. *A época das perplexidades*, pp. 336-337.

4.1 A exclusão social desafia os jovens

Pobre não é aquele que não realizou
seus sonhos de juventude,
mas sim o que na juventude não teve sonhos.
Adolf Nawaczynski

Na década de 1960, ao falar de juventude em países subdesenvolvidos como os da América Latina, Sustaita fazia a seguinte pergunta:

sem recorrer a casos extremos, podemos igualmente perguntar-nos até que ponto é válido falar de juventude em sistemas socioeconômicos onde as crianças de ambos os sexos começam a trabalhar aos 9 ou 10 anos; onde a idade do matrimônio oscila entre 12 e 13 anos para as mulheres e entre 14 a 16 anos para os homens; onde as expectativas de vida são baixas, não passando em algumas áreas dos 35 anos; e onde a percentagem de analfabetos, sem contar os pais de família e os filhos menores de sete anos, costuma alcançar 40%.[7]

Se, por um lado, é difícil falar de juventude em realidades como essa, por outro, também, parece-se superada a tentativa de classificar e identificar os jovens exclusivamente segundo sua realidade socioeconômica. Mesmo em meio a uma comunidade universitária, é praticamente impossível encontrar uma classe juvenil que se define pelo seu *status* socioeconômico.

O mito do progresso e as novas formas de exclusão

O mito do progresso, edificador da modernidade, com suas promessas de solução dos problemas e satisfação dos desejos humanos, tem sustentado "espiritualmente", especialmente nos últimos dois séculos, boa parte da humanidade e, inclusive, tem servido de "mística" para incentivar jovens na busca de melhores condições de vida. Frequentar lotéricas e matar para roubar um calçado de marca são dois exemplos conectados a esse mito. Mesmo com os avanços em várias áreas da economia, das ciências e da informação, entre outros, permanecem dois grandes problemas no mundo hoje: a ameaça ao meio ambiente, da qual pouco se falava na década de 1960, e a exclusão social. Eles trazem consigo outro problema fundamentalmente humano, o do desejo eternamente insaciável e sempre

---

[7] SUSTAITA, E. A juventude rural... In: BRITTO, S. (Org.). *Sociologia da juventude I*, p. 219.

insatisfeito do ser humano. Isso tem levado uma parte da população mundial a acumular riquezas e a explorar a natureza sem senso de limite.

Por mais que o termo "exclusão" se pareça um tanto quanto ultrapassado e reducionista, e mesmo que essa categoria pudesse ser substituída por novas desigualdades, situação subalterna, vulnerabilidade ou realidade dos situados à margem do processo, fato é que velhas e novas formas ou processos de exclusão concorrem no cenário atual brasileiro. Existe um grande contingente de jovens que sobrevive em um cenário nada animador. Por mais que se entendam capazes de uma ação coletiva transformadora e lutem incansavelmente para se tornarem sujeitos de uma realidade que lhes seja um pouco menos violenta e cruel, essa realidade lhes parece cada vez mais apenas fantasia ou ilusão. A esperança se transforma em desespero e, este, naquilo que se considera como efeito deletério de suas práticas: a violência, a revolta e a insubmissão. Sentem-se absolutamente excluídos de quase todas as portas de acesso aos bens materiais, culturais e simbólicos que a sociedade atual oferece. Os processos de exclusão, que afetam jovens brasileiros, geralmente escolhem as vítimas por um ou mais desses critérios: cor, etnia, gênero, classe social, pertença religiosa, grau de escolaridade, ideologia política, local de residência, deficiência física ou mental e trabalho, entre outros. Como afirma Marília Sposito:

> Assim como nos anos 1980 se examinou no Brasil o enorme contingente de crianças sem o direito à infância, há de se admitir de forma inequívoca que, atualmente, para um conjunto expressivo de jovens pobres, moradores da periferias das grandes cidades ou regiões empobrecidas do País, não é assegurado um conjunto mínimo de direitos que lhes permitam viver com dignidade, exercitar possibilidades de escolha, experimentar espaços novos de ação, formas de sociabilidade e modos de inserção na sociedade durante esse momento do ciclo de vida. [8]

Adam Smith atacou a intervenção e a regulamentação dos negócios por parte do Estado e defendeu a necessidade de maior liberdade na economia. Houve, assim, uma tendência crescente de autorregulação do mercado e um consequente aumento da pobreza e da exclusão social. Não é regra para todos os países, todavia, pode-se dizer que, especialmente na década de 1990, assistimos a um rápido processo de globalização da economia, acompanhado de uma dinâmica de desintegração, de destruição e

---

[8] Cf. SPOSITO, M. P. *Os jovens no Brasil: desigualdades multiplicadas e novas demandas políticas*, 2003. Disponível em: <http://www.lpp-uerj.net/olped/documentos/1013.pdf>. Acesso em: 10 nov. 2009.

desarticulação da esfera pública, que é o espaço onde se materializariam os direitos sociais: saúde, moradia, educação, previdência. Isso vinha gerando a expansão de um conjunto de relações sociais marcadas pela corrupção generalizada e por um tecido social competitivo, individualista e não solidário. Esse processo de globalização estruturou-se segundo os princípios da política econômica neoliberal. As leis do mercado foram sobrepostas às do estado de bem-estar social. Todavia, pequenas mudanças começaram a acontecer, em diversos países, no início deste novo milênio: plebiscitos, projetos de lei resultantes de iniciativas populares, fóruns sociais, governos mais preocupados com a erradicação da pobreza, iniciativas agroecológicas, de economia solidária e de cooperação internacional, entre outras.

Capitalismo, socialismo, sociedade complexa... e a fome continua!

Até recentemente, o pensamento, no campo da sociedade, da política e, mesmo, da economia, parecia bem definido. Não havia muito que fugir entre capitalismo ou socialismo, entre os dogmas do mercado e os do estado socialista; todavia, a partir da queda do muro de Berlim, começaram a ganhar espaço as teorias relacionadas "à sociedade complexa". As metateorias foram cedendo lugar a novas construções teóricas, assim como a modernidade à pós-modernidade. Frei Betto, num texto que preparou para o 2º Fórum Social Mundial (FSM),[9] insistiu na ideia de que *"não estamos numa época de mudanças, mas numa mudança de época"*. Essa necessária e desejada mudança de época parece trazer consigo a busca da solução de um dos mais graves problemas atuais: a satisfação das necessidades humanas e materiais básicas, a começar pela erradicação da miséria e da fome. A humanidade já dispõe dos recursos e da tecnologia necessários para vencer a fome. O que ainda falta é espírito solidário e decisão política. Será possível o mundo organizar-se economicamente de maneira inversa daquela que vinha acontecendo, segundo as leis do mercado, onde "os ricos estão cada vez mais ricos às custas dos pobres cada vez mais pobres"?[10]

---

[9] O texto tem como título "Globalização e direitos humanos" e foi apresentado no 2º FSM, na UFRGS, no dia 4 de fevereiro de 2002. A frase é de Xabier Gorostiaga.

[10] Essa frase foi pronunciada pelo Papa João Paulo II na Conferência Episcopal Latino-Americana de Puebla, em 1979. Conforme o Relatório do Desenvolvimento Humano das Nações Unidas (apud HARVEY, 2004, p. 65), a renda dos 20% mais ricos subiu de 70 a 85% e a dos mais pobres declinou de 2,3 para 1,4% entre os anos de 1960 e 1991 (cf. CNBB, Doc. 69: Exigências éticas e evangélicas para a erradicação da miséria e da fome, 2002).

A grande maioria dos governos, assim como os organismos multilaterais, tais como o FMI, o BM e a OMC, no final do século XX, implantou as políticas neoliberais e essas políticas fizeram com que, praticamente, se abandonassem os compromissos adotados para satisfazer as necessidades de alimentação dos povos, ao ponto de se afirmar, no 2º Fórum Social Mundial, de 2002, que "o direito humano mais elementar contido na Declaração Universal, o direito a alimentar-se, é letra morta em muitos países do mundo".[11]

> O panorama da fome no planeta é inquietante. Segundo números da ONU, no mundo, 2 bilhões de pessoas não têm acesso a água potável, 826 milhões de pessoas passam fome e morrem anualmente de fome 23 milhões de seres humanos, entre eles 8 milhões de crianças; uma em cada 5 pessoas no mundo sofre de "pobreza extenuante" e sobrevive com menos de um dólar diário.[12]

Os técnicos da FAO (Food and Agriculture Organization), Organismo das Nações Unidas para a Agricultura e Alimentação, dizem que a tragédia da fome poderia ser facilmente superada se houvesse investimentos de 10 bilhões de dólares por ano, que é correspondente ao que é gasto em armamentos. Segundo dados da ONU, na virada do milênio, os 20% mais ricos detêm 63,4% dos recursos mundiais, sendo que aos 20% mais pobres sobra apenas 2,5% da renda. Hoje, morre-se de fome num mundo capaz de alimentar o dobro de sua população. O Brasil, por exemplo, segundo a FAO, tem uma disponibilidade *per capita* de alimentos que equivale a 2.960 kcal/dia, muito acima do mínimo recomendado de 1.900 kcal/dia por pessoa. Entretanto, dados da mesma organização colocavam o Brasil entre os países com o maior índice de subnutrição. É verdade que, na primeira década do século XXI, esse quadro mudou de modo significativo: aproximadamente metade dos miseráveis passou à condição de pobres.

O normal seria pensar que, quanto mais ciência, tecnologia e educação, tanto maior a possibilidade de as pessoas terem acesso a uma alimentação farta, barata e sadia, mas o inverso vinha sendo mais evidente. Ao longo do último século, o Brasil manteve taxas de crescimento econômico entre as mais elevadas do mundo, porém não vinha, ao mesmo tempo, mudando os indicadores sociais, sempre os piores do mundo; também na

---

[11] Cf. ZIEGLER, J. *A fome no mundo explicada a meu filho*, pp. 117-132.

[12] Cf. TOMAZI, G. *Fome, educar para a competência e a sensibilidade solidária*, pp. 05-31.

questão da concentração de renda, o Brasil continua entre as piores posições, segundo o Índice Gini.[13]

A identidade nacional, ou seja, o rosto do Brasil, durante grande parte do século XX, fora construído a partir de fatores como: mortalidade infantil, desarticulação e ineficiência do sistema educacional, crescente índice de doenças endêmicas, sucateamento da estrutura econômica, científica e tecnológica já montada, miséria crescente, dívida externa e interna acentuada, violência generalizada, aviltamento da moeda, desorganização e/ou apropriação oligárquico-burguesa do Estado. Ao que parece, a primeira década do século XXI começou a mudar essa identidade nacional, iniciando-se com certa elevação positiva no Índice de Desenvolvimento Humano, especialmente no que tange aos campos da educação e da saúde.

A sociedade brasileira é uma das mais desiguais do mundo, portanto, uma das mais injustas. É o lugar do planeta onde existe maior diferença entre ricos e pobres. Mesmo não havendo guerras como a do Iraque, sabe-se que esta é uma das sociedades mais perversas. A quinta parte da população brasileira, e também mundial, é constituída de famintos ou miseráveis. Em média, uma criança estadunidense consome o equivalente ao que 23 crianças latino-americanas consumiriam, e a produção de riquezas cresce proporcionalmente com a fome. Diante disso, emergem duas questões: "É possível repensar o destino da humanidade? Quais são as atitudes, os comportamentos e os compromissos que as pessoas e a humanidade deverão ter em prol dos excluídos ou em vista de salvar vidas?".

Ao tratar a realidade de violência contra jovens no Brasil, o texto-base da Campanha da Fraternidade de 2013 lembra que:

> Os milhões de jovens vitimados pela violência estrutural de nossa sociedade deixam de ser atores, protagonistas de suas próprias vidas e da história, para se somar aos números desoladores das pesquisas sobre morte de jovens no país. Este cenário repugnante de violência institucionalizada conclama ações e mobilizações para a superação desta situação [...] visando à construção de uma sociedade que ofereça condições de vida a todos.[14]

Atitudes e compromissos que salvam vidas

Diante de questões como estas, pode-se lembrar de Kant que, na sua obra "República das Nações", considerou que a primeira grande virtude

---

[13] Cf. BUARQUE, C. *O colapso da modernidade brasileira*, capa; cf. WAISELFISZ, J. J. (Org.). *Relatório de desenvolvimento juvenil*, p. 181.

[14] CNBB. Texto-base, p. 41.

de um povo é "a hospitalidade". Esta, que vai para além da tolerância, é aceitar a diferença, é reconhecer o direito do outro à vida, é procurar *com-viver*. Pode-se, também, recordar Leonardo Boff, que insiste no valor do "cuidado" que envolve uma atitude amorosa, zelosa e afetiva para com a vida. Pode-se, ainda, lembrar do valor da "compaixão", presente em diversas tradições religiosas, tal como sugeriu, certa vez, um Buda: "Enquanto houver um sofredor no mundo eu não quero entrar no nirvana, eu quero voltar a me reencarnar para ajudá-lo a superar o seu sofrimento".

O documento *Laborens Exercens*, de João Paulo II, fala que "o direito de propriedade privada está subordinado ao direito de uso comum à destinação universal dos bens". Nesse sentido, Dom Luciano afirma que "precisamos descobrir que os bens espirituais e materiais de cada pessoa têm uma dimensão social. Destinam-se também aos outros". Ao refletir sobre o livro dos Atos dos Apóstolos (20,35), pode-se perguntar: quando vamos aprender que só é feliz quem faz os outros felizes? Numa visão cristã, promover uma melhor distribuição de benefícios e renda não é apenas gesto de boa vontade, mas verdadeira restituição dos bens que se destinam a todas as pessoas, a começar pelos mais necessitados.

Finalmente, vale considerar uma reflexão presente no Grito das Américas:

> Globaliza-se a miséria, mas não o verdadeiro progresso. A globalização gera dependência e cerceia a soberania dos povos. Os capitais circulam livremente, mas as pessoas não. Prioriza-se a competitividade, em vez da solidariedade. Absolutiza-se a mercadoria ao mesmo tempo em que são ignorados os valores éticos. Tudo tem preço, inclusive a dignidade humana. Depredam-se os recursos naturais e se põe em risco a sobrevivência da humanidade. Privatiza-se a terra e agora se tenta privatizar a água, a biodiversidade, as plantas, os animais, quem sabe um dia os ventos, o sol… A cobiça está acima da fraternidade. A propriedade tem mais valor do que a vida.[15]

Hugo Assmann, fazendo uma crítica das leis do mercado, afirma que: "Um mercado irrestrito poderia levar a um tipo de erosão fatal das potencialidades solidárias dos homens. É assustadora a perspectiva de sacrifícios sem limites exigidos pelo ídolo capital". Assmann também afirmou que: "No bojo das novas tecnologias nos estariam chegando inéditas chances de ampliação efetiva da solidariedade universal entre os seres

---

[15] O Grito das Américas foi lançado em Porto Alegre, no 2º Fórum Social Mundial, no dia 04/02/2002.

humanos".[16] O ponto de partida para uma sociedade justa será uma real e equitativa distribuição de renda entre todos; uma nivelação das possibilidades reais de cada cidadão viver uma vida plena, segundo o padrão que escolhe, sem carências ou desigualdades devido ao privilégio de outros, começando, é claro, com chances iguais de satisfação das necessidades básicas, humanas ou sociais para cada cidadão. Uma autêntica autoridade, realmente pública, teria condições de viabilizar tal processo? O princípio do Estado de bem-estar, disciplinado, democrático e popular, ainda é um valor para muitas nações.[17] A práxis transformadora é histórica e procura ser científica, porém ela é impulsionada por uma utopia e por uma mística de libertação em que a mentira, a falsidade e a fria mecanicidade do viver cotidiano vão sendo vencidas e substituídas pela verdade, transparência, autenticidade e pelo prazer no fazer transformador do cotidiano. Não basta apenas uma mudança estrutural da sociedade. Faz-se necessária, também, uma mudança interior dos que lutam pelas mudanças no mundo.

A solidariedade também pode ser entendida como uma moeda de duas faces. Por um lado, a humanidade não tem como fugir da solidariedade, pois tudo o que acontece ou deixa de acontecer está, de alguma forma, relacionado com tudo o que acontece ou deixa de acontecer. Por exemplo, a carta de Paulo aos Romanos (5,12ss) diz que, quando a salvação (ou a justificação) entrou no mundo, por um homem (Jesus Cristo), todos fomos agraciados com a salvação. Todos de alguma forma pagam pelos erros cometidos e mesmo pelos erros que somente "os outros" cometeram, mas também toda a humanidade é beneficiada pelos bons feitos praticados por qualquer pessoa ou instituição. Por outro lado, a solidariedade faz parte de uma opção humana, de um compromisso ou de uma convicção que se manifesta como gratuidade, doação, serviço, como ágape. Essa solidariedade não é algo que se ensina nas escolas pela transmissão de conhecimentos, nem é algo que pode ser imposto através de uma lei ou de um projeto externo à pessoa. Sendo que os seres humanos nascem no pecado original, não se pode afirmar que são naturalmente solidários, mas que essa

---

[16] ASSMANN, H. *Crítica à lógica da exclusão*, pp. 105 e 42; ASSMANN, H. *Reencantar a educação*, p. 20.

[17] Para Assmann e Mo Sung (2000, p. 157; 102), "sociedades 'harmônicas, justas e solidárias', ou sociedades sem exploração do ser humano, são horizontes utópicos que nos motivam a lutar e a caminhar, mas devemos reconhecer que, como todos os horizontes, são impossíveis de ser atingidos". Todavia, "esperanças e utopias têm a importante função de não nos deixar acomodar e conformar com a situação em que vivemos".

solidariedade só é possível a partir de um processo profundo e permanente de conversão pessoal e social.

Um mundo onde caibam todos, onde caibam muitos mundos

Assmann insiste na importância de sonharmos com um mundo onde caibam todos, onde caibam também muitos mundos. Para ele, o sonho de uma sociedade onde caibam todos não deve ser mero devaneio teórico; faz-se necessário começar pela compreensão do ser humano. Ele espera que:

> Doravante só será possível sonhar com uma sociedade onde caibam todos se também nossos modos de conhecer conduzirem a uma visão do mundo na qual caibam muitos mundos do conhecimento e do comportamento. A educação se confronte com essa apaixonante tarefa de formar seres humanos para os quais a criatividade, a ternura e a solidariedade sejam, ao mesmo tempo, desejo e necessidade. [...] O ser humano "funciona" melhor, a sós e em convivialidade social, com altas doses de euforia e discretas doses de cobrança à consciência. Por isso mesmo, é obra de suma delicadeza sensibilizar seres humanos para metas solidárias, porque não se trata de criar "consciência" num sentido racionalista, mas de desencadear processos auto-organizativos – cognitivos e vitais – em direção a um mundo mais solidário, respeitando e tomando como condições iniciais os processos auto-organizativos atualmente existentes.[18]

As tradições religiosas, quando falam do "seu" Deus ou quando falam de um Deus "sem barreiras," normalmente afirmam que "o que Deus procura concretizar é a unidade de todo o seu povo: superar as divisões, derrubar as barreiras, abrir canais de compreensão e diálogo entre todas as nações e entre todos os grupos sociais";[19] por isso, é necessário compreender o que separa os seres humanos. Só a partir da tomada de consciência dessas separações e das causas que estão em sua raiz é que será possível visualizar quais são os caminhos apropriados para a unidade, para a superação das divisões, sejam elas políticas, econômicas, geográficas, sociais, raciais, de gênero ou religiosas. Para isso é preciso começar pelo reconhecimento e pela compreensão do outro. Todos possuem algo a oferecer aos demais. Segundo Ana L. Modesto, a religião exerce uma função integradora por excelência:

> ela reúne todas as atividades do homem sob a sombra de uma finalidade comum. [...] Além disso, através de seus ritos e festas, a religião possibilita

---

[18] ASSMANN, H. *Reencantar a educação*, capa e p. 67.

[19] SANTA ANA, J. de. *Ecumenismo e libertação*, p. 8.

a existência de sentimentos coletivos e, simultaneamente, ao indivíduo, o sentimento de si. [...] A religião atua com eficácia, possibilitando a reconstituição de uma unidade perdida, tanto ao nível do indivíduo, como também de grupos sociais. [...] A religião também é uma esfera produtora de conhecimento, e se esse saber pode ser falso para a ciência, em muitos casos é eficaz para grupos sociais.[20]

Rubem Alves nos diz que não existe luz profética mais segura do que aquela que se encontra nas entranhas dos seres humanos, daqueles que foram sacrificados. Se você quer predizer o futuro, consulte as entranhas daqueles que foram sacrificados, daqueles que se sacrificam a si mesmos, e o que disserem, seja lá o que for, deve ser tomado como profecia.[21] O mundo tem-se tornado cada vez mais cristão. O niilismo moderno vem-se encolhendo. Com a queda do regime comunista, quando nossos intelectuais julgaram liquidado todo e qualquer princípio absoluto, estavam errados: a vitimologia ou a defesa das vítimas se tornou sagrada: é o princípio absoluto. Todo o processo sacrificial, inclusive e especialmente quando se volta contra si mesmo, não corresponde ao verdadeiro espírito do texto evangélico. A mensagem cristã dos evangelhos exige relações humanas para além dos sacrifícios humanos. Não se trata da proibição desses sacrifícios, mas de uma vida tal que a necessidade de sacrifícios desapareça. A Nova Terra é uma terra sem sacrifícios humanos, que se encontra além da necessidade desses sacrifícios. Segundo os Evangelhos, o único sacrifício que agrada a Deus é aquele da doação de si mesmo, gastar a vida pela felicidade dos que sofrem, dos que padecem injustiças.[22]

Contra a exclusão: mística e princípios pastorais da juventude

Para citar um exemplo de como jovens, descendentes do Contestado, enfrentam realidades, leis e sistemas sociais excludentes, vale destacar a mística e os princípios das Pastorais da Juventude, que brotam dos Evangelhos. Dentre eles aparecem:

a) uma paixão pela realidade que torna os jovens realistas, críticos e proféticos;

---

[20] MODESTO, A. L. Religião, escola e os problemas da sociedade contemporânea. In: DAYRELL, J. *Múltiplos olhares sobre educação e cultura*, pp. 80-81.

[21] Apud ASSMANN, H. *René Girard com teólogos da libertação*, p. 295.

[22] Cf. GIRARD, R. *Um longo argumento do princípio ao fim*, pp. 206 e 208; *El misterio de nuestro mundo*, p. 162.

b) uma indignação ética diante dos pecados sociais e das injustiças, sendo destacada em muitos momentos a frase de Che Guevara: "Se você sente indignação diante de qualquer injustiça cometida contra qualquer ser humano, então somos companheiros". Essa indignação brota do sofrimento do povo e dos jovens e nasce do princípio da defesa das vítimas;

c) a resistência e a defesa da vida contra todo tipo de imperialismo, colonialismo, prepotência e dominação, contra o atual processo de globalização do mercado e em defesa da globalização da solidariedade;

d) a valorização das diferentes culturas, heranças e lutas juvenis e populares, tais como as indígenas da terra sem males, a dos quilombos, a dos redutos, a da herança dos ancestrais, a da resistência negra e popular, a das mulheres, a do Fórum Social Mundial, entre outras;

e) o apelo ao mistério, à esperança, devido ao entendimento de que a realidade presente não tem a última palavra; sendo assim, ao participar de ritos, celebrações, mitos, símbolos, uma outra realidade, ainda ausente, faz-se presente, dando um novo sentido à vida e um empoderamento para a ação;

f) a alegria, a gratuidade e o interesse pela festa, já que até mesmo o sofrimento deve ser transformado em canto, e também porque se entende que "pessoas tristes, egoístas, sisudas, autoritárias não terão condições de promover alegres revoluções";

g) colocar os mais pobres no centro, já que é deles, de suas entranhas, que emerge o julgamento da sociedade e dos projetos humanos;[23] eles têm uma fé e uma sabedoria incomparáveis;

h) tornar-se militante de uma causa superior, que supera o narcisismo, o vanguardismo, o basismo e a lógica do mercado, mediante o exercício da democracia e de um processo permanente de renúncias, de conversão e de libertação, que os torna capazes até de dar a vida pela causa assumida.

---

[23] Cf. ASSMANN, H. *René Girard com teólogos da libertação*, pp. 295, 299, 301.

4.2 A religiosidade na educação de jovens

Alienação é quando a pessoa
não consegue pensar a si mesma
no processo em que ela se encontra.
G. Tomazi

A eficácia social da religião

Embora os estudos da religião não desempenhem um lugar central na obra de Bourdieu, é possível afirmar que ele foi um de seus teóricos mais reconhecidos na atualidade. Um de seus textos, comumente citados por pesquisadores da religião, é Gênese e estrutura do campo religioso.[24] Ele entendeu a religião como linguagem, sistema simbólico de comunicação e pensamento. Para ele, tudo que existe ou venha a existir tem, na religião, sentido, porque se integra numa ordem cósmica. Ele descartou a crítica iluminista da religião e apontou para a especificidade da religião como sendo a de unir cada evento particular à ordem cósmica. Para Bourdieu, a eficácia da religião está em seus esquemas de pensamento que se inscrevem nas consciências individuais e nelas se incorporam como se fossem naturais, transformando-se em hábitos. Um dos principais alvos de crítica de Bourdieu, nos seus últimos anos de vida, foram os meios de comunicação, que estariam, segundo ele, cada vez mais submetidos a uma lógica comercial inimiga da palavra, da verdade e dos significados reais da vida.

Segundo Ana L. Modesto,[25] a razão da eficácia social da religião no campo da formação humana está escondida no próprio termo "religião" = *re-ligare*, que significa juntar compactamente. A religião exerce uma função integradora por excelência: ela reúne todas as atividades do ser humano sob a sombra de uma finalidade comum. Em seus ritos e festas, a religião possibilita a existência de sentimentos coletivos e, simultaneamente, o indivíduo, o sentimento de si. Ela, ainda, afirma que, em seu papel de eixo organizador da vida sociocultural, a religião não encontrou um sucessor a sua altura. A escola pública teria surgido próxima a esse objetivo, pois sua missão seria a formação do cidadão, o membro do Estado-Nação, devidamente instruído pelos princípios do moral-civismo; porém, o que se

---

[24] BOURDIEU, P. *Economia das trocas simbólicas*, 1972.

[25] MODESTO, A. L. Religião, escola e os problemas da sociedade contemporânea. In: DAYRELL, J. *Múltiplos olhares sobre educação e cultura*, pp. 78-81.

verifica na prática é que, nessa escola pública, não é objetivo a formação do homem-cidadão, plenamente desenvolvido como agente político e produto-produtor da cultura que domina, mas, sim, a produção do profissional eficiente, o ser economicamente viável. Se é verdade que a religião veio perdendo sua influência e legitimidade, abre-se a lacuna de uma instituição que, realmente, funcione como eixo integrador, do sujeito e da cultura, na vida moderna.

Ante o problema de diferentes concepções de mundo e valores que são oferecidos pelo mercado educacional e por inúmeras "províncias de significação", atraindo os indivíduos, e tornando-os divididos, perdendo-se na procura de um sentido para a existência, a religião atua com eficácia, possibilitando a reconstituição de uma unidade perdida, tanto em nível individual como também de grupos sociais; porém, se é verdade que a religião aparece como integradora, produtora de conhecimento e de sentido para a existência, por que ela tem sido sistematicamente relativizada e, até mesmo, excluída dos sistemas escolares? Não é o objetivo aqui responder a essa pergunta, mas apenas abrir o leque de conhecimentos acumulados pelas tradições religiosas e que representam um arcabouço de informações ao serem socializadas nas escolas, como direito dos educandos.

O Ensino Religioso e a educação para a transcendência

Mons. Tihamer Tóth, já na década de 1940, preocupado com o ensino religioso escolar, lembra que:

> durante a Idade Média, a criança já era educada na vida religiosa. Embora não entendesse muito de religião, aprendia as verdades fundamentais da vida prática; a vida religiosa tanto penetrava a família e toda a sociedade que parecia a coisa mais natural do mundo; era uma ciência prática.[26]

Ao lembrar essa forma de educar, ele critica a forma intelectualista e livresca que eleva a razão (e, no caso, o ensino da teologia), sem levar em conta a necessidade de uma vida religiosa correspondente. Dessa forma, ele via, com tristeza, que muitos católicos cultos o eram, "de fato", somente aos domingos, durante a hora do culto. A crítica de Tóth contra o intelectualismo não deixa de ser válida no sentido do método. Ele aponta para a importância da vida prática conectada à aprendizagem intelectual. Dessa forma, a vida prática, também no caso da experiência religiosa, ganha *status* de objeto de estudo e a especulação puramente intelectual pode ser questionada no seu *status* de cientificidade.

---

[26] TÓTH. T. *A formação religiosa da juventude*, p. 37.

Ao educar para o transcendente, para a religiosidade, para uma dimensão espiritual, faz-se necessário, também, socializar elementos próprios das tradições religiosas, estudar conceitos, procurar compreender a história, desenvolver teorias e apreender cientificamente as religiões, tendo-as como objeto de estudos. Nesse sentido, caberia aos sistemas educacionais, independentemente de sua laicidade ou de serem propriedade da Igreja Católica, abrirem espaços para que, de fato, o conhecimento religioso fosse reconhecido como conhecimento científico e, portanto, de interesse público e relevante à sociedade.

As crianças não levam para a escola apenas a sua herança cultural e religiosa familiar, mas também um mundo de dúvidas e questões que encontram por aí, na internet, na televisão e nas ruas desse mundo religioso em processo de globalização. Se a escola não oferecer respostas, outras instituições, talvez menos preparadas, o farão. É também um elemento constitutivo de uma nação que se entende como democrática e plural a escola abrir-se à população, ouvindo e dialogando sobre os seus interesses, sua história, sua cultura e suas tradições. Ao considerar a importância do ensino religioso, Catão[27] entende que "na escola o mais importante é a educação da religiosidade", que deve ser assegurada em todas as práticas pedagógicas, através da construção de um projeto educativo que reconheça a importância da dimensão do transcendente na educação.

Para evitar a intolerância, o fanatismo, o radicalismo, o fundamentalismo e o proselitismo religioso, é imprescindível cultivar o respeito mútuo entre os seres humanos e entre as religiões. As sementes do respeito, do diálogo e da alteridade, quando semeadas ainda na infância, também pela escola, ajudam os adolescentes e jovens a, além de conhecerem melhor sua identidade, enfrentar e posicionar-se mais conscientemente diante de grandes desafios que a humanidade enfrenta. Ao levar em conta a necessidade da formação integral do ser humano, a escola não pode menosprezar o ser *homo religiosus*. Se a religiosidade é considerada uma das grandes dimensões e necessidades da vida humana (saber, fazer, conviver, ser, crer), então por que, praticamente, apenas as dimensões do saber e do fazer, e um pouco também do conviver, são consideradas relevantes no espaço público, nas escolas? O ser humano não é apenas *homo sapiens* e *homo faber*, mas também *homo symbolicus*, e outros mais. À escola cabe não apenas formar profissionais técnicos, mas, sim, contemplar a formação integral do ser

---

[27] CATÃO, F. *A educação no mundo pluralista*, p. 91.

humano. O *homo simbolicus*, segundo Ernst Cassirer,[28] é a característica fundamental que diferencia o ser humano dos outros animais.

Ao contemplar as tradições, não significa que a escola deve ser conservadora ou tradicionalista. Ela tem a missão de fomentar a rebeldia dos jovens contra o "fim da história" e despertar, neles, os sonhos e ideais adormecidos ou sufocados pelo peso da história e das tradições. Ela não pode reduzir-se a processadora de ideias e técnicas.

Os grandes temas das religiões mundiais, tais como, Deus, divindades e seus atributos, vida moral, alma, pluralismo religioso, ateísmos e mística, aglutinam elementos fundamentais e referenciais para a vida humana. Debatê-las significa adentrar-se a elementos constitutivos das cosmovisões humanas; nestas se encontram os fundamentos sobre os quais se foi desenvolvendo a ciência; dessa maneira, elas são indispensáveis para uma compreensão mais ampla do ser humano e do seu meio.

Escola: espaço de socialização de conhecimentos, inclusive os religiosos

A tarefa de buscar fundamentos para a educação de adolescentes e jovens remete às questões do fundamento do conhecimento humano. O conhecimento religioso, revelado ou não, é parte do conhecimento humano e, por isso, pode estar entre os fundamentos dos processos educacionais. Sendo um conhecimento humano, por que não poderia ser objeto do conhecimento científico? A escola é um espaço de construção de conhecimentos e, principalmente, de socialização dos conhecimentos historicamente produzidos e acumulados. Como todo o conhecimento humano é sempre patrimônio da humanidade, o conhecimento religioso deve, também, estar disponível a todos os que dele queiram ter acesso.

Durante séculos de história, a religião foi referência para as pessoas, mas o racionalismo, que marca a modernidade, tentou negá-la, apregoando a supremacia da ciência e da técnica. Esse sistema de ideias forjou o ser humano atual, fragmentado, insatisfeito, inseguro, inquieto, desconfiado...

---

[28] Cf. Ernest Cassirer (1977, pp. 49-50) entende que haveria uma marca distintiva da vida humana em relação aos demais seres: "O homem, por assim dizer, descobriu um novo método de adaptar-se ao meio. Em confronto com os outros animais, o homem não vive apenas numa realidade mais vasta; vive, por assim dizer, numa nova dimensão da realidade". Para ele, o ser humano "já não vive num universo puramente físico, mas num universo simbólico. A linguagem, o mito, a arte e a religião são partes desse universo. São os vários fios que tecem a rede simbólica, a teia emaranhada da experiência humana".

Agora, mais do que nunca, procura respostas que lhe deem sentido à vida, que lhe permitam transcender a este mundo e acreditar em algo mais. O ser humano recoloca essas questões, tentando reorientar o próprio pensamento sobre a vida humana e a sua finalidade. O fenômeno religioso vem suscitando o interesse de pesquisadores e instituições. A busca do sentido da vida rompe com as certezas da razão instrumental e coloca novas questões que nem sempre a análise científica consegue incorporar.

É aí que o diálogo entre teologia, filosofia, antropologia, cosmologia e ciências da religião, entre outras, pode-se tornar eminentemente fecundo. A partir desse diálogo pode-se fornecer, com mais propriedade, um conjunto de noções sistemáticas sobre a origem e a história do ser humano e, também, explicar os fenômenos da natureza, os hábitos dos animais, as influências meteorológicas, a sistemática do universo, bem como procurar explicar as imagens de mundo que a sociedade produz, orientando e situando o ser humano em relação ao seu meio. Desse diálogo podem-se perceber conexões e estabelecer correlações cada vez mais precisas entre fatores culturais, religiosos, míticos, arqueológicos, cosmogônicos, cosmogênicos, hierofânicos, biológicos e sociais no processo de "hominização".

Muitos povos elaboraram mitos para explicar a origem do mundo e do homem, para dar sentido e para explicar o tempo presente. O sol, a lua, os ancestrais, os astros, as divindades e mesmo outros seres animados ou inanimados tornaram-se referenciais da vida de povos e culturas. Atribuições morais, éticas e religiosas são depositadas ou cristalizadas às "forças" que transcendem a natureza, que se situam no mistério, no além da capacidade de apreensão humana. Os mitos, normalmente, imbricam cultura, religião e natureza de tal forma que o ser humano aparece como resultado dessa trindade; resultado, esse, que não significa a negação do ser humano enquanto "destinatário" e "sujeito" histórico.

A partir desse diálogo, emerge o olhar científico para o cotidiano e a cultura. Cotidiano porque contextual: de que vale estudar o ser humano, senão porque o tempo presente se impõe cheio de contradições e, por isso, de possibilidades? E cultural porque eminentemente criador. É na cultura que se revela o potencial transformador e da tradição de um povo. A cultura de um povo se processa a partir de sua cosmologia, e esta, dificilmente, poderá ser apreendida suficientemente pela ciência. Logo, cultura e mistério se aproximam.

Para Boff,[29] faz-se necessário um olhar em três dimensões: para o universo, para a terra e para nós mesmos. Ele afirma que "conhecendo um pouco da história do universo e da Terra, estamos conhecendo a nós mesmos e a nossa ancestralidade". Ao mesmo tempo que tendemos a divagar no universo, voltamo-nos para a possibilidade de sínteses, que nos deem certezas. Capra, observando a cosmologia oriental, percebe que:

> a característica mais importante da visão oriental do mundo é a consciência da unidade e da inter-relação de todas as coisas e eventos, a experiência de todos os fenômenos do mundo como manifestações de uma unidade básica. Todas as coisas são encaradas como partes interdependentes e inseparáveis do todo cósmico.[30]

Problemas do racionalismo, do evolucionismo e de outros "ismos"

A antropologia e a etnologia, ao reverem recentemente seus preconceitos racionalista-etnocêntricos e positivistas, passaram a afastar as hipóteses segundo as quais as cosmogonias e mitos, as teofanias, a ancestralidade e as reflexões antropocêntricas ou antropomórficas, extraídas das culturas de povos ditos primitivos, estariam fundamentadas em raciocínios pré-lógicos, infantis, atrasados... Também está sendo superado o pensamento evolucionista e organicista, hegemônico, desde os inícios da modernidade até recentemente. Pensamento esse que sistematizou uma teoria onde a história humana era dividida em diversas etapas e épocas: da mais primitiva a mais evoluída, da selvagem à civilizada, da mitológica à científica, da menos à mais avançada, e inclusive da físico-biologicamente incompleta ou semidesenvolvida à desenvolvida. A Europa, com seu pensamento, sua ciência e sua cultura, colocava-se no centro do universo e impunha aos outros um olhar a partir de si mesma. Entendia-se como mais evoluída e, por isso, portadora de "boas notícias" aos demais.

A Terra foi descida do trono, do centro do universo, o Sol deixou de ser um astro sagrado que visita o ser humano após o galo cantar três vezes e as religiões foram postas, no armário das ciências, em uma gaveta de difícil acesso. Com o advento do capitalismo, o que passa a ser sagrado é o mercado, a imagem, a comunicação... Então, sobrevém a lei da guerra ou da olimpíada, do "salve-se quem puder" ou de que apenas "os mais fortes sobrevivem".

---

[29] BOFF, L. *Saber cuidar*: ética do humano – compaixão pela terra, p. 73.

[30] CAPRA, F. *O tao da física*, p. 103.

O dinamismo das ciências fez com que, a partir do século XVI, muitas pessoas reelaborassem suas cosmovisões. A Renascença aparece como passagem do teocentrismo para o antropocentrismo. A ação humana e o conhecimento, gradualmente, passaram a ser pensados a partir da razão. Copérnico, Galileu, Newton, Lamarck, Bacon, Descartes foram homens que credenciaram a si mesmos o poder de julgar a verdade, a ciência. O que não podia ser comprovado experimentalmente passou a ser rejeitado. A linguagem simbólica e mítica ficou desprovida de sentido. A teologia e a filosofia não davam respostas satisfatórias a questões mais específicas e pontuais da vida humana, abrindo-se aos poucos o leque das diferentes ciências físicas, humanas e sociais. O ser humano atribuiu-se o título de senhor da natureza e de si mesmo, iniciando assim uma ruptura entre a visão religiosa e a visão científica; e passou a ser o centro de tudo.

O paradigma cartesiano, característico dessa cultura ocidental, é sustentáculo da cosmovisão "moderna" do progresso e tecnologia, que enfatiza a eficiência e sustenta um antropocentrismo na forma de dominar, consumir, possuir... Tudo é visto como uma grande máquina. Diante dessa máquina, todos devem se portar, sabendo, de antemão, o que afirmou Lamarck, ao observar a natureza, que "só os mais capazes, ou os mais fortes sobrevivem". Essa concepção moderna de vida racional, mecanicista e reducionista tornou-se obsoleta e insustentável: o ecossistema global está ameaçado pelas catástrofes nucleares, desertificação, tecnologias pesadas, doenças, sinais patológicos de desintegração social e anomalias econômicas, além da idolatria do mercado.

O ser humano compreendeu-se como intérprete e dominador. Fruto da razão e da modernidade, procurou na ciência o conhecimento sobre si mesmo e esta, por sua vez, o dissecou para conhecê-lo melhor. Para ver como são suas entranhas, precisou abri-lo ao meio, dividi-lo. O homem moderno colocou-se diante das demais criaturas com arrogância, poder e domínio. Viu nelas apenas coisas úteis a serem consumidas ou desprezadas. A terra, por exemplo, passou a ser vista como eterna fornecedora de bens e recursos para o consumo humano, e não mais como prenhe de mistérios, duendes, deuses e surpresas.

Homo religiosus, homo simbolicus...

Somente no início do século XX, com Durkheim, Weber, Mauss, Malinowski, Lévi-Strauss e outros, é que, aproveitando de materiais colhidos em pesquisas etnológicas, foi dado mais um passo, ainda que provisório, no entendimento do ser humano, também na sua dimensão de *homo religiosus*. Concluiu-se que os povos "primitivos" apresentam, em seus mitos, ritos e sistemáticas de classificação animal e vegetal, não uma cosmologia fragmentada ou uma cosmovisão desprovida de sentido, mas, sim, um sistema coerente e integrado.

O que faz o ser humano, desde os tempos remotos, buscar o transcendente? Vários antropólogos falam de um "aspecto constitutivo, ou dimensão intrínseca" do ser humano: é o *homo religiosus* ou o *homo simbolicus*. Essa busca do transcendente estaria na estrutura constitutiva do ser humano. Trata-se de um desejo irresistível de superar o tempo e a história e alcançar a realidade última. Cada povo, sentindo a necessidade de se colocar próximo, de invocar ou de dialogar com a divindade, deu-lhe um nome e um sentido, criou d'Ele/a(s) imagens, conforme seu idioma e sua cultura. Poder-se-ia afirmar que não existem necessariamente "deuses", mas, sim, diferentes imagens ou formas de se relacionar com o transcendente. Este seria uma espécie de "síntese" das diferentes imagens construídas historicamente pelo ser humano. E essa "síntese" poderia ser uma referência na busca da unidade na diversidade, na superação das divisões, na derrubada das barreiras, na abertura de canais de compreensão e diálogo entre todas as nações e entre todos os grupos sociais e pessoas humanas; por isso é necessário compreender o que separa os seres humanos. Só a partir da tomada de consciência dessas separações e das causas que estão em sua raiz é que será possível visualizar quais são os caminhos apropriados para a unidade, para a superação das divisões, sejam elas políticas, econômicas, geográficas, sociais, raciais, de gênero, religiosas... Para isso é indispensável o reconhecimento do outro, do diferente. É a partir do encontro com os outros povos, culturas e religiões que se poderá dar um passo importante na perspectiva da organização da "grande casa", do mundo habitável, o *oikoumene*.

O ser humano, sujeito da história, é guiado segundo os princípios que o transcendem. O reconhecimento da dimensão religiosa do ser humano e das suas experiências em torno de Deus ou de divindades volta a ser, na atualidade, um acréscimo, e não uma incógnita ou uma ilusão da humanidade. Ele permite e reinaugura a possibilidade da receptividade, da reciprocidade, da alteridade, da subjetividade e da intimidade entre as pessoas consigo mesmas, com seus ancestrais, com suas origens e com seu Criador. Permite, também, uma conversão: "A passagem de uma razão que capta e explica para uma razão que escuta e acolhe, de uma vontade que domina para uma vontade que aceita e reconhece, de uma liberdade que escolhe e dispõe para uma liberdade que se entrega".[31]

A religiosidade volta a ter sentido não como "reflexo" de uma realidade a ser justificada, mas porque nela se encontra o mistério do transcendente, em que os sem voz e sem vez encontram abrigo. Sua experiência diária de impotência se transforma em esperança, profecia e utopia. Sua vontade de Deus vai eliminando o ópio a que estão submetidos. Vai-se constituindo em protesto e poder das pessoas excluídas, como energia que as torna sujeitos da história, transformadoras da realidade. O próprio Jesus se alegrou com a experiência religiosa dos humildes: "Eu te louvo, ó Pai, porque revelaste estas coisas aos pequeninos..." (Lc 10,21).

A religião, ao estabelecer um caminho de ligação entre o divino e o humano, busca no transcendente uma força benéfica aos seus seguidores. Para isso estabelece leis ou normas de conduta consideradas de inspiração ou revelação divina. O modo como a vontade divina se manifesta permite distinguir dois tipos de religiões: as religiões em que a divindade permite uma classe sacerdotal, profética ou de videntes, primeiros responsáveis pela observância das leis e para interpretá-las ou resolver enigmas divinos, e as religiões de tipo individual e de iluminação, mais ligadas à ideia do êxtase criador, que passa pela vontade e pelo intelecto dos adeptos. Estas não necessitam de intermediários "ordenados" educados para tal missão. Magos, astrólogos, videntes, profetas, xamãs, sacerdotes e pajés possuem saberes e poderes especiais. Eles buscam aproximar a divindade com a cotidianidade. São capazes de curar, de prever o futuro, de anunciar a vontade divina e mesmo de aplacar a cólera dos deuses. Tornam-se portadores simbólicos da divindade e mediadores indispensáveis; possuem um poder de encantar, desencantar e reencantar o mundo.

O sagrado e o profano, e a permanente busca do transcendente

Falar da transcendência é falar da relação de continuidade ou descontinuidade entre o sagrado e o profano. Profano, em latim, *pro fanum*, significa em frente ao recinto sagrado, fora ou para além do templo. Observando os sinais sagrados existentes no interior da vida profana, a pessoa coloca-se diante de pontos de referência absolutos que a podem orientar, valores que a ajudam a se superar. Nesse sentido, profano e sagrado são complementares na existência cotidiana, não existindo oposição, mas apenas uma relação entre o observável (profano) e o seu sentido (sagrado),

---

[31] CASTIÑEIRA, À. *A experiência de Deus na pós-modernidade*, p. 180.

entre o símbolo e seu significado. Eliade[32] propõe a compreensão de que o sagrado é um espaço de transcendência, e não apenas de complementaridade em relação ao profano. Para ele, "seja qual for o contexto histórico em que se encontra, o *homo religiosus* acredita que sempre existe uma realidade absoluta, o sagrado, que transcende este mundo, que aqui se manifesta, santificando-o e tornando-o real".

No Candomblé, sagrado e profano não são dois mundos estanques, mas interconectados: a representação do "profano" só é possível pela mediação do "sagrado" e inversamente. "Os deuses fazem os homens... que fazem os deuses..." No islamismo, esse mesmo Deus aparece como uma existência perfeita, absoluta e infinita e que se caracteriza pela vida, sapiência e onipotência. Os seres humanos e os animais também possuem essas características, porém de maneira finita, limitada e imperfeita. Deus não é visto, mas tudo vê. Deus não precisa de parceiros, é criador, é paz, indivisível, uno e único. No hinduísmo, Deus é visto como o real, o uno, o único que realmente existe. Ali Ele é alguém que não envelhece, o antigo, o eterno, que existe por si mesmo, que não está sujeito a mudança, livre da doença, radiante e imutável. O seu nome é alto porque está acima de todos os males, é inefável, insondável. O seu nome é: aquele por quem nós ansiamos. Quem chegou a conhecê-lo, tornou-se sábio. Os ascetas são aqueles que o buscam, saudosos de uma terra melhor. Os que o desejam, entram numa vida sem teto; o infinito é a beatitude, nele está a felicidade total. Aquele que chegou a conhecê-lo, atingiu a liberdade, a paz, tornou--se imortal. O sábio deixa atrás de si a alegria e a tristeza para sempre. Algumas civilizações antigas cultuavam a deusa-mãe e, hoje, algumas religiões retomam esse culto. A ela atribuía-se o poder de gerar a vida. Os semitas acreditavam que a deusa-mãe (Inana, Istar e Astarte) produzia a vegetação e era a deusa do casamento e da maternidade. Sacerdotisas exerciam os serviços indispensáveis de liderança e culto. Em diversas teogonias há uma deusa que precede um deus. Na Caldeia, a Lua era venerada como mais antiga e mais venerável do que o Sol, porque, como diziam: "As trevas precedem a luz em cada renascimento periódico do universo".

Todos os povos de todas as épocas, de diferentes formas, expressaram na busca do transcendente um referencial para sua existência. A própria antropologia não nega que essa busca vem acompanhando o homem desde que existe. Nessa busca do transcendente, o "experienciá-lo" e o "senti-lo" têm-se mostrado hegemônicos. A fé só se sustenta a partir desses senti-lo

---

[32] ELIADE, M. *O sagrado e o profano*, p. 164.

e experienciá-lo. É o símbolo que ultrapassa o aqui e agora. Berger nos diz que "a religião é a mais audaz tentativa de conceber o universo inteiro como algo humanamente significativo".[33] A experiência religiosa constitui a base e o âmago dos impulsos, das emoções e pensamentos comuns a todos os seres humanos. A religião tem-se revelado, em todos os tempos, suficientemente poderosa para unir e integrar pessoas, que, sem ela, tendem a se separar por causas múltiplas: idade, gênero, profissão, etnia, posição social... Boff entende que:

> O ser humano possui transcendência e por isso viola todos os tabus, ultrapassa todas as barreiras e se contenta apenas com o infinito. [...] O ser humano possui imanência e por isso se encontra situado num planeta, enraizado num local e plasmado dentro das possibilidades do espaço-tempo. [...] O tempo é histórico, feito pela saga do universo, pela prática humana, especialmente pela luta dos oprimidos buscando sua vida e libertação. Mas simultaneamente o tempo implica um horizonte utópico, promessa de uma plenitude futura para o ser humano, para os excluídos...[34]

A escola forma técnicos para o mercado ou seres humanos?

A violência continua sendo um dos problemas mais sérios da humanidade. Muitos dos conflitos no mundo, além de possuírem causas econômicas e políticas, também derivam da intolerância e de concepções religiosas. O grande desafio das religiões, e também das escolas na atualidade, é promover uma cultura da tolerância, da paz e da solidariedade. Isso é condição *sine qua non* para a vida ser possível, pois, do contrário, sairão fortalecidos os fanatismos, radicalismos, proselitismos, nazismos, fundamentalismos, e outros ismos.

Ao ingressar na escola, a criança não deixa a casa paterna ou materna. Ela continua dependendo dos seus pais, tanto afetiva quanto materialmente; porém, a partir de então, passa boa parte do seu tempo fora do lar e está sujeita a uma disciplina e a um processo de ensino-aprendizagem diferenciado. Acontece um processo de autonomia e independência crescentes. Aos poucos, ela tende a começar a realizar algum tipo de estágio ou trabalho cujo ganho em dinheiro poderá ajudar nas suas despesas pessoais e nos gastos com o seu próprio estudo. A tendência normal do estudante, daquele que frequenta a escola apenas até o final do ensino médio, é a de vir a adquirir certa competência profissional e se tornar um trabalhador,

---

[33] Apud TERRA, J. E. M. *Origem da religião*, p. 76.

[34] BOFF, L. *Saber cuidar*: ética do humano – compaixão pela terra, p. 189.

um técnico, um funcionário de alguma empresa e receber um salário que lhe garanta a satisfação, ao menos, de suas necessidades básicas. Um curso técnico lhe garante certas informações e certos conhecimentos necessários para o exercício de uma profissão, porém, o bom exercício de uma profissão não depende apenas de informações e conhecimentos. Outras dimensões tais como a intuição, a sensibilidade humana, a capacidade de diálogo e de socialização, o senso crítico, a criatividade e as dimensões da ética, da utopia, da religiosidade e do desenvolvimento psicoafetivo podem ser tão ou mais importantes e necessárias quanto a capacidade de decorar fórmulas e frases, somar e multiplicar, responder perguntas previamente aprendidas, raciocinar, memorizar e escrever um texto dentro de uma certa metodologia científica. Todavia, é mais no *pro fanum* da sala de aula, estabelecido pelos próprios estudantes, que acontece os processos de diálogo e socialização.

Já existe um consenso em torno da ideia de que o grande desafio da educação não é apenas o de tornar o filho do trabalhador um técnico ou um membro da classe operária, mas, especialmente, o de lhe proporcionar condições para a busca do sentido da existência humana e do universo. Sendo assim, a religiosidade é resgatada como sendo uma energia humana, educável, e que pode ser uma poderosa aliada no processo educativo. Não é mais convincente nem suficiente a procura apenas por "tecnologias" e por conhecimentos racionais, como os únicos capazes de satisfazer as necessidades e desejos humanos.

Há um ditado moderno que diz: "A riqueza não traz felicidade, mas tenta comprá-la". Dessa forma, tudo vai sendo colocado sob o critério do mercado ou da moeda: símbolo adorável de um mundo onde se crê que tudo se compra e se vende, onde o ser está subordinado e é dependente do consumir. Crença essa baseada em dois mitos: o mito do progresso e o mito do mercado. O mito do progresso é a ilusão de que se pode realizar todos os desejos: "Querer é poder". A onisciência e onipotência passam a ser creditadas à ciência. O mito do mercado é a ilusão de que a concorrência é o caminho para a maximização do progresso tecnológico e econômico, e que pelo consumo todos podem experimentar "satisfação e bem--estar"; assim, o dinheiro e o consumo são hipostasiados, aparecem como religião, objetos de adoração. A idolatria do mercado coloca no centro de suas ações a exigência de sacrifícios de vidas humanas. Na absolutização do mercado, não há espaço para a misericórdia, o perdão e a boa convivência. Os clamores dos pobres nem sequer conseguem externar-se, muito menos são ouvidos, ao contrário, crescentes cortes das verbas públicas destinadas às questões sociais são "os custos sociais" pagos pelos seres humanos para garantir a prosperidade do neoliberalismo.

Diante da idolatria do mercado e do rosto de crianças empobrecidas...

Henri Joubrel, citado por Alves de Campos,[35] ainda no início da segunda metade do século passado, oferecia uma equação entre (a idolatria do) desenvolvimento econômico e juventude, que serve como um dos exemplos possíveis para essa questão. Ele comentou que "os Estados Unidos da América, o país mais rico e tecnicamente evoluído do mundo, é também o que apresenta cada ano, proporcionalmente ao número de habitantes, o maior número de criminosos, de alienados, de nevróticos, de inadaptados sociais de todos os gêneros e de delinquentes juvenis". Se isso é verdade, então não se pode afirmar que desenvolvimento econômico e qualidade de vida andem necessariamente juntos. Talvez as ciências da religião e a teologia estejam oferecendo "algo mais" no sentido de se pensar e cuidar da vida de uma maneira mais coerente e integral.

Jung Mo Sung[36] acredita que vale a pena continuar insistindo na importância da teologia. Ele diz: "Acho que continuo a fazer teologia por causa dos rostos das crianças pobres coladas ao portão esperando por pessoas que as possam amar gratuitamente e se preocupar com os seus problemas e ajudá-las a superarem ou diminuírem os seus sofrimentos". É nesse sentido que emerge o valor da perspectiva religiosa, também em tempos de pós-modernidade, onde não se pretende abranger nem possibilitar tudo, mas abrir e proporcionar um "mais" em termos de vida humana. A religião consegue transmitir uma dimensão mais profunda, um horizonte interpretativo mais abrangente ante a falta de sentido. Ela consegue também transmitir um sentido de vida último ante a morte: sentido de onde vem e para onde vai a existência humana. A religião consegue garantir os valores mais elevados, as normas mais incondicionais, as motivações mais profundas e os ideais mais elevados.

Os atuais escândalos na política, na economia, e mesmo nos sindicatos, são decorrentes de uma crise ética, moral e religiosa. Nesse sentido, Hans Küng[37] sugere que não devemos esperar uma religião mundial, seria ilusão. "O que se deve buscar é uma transformação, um entendimento, o diálogo e a cooperação entre as religiões, porque isso é indispensável para

---

[35] ALVES DE CAMPOS, A. *A juventude e os seus problemas*, p. 99.

[36] MO SUNG, J. *Sujeito e sociedades complexas*, p. 40.

[37] KÜNG, H. *Projeto de ética mundial*, p. 7.

a paz entre as nações." Para ele, a religião pode se constituir em protesto e resistência contra as situações de injustiça e "não há sobrevivência humana sem uma ética mundial". E a religião é necessária para que haja essa ética e a paz no mundo.

O ser humano, vendo-se limitado, sofrido e insatisfeito, abre-se para algo mais, para um elã vital que o leva a enfrentar obstáculos, a alcançar seus propósitos e a sonhar. Esse elã está nele, mas é maior do que ele. Não está em seu poder manipulá-lo, criá-lo ou destruí-lo. É a experiência religiosa e são os processos educacionais que, por sua vez, deveriam implicar uma ruptura de nível ontológico, uma separação radical do círculo das experiências habituais intramundanas, que nos introduz a uma realidade totalmente diferente, que é o âmbito do mistério, do ideal, do transcendente, do sagrado. A busca dessa outra realidade não deve ser estranha à educação, pois, tal como sugere Assmann,[38] educar significa defender vidas, e "a educação se confronta com essa apaixonante tarefa: formar seres humanos para os quais a criatividade e a ternura sejam necessidades vivenciais e elementos definidores dos sonhos de felicidade individual e social".

Sabedoria, competência e sensibilidade solidária

A educação não é mercadoria. É um direito universal ligado à própria condição humana, e é enquanto direito que ela deve ser defendida. Ela é uma ferramenta indispensável nos processos de humanização, socialização e subjetivação. A integração entre esses processos se viabiliza na educação pela igualdade e pela justiça. Diante do atual processo de globalização do mundo, a educação é um instrumento importante contra todas as formas de violência e degradação do ser humano, e de promoção da paz e da sensibilidade solidária.

É recente o debate e o paradigma que procuram aproximar as dimensões da busca de sabedoria, competência, esperança e sensibilidade solidária nos processos educacionais. A Teologia da Libertação foi uma das iniciativas que procuraram abrir as portas dessa aproximação, colocando como critério e julgamento do avanço das ciências as súplicas dos pobres e sofredores. Especialmente diante das diferentes formas de exclusão, de miséria e fome, esses elementos passaram a ser essenciais para a educação. Incorporou-se assim a ideia de que a realização pessoal e profissional passa não somente pela competência técnica e profissional, mas, também, pela competência e sensibilidade emocional, relacional e solidária. Não basta à universidade oferecer apenas informações e conhecimentos. Ela é chamada

---

[38] ASSMANN, H. *Reencantar a educação*, p. 29.

a fomentar e a garantir processos de emancipação humana, competência profissional e busca de sabedoria. Educar para a esperança e a solidariedade é o caminho que leva à sabedoria. Segundo Jung Mo Sung, "uma sabedoria que está precisando ser ensinada e aprendida em todo o mundo é a que nos ensina que não se pode ser feliz e amar a si próprio de verdade, se não se é capaz de se abrir ao sofrimento de outras pessoas, se não se é capaz de ter uma sensibilidade solidária". Ele também questiona: "Em que o conhecimento da dimensão religiosa dos seres humanos e das sociedades podem nos ajudar na compreensão da nossa sociedade, da nossa cultura, e nas necessárias modificações para que possamos pelo menos, em curto prazo, diminuir o número de excluídos/as?".[39]

Educar significa emancipar, salvar vidas, criar sensibilidade social, buscar e transmitir sabedoria. E a sabedoria nasce ou se constrói num processo de solidariedade. A educação passa por duas forças conflitantes e antagônicas. Uma é a ciência, aquela que faz do ser humano um buscador de conhecimentos, que o torna indivíduo inteligente, capaz de manejar máquinas sofisticadas, de compreender sistemas complexos, de saber construir edifícios, conhecer algumas características da Lua, do Sol e dos milhões de seres que habitam a terra e as águas. Ela ajuda a identificar e descrever o tempo e o espaço, coisificar tudo o que se pode manipular, objetificar tudo o que se busca saber, definir, enumerar e classificar; assim, o ser humano aprende a inventar e escrever textos e também prever resultados de certas ações. Outra é a sabedoria que vai além da ciência, pois contempla o mistério, o ocaso e a imprevisibilidade. Não é algo que pode ser transmitido e aprendido de forma vertical, isto é, de alguns "para" os demais. Ela brota da ação solidária e da compreensão e participação do sofrimento do outro. Ela não pode ser claramente definida através de conceitos e teorias racionais, pois passa essencialmente pela gratuidade, pelo sofrimento, pelo prazer, pelo *sensus fidei*, pela sensibilidade solidária e pelo relacionamento amoroso. Ela é mais um sentir, uma intuição cheia de fé que penetra no mais profundo de cada ser humano e se faz nele a sua mestra e educadora, ao ponto de torná-lo capaz de salvar vidas. Para Edgar Morin, ensinar a viver é transformar conhecimento em sabedoria:

> Ensinar a viver necessita não só dos conhecimentos, mas também da transformação, em seu próprio ser mental, do conhecimento adquirido em sapiência, e

---

[39] MO SUNG, J. *Sujeito e sociedades complexas*, p. 172. Cf. "Ética e teologia nas universidades católicas". Disponível em: <http://josejorgeguedes.vilabol.uol.com.br/textos/Etica_universidade.htm>. Acesso em: 24 set. 2009.

da incorporação dessa sapiência para toda a vida. [...] A compreensão humana nos chega quando sentimos e concebemos os humanos como sujeitos; ela nos torna abertos a seus sofrimentos e suas alegrias.[40]

Ao que tudo indica, a sociedade não vive apenas numa época de mudanças, mas, sim, numa mudança de época, pelo fato de, hoje em dia, existir a possibilidade de viver de diferentes maneiras, de pensar livremente, de conservar a vida e de adaptar-se ao meio ambiente de maneiras nunca vistas antes, de satisfazer necessidades e realizar desejos como nunca; mesmo assim, o que permanece para todo o sempre é o esforço para minimizar o sofrimento e para encontrar mais alegria e felicidade. É nesse sentido que podemos concluir com uma reflexão sobre o que é "viver a vida", de Otto Maduro:

> Viver a vida é, entre outras coisas, buscar a vida feliz e não meramente sobreviver. Não se resume numa simples luta contra a morte, mas é busca do prazer em comum, a alegria duradoura, o deleite profundo, o gozo gratuito, a felicidade que contagia; é desfrute compartilhado do afeto, da companhia, do trabalho, do alimento, do descanso, da arte, do jogo, da dança [...] enfim, da festa! É também a aptidão para assumir criativamente o sofrimento pessoal como dimensão intrínseca da própria vida, disposição para apreciar e acompanhar a aflição do outro com solidariedade e ternura. Mas a vida boa é, também, esforço para superar o sofrimento injusto e evitar o sofrimento desnecessário.[41]

4.3 Jovens mulheres, sexualidade e gênero

> *Para que exista a alegria eterna da criação, para que*
> *a vontade de viver se afirme eternamente, é preciso*
> *também que existam as dores do parto.*
> F. Nietzsche

Toda a reflexão sobre juventude não deixa de ser, também, uma reflexão da própria sociedade sobre si mesma. Ao reconhecer um papel de protagonista ao jovem, a sociedade está dizendo, para ela própria, que não

---

[40] MORIN, E. *A cabeça bem-feita*: repensar a reforma, reformar o pensamento, pp. 47 e 51.

[41] MADURO, O. *Mapas para a festa*, p. 30.

se vê como tal naquilo que atribui a uma parcela de si mesma. Ao focar nos jovens a sua organização política, a sociedade sugere que esses jovens têm um potencial e uma competência superiores aos dos demais membros dessa sociedade, para tal função ou perspectiva. Se é verdade que não se pode prescindir, para uma boa compreensão da juventude, da realidade econômica, em que jovens se diferenciam por causa das classes sociais a que pertencem, também não se pode negar que questões de gênero e sexualidade têm grande influência no cotidiano da vida pessoal e societária.

Apresentaremos, em grandes linhas, algumas aproximações entre sexualidade, gênero e religião, na perspectiva de contribuir para o conhecimento dos jovens e o reconhecimento de diferenças entre eles, bem como para destacar elementos considerados relevantes nas elaborações teóricas sobre a religiosidade e o protagonismo juvenil.

Perspectivas de análise da sexualidade da juventude

É uma realidade, tal como constata Marcio Pochmann,[42] que, em nossa sociedade, "ainda que a fase juvenil esteja em todas as classes, ela não ocorre de forma homogênea a todos. O modo de ser jovem difere muito, principalmente quando há diferenças significativas entre estratos de renda no conjunto da população". Todavia, além da realidade econômica dos jovens, dos problemas derivados da divisão de classes, múltiplos fatores tais como as questões geracionais, de pertença, de gênero, geográficas, culturais, étnicas, religiosas, educacionais, sexuais e morais, assim como diversos olhares, além do sociopolítico, começaram a voltar-se para a juventude. Isso foi abrindo outras possibilidades de reflexão, mais inovadoras, capazes de superar noções niveladoras e uniformizadoras. Como todas as ciências mais "especializadas", também a "juventudologia" vem-se constituindo a partir de constructos teóricos diversos que reintroduzem a ambiguidade e a multiplicidade e incorporam diferentes olhares sobre a juventude.

A pesquisa Perfil da Juventude Brasileira, realizada no âmbito do Projeto Juventude (iniciativa do Instituto Cidadania), buscou oferecer um conjunto de novas informações e conhecimentos a respeito da juventude brasileira, em diversas dimensões. No que tange à temática "sexualidade, saúde e direitos sexuais e reprodutivos", tem-se o trabalho de Gabriela Calazans,[43] que acompanhou a pesquisa e desenvolveu uma análise dessa te-

---

[42] POCHMAN, M. Juventude em busca de novos caminhos no Brasil. In: VANNUCHI, P.; NOVAES, R. (Org.). *Juventude e sociedade*, p. 231.

[43] A pesquisa Perfil da Juventude Brasileira foi coordenada por Gustavo Venturi por meio da Criterium Assessoria em Pesquisas, nos anos de 2003 e 2004, e culminou

mática. Segundo essa autora, faz-se necessário "escapar de uma perspectiva de análise 'naturalizante' e 'essencialista' da sexualidade e da juventude, que restringe estes dois fenômenos a determinações hormonais associadas ao processo da puberdade: o chamado 'poder dos hormônios'". Ela acredita que é essencial "compreender a sexualidade dos jovens como diversa, contextualizada e complexa, longe, portanto, de uma experiência dada e natural"; e para isso o nosso principal recurso é o de "tomar como contexto das práticas sexuais e reprodutivas os interesses, preocupações e valores expressos pelos próprios jovens". Em sua análise, ela percebeu que o "contexto em que se dá a experiência da sexualidade juvenil" está ligado a uma escala de interesses e preocupações, predominando as temáticas do emprego e do mercado de trabalho, educação, segurança, violência e cultura.

Logicamente que o problema histórico da desigualdade e da discriminação sexual não é suficiente para se negar a possibilidade de uma natureza ou essência humana que aponta para uma distinção entre homem e mulher. Um recente documento do Pontifício Conselho para a Família critica alguns reducionismos da sexualidade presentes nos atuais sistemas educacionais, tais como a educação da sexualidade focada na mera fisiologia genital ou numa aprendizagem de técnicas para alcançar prazer sexual. Esse documento entende a sexualidade como "uma função humana complexa e misteriosa" e, partindo de pressupostos personalista-existenciais, sugere que, ao escapar de uma visão "naturalizante" e "essencialista" da sexualidade, se pode cair em certos determinismos, tais como o biologicista e o historicista. O primeiro reduz o comportamento sexual humano à pura biologia, ao instinto. O segundo ignora o aspecto biológico e entende que o comportamento sexual humano está sujeito à cultura e à liberdade de escolha de cada um. Ao falar da necessária educação e conduta sexual dos jovens, o documento distingue quatro pontos cardeais: as dimensões procriadora, afetiva, cognitiva e religiosa. Faz-se necessário considerar, de maneira equilibrada, essas quatro dimensões da sexualidade humana para não se cair em uma sexualidade de tipo utilitarista, muito presente na civilização atual, do "desfrutamento" e da "objetificação", na qual as pessoas se tornam objetos e se usam como se usam as coisas.[44]

---

na obra: ABRAMO, H. W.; BRANCO, P. P. M. (Org.). *Retratos da juventude brasileira*, 2005. Nessa obra, na temática desenvolvida por Gabriela Calazans: "Os jovens falam sobre sua sexualidade e saúde reprodutiva", pp. 215-241. Constata-se que a sexualidade é considerada de grande interesse para apenas 7% dos jovens.

[44] Cf. PONTIFÍCIO CONSELHO PARA A FAMÍLIA. *Lexicon: termos ambíguos e discutidos sobre família, vida e questões éticas*, pp. 284-286.

Os desejos e paixões tendem para o pecado

Outrora, embasada em Agostinho de Hipona, a cultura ocidental entendeu que o ser humano tende a pecar ou a praticar o mal ao deixar-se guiar pelo livre-arbítrio, pelos desejos e paixões, e que o ato conjugal não poderia ser isento de pecado, se não procurasse intencionalmente a fecundação, sendo que busca de prazer e pecado seriam duas faces de uma mesma moeda. Esse entendimento já não mais convence os descendentes dessa mesma cultura. A educação puritana praticamente desapareceu. Nos umbrais da pós-modernidade abrem-se as portas da busca de satisfação da necessidade e do desejo de ser feliz, de desfrutar a vida. Hoje todos têm direito ao prazer. Em muitos casos é um prazer sem limites, sem controle, pura emoção e sem razões e gerador de frustrações diversas. De qualquer forma, o patriarcalismo e o imperialismo sexual, o poder de uns sobre e contra outros, a divisão entre sexos, em detrimento da mulher, vêm perdendo terreno e sendo duramente criticados atualmente.

O mito sumério de Lilith ajuda a entender a divisão de gênero

O mito de Lilith[45] foi ressignificado e filtrado ao ponto de vir a se tornar texto sagrado na versão judaico-cristã, que, por sua vez, faz desaparecer a figura de Lilith e, no lugar dela, aparecer a serpente, e Eva como sendo a única mulher das origens. Todavia, essa mulher não aparece mais como rebelde, autônoma e independente, como a que a precedeu, mas, sim, como "culpada" do pecado das origens e, consequentemente, a serva, dominada, dependente e submissa; mulher ideal para o homem dominador. A própria Lilith que sobreviveu, não no texto do Gênesis, mas em outros mitos de civilizações como da Suméria, Assíria e Mesopotâmia, passou a ser uma espécie de deusa ou espírito errante e maligno, cuja força contagia e pode dominar as crenças e a vida humana, podendo fazer de uma mulher, uma bruxa ou uma prostituta. Ela seria uma criatura de Satã, o anjo expulso dos céus que, não podendo mais atacar o próprio Deus, rancoroso e vingativo, resolve ferir a sua criatura, o ser humano. Lilith prefere seduzir os jovens, mas não desdenha os velhos. Na juventude, porém, a doçura dos prazeres é mais ardente e o poder de Lilith é mais forte. Ela tornou-se o maior perigo para os hebreus, que oravam a Deus e a três anjos para que protegessem toda a família da visita noturna da vampira sugadora de sangue e assassina de crianças...

---

[45] Cf. KOLTUV, B. B. *O livro de Lilith*, 1989. Ver também <http://www.bocadoinferno.com/romepeige/artigos/lilith.html>. Acesso em: 12 nov. 2009.

Diversas pesquisas procuraram provar que, antes do culto ao deus único e masculino, houve cultos para diversas divindades. A principal delas seria uma deusa-mãe, que tudo cria a partir de si mesma. Ao que tudo indica, essa mudança religiosa marca uma mudança em prol dos valores masculinos que passaram a se sobrepor e a serem exaltados em relação aos femininos. Lilith deixou de ser sinônimo de deusa-mãe e passou a ser símbolo do espírito ou da mulher reprovada socialmente, e Eva se tornou símbolo da "única" mulher, diminuída, porém aceita socialmente.[46]

A mulher na história do Ocidente

A cultura ocidental herda, da *pólis* grega, uma sociedade que enaltece os valores masculinos e joga nas sombras as mulheres, mães, esposas e filhas. As mulheres foram reduzidas ao corpo, e a sua beleza era inferior à beleza da alma, do "ser pensante" masculino. É da cabeça de Zeus que nasce a deusa Minerva (versão latina da deusa Atena), que representa a inteligência e o pensamento. As imagens mais visíveis e dominantes da iconografia ocidental do século V foram aquelas em que as mulheres apareciam executando exercícios passivos, não dignos de representação, tais como poetisas, musicistas, dançarinas, nadadoras e ginastas.[47]

Dificilmente se encontram registros medievais de jovens mulheres, com exceção na historiografia das santas e mártires. Segundo Hilário Dick,[48] "todos percebemos a presença significativa de santas jovens que deram a vida pela castidade". Mesmo não tendo uma resposta, ele abre um questionamento: não seria uma forma profética de as jovens afirmarem sua personalidade, seu protagonismo, ingressando em conventos, recusando certos casamentos, fugindo para o deserto, defendendo a sua virgindade, resistindo a certos costumes que as oprimiam? Em certo período do século XVII, em Milão, chegaram a ingressar no convento uma a cada duas moças.[49] Tudo leva a crer que o fator vocacional não era o mais relevante. De qualquer forma, não havia muitas opções ou alternativas para a jovem que desejasse sair, insatisfeita ou obrigada a deixar o convívio social e familiar de origem; assim mesmo, não foram poucas as jovens profetisas, santas, rebeldes que resistiram contra aquele modelo de sociedade e de família e procuraram outras alternativas para além do estabelecido. Seriam o

---

[46] Cf. CANEVACCI, M. (Org.). *Dialética da família*, p. 7.

[47] Cf. LEVI, G.; SCHMITT, J.-C. *História dos jovens* (v. 1), pp. 51ss.

[48] DICK, H. *Gritos silenciados, mas evidentes*, p. 109.

[49] LEVI, G.; SCHMITT, J.-C. *História dos jovens* (v. 1), pp. 326s. As citações a seguir, dos mesmos autores, encontram-se nas pp. 167; 177s; 326; 357.

matrimônio e o convento experiências antagônicas? Possivelmente, para a grande maioria das jovens que ingressavam ao convento, isso não acontecia por desprezar o matrimônio, até porque o convento, em muitos casos, era apenas uma espécie de "rito de passagem" para a vida adulta, uma tentativa de libertar-se do domínio patriarcal, marital ou dos parentes, principalmente no caso de viúvas ou malcasadas, e conquistar maior autonomia. Não eram poucas as que ficavam apenas alguns anos no convento e, depois, saíam para se casar. Pode-se classificar em quatro as possibilidades desse ingresso aos conventos: a falta de um espaço digno para as jovens na família, sendo pressionadas a deixá-la ou a procurar um convento; a vocação ou a vontade de servir a Deus e às pessoas; a busca de alternativa de vida em oposição ao matrimônio e às demais ofertas da sociedade; a fuga do "mundano", a fim de experienciar o "sagrado".

Na literatura, que faz referência ao período medieval, sobressaem os escritos que destacam o papel das mulheres não como mártires ou santas, mas, sim, como "poderosas no amor", capazes de mudar a vida ou os rumos da história de um cavaleiro, dominando-o pelo poder do amor. "Pela felicidade que suscita, a dama amada pode curar o enfermo, e por sua cólera, fazer morrer quem tem boa saúde; pode tornar insano o sábio e feio o mais belo; pode fazer do mais cortês um rústico e tornar corteses os rústicos."

Cícero entendeu que "as escolhas fundamentais da vida são feitas no 'limiar da juventude, no momento em que o juízo é mais fraco', pois falta-lhe aquela experiência que poderia ajudar na escolha e ainda se encontram, bem vivas, as paixões que podem direcionar no sentido de objetivos errados". Essa concepção, acrescida de adjetivos como fragilidade, falta de autocontrole, superficialidade, irracionalidade e impulsividade dos adolescentes e jovens, favoreceu para que os pais considerassem direito e dever deles intervirem nos rumos, escolhas e decisões, inclusive vocacionais ou vitais, dos seus filhos e, principalmente, das suas filhas. Essa mesma intervenção era, também, estendida para educadores e autoridades religiosas, principalmente quando esses jovens eram mandados para estudar em colégios ou institutos, tal como os dos jesuítas, que, em meados do século XVII, estavam espalhados por toda a Europa e América Latina.

Quanto aos matrimônios, vale lembrar que, normalmente, os pais tinham o direito, reconhecido pelas Igrejas, católica ou reformada, de decidir pelos filhos. Isso não significa que, necessariamente, houvesse tirania paterna, ou que a união fosse consumada sem o consentimento do casal. Fato é que não eram poucos os casamentos clandestinos ou mediante o "rapto de sedução", às escondidas dos pais. Quando uma determinação por parte dos pais era inaceitável, os jovens, quanto possível, procuravam alguma alternativa, por mais que lhes fosse cara essa opção. Em alguns casos, esses casamentos passavam a ser aceitos pelos pais e legalizados ritualmente pelos líderes religiosos ou juristas; em outros casos, até mesmo a prisão e a condenação à morte eram-lhes impostas.

Nem sempre a Igreja se posicionava automaticamente favorável à autoridade paterna, e por mais que o consenso dos pais fosse considerado indispensável, ele não era essencial, conforme decreto tridentino (1545 a 1563), podendo ser válido o casamento que obtivesse aprovação eclesiástica, mesmo quando fosse clandestino ou decorrente de "rapto de sedução". Os teólogos puritanos insistiram no consenso dos pais como requisito essencial para a validação do matrimônio. Esse conflito entre autoridade eclesiástica e família, no que tange à validade do casamento, vem de longa data. O debate, no campo da moral, tem como um dos fundamentos o dever de obediência aos genitores pelos filhos, porém, também emerge do texto bíblico outros fundamentos, que são o cuidado e o amor que os pais devem ter para com seus filhos, respeitando suas inclinações e "direitos". As uniões forjadas por interesses econômicos e sem amor, independentemente da vocação dos jovens ou por imposição da autoridade paterna, sempre foram causas de conflitos e problemas diversos, tais como a esterilidade, o alcoolismo, o suicídio, o homicídio, o abandono, a fuga e o adultério. Rebelar-se contra a tirania e o despotismo paterno era quase sempre uma empresa muito arriscada, que mais facilmente resultava na ruína do rebelde que na punição do tirano. Quando, porém, o jovem rebelde recebia o apoio e, até mesmo, a intervenção favorável de outras autoridades, religiosas ou civis, então a sua luta podia ser reconhecida e vitoriosa.

Por mais que não se tenham muitos registros documentais, podem-se encontrar manifestações públicas coletivas ou grupais de mulheres solteiras reivindicando direitos, resistindo a certas situações ou estruturas sociais ou procurando reconhecimento. Os pronunciamentos públicos de jovens que coletivamente saíam para as ruas anunciando o noivado ou, também, questionando o patriarcalismo angariavam punições diversas e registros como o de Nuremberg, de 1485:

> muitas virgens [...] saíram pelas ruas chamando a atenção, mas um honrado conselho determinou que aquele cortejo de virgens não estava bem e que no futuro, em caso de anúncios semelhantes, nenhuma virgem deveria sair pelas ruas chamando a atenção, tampouco andar em grupo pelas ruas à noite.[50]

---

[50] LEVI, G.; SCHMITT, J.-C. *História dos jovens* (v. 1), p. 282.

Do próprio Lutero, em 1544, preocupado com o desmoronamento das concepções tradicionais do casamento e com a entrada de jovens estrangeiras, atraídas pelo advento do capitalismo, tem-se um escrito encaminhado a um príncipe da Saxônia que dizia: "Por isso as moças ficaram atrevidas, correm atrás dos jovens livres em seus quartinhos, nas dependências deles e onde mais podem, e lhes oferecem livremente seu amor".[51] Realmente, os disciplinadores dos costumes viram-se apavorados diante dos escândalos da juventude, das jovens solteiras que saíam à noite livremente "passeando a esmo", encontrando-se com os rapazes sem vergonha e temor diante de Deus e dos homens.

Concepções como essas levaram a um autoritarismo ainda maior por parte do Conselho, ou seja, dos administradores da coisa pública, que chegaram a uma rígida separação dos sexos, estabelecendo o lugar da mulher em casa e não em locais públicos. As mulheres foram submetidas a duras regras disciplinares e a uma possibilidade de presença no espaço público reduzido ao máximo, a fim de que não "provocassem a justa ira de Deus". Essas punições geralmente eram impostas sem justificativas, mas quando elas se faziam inevitáveis dizia-se que era devido ao fato de que, quando reunidos, os jovens abandonavam-se às bebedeiras, cantorias, obscenidades e indecências absolutamente inaceitáveis.

Prazer e santidade

A ideia de prazer tem sido tratada, durante séculos, correlacionada à ideia de juventude e de pecado. O sensualismo, tido como sinônimo de pecado e de prazer, traz consigo algo de demoníaco e destruidor. Mons. Thiamér Tóth sugeriu que "também antigamente na humanidade soprava o hálito destruidor do sensualismo". Ele, na década de 1940, afirmava:

> Hoje o que domina é o pecado, que aumentou e adquiriu proporções gigantescas, com a perda e o desvanecimento de todo o ideal. Multiplicaram-se as ocasiões de pecado; enfraqueceu-se a força de resistência. Não pode o jovem moderno ir para parte alguma, nem sequer olhar o que quer que seja, sem que por mil canais não veja precipitar-se a sociedade nas faces abertas do pântano letal.[52]

Para enfrentar o mal e o pecado, esse autor apresenta aos jovens dois modelos de vida a serem imitados: São Luiz Gonzaga e Santo Estanislau Kostka, que, em 1720, foram beatificados pelo Papa Bento XIII, 150 anos

---

[51] Apud. LEVI, G.; SCHMITT, J.-C. *História dos jovens* (v. 1), p. 282.

[52] TÓTH, T. *A formação religiosa da juventude*, p. 197.

depois de falecidos. Esses santos jovens são apresentados como ideais da juventude que "se esforça por se levantar do lodo das forças instintivas até as belezas de uma vida equilibrada; dois ideais de uma juventude que luta". Tóth afirma que poderiam ser fomentadas, nos jovens, muitas virtudes a partir desses tão altos exemplos de vida e santidade, tais como o espírito de apostolado, o amor ao próximo, o sentido social e a ação amável e suave da vida sobrenatural, entre outras.

Esses dois santos são praticamente desconhecidos entre jovens descendentes do Contestado. Na pesquisa supracitada, realizada junto a jovens, São Luiz Gonzaga foi citado apenas uma vez. Ao invés de indicarem santos homens, os jovens do Contestado apontaram para Maria, a mãe de Jesus (Nossa Senhora...), como a santa de maior devoção, com mais de metade das indicações. A devoção aos santos e santas, por parte dos jovens, se dá mais por causa da tradição familiar; a dimensão juvenil, profética e libertadora é pouco reconhecida nos santos por parte dos jovens. Nesse sentido, ao apresentar Luiz Gonzaga e Estanislau Kostka, o autor sugere a inocência como heroísmo, como virtude guerreira, e que "santidade não é covardia, não é fraqueza, não é imperícia, não é superficialidade; que a vida dos santos não foi sentimentalismo estéril, de água doce".[53]

Segundo ele, santidade não é sinônimo de incapacidade e inabilidade, mas meio de unir a vida santa à cultura moderna, com a mais requintada cortesia, com a criteriosa atividade para o comércio e com o melhor talento em arquitetar planos, vivida em conformidade com a intelectualidade moderna, aliada a uma visão clara da realidade, ao exercício das virtudes cívicas e sociais e em harmonia com o interesse pelas questões científicas, com o espírito comercial forte e sagaz. É interessante notar que, por mais que esse reconhecido padre católico insistisse em "modernizar a santidade", ainda antes da metade do século passado, essa perspectiva raramente aparece como uma dimensão importante na religiosidade do Contestado.

Se, por um lado, Tóth relaciona prazer com pecado e, por causa disso, sobrevém a acusação de que disso deriva uma moral estéril, do medo, do escrúpulo e uma esfera espiritual sombria, desanimadora, opressora e triste, por outro, ele próprio dedica um capítulo de sua obra para destacar o valor da alegria. Lembra que o catolicismo considera a tristeza um grande mal, e que sempre procura contemplar o mundo com alegria, apesar de seus males e das contínuas decadências morais da humanidade. Lembra

---

[53] TÓTH, T. *A formação religiosa da juventude*, p. 198.

os laços que unem santidade de vida e a verdadeira alegria espiritual. O desapego e a mortificação são considerados meios e não fins. Por isso, em vista de uma alegria maior no horizonte, a ascese, o sacrifício e a abnegação fazem-se necessários. Tratando-se da educação da juventude, ele considera que "esperança e alegria são os dois elementos constitutivos do ar vivificante da juventude". E "a religião que não sabe oferecer paz e alegria, já por si se desqualifica". Insiste em que a educação dos jovens alcança êxito muito maior quando educa para o amor do bem, do que quando educa para o temor do mal. Ainda mais: "Os jovens que mais progridem na vida espiritual são aqueles que, em vez de se entregarem ao temor e aos escrúpulos, abrem as velas do seu barco à força viva do amor", Tóth concorda com Nietzsche ao reafirmar que "não é a alegria, mas a falta de alegria, a mãe da libertinagem".[54]

Com o processo de secularização moderna, o universo simbólico dos jovens foi abalado. Os santos católicos e, também, o pai de família e o padre foram sendo substituídos, inclusive sendo criticados e até ridicularizados por parte de psicólogos e historiadores, que começaram a ver neles condutas exóticas, antissociais e psiquicamente doentias. Os modelos de conduta passaram a ser, em geral, pessoas ligadas à música, tais como Elvis Presley, John Lennon, Janis Joplin, Bob Marley, Roberto Carlos; às lutas políticas e ecológicas, tais como Che Guevara, Martin Luther King, Chico Mendes, Rigoberta Menchú, entre outros; ou ainda ídolos do futebol e artistas das novelas. Com a ascensão da pós-modernidade e com a superabundância de figuras exemplares apresentadas pela mídia, vem acontecendo certa decadência dos grandes ídolos e um congestionamento de inúmeras e diferentes imagens, figuras e referências de heróis, pessoas diversas que foram líderes ou amigos e que morreram assassinados ou por causa de acidentes diversos. A própria projeção fotografada e mitificada de si mesmo constitui-se no arsenal fundamental a ocupar os encontros e "santuários" particulares dos jovens, tais como o seu quarto, o seu computador, o seu Orkut... De fato, a internet vem oferecendo possibilidades de contatos, relações e conexões jamais imaginadas pelos jovens de outras gerações passadas.

Algumas vozes, como a de Walter Schumbart,[55] apontaram para um caminho de aproximação entre religião e erotismo. Ele procurou reconciliar a religião com o erotismo, ou a sexualidade com a dignidade huma-

---

[54] TÓTH, T. *A formação religiosa da juventude*, pp. 252; 254.
[55] SCHUMBART, W. *Eros e religião*, pp. 7; 41.

na. Afirma que "a religião e a sexualidade são dois motores poderosos da vida humana. Ver nelas duas realidades diametralmente opostas é aceitar uma visão dualista do ser humano. Fazer delas dois adversários irredutíveis é dilacerar o coração humano". Critica o protestantismo, tanto de Lutero como de Calvino, pelo fato de não terem tido a menor simpatia com qualquer forma feminina de religião e que, por isso, abominaram o culto à madona, a Maria, entendendo que isso seria idolatria. O próprio exercício da sexualidade, fora das regras morais e normas religiosas (fora do matrimônio e do desejo de procriação), também no catolicismo, fora rejeitado como sinônimo de imoralidade, e muitas mulheres que rompiam com essas regras eram tidas por "aliadas de satanás", feiticeiras ou bruxas, recebendo como "recompensa", em certos casos, a pena de morte.

Estudos sobre gênero

Retornando à reflexão sobre gênero, sabe-se que um dos primeiros estudos no início do século passado sobre as diferenças ou as características específicas dos sexos masculino e feminino foi feito por Matilde Vaerting, citada por Alves de Campos[56] quando procurou estudar o comportamento do homem numa sociedade de mulheres e da mulher numa sociedade de homens. Uma das conclusões de seus estudos é que "a diferença dos sexos não é o resultado de disposições inatas diferentes, mas o produto puramente sociológico de uma relação de domínio". Dessa maneira, as diferenças entre os sexos se afirmariam ou desapareceriam, dependendo do tipo de sociedade, estado e regime político estabelecidos.

Diferentemente dessa teoria, muito se insistiu, historicamente, na diferença biológica, fisiológica ou anatômica entre os sexos. Segundo esse debate, o homem diverge da mulher porque todo o seu corpo exprimiria robustez e força, e estaria destinado à paternidade, enquanto o corpo da mulher expressa leveza e graça e o exercício da procriação e da maternidade, sua função fundamental.[57] Essa teoria incorporou a problemática da natureza humana, entendendo que, mesmo sendo diferentes anatômica, fisiológica e também psicologicamente, homem e mulher são portadores da mesma natureza humana, com as mesmas tendências, qualidades, defeitos, virtudes e fraquezas. Um dos fundadores da psicologia americana, Stanley Hall,[58] no início do século XX, acreditava que os adolescentes eram

---

[56] ALVES DE CAMPOS, A. *A juventude e os seus problemas*, p. 69.

[57] Cf. COMBLIN, J. *Antropologia cristã*, p. 102.

[58] Apud GRINDER, R. E.; STRICKLAND, Ch. E. A significação social da obra de G. S. Hall. In: BRITTO, S. (Org.). *Sociologia da juventude I*, p. 25.

possuidores dos sentimentos coletivistas necessários para promover uma superespécie humana. Para isso, ele sugeria a necessidade de um programa educacional que primasse pelo desenvolvimento do corpo e das emoções sadias, em lugar das habilidades intelectuais. Ele sugeria que, desde o começo da adolescência, os sexos deveriam ser separados, a fim de que as meninas fossem preparadas para o casamento e a maternidade, e os meninos para o serviço militar, a aprendizagem industrial e a instrução para o patriotismo. Para ele, o treinamento intelectual deveria ser reservado somente a alguns, os escolhidos.

Outra teoria procurou perceber as diferenças do tipo psicológico do masculino e do feminino e incorporou a pergunta sobre como o homem e a mulher procuram a felicidade. Gina Lombroso, citada por Alves de Campos,[59] defendeu a ideia de que a mulher é alterocentrista, porque o centro da sua felicidade está voltado para as outras pessoas, para uma doação-de-si; enquanto o homem é egocentrista, pois coloca a si mesmo, seus interesses, desejos, planos, sua vontade de vencer, no centro do seu mundo.

Outras pesquisas tentaram verificar as diferenças de sentimentos, inteligência, vontade, entre outros. Dentre os aspectos mais citados, antes da década de 1970, para estabelecer ou mapear essas diferenças entre homem e mulher, fizeram sobressair, na mulher, a dimensão do coração e da intuição, o tato mais apurado, a dimensão da passividade, a perspectiva do cuidado, a capacidade de sacrifício, paciência, renúncia, as iniciativas caritativas, as atividades sociais e a dimensão mística e religiosa; enquanto no homem, a dimensão da inteligência, da razão e a capacidade de abstração, o aspecto da força, da atividade empreendedora e a perspectiva do domínio e do poder.

Quase todas as teorias apontam antes as diferenças para, depois, dizer que homem e mulher estão naturalmente ordenados um para o outro, complementares ou portadores de uma capacidade de complementação. Nesse sentido, insistia-se no fato de que as diferenças são fundamentais ao ponto de que os homens deveriam ser cada vez mais "machos" e as mulheres cada vez mais femininas.

Os discursos em defesa das diferenças costumavam, porém, cair no problema da apologia e na promoção da desigualdade entre os sexos, desigualdade essa opressora e sempre em prejuízo das mulheres. A educação em regimes totalitários, tal como o nazismo e o fascismo, procura fazer "do" jovem um super-homem, enquanto a educação "da" jovem aparece

---

[59] ALVES DE CAMPOS, A. *A juventude e os seus problemas*, p. 71.

com o objetivo de lhe atribuir a responsabilidade de educar os filhos e permanecer confinada ao espaço doméstico.

Notícias soviéticas e Cartas Apostólicas sobre gênero

Vale lembrar mais um exemplo de uma realidade inesperada para a época: em 1943, o jornal *Soviet War News* (Notícias Soviéticas da Guerra) publicava um artigo falando da situação da educação socialista na Rússia, que, nesse período, já era reconhecida como capaz de assegurar a igualdade de direitos entre homens e mulheres. O artigo do professor M. Tsuzmer (famoso educador soviético), contudo, diz, citado por A. S. Neill,[60] referindo-se à educação da Constituição de Stálin, que "o que devemos ter agora é um sistema pelo qual a escola desenvolva jovens que virão a ser bons pais e, principalmente, lutadores pela pátria socialista, e moças que serão mães inteligentes, competentes para criar uma nova geração". Tsuzmer diz, ainda, que "as escolas deveriam dar às nossas moças o conhecimento e a capacidade de olhar por seus filhos... por outro lado deveriam dar a nossos rapazes a fortaleza física e moral próprias do homem".

Por incrível que pareça, essas leis da constituição de Stalin se parecem com algumas afirmações do Papa João Paulo II, tal como as das Cartas Apostólicas *Mulieris Dignitatem*, de 1988, e antes disso, de Paulo VI, na *Humanae Vitae*. Percebe-se que, nesses textos, o papel da mulher é, primariamente, o de mãe e educadora dos próprios filhos no lar e que elas encontram sua dignidade e vocação principalmente por meio da maternidade e do casamento. Fica evidente certa mistificação da maternidade e uma ênfase na visão tradicional das mulheres como mães, apontando a criação e o cuidado como "qualidades femininas especiais".

Além do lado materno e esponsal, que "consagrou" a mulher até recentemente, outra característica lhe era reivindicada: a de virgem. Aquela que não fosse mãe e esposa, devia necessariamente ser virgem para poder sobreviver em uma sociedade burguesa, moderna, cristã, muçulmana, patriarcalista etc. Não sendo virgem antes do casamento ou mãe-esposa depois, ela estaria destinada a se tornar, mais ainda quando pobre, "mulher marginalizada", ou melhor, prostituta. Segundo Libanio,[61] essa mulher "estava banida do vocabulário dos 'homens de bem', mas não de sua prática hipócrita".

Por mais que essa conotação de gênero tenha sido mais ou menos generalizada em diversas culturas, e até mesmo em diversos regimes políticos,

---

[60] NEILL, A. S. *Liberdade, escola, amor e juventude*, pp. 198-199.

[61] LIBANIO, J. B. *Jovens em tempos de pós-modernidade*, p. 122.

fato é que, especialmente no Ocidente, as Igrejas cristãs e, sobremaneira, a Igreja Católica, desde os inícios da modernidade, foram consideradas culpadas ou responsáveis por muitos males que afetam o ser humano no campo da sexualidade. Tem sido comum o uso de expressões como: educação rígida, pietista, legalista, moralista, de hostilidade e desprezo do corpo, repressora, autoritária e neurotizante, para definir e desautorizar as instituições religiosas em seu discurso moral.

Esquizofrenia: da religião moralista ao liberalismo doentio

K. Thomas fala de uma "neurose eclesiogênica" com a seguinte explicação:

> Nos meios eclesiásticos, sobretudo nos círculos pietistas, é muito comum uma educação rígida, legalista e de hostilidade ao corpo, que sobretudo na questão da sexualidade se constrói sobre o princípio do "tabu", isto é, do silêncio, da proibição e da ameaça, tudo ao mesmo tempo.[62]

Foi a partir de reflexões como essa que, no mundo acadêmico, se passou a insistir no dogma da afinidade eletiva entre religião e neurose ou esquizofrenia. Fato é que não apenas a religião, mas também toda a sociedade, nas suas diferentes instituições, e inclusive as ciências médicas e a psicologia, pareciam conspirar contra a libertação da repressão sexual e ajudavam a elaborar teorias ou ideologias para limitar ou controlar a liberdade sexual dos jovens. Enquanto os jovens dos segmentos mais abastados ou privilegiados eram apresentados como moralmente corretos, os das classes populares eram apresentados como delinquentes, porque se rebelavam com mais facilidade contra as normas morais estabelecidas. Tudo leva a crer, contudo, que isso era apenas mais uma ideologia em defesa da moral burguesa.

O liberalismo seria outra face da mesma moeda do moralismo doentio? Segundo Karl Mannheim,[63] "enquanto a antiga educação autoritária mostrou-se cega às necessidades vitais e psicológicas da criança, o *laissez-faire* do liberalismo perturbou o equilíbrio salutar entre o indivíduo e a sociedade, focalizando sua atenção quase somente no indivíduo [...]". Será verdade que os extremos se encontram também no campo da sexualidade? Como resolver o problema dos desvios sexuais que, possivelmente, sempre existiram e que põem em risco a sobrevivência humana? O excesso

---

[62] Apud KLOSINSKI, G. *Adolescência hoje, situações, conflitos e desafios*, p. 150.

[63] MANNHEIM, K. O problema da juventude na sociedade moderna. In: BRITTO, S. (Org.). *Sociologia da juventude I*, p. 70.

de repressão da sexualidade e a permissividade ou a sua liberalização geral talvez tenham algo em comum.

Por mais que haja avanços consideráveis em relação aos direitos humanos, isso não impede de ver que, se havia tirania no passado, na moral sexual tradicional considerada repressiva, e por isso digna de ser rejeitada, atualmente, sob novas formas e métodos, a tirania continua. Se, antes, quase tudo o que acontecia no campo da sexualidade fora do casamento era tabu e pecado, a novidade, agora, é que as práticas sexuais acontecem sem culpa e tudo é permitido, aceito e "normal". Cada um define, naquilo que lhe for possível, o ritmo, tempo, maneira, parceiro e espaços para a atividade sexual.[64] Quando cada jovem institui e segue a sua própria lei, não é mais a tradição, nem a família, nem a Igreja, nem a razão que dão as cartas do jogo, mas, sim, uma espécie de acordo entre o desejo e o poder, que os jovens dispõem para realizá-lo.

Tudo leva a crer que, na atualidade, se cai em novas formas de tirania e corrupção também no campo da sexualidade. Se tudo é permitido, na medida em que é possível, ou seja, em que há posses para tanto, de fato chega-se a um nível de desenvolvimento econômico e a uma idolatria do capital onde tudo vira mercadoria. "As pessoas se tornam uma força impessoal com pouca ou nenhuma importância, além de sua utilidade econômica para o sistema."[65] A sexualidade e a própria juventude passam a ser comercializadas. Nesse caso, o conflito, o desequilíbrio e a tirania podem ser pensados em termos de uma nova divisão social do sexo. De um lado, estariam os que "podem" e, de outro, haveria um grande contingente de excluídos, impossibilitados de viver a sua sexualidade tal como desejam. Logo, se antes a negação da sexualidade era um fato social generalizado, agora a sua liberalização geral é um mito, a não ser que fatos e mitos se

---

[64] Cf. REICH, Wilhelm. *A revolução sexual*, pp. 47ss: "para satisfazer as exigências da economia sexual, a moça não somente precisa ter uma livre sexualidade genital; também necessita de lugares sossegados, anticoncepcionais, um amigo potente, com vitalidade, não estruturado na negação do sexo, pais compreensivos e uma atmosfera social sexualmente afirmativa". Ele afirma que a abstinência e a repressão sexual, a rigidez moral e a educação para a supremacia do homem levam à ausência de camaradagem entre homem e mulher, à prostituição, à delinquência, a atos depravados.

[65] Expressão utilizada pelos bispos católicos do Canadá sobre o desemprego, em 1983, em sua carta pastoral com o título "Reflexões éticas sobre a crise econômica" (cf. COLEMAN; BAUM. *Concilium*/201 – Sociologia da Religião, 1985/5, p. 14 [488]).

confundam, especialmente porque o desejo, sendo colocado em sua máxima potência, fica extremamente maior que a sua possibilidade real de satisfação. Não somente os tempos antigos carregam consigo a falta de uma sexualidade sadia e prazerosa, agora também porque, segundo Walter Schubart,[66] "o homem moderno frio e calculista, não é mais capaz do autêntico amor sexual". Ele criticou o processo de implantação do comunismo russo, no qual "o amor deveria reduzir-se a um simples processo natural, sem romantismo nem entusiasmo, sem o menor significado superior, tão insignificante quanto um gole d'água". Talvez isso se justificasse com a tese equivocada de que não se podia perder o enfoque de se empregarem todas as forças do proletariado na construção do socialismo, reduzindo o seu próprio projeto a uma dimensão puramente política ou economicista.

A virgindade, que outrora devia ser preservada até o casamento a qualquer preço, hoje é forçada a deixar de existir o antes possível. Até recentemente, insistia-se na família como célula da sociedade, como local da educação, da aprendizagem dos valores e normas morais, do respeito às tradições, da defesa das heranças culturais; hoje, para muitos, a família é reduzida à casa ou ao apartamento, onde se descansa e acontecem certas refeições. Outrora, os religiosos, padres e pastores eram apresentados como exemplos de moralidade; hoje, a mídia insiste em apresentar os devassos, pedófilos e ladrões.

Se houve uma liberalização da liberdade e da atividade sexual para uma parcela dos jovens, especialmente os das camadas mais abastadas, ela veio acompanhada de um prolongamento da adolescência, do tempo de escolaridade, da data de entrada no mercado de trabalho e de uma antecipação desses jovens enquanto sujeitos consumidores de mercadorias e outros bens artísticos e culturais. Isso, geralmente, não acontece para a maioria dos jovens das camadas populares, que, desde cedo, são obrigados a ingressar no mercado de trabalho, deixando a escola e sendo excluídos de muitos direitos e benefícios que a sociedade oferece. Em geral, porém, a "moral do mercado" apresenta-se como um fetiche ou um tabu que não pode ser questionado ou criticado. Segundo Guillebaud,[67] tudo leva a crer que "mudamos o fetiche, mas reforçamos o nosso fetichismo. Em outras palavras, a imaturidade de nossa época está ligada a nossa incapacidade, ou a nossa recusa, de questionar nossos próprios preconceitos".

---

[66] SCHUBART, W. *Eros e religião*, p. 18; 18.
[67] GUILLEBAUD, J. C. *A tirania do prazer*, p. 418.

A ênfase na satisfação dos desejos dos jovens abriu campo para a "liberação geral". A liberação do sexo e das drogas apareceu como antídoto à sociedade vigente, considerada hipócrita, como manifestação crítica contra a moral, a família e as Igrejas tradicionais, como mecanismo de busca de autonomia. O corpo, a imagem, o afeto, o emocional e o político começaram a se sobrepor aos campos da alma, da fantasia, da razão, da filosofia e da religião. As rupturas entre esses campos, ao invés de gerar maior autonomia e segurança ao jovem, leva-os a um individualismo crescente, proporcionado-lhes novas incertezas e obstáculos. A busca de uma maior contemplação do "eu", "do corpo" e do tempo presente, acompanhada de uma compreensão romântica essencial ou "naturalmente" boa do ser humano, fez com que houvesse certo esvaziamento do potencial utópico--revolucionário, da primazia dos valores coletivos e da capacidade organizativa dos jovens; em consequência, uma maior aceitação da perspectiva anárquico-espontaneísta, semelhante a um casamento entre "as filhas de Marx e os filhos da Coca-Cola",[68] tal como exemplifica Gloria Gohn:

> nos anos 90, os antigos militantes envelheceram, ou cansaram-se, ou tornaram-se dirigentes de organizações, parlamentares etc. E não se formaram novos quadros militantes. Os poucos novos que surgiram passaram a atuar de forma radicalmente diferente. O *slogan* "o importante é ser feliz" é bastante ilustrativo. [...] Usualmente, nos anos 90 se participa de causas coletivas quando elas têm a ver com o mundo vivido pelas pessoas, e não porque estejam motivadas pelas ideologias que fundamentam aquelas causas. Os militantes olham mais para dentro de si próprios. Deixam a paixão pelo coletivo em segundo plano e buscam as suas próprias paixões. Articulam-se a projetos coletivos apenas se estes se relacionarem com seus próprios projetos. Esses novos militantes querem manifestar mais seus sentimentos do que viver segundo as diretrizes preconizadas por alguma teoria, partido, instituição...[69]

Retornando às "portas abertas" da religião em relação à saúde sexual da juventude, vale considerar que estar atento às necessidades e aspirações espirituais dos jovens é, certamente, também uma preocupação com sua saúde, educação e cidadania. A aproximação entre teorias marxistas e psicanalistas, tais como as de Herbert Marcuse e Wilhelm Reich, contribui para a revolução sexual, desvinculando a procriação e a relação sexual, e

---

[68] Cf. HERVIEU-LÉGER, D. *Le retour à la nature*, pp. 32; 67; 78; BENEVIDES, M. V. Conversando com os jovens sobre direitos humanos. In: VANNUCHI, P.; NOVAES, R. (Org.). *Juventude e sociedade*, pp. 32; 51.

[69] GOHN, M. da G. *Teoria dos movimentos sociais*, p. 340.

questionando profundamente o papel e o poder presentes nas questões de gênero, dando fundamentação teórica e fortalecimento aos movimentos feministas, de homossexuais, de mulheres camponesas, e outras organizações de mulheres.

Mercado de trabalho e mudanças nas relações de gênero

A cultura paternalista e patriarcalista encontra-se em crise. Com a modernidade, o jovem, ou a jovem, entrou no mercado de trabalho antes que seu pai e, em não poucos casos, ocupou o seu lugar. Entra em crise, também, a família, pois à medida que esse ou essa jovem passa a ser o principal sustentáculo financeiro da própria família, o pai perde boa parte do seu poder.

Por mais contraditória que pareça, ao considerar as jovens como importantes consumidoras e, portanto, interessantes ao mercado, permitiu-se às mulheres jovens uma posição menos marginal, menos "subjetiva", mais livre e inclusiva em termos sexuais. Movidas pela liberação dos costumes sexuais e por uma maior democratização das relações geracionais e de gênero, deixou o espaço e o trabalho doméstico e passou a ocupar papéis políticos, culturais e burocráticos diversos. Politicamente, por medo de que elas viessem a se tornar "perigosas" e "agressivas", até hoje, em muitos países, lhes é impedido o acesso aos espaços públicos, reservados exclusivamente para os homens. Nesse caso, pode-se considerar a própria auto-organização da sociedade como um fator causal dessa mudança. Nem a política, nem o mercado, nem qualquer outra organização humana tem total controle dos processos de organização e mutação sociais. Fato é que, especialmente a partir da década de 1950, houve certa inversão dos costumes e valores relacionados aos sexos. As mulheres "ativas", "autônomas" e "independentes" passaram a ter mais aceitação ou maior aprovação do que as mulheres "passivas", submissas e obedientes...[70]

O movimento feminista na luta contra a desigualdade de gênero

É verdade que com a vulgarização da pílula anticoncepcional e a ampliação do movimento feminista, houve mudanças radicais no campo da sexualidade. Estas já não se davam, apenas, por fatores econômicos ou pela arbitrariedade do mercado, mas de maneira polimórfica. Entre as suas múltiplas expressões, vale destacar que, a partir dos anos de 1960, tendo à frente o movimento feminista, diversos símbolos e manifestações como a minissaia, o amor livre, a queima de sutiãs, as pílulas anticoncepcionais e o panelaço passaram a ser utilizados como ferramentas de resistência contra

---

[70] Cf. LEVI, G.; SCHMITT, J.-C. *História dos jovens* (v. 2), p. 365.

o patriarcalismo, os preconceitos, a exploração e a discriminação sexual, o tabu da virgindade, o desprezo da mulher separada ou vivendo em nova união. Essa perspectiva foi crescendo, também, através de diversas pesquisas acadêmicas que passaram a colocar em pauta outros temas como o corpo, o prazer, a contracepção, o aborto, o divórcio, o trabalho dentro e fora do lar, a homossexualidade, o reconhecimento de direitos individuais, da reprodução e da domesticidade, o papel da mulher na Igreja e na sociedade que, aos poucos, foram promovendo uma revolução também conceitual da sexualidade. Segundo Karl Mannheim:

> a maior opressão da história não foi a dos escravos ou trabalhadores assalariados, porém a das mulheres na sociedade patriarcal. No entanto, os sofrimentos e o ressentimento dessas mulheres permaneceram inúteis durante os muitos milhares de anos enquanto foram sofrimentos de milhões de mulheres isoladas umas das outras. Seu ressentimento, porém, tornou-se *incontinenti* criador e relevante socialmente quando, no movimento das sufragistas, tais sofrimentos e sentimentos foram integrados, contribuindo assim para reformar nossas opiniões a respeito do lugar e da função das mulheres na sociedade moderna.[71]

A concepção do magistério da Igreja tem sido duramente questionado e criticado por movimentos feministas, de mulheres católicas, de homossexuais, entre outros, destacando-se o reducionismo biologizante, o patriarcalismo e o papel subordinado da mulher na concepção do magistério da Igreja. Segundo Maria Jose F. Rosado-Nunes:

> essa concepção biologizante das mulheres como esposas e mães que prevalece na Igreja estabelece um lugar e um papel social, político e simbólico diferenciado e hierarquizado para mulheres e homens. Não apenas forma a base de sustentação do poder eclesiástico, hierárquico e masculino, mas também funda um modelo de relação entre os sexos, independente das vontades individuais porque referida a uma "ordem natural" dada por Deus, fundada na biologia, imutável. Estabelecem-se, assim, os parâmetros de relações familiares, em que a autoridade é hierárquica e patriarcal.[72]

As críticas ao conservadorismo católico e as reflexões sobre as questões de gênero do movimento feminista, de certa forma ampliando ou

---

[71] MANNHEIM, K. O problema da juventude na sociedade moderna. In: BRITTO, S. (Org.). *Sociologia da juventude I*, p. 73.

[72] ROSADO-NUNES, M. J. F. *Direitos, cidadania das mulheres e religião*, pp. 67-81. Disponível em: <http://www.scielo.br/pdf/ts/v20n2/04.pdf>. Acesso em: 05 fev. 2010.

sendo incorporadas pela teologia da libertação, foram dois fatores importantes nas progressivas mudanças nas relações de gênero e nos crescentes espaços conquistados pelas mulheres na sociedade. Walter Schubart[73] sugere que "só os homens que se sentem superiores ou, em todo caso, à altura da mulher, serão capazes de reconhecer-lhe os mesmos direitos. São, normalmente, os homens sem dinamismo que tentam reduzir a mulher à escravidão para compensar seu sentimento de inferioridade". A esperança caminha no sentido de se levar em conta as conclusões das Conferências Mundiais sobre Mulheres que, na sua quarta edição, acontecida em Beijing (1995), entre outros objetivos, no campo da educação, assumiu "garantir a igualdade de acesso das mulheres à educação, eliminar o analfabetismo feminino, melhorar o acesso das mulheres à formação profissional, ao ensino científico e tecnológico e à educação permanente". A Comissão Internacional de Educação, para a Unesco,[74] considera a educação das jovens "um dos maiores investimentos para o futuro" e entende que "o mundo em que vivemos, dominado quase exclusivamente pelos homens, tem muito a aprender e a esperar da emancipação feminina", e assumiu esses objetivos, considerando que "a recusa da igualdade com os homens de que sempre são vítimas as mulheres, [...] continua a ser em finais do século XX, por sua extensão e gravidade, um atentado aos direitos da pessoa humana".

Finalmente, vale citar Bloch, que entende que a luta da juventude proletária por uma sociedade sem classes não é somente uma luta dos jovens, mas também *das* jovens e mulheres.[75] "A mãe, como Gorki a apresenta em seu romance realista, soube realizar seu trabalho revolucionário de modo diferente de seus camaradas homens. A natureza de sua bondade, seu ódio, bem como seu entendimento não podia ser substituída por um homem." Bloch percebe que, enquanto houver uma sociedade de classes, a diferença de gênero será preservada, não desaparecerá, porém, de qualquer forma, "o movimento de mulheres continua sendo suficiente (fundamental) para construir uma utopia parcial", isto é, como contributo importante para as utopias gerais. A emancipação feminina elabora a verdadeira riqueza da natureza feminina no âmbito da natureza humana. Bloch crê que, ao desaparecer a sociedade capitalista, fundada nas múltiplas formas de alienação, dominação e mercantilização, então, sim, brotará um legado real dos predicados da feminilidade anteriores, tantas vezes camuflados e

---

[73] SCHUBART, W. *Eros e religião*, p. 162.

[74] Cf. DELORS, J. (Org.). *Educação, um tesouro a descobrir*, pp. 197s.

[75] A parte que segue com suas respectivas citações pode ser encontrada na íntegra em BLOCH, H. *O princípio esperança*, v. 2, pp. 144 a 153.

desviados; iniciará a primavera humana da sociedade sem classes e, com ela, também "a expectativa de superação de uma barreira de gênero ainda imprecisa, de anulação da confusão congelada. [...] E a mulher, como companheira, há de ser aquela parcela da sociedade que preservará a sociedade, em todos os sentidos, da alienação e da reificação".

Conclusão

A juventude é o tempo das experiências que fazem
olhar mais para a frente,
e a velhice, mais para trás.
G. Tomazi

No início do século passado, a busca de superação de um Brasil arcaico, mágico e sacral era um dos grandes objetivos dos círculos intelectuais. O objetivo fundamental das oligarquias políticas, do mundo da ciência e da intelectualidade erudita era construir um Brasil moderno, secular e racional. Sua grande meta era um humanismo leigo no qual a religião deixaria de estar no centro das atenções do mundo acadêmico, e nem sequer seria um fenômeno digno de ser estudado. A pesquisa sobre religiosidade seria abandonada, uma vez que ela estaria condenada ao desaparecimento, à medida que as ciências avançassem. As crenças populares se tornaram sinônimo de crendices, misticismo, fanatismo, alienação, conservadorismo ou resquícios de um passado remoto, pré-moderno, fundado na ignorância e na falta de racionalidade. Foi esse espírito, somado à racionalidade neoliberal e capitalista, que veio a se constituir numa espécie de dragão (Apocalipse 12), que se lançou contra a irmandade cabocla do Contestado, no início do século XX, no sul do Brasil, massacrando, primeiro, os filhos recém-nascidos e suas mães, avôs e avós, e, por fim, também jovens e adultos que, ao todo, somaram aproximadamente a terça parte dos habitantes daquela região.

Esse espírito racionalista-liberal-capitalista não contagiou apenas os círculos intelectuais, o exército e as empresas de colonização e de exploração da mão de obra e das matérias-primas presentes na região do Contestado. Até a Igreja assumiu, junto aos demais, todo um processo de repressão da religiosidade popular e da vertente mística e profética que contagiava o sertão do Contestado e outras realidades semelhantes. A Igreja Romana, adepta e agente do processo de racionalização ocidental, combateu a magia e outras formas irracionais de religiosidade. Houve todo um processo de desencantamento do mundo, e a perspectiva religiosa passou a ser uma entre outras, sem maior relevância, sendo que o oposto da racionalidade não veio a ser outra racionalidade, mas tudo aquilo que o processo de racionalização sacrificou, identificando-o com o mágico, diabólico, louco, inexplicável, ilógico, emocional ou, simplesmente, irracional. Dessa maneira, procurou-se reconhecer o valor da mística e da religiosidade na história da sociedade, tanto como elemento constitutivo da vida humana quanto como uma dimensão conectada à esperança e à mobilização de jovens na luta por um mundo melhor.

Karl Marx, mesmo não manifestando interesse em aprofundar questões relacionadas à mística, sugeria ser ela sinônimo de "véu nebuloso", um mecanismo de ocultação dos reais fundamentos da sociedade, do qual o processo de produção material e a emancipação da sociedade deveriam depreender-se. Ele também percebeu, contudo, na religião, um caráter duplo, ambíguo, dialético. Além de seu caráter opiláceo, afirmou que "a miséria religiosa é expressão da miséria real, mas é também o protesto contra ela. A religião é o suspiro da criatura oprimida, o coração de um mundo sem coração; é o espírito de uma situação carente de espírito".[76] Meio século depois da Guerra do Contestado, emergem, no Brasil, obras como as de Rui Facó, Paulo Freire e Michael Löwy, entre outros, que aproximaram cultura popular e religiosa com marxismo. A partir dessa aproximação, a religiosidade foi deixando de ser concebida como retrocesso aos tempos pré-modernos. Antônio Gramsci, seguindo pelo caminho da ciência política marxista, considerou a riqueza das manifestações da cultura popular. Afirma que "nas manifestações da vida social e espiritual do homem comum há uma riqueza de ver, de pensar e de dizer, que nem a ciência nem a política ainda exploraram devidamente". Nada melhor do que o testemunho da irmandade cabocla do Contestado para se admitir que os redutos eram constituídos de criaturas oprimidas e em vias de serem massacradas por um mundo sem coração, que se agarraram às suas heranças religiosas e místicas, a fim de alcançarem forças e coragem para resistir, enfrentar e dar significado a uma situação científica e humanamente absurda.

---

[76] Apud LÖWY, M. *Marxismo e teologia da libertação*, p. 11; MARX, K. *A questão judaica*, p. 106.

Mística, conexões e referências do Contestado

Um dos primeiros pensadores marxistas brasileiros, que percebeu a relevância da dimensão religiosa de movimentos como Canudos e Contestado, foi Rui Facó.[77] No início da década de 1960, defendia a ideia de que a seita abraçada pelos pobres do campo tinha um conjunto de conceitos morais e religiosos que expressavam suas condições materiais de vida e eram antagônicos às ideologias das classes dominantes. As massas espoliadas e "fanatizadas" agruparam-se de maneira solidária e criaram uma religião própria, que hoje se poderia chamar de religiosidade, que lhes serviu de ferramenta na luta por sua libertação social contra a ordem dominante, o latifúndio e as relações opressivas e semifeudais em que se encontravam. A religiosidade levou a irmandade à insubmissão, à resistência e a se tornar ciente das injustiças.

Essa concepção abriu as portas para uma mudança epistemológica em relação aos trabalhadores do campo, antes vistos como ignorantes, incapazes de organização, atrasados, retrógrados, subjugados pelo poder e a mando dos grandes proprietários, passivos e subservientes. A partir dessa reflexão, diversas outras obras foram publicadas, reconhecendo a relevância da dimensão religiosa dos redutos do Contestado. Todavia, em relação à importância da participação da juventude no Contestado e das suas atuais heranças junto aos seus descendentes, esta obra é inédita.

João Maria é, ainda hoje, reconhecido, por muitos jovens, como profeta e santo do Contestado. Conseguiu falar ao coração dos que vieram a participar dos redutos da irmandade cabocla. Pelo coração, ele fez emergir a convicção de que, por detrás das estruturas frias e pesadas da realidade, não vigoram o absurdo e o abismo, mas triunfam a ternura, a acolhida e o amor que se comunicam como alegria de viver, sentido de trabalho e sonho frutuoso de um universo de coisas e de pessoas ligadas fortemente entre si e ancoradas no coração d'Aquele que se deixa experimentar como Pai e Mãe de infinita bondade. Aquele que, no seu Filho Jesus, se identifica com tantos homens e mulheres que dão a vida na defesa de um mundo melhor, tombando em meio e por consequência de processos e sistemas violentos e hipócritas. O massacre e a derrota levaram os sobreviventes e descendentes do Contestado a se questionarem sobre a própria existência de Deus e assumiram, por algum tempo, a espiritualidade do silêncio.

---

[77] Cf. FACÓ, R. *Cangaceiros e fanáticos*, 1965.

Para Wittgenstein,[78] a ética, a estética e a dimensão mística são transcendentes e a melhor atitude em relação a isso é a de manter um respeitoso silêncio. Situar-se nas margens da linguagem está além do enunciado e faz parte da crença; todavia, crer em Deus é compreender a questão do sentido da vida, afirmar que a vida tem sentido, apesar de tudo. É por meio dessa mística que o ser humano vê sentido em renunciar a certos interesses, em fazer sacrifícios, em seguir sua consciência e atender aos apelos da realidade ferida.

As conexões estabelecidas, entre jovens do Contestado e outras realidades juvenis do passado e da atualidade, ganharam um espaço significativo. Diversas heranças de resistência popular e protagonismo juvenil, especialmente da América Latina, dão eco ou repercutem, de alguma forma, em realidades de jovens descendentes do Contestado. A título de exemplo, alguns personagens consagrados pela história, tais como Túpac Amaru, Zumbi dos Palmares, Sepé Tiaraju, Anita Garibaldi, Ernesto Che Guevara e Camilo Torres receberam um destaque. Se não se pode afirmar que a maioria desses jovens foi protagonista de mudanças sociais, também não se pode negar que se encontram ou são incorporados nas lutas, mobilizações e organizações juvenis de descendentes do Contestado hoje.

Ao observar a realidade juvenil de descendentes do Contestado em suas conexões com outros movimentos de resistência e de luta por um mundo melhor, na história do Brasil do último século, fazem-se necessárias e relevantes uma referência à Ação Católica, e uma análise comparativa do protagonismo juvenil presente na passeata dos cem mil de 1968 e a mobilização dos caras-pintadas em 1992. Evidentemente que foi possível constatar uma mudança significativa no exercício do protagonismo juvenil dessas duas experiências.

Retrospectiva histórica e conceitual da juventude no Brasil

Por serem consideradas insuficientes as experiências supracitadas para o conhecimento dos jovens descendentes do Contestado e de outras realidades juvenis a eles conectadas, fez-se necessária, ainda, uma retrospectiva histórica e conceitual da juventude no Brasil, no último século. Essa retrospectiva foi subdividida em três partes: a primeira possibilitou uma maior compreensão da juventude brasileira da primeira metade do século XX. Nessa parte, destacaram-se algumas influências conceituais europeias,

---

[78] Cf. WITTGENSTEIN, L. *Tractatus logico-philosophicus*, 1994.

tais como a revolução francesa, que demarca uma mudança fundamental na história do Ocidente. Concepções românticas, religiosas, moralizantes e idealistas do ser humano foram cedendo espaço para conceitos racionalistas e positivistas, e a juventude começa a ser reconhecida como uma realidade que se depreende do ser humano generalizado. A multiplicação e a emancipação de novas ciências permite ver a realidade na sua diversidade e faz com que os olhares mais genéricos e abstratos cedam lugar aos que se consolidam como portadores de maior objetividade. A segunda trouxe presentes alguns dos diferentes olhares sobre a juventude brasileira da segunda metade do século XX. Nesta, foi possível perceber certos avanços conceituais da historiografia sobre juventude. A intenção não estava em confrontar os diferentes pensadores ou obras a respeito, mas, sim, estabelecer um processo de reflexão cujas heranças se parecessem válidas para aqueles que viessem a pesquisar e desenvolver *consctructos* teóricos depois. A impressão que se tem, na revisão bibliográfica, é uma linha de continuidade com raras oposições; todavia, de maneira sutil e perspicaz, aparecem rupturas e elementos controversos nas temáticas abordadas. Mesmo quando se trata de dados estatísticos, pode-se perceber que não há consensos satisfatórios sobre a visibilidade e as realidades de jovens. Enfim, foram incorporadas algumas considerações a respeito de diversas pesquisas e dados sobre a juventude no Brasil. Mereceram destaque, por um lado, a realidade juvenil do mundo urbano, na qual se encontra, na atualidade, a grande maioria dos jovens descendentes do Contestado e, por outro, a realidade juvenil do meio rural, tendo em vista que os jovens que participaram do Contestado eram desse meio.

Os números e os fatos geralmente apontam para um processo de socialização insuficiente e fragmentado. A escassez de grupos comunitários e juvenis permanentes ou perseverantes sugere que, tanto a identidade social como a individual carecem de condições estruturais e referenciais teóricos para uma maior autonomia, autocompreensão e reconhecimento. O lugar e os espaços das gerações mais novas parecem indefinidos e diluídos nos espaços e lugares das gerações mais velhas. O empenho de uma parcela significativa de jovens na edificação da sociedade dos seus sonhos tem sido relegado ao fracasso, ou pelo menos considerado frágil, débil, inconsistente e instável. A descontinuidade e a mudança permanente de membros desses grupos juvenis têm sido consideradas problemáticas porque os valores, as regras e as normas não podem ser fixos. A necessidade de alimentar a dimensão religiosa entre jovens é um fato, porém essa dimensão tende a ser dominada pela lógica do mercado, do consumo, pela teologia da retribuição e busca do sucesso individual.

Considerando que o Contestado foi um movimento com fortes características religiosas e que religiosidade, utopia e protagonismo formaram uma espécie de trindade santa, não somente aos jovens, mas também à comunidade cabocla dos redutos, procurou-se aqui adentrar alguns mundos de exclusões da juventude, para perceber os desafios enfrentados e assumidos por jovens, e a emergência de novos paradigmas e sentidos para a sua vida pessoal e societária, tendo na religiosidade popular não apenas uma explicação de sentido, mas também uma referência fundamental e motivadora na busca de um mundo mais humano, solidário e inclusivo. Eis a razão por ter-se iniciado com um olhar analítico e atento à religiosidade do Contestado, não somente aquela que reuniu a irmandade cabocla nos redutos, mas, também, aquela que deu sustentação a novos processos emancipatórios e libertadores dos descendentes do Contestado.

A globalização capitalista e a resistência juvenil

O "fim da história" não está posto para uma parcela significativa de jovens, porém os sonhos frustrados, os desejos reprimidos e as necessidades não satisfeitas geram pessimismo, inseguranças e medo diante de uma realidade violenta e de um futuro incerto. A rebeldia, a revolta, a indignação e a rejeição dos valores inerentes à sociedade em vias de modernização resultaram, geralmente, em estilos de vida promovidos de maneira invertida pelos meios de comunicação, a ponto de conseguirem definir uma imagem de jovens absolutamente interessante para o mercado. Dessa forma, a antiga rebeldia juvenil foi cedendo lugar para a apatia, o conformismo, a impotência, a inutilidade e o sentimento de rejeição, que têm contagiado toda a sociedade. No entanto, mesmo que essa seja uma concepção dominante, não se pode afirmar que ela reúne toda a juventude. Há jovens que resistem e não se deixam levar pelas ondas do momento. Remam contra as ondas, a fim de adentrar em águas mais profundas, buscando alternativas de vida na crença de que um outro mundo é possível.

Como foi possível perceber no rápido resgate histórico da juventude, protestos juvenis sempre existiram. Mudam as situações e os objetivos, mas eles se fizeram presentes em toda a história. Sempre que se ampliam os horizontes, abrem-se novas possibilidades de vida, cresce a consciência diante de situações inaceitáveis; formas diferentes de vida se tornam conhecidas e sedutoras, os protestos aparecem, tendem a aglutinar um maior número, até que os velhos paradigmas e as velhas muralhas caiam e se abram mais espaços para as novas situações, perspectivas e alternativas. Não se pode afirmar que, na atualidade, toda a juventude esteja lutando para transformar a sociedade; todavia, não se pode negar que boa parcela dela participa, sendo inclusive sujeito e protagonista desse movimento ou processo. É verdade que as grandes bandeiras parecem ter cedido lugar às pequenas causas, porém estas, de alguma forma, devem estar conectadas às grandes transformações.

Ao analisar os dados de diversas pesquisas sobre a identidade religiosa juvenil na atualidade brasileira, com ênfase na juventude católica catarinense, percebeu-se a existência de elementos ambíguos e contraditórios, acompanhados de uma identidade que passa pela alteridade, sendo construída historicamente mediante os processos de socialização, embasados em uma perspectiva utópica. Ao falar de identidade juvenil, não se apresentou uma espécie de essência ou "originalidade" juvenil nem mesmo uma teoria da juventude, mas, sim, sugeriu-se um olhar focado nos atuais desafios enfrentados por jovens que se identificam com portadores de uma mística que se desdobra em protagonismo juvenil, na edificação de uma nova sociedade. Eis a razão de ser abordada a força sociopolítica da religião cristã e os desafios que ela apresenta aos jovens. Ernst Bloch e Michael Löwy ganham maior reconhecimento porque eles observam, na história, a presença e a possibilidade de uma força, de uma práxis ou de uma utopia revolucionária na religião.

A juventude, em geral, sente dificuldade de adaptar-se à vida coletiva, e a sua oposição às condições de vida "adulta" não se manifesta de forma generalizada, mas diversa, histórica e culturalmente. Talvez não seja uma afirmação satisfatória dizer que é nos países mais desenvolvidos que a juventude se apresenta mais rebelde, mas, sim, em realidades onde a utopia de um outro mundo possível se faz mais presente. É comum a existência de grupos informais de jovens que vivem à margem da sociedade e cujas condutas procuram expressar a sua resistência e, até mesmo, certa agressividade em relação à "ordem" estabelecida. Esses grupos, fundados em uma perspectiva religiosa, ou não, podem permanecer isolados ou desarticulados por longo tempo, ou, então, podem ser articulados, expressando uma organicidade e um protagonismo capazes de questionar as estruturas e instituições sociais e propor e construir alternativas sociopolíticas transformadoras. Enquanto os grupos permanecem desarticulados e sua força rebelde se manifesta num sentido pontual, de maneira fragmentada ou num âmbito cujo enfoque é apenas religioso ou cultural, a grande mídia tende a situá-los dentro do âmbito dos "rebeldes sem causa" ou das "revoluções alienadas". Isso se deve ao fato de que, no último século de nossa historiografia ocidental, o enfoque, o reconhecimento e os paradigmas das transformações foram situados quase exclusivamente nos campos da economia e da política. As dimensões camponesa, religiosa e cultural das transformações sociais ainda não foram devidamente reconhecidas ou consideradas.

Nem tudo é ou pode ser homogeneizado com o atual processo de globalização. As lutas dos jovens, em certas regiões, se concentram contra os pais; noutras regiões, contra os patrões; noutra, contra as instituições educacionais, políticas e sociais. É claro que não lutam apenas "contra" alguma coisa, agredindo e causando danos materiais. Especialmente nas últimas décadas, as iniciativas dos jovens estão mais voltadas para o futuro do que contra o passado; a esperança de dias melhores atrai uma parcela significativa de jovens que passam a se empenhar, de alguma maneira, em iniciativas diversas na construção de alternativas culturais, religiosas, sociais, ambientais, políticas e econômicas. O chavão da luta contra o capitalismo continua tendo sua relevância, porém não é mais a bandeira principal. Mais do que preocupados com a transformação das grandes estruturas e sistemas sociais, os jovens se reúnem para edificar "o que for possível" pontual e localmente. Aparece, inclusive, certo "aproveitamento" das vantagens oferecidas pela mesma sociedade que visam a transformar, e não apenas uma vontade de destruí-la totalmente, a fim de fazer nascer outra que lhes seja agradável ou aceitável. As sabotagens, quebradeiras de bens públicos, avião contra as torres gêmeas, jovens-bomba e iniciativas como a do voto nulo e da greve geral, normalmente, apenas aglutinam ou conseguem a aprovação de uma pequena parcela da juventude.

A perspectiva positivadora da busca de alternativas, reformas e transformações sociais comporta maior receptividade e aprovação dos jovens. A rejeição à sociedade capitalista não é total ou generalizada. Os avanços tecnológicos e científicos, apesar das suas contradições internas, costumam ser bem aceitos. Sempre que possível, com um grau de renúncia variável, mas relativamente baixo, os jovens se ocupam de meios de comunicação, consumo, lazer e de locomoção sofisticados, sendo, por um lado, expressão de sociedade capitalista em crise, neurótica e contraditória, e, por outro, protagonistas na rejeição e busca de superação dessa mesma sociedade. A crise generalizada da sociedade contagia de maneira mais violenta a juventude. Essa crise não é "mérito" da juventude; ela a experimenta, suporta e expressa de diferentes modos. Uma expressão ou manifestação de crise e revolta de jovens, que vivem nas ruas ou nas favelas, não é nada parecida com aquela de jovens que vivem em condomínios fechados e congêneres. Também não é igual a revolta dos jovens negros discriminados e excluídos socialmente e a dos jovens estudantes que sobreviveram ao massacre na praça de Pequim. O conflito entre os jovens e a sociedade não ocorre da mesma maneira em diferentes lugares, culturas e épocas, e, também, não tem em todo lugar o mesmo significado.

Matar a fome de pão e saciar a fome de educação

Enfim, falamos fundamentalmente de fome, exclusão social, educação, gênero e sexualidade. Jovens pobres, mulheres e não alfabetizados são as primeiras vítimas de uma sociedade violenta e consumista. A lógica do mercado inclui e reconhece apenas uma parte da juventude, isto é, aquela que tem capacidade de consumir; o ser fica subordinado ao ter e o conhecimento, à produtividade e ao utilitário. Entretanto, a parcela excluída da lógica do mercado, mais aquela discriminada e desprezada por causa da cor da pele, do sexo, do lugar onde habita, entre outros fatores, carrega consigo experiências religiosas, crenças, esperanças, organizações e movimentos que se traduzem em novos paradigmas e novos sentidos para o seu cotidiano e para a vida em sociedade.

Ao observar o mundo da educação, percebe-se que as escolas técnicas, as universidades e a internet se tornaram os principais "espaços sagrados" dos jovens. O espaço e o tempo da "religião-de-Igreja" foram sendo substituídos pela "religião-de-escola". A devoção escolar tem seus praticantes e eles vivem os ritos e ritmos do ano universitário. Se, antes, as comunidades, vilas e cidades iam-se constituindo ao redor de uma igreja, agora, onde quer que uma universidade se tenha desenvolvido, aos seus arredores passaram a habitar os estudantes e a se edificar diversas casas de comércio, bancos, hospitais, restaurantes, casas de hidroginástica, igrejas... No lugar do sonho em receber o sacramento da Crisma ou o do Matrimônio para entrar na vida adulta, estão os trotes para calouros e o sonho da formatura ou do diploma, bem como o de um bom emprego. Muito mais do que no coração, na busca de sabedoria e sentido para a vida, a auréola continua na cabeça, na busca de informações, na aquisição de títulos e vantagens pessoais.

Religiologia e juventudologia

Enfim, pode-se concluir afirmando que, além de a religião ser uma instituição e, por isso, digna de reconhecimento enquanto objeto de estudo, há que se considerar que a perspectiva religiosa, da qual emergem experiências diversas e um sentimento unânime dos crentes de todos os tempos, não pode ser puramente ilusória. Pode-se constatar que, ao contrário do que afirmaram alguns, a religião, além de ser "uma rede de símbolos criados culturalmente", revela algo de essencial e permanente da humanidade. Diferentemente do mundo da utilidade em que tudo é descartável, estão as atitudes como o jejum, o perdão, a recusa em matar animais sagrados para comer, a autoflagelação, o autossacrifício, o cuidado com os mais velhos e com as crianças defeituosas... O ser religioso procura o centro do mundo, a origem da ordem, a fonte das normas, a garantia da harmonia e a esperança que o leva a transcender a realidade vigente.

Noutros tempos, a sobrevivência da vida social dependeu da religião; agora, a busca de sentido para a vida procura a religião. Em meio à realidade humana de dor e de morte, a imaginação cria mecanismos de consolo e de fuga, por meio dos quais o ser humano pretende encontrar, na fantasia, o prazer que a realidade lhe nega; ilusões que sejam capazes de tornar o dia a dia menos miserável. A religião é um desses mecanismos. Rubem Alves sugere que as religiões podem ser ilusões, todavia, elas tornam a vida mais suave, a morte menos ameaçadora e o universo mais humano e amigo. Se, por um lado, a religiosidade do Contestado pôde ser considerada um discurso desprovido de sentido, por outro, não se pode ignorar que, em suas esperanças religiosas, a irmandade do Contestado encontrou razões para viver e morrer, ao ponto de se entregarem ao martírio. Se os que propuseram a liquidação do discurso religioso ainda não produziram seus mártires, é porque estes não ofereceram razões para viver e para morrer. Por que não tentar entender a religião da mesma forma como se procura compreender os sonhos? Religiões são os sonhos dos que estão acordados... A linguagem religiosa é como um espelho que reflete aquilo que mais amamos, aquilo que temos como ideal: a nossa própria essência.

Por mais que tenha havido, especialmente na Europa ocidental, nas últimas três ou quatro décadas, um declínio na prática eclesial entre os jovens católicos, mesmo assim se pode continuar afirmando que a religiosidade da juventude, por mais coarctada que seja, pode talvez indicar um caminho para a superação dos problemas da juventude. Ao se tratar da importância do cristianismo, os jovens destacam a importância de participar de pequenos grupos religiosos aprendendo a bem viver, a assumir uma postura ética e responsável diante da vida, a ajudar a promover a importância da comunidade e a se engajar socialmente em vista de um mundo melhor.

Enfim, apontamos para a superação de preconceitos e rotulações da juventude. Não há, na atualidade, consensos em torno de conceitos universais, todavia, esta obra procurou dar uma contribuição relevante à Sociologia da Juventude ou à "juventudologia". Apesar de todos os esforços e pesquisas científicas a respeito, a juventude ainda continua sendo compreendida a partir de rotulagens hipotéticas, carentes de comprovação científica, semelhantes àquelas que lhe foram conferidas no passado, tais como a de "geração movimento juvenil", "geração perdida", "geração silenciosa", "geração cética", entre outras. O caminho percorrido procurou romper com a tendência generalizante e homogeneizadora da juventude, em vista de uma maior abertura para a pluralidade e a diversidade das juventudes, tanto em relação à história quanto no que tange a sua perspectiva cultural-religiosa.

Os sonhos e os processos de edificação da nova sociedade

Alguns gritos de outrora continuam dando eco à atualidade juvenil; também algumas expressões e avanços, de outrora, continuam como referência a contagiar e impulsionar maneiras novas de ser e de atuar dos jovens. Jovens da atualidade, descendentes ou não do Contestado, inventam, significam, criam, experimentam, compartilham, sentem e projetam suas esperanças, expressam seu protagonismo, captam novos paradigmas e se mobilizam em torno de realidades e sonhos que, em muitos casos, se assemelham ou estão conectados aos sonhos e às experiências de jovens de outrora.

E continua válida a sugestão de Karl Mannheim,[79] para o qual a nova sociedade depende de espíritos equilibrados e atitudes balanceadas, não totalitárias, não absolutistas, não fanáticas, não sectárias, nem de obediência cega e conformista, mas compatíveis com a crença em certas virtudes, ideais e princípios fundamentais, tais como a importância do grupo, a lealdade aos interesses comuns e a solidariedade emocional, capazes de levar o jovem a uma personalidade independente, democrática, com capacidade de juízo crítico, de superar a frustração do isolamento e de se articular com as outras forças ou potencialidades em movimento e a serviço de um ideal social maior.

A cultura é sempre resultado de processos acumulativos e comunicativos em que as aprendizagens passam por um processo de ressignificação, de filtragem e de projeção histórica. O passado, o presente e o futuro se encontram na cultura, formando um sistema articulado e de sentido. Dessa perspectiva, impõe-se a necessidade da responsabilidade ética, política e

---

[79] MANNHEIM, K. O problema da juventude na sociedade moderna. In: BRITTO, S. (Org.). *Sociologia da juventude I*, pp. 92s.

ecológica da geração atual em prol das vindouras, tal como expressa uma reflexão já popularizada, advinda de algum povo indígena, que assim rezava: "Oh, Grande Espírito, que mundo vamos devolver para as crianças que nascerão daqui a duzentos anos?!". Alargando essa mística e considerando as reflexões sobre a participação de jovens na Guerra do Contestado e sobre a história do protagonismo juvenil, poder-se-ia perguntar: que experiência religiosa e que outras heranças os jovens de outrora deixam aos de agora? E estes de hoje, o que estão deixando aos de amanhã? Ao que tudo indica, grande parte dos jovens não se interessa em conhecer os sacrifícios passados e não se preocupa com as novas gerações; não se mostra disposta a enfrentar grandes sacrifícios ao ponto de dar a vida por projetos ou iniciativas que só trarão benefícios em longo prazo; de qualquer forma, isso não é regra geral. As exceções existem, e o que essa obra procurou demonstrar, a partir de uma reflexão sobre a Guerra do Contestado e a realidade de seus descendentes jovens, é a perspectiva do profetismo, do protagonismo juvenil voltado à busca de mudanças sociais e das utopias mobilizadoras de jovens por um outro mundo possível.

Referências

ABRAMO, H. W. *Cenas juvenis: punks* e *darks* no espetáculo urbano. São Paulo: ANPOCS-Scritta, 1994.

ABRAMO, H. W. Considerações sobre a tematização social da juventude no Brasil. Juventude e contemporaneidade. *Revista Brasileira de Educação*. São Paulo: Anped, n. 5-6, pp. 25-36, maio/dez. 1997.

ABRAMO, H. W.; FREITAS, M. V.; SPÓSITO, M. P. (Org.). *Juventude em debate*. São Paulo: Cortez, 2000.

ABRAMO, H. W.; BRANCO, P. P. M. (Org.). *Retratos da juventude brasileira*: análises de uma pesquisa nacional. São Paulo: Fundação Perseu Abramo/Instituto Cidadania, 2005.

ABRAMOWAY, Miriam; CASTRO, Mary. *Juventude, juventudes*: o que une e o que separa. Brasília: Unesco, 2006.

ABRAMOWAY, Miriam et al. *Juventude, violência e vulnerabilidade social na América Latina:* desafios para políticas públicas. Brasília: Unesco/BID, 2002.

ABRAMOWAY, Miriam; ANDRADE, Eliane R.; ESTEVES, Luiz C. Gil (Org.). *Juventude*: outros olhares sobre a diversidade. MEC-UNESCO, 2009.

ABRAMOWAY, Ricardo et al. *Juventude e agricultura familiar*: desafios dos novos padrões sucessórios. Brasília: Unesco, 1998.

ALLERBECK, Klaus; ROSENMAYR, Leopold. *Introducción a la sociología de la juventud*. Buenos Aires: Editorial Kapelusz, 1979.

ALMEIDA, M. I.; EUGENIO, F. (Org.). *Culturas jovens*: novos mapas do afeto. Rio de Janeiro: Jorge Zahar, 2006.

ALMEIDA, Ronaldo R. M.; CHAVES, Maria de F. G. Juventude e filiação religiosa no Brasil. In: *Jovens acontecendo na trilha das políticas públicas*. Brasília: CNPD, pp. 671-686, 1998.

ALVES DE CAMPOS, A. *A juventude e os seus problemas*. Lisboa: União, 1961. (Col. Juventus, 1).

ALVES, Rubem. *O que é religião?* 5. ed. São Paulo: Loyola, 2003.

ARILHA, Margareth; CALAZANS, Gabriela. Sexualidade na adolescência: o que há de novo? In: *Jovens acontecendo na trilha das políticas públicas*. Brasília: CNPD, v. 2, pp. 687-708, 1998.

ASSMANN, Hugo. *Desafios e falácias*: ensaios sobre a conjuntura atual. São Paulo: Paulinas, 1991.

ASSMANN, Hugo. *Reencantar a educação*. 5. ed. Petrópolis: Vozes, 2001.

ASSMANN, Hugo (Org.). *René Girard com teólogos da libertação*: um diálogo sobre ídolos e sacrifícios. Petrópolis: Vozes; Piracicaba: Unimep, 1991.

ASSMANN, H.; MATE, R. *Sobre la religión*. Salamanca: Sígueme, 1974.

ASSMANN, H.; MO SUNG, J. *Competência e sensibilidade solidária*: educar para esperança. Petrópolis: Vozes, 2000.

BEOZZO, José Oscar (Org.). *Juventude: caminhos para outro mundo possível*. Curso de Verão, ano XXI, São Paulo: Paulus 2007.

BERGER, Peter. *O dossel sagrado*: elementos para uma teoria sociológica da religião. São Paulo: Paulus, 2003.

BERMAN, Marshall. *Aventuras no marxismo*. São Paulo: Companhia das Letras, 2001.

BETTO, Frei. *A obra do artista*: uma visão holística do universo. 3. ed. São Paulo: Ática, 2002.

BLOCH, Ernst. *O princípio esperança*. Rio de Janeiro: Contraponto, 2005-2006. Três tomos.

BOBBIO, Norberto. *Estado, governo, sociedade*: para uma teoria geral da política. São Paulo: Paz e Terra, 2001.

BOFF, L. *Saber cuidar*: ética do humano – compaixão pela terra. Petrópolis: Vozes, 1999.

BOFF, L.; BETTO, Frei. *Mística e espiritualidade*. Rio de Janeiro: Rocco, 1999.

BORAN, Jorge. *O futuro tem nome: juventude*; sugestões práticas para trabalhar com jovens. São Paulo: Paulinas, 1994.

BORAN, Jorge. *Os desafios pastorais de uma Nova Era*: estratégias para fortalecer uma fé comprometida. São Paulo: Paulus, 2000.

BORELLI, Sílvia H. S.; FREIRE F. João (Org.). *Culturas juvenis no século XXI*. São Paulo: Educ, 2008.

BOURDIEU, P. *A economia das trocas simbólicas*. São Paulo: Perspectiva, 1972.

BOURDIEU, P. *O campo econômico*: a dimensão simbólica da dominação. Campinas, São Paulo: Papirus, 2000.

BOURDIEU, P. *O poder simbólico*. Rio de Janeiro: Bertrand Brasil, 1989.

BOURDIEU, P. *Questões de sociologia*. Rio de Janeiro: Marco Zero, 1981.

BRANDÃO, Carlos R. Religião e religiosidade popular. In: CEI. Suplemento 12, *Tempo e Presença*, Rio de Janeiro, 1975.

BRANDÃO, A. C.; DUARTE, M. F. *Movimentos culturais de juventude*. São Paulo: Moderna, 1990.

BRITO, Ênio J. da C. Cultura popular: memória e perspectiva. *Revista Três Ds: dogma, direito, diálogo*. Espaços 4/2. São Paulo: ITESP, 1996.

BRITO, Ênio J.; GORGULHO, G. (Org.). *Religião ano 2000*. São Paulo: Loyola-CRE-PUC, 1998.

BRITTO, Sulamita (Org.). *Sociologia da juventude I*: da Europa de Marx à América Latina de hoje. Rio de Janeiro: Zahar, 1968.

BRITTO, Sulamita (Org.). *Sociologia da juventude II*: para uma sociologia diferencial. Rio de Janeiro: Zahar, 1968.

BRITTO, Sulamita (Org.). *Sociologia da juventude III*: a vida coletiva juvenil. Rio de Janeiro: Zahar, 1968.

BRITTO, Sulamita (Org.). *Sociologia da juventude IV*: os movimentos juvenis. Rio de Janeiro: Zahar, 1968.

CALAZANS, Gabriela. *O discurso acadêmico sobre gravidez na adolescência*: uma produção ideológica? 2000. Dissertação (Mestrado em Psicologia Social). São Paulo: PUC, 2000.

CALIMAN, Cleto (Org.). *A sedução do sagrado*: o fenômeno religioso na virada do milênio. Petrópolis: Vozes, 1998.

CANEVACCI, M. (Org.). *Dialética da família*. São Paulo: Brasiliense, 1985.

CAPRA, F. *O tao da física*. São Paulo: Cultrix, 1983.

CARDOSO, Ruth; SAMPAIO, Releva (Org.). *Bibliografia sobre a juventude*. São Paulo: Edusp, 1995.

CARNEIRO, M. J.; CASTRO, E. G. de (Org.). *Juventude rural em perspectiva*. Rio de Janeiro: Mauad X, 2007.

CASSIRER, Ernst. *Antropologia filosófica*: ensaio sobre o homem. 2. ed. São Paulo: Mestre Jou, 1977.

CASTIÑEIRA, Àngel. *A experiência de Deus na pós-modernidade*. Petrópolis: Vozes, 1997.

CASTRO, L. R.; CORREA, J. (Org.). *Juventude contemporânea*: perspectivas nacionais e internacionais. Rio de Janeiro: Nau, 2005.

CASTRO, M. G; ABRAMOVAY, M. Por um novo paradigma do fazer políticas: políticas de/para/com juventudes. *Revista Brasileira de Estudos Populacionais*, v. 19, n. 2, jul./dez. 2002.

CATALAN, J. F. *O homem e sua religião*: enfoque psicológico. São Paulo: Paulinas, 1999.

CATANI, A.; GILIOLI, R. *Culturas juvenis*: múltiplos olhares. São Paulo: Unesp, 2008.

CATÃO, F. *A educação no mundo pluralista.* 2. ed. São Paulo: Paulinas, 1993.

CELAM. *Civilização do amor, tarefa e esperança*: orientações para a pastoral da juventude latino-americana. São Paulo: Paulinas, 1997.

CEPAL y OIJ. *La juventud en Iberoamérica.* Tendencias y urgencias. Santiago: CEPAL y OIJ, 2004.

CEPAL-UNESCO. *Protagonismo juvenil en proyectos locales*: lecciones del cono sur. 2001.

CERTEAU, Michel de. *A cultura no plural.* 2. ed. Campinas: Papirus, 2001.

CERTEAU, Michel. Cultura popular e religiosidade popular. *Cadernos do CEAS*, n. 40.

CERTEAU, Michel de. *La fable Mystique.* 16e-17e siècle, Paris: Gallimard, 1982.

CNBB – Conferência Nacional dos Bispos do Brasil. *Evangelização da Juventude:* desafios e perspectivas. 2. ed. São Paulo: Paulinas, 2007.

CNBB – Conferência Nacional dos Bispos do Brasil. *Evangelização da Juventude*: desafios e perspectivas pastorais. Documento de estudos n. 93. Brasília: CNBB, 2006.

CNBB – Conferência Nacional dos Bispos do Brasil. *Fraternidade e Juventude*: Campanha da Fraternidade 2013. Texto-Base. Brasília: CNBB, 2012.

CNBB – Conferência Nacional dos Bispos do Brasil. *Juventude*: caminho aberto. Texto-base da Campanha da Fraternidade 1992. São Paulo: Salesiana, 1992.

CNBB – Conferência Nacional dos Bispos do Brasil. *Marco referencial da Pastoral da Juventude do Brasil.* Documento de Estudos n. 76. São Paulo: Paulus, 1998.

COLEMAN, J.; BAUM, G. Ano Internacional da Juventude. *Concilium*/201 – 1985/5. Sociologia da Religião. Petrópolis: Vozes, pp. 17 [491].

COMBLIN, José. *Antropologia cristã.* Petrópolis: Vozes, 1985.

COSTA, M. R.; SILVA, E. M. (Org.). *Sociabilidade juvenil e cultura urbana.* São Paulo: Educ, 2006.

CRESPI, Franco. *A experiência religiosa na pós-modernidade.* São Paulo: Edusc, 1999.

DAYRELL, Juarez. *Múltiplos olhares sobre educação e cultura.* Belo Horizonte: Ed. UFMG, 1996.

DAYRELL, J.; CARRANO, P. C. R. *Jovens no Brasil:* difíceis travessias de fim de século e promessas de um outro mundo. Disponível em: <http://www.cmpbh.com.br/arq_Artigos/JOVENS%20BRASIL%20ME-XICO.pdf>.

DELORS, Jacques (Org.). *Educação, um tesouro a descobrir.* 6. ed. Unesco/Cortez, 2001.

DICK, Hilário. *Gritos silenciados, mas evidentes:* jovens construindo juventude na História. São Paulo: Loyola, 2003.

DICK, Hilário. *O divino no jovem:* elementos teologais para a evangelização da cultura juvenil. Porto Alegre: Rede Brasileira de Institutos de Juventude e IPJ, 2006.

DICK, Hilário. *O episcopado brasileiro e a evangelização da juventude:* apresentação e análise de "Evangelização da Juventude – Desafios e Perspectivas". Apostila utilizada em aula, 2008.

DICK, Hilário. *Uma boa notícia para a juventude?* Disponível em: <http://www.casadajuventude.org.br/index.php?option=content&task=view&id=1731&Itemid=0>.

DIÓGENES, G. *Cartografias da cultura e da violência:* gangues, galeras e movimento hip hop. 2. ed. São Paulo: Annablume, 2008.

DRAKENBERG J. *À procura da juventude eterna.* São Paulo: Anchieta, 1946.

DREIFUSS, René A. *A época das perplexidades.* 2. ed. Petrópolis: Vozes, 1997.

ELIADE, M. *O conhecimento sagrado de todas as eras.* São Paulo: Mercuryo, 1995.

ELIADE, M. *O sagrado e o profano:* a essência das religiões. São Paulo: Martins Fontes, 1996.

ERIKSON, Erick H. *Identidade, juventude e crise.* Rio de Janeiro: Zahar, 1976.

ESPIN, Orlando. *A fé do povo:* reflexões teológicas sobre o catolicismo popular. São Paulo: Paulinas, 2000.

ESTRADA, J. A. *Por una ética sin teología. Habermas como filósofo de la religión.* Madrid: Editorial Trotta, 2004.

FACÓ, Rui. *Cangaceiros e fanáticos*: gênese e lutas. 2. ed. Rio de Janeiro: Civilização Brasileira, 1965.

FAO-INCRA. *Diretrizes de política agrária de desenvolvimento sustentável para produção familiar.* Brasília: Ministério do Desenvolvimento Agrário, 1994.

FAO-INCRA. *Novo retrato da agricultura familiar*: o Brasil redescoberto. Brasília: Ministério do Desenvolvimento Agrário, 2000.

FEIXA, Carles. *De jóvenes, bandas y tribus.* Barcelona: Ariel, 1999.

FEIXA, Carles et al. *Movimientos juveniles en América Latina*: pachucos, malandros, punketas. Barcelona: Ariel, 2002.

FELIPPE, J. Euclides. *O último jagunço*: folclore na história do Contestado. Curitibanos-SC: Universidade do Contestado, 1995.

FILORAMO, G.; PRANDI, C. *As Ciências das Religiões.* São Paulo: Paulus, 1999.

FORACCHI, Marialice. *A juventude na sociedade moderna.* São Paulo: Pioneira, 1972.

FOUCAULT, Michel. *Microfísica do pode*r. 5. ed. Rio de Janeiro: Graal, 1985.

FRAGA, Paulo C. P.; IULIANELLI, Jorge A. S. (Org.). Juventude: construindo processos; o protagonismo juvenil. In: *Jovens em tempo real.* Rio de Janeiro: DP&A, 2003. pp. 55-75.

FREIRE, F. João. Retratos midiáticos da nova geração e a regulação do prazer juvenil. In: BORELLI, Sílvia H. S.; FREIRE F. João (Org.). *Culturas juvenis no século XXI.* São Paulo: Educ, 2008.

FREITAS, M. V. *Juventude e adolescência no Brasil*: referências conceituais. São Paulo: Ação Educativa, 2005.

FRIEDRICH, Otto. *A cidade das redes*: Hollywood nos anos 40. São Paulo: Cia das Letras, 1988.

FURTER, Pierre. *Juventude e tempo presente.* Rio de Janeiro: Paz e Terra, 1967.

GASQUES, Jeronimo. Indagações sobre a Pastoral da Juventude no Brasil. *REB.* Petrópolis: Vozes, Fasc. 207, set. 1992.

GAUCHET, M. *La religion dans la Démocratie.* Paris: Gallimard, 1998.

GEERTZ, Clifford. *A interpretação das culturas.* Rio de Janeiro: LTC, 1989.

GIRARD, René. *A violência e o sagrado.* São Paulo: Paz e Terra, 2ed. 1998.

GIRARD, René. *El misterio de nuestro mundo: chaves para uma interpretação antropológica*; diálogos com J. M. Oughourlian y G. Lefort. Salamanca: Sígueme, 1982.

GIRARD, René. *Um longo argumento do princípio ao fim*. Rio de Janeiro: Topbooks, s/d.

GOHN, M. da Glória. *Teoria dos movimentos sociais*: paradigmas clássicos e contemporâneos. 3. ed. São Paulo: Loyola, 2002.

GONZÁLEZ Anleo, J. La construcción de la identidad de los jóvenes. *Documentación Social*, n. 124, 2001.

GOVERNO DO ESTADO DE SANTA CATARINA. *Colonização de SC*. Disponível em: <http://www.sc.gov.br/conteudo/santacatarina/historia/paginas/08imigrantes.html>. Acesso em: 29 jan. 2008.

GOVERNO DO ESTADO DO PARANÁ. *Etnias*. Disponível em: <http://www3.pr.gov.br/e-parana/pg_etnias.php>. Acesso em: 31 jan. 2008.

GROPPO, Luís A. *Juventude*: ensaios sobre sociologia e história das juventudes modernas. Rio de Janeiro: Difel, 2000.

GUERREIRO, Goli. *Retratos de uma tribo urbana*: rock brasileiro. Salvador: Centro Editorial e Didático da UFBA, 1994.

GUILLEBAUD, J. C. *A tirania do prazer*. Rio de Janeiro: Bertrand Brasil, 1999.

HABERMAS, J. *Entre naturalismo e religião*: estudos filosóficos. Rio de Janeiro: Tempo Brasileiro, 2007.

HALBWACHS, M. *A memória coletiva*. São Paulo: Vértice, 1990.

HALL, G. Stanley. *Adolescence*. Its Psychology and Its Relations to Physiology, Anthropology, Sociology, Sex, Crime, Religion, and Education. New York: Appleton, 1904.

HALL, Stuart. *Da diáspora*: identidades e mediações culturais. Belo Horizonte: Ed. UFMG, 2003.

HARVEY, David. *Espaços de esperança*. São Paulo: Loyola, 2004.

HAYEK, Friedrich. *Principios de un orden social liberal*. Madrid: Union Editorial, 2001.

HERVIEU-LÉGER, Danièle. L'objet religieux comme objet sociologique; problèm theoriques et méthodologiques. In: JONCHERAY, J. (Org.). *Approches scientifiques des faits religieux*. Paris: Beauchesne, 1997.

HERVIEU-LÉGER, Danièle; WILLAIME, Jean-Paul. *Sociologies et Religion, Approches Classiques*. Paris: PUF, 2001.

HOBSBAWM, Eric J. *A era dos extremos*: o breve século XX (1914-1991). 2. ed. São Paulo: Companhia das Letras, 1995.

IBASE-PÓLIS. *Juventude brasileira e democracia*: participação, esferas e políticas públicas. Rio de Janeiro: Ibase-Pólis, 2005.

IBGE – INSTITUTO BRASILEIRO DE GEOGRAFIA E ESTATÍSTICA. Pesquisa Nacional por Amostra de Domicílios (PNAD), realizada em 2002; Censo da população, 2000. Disponível em: <http://www.ibge.gov.br"; <http://www.ibge.gov.br/estadosat/perfil.php?sigla>; Tendências demográficas no período 1940/2000. Disponível em: <http://www.ibge.gov.br/home/estatistica/populacao/tendencia_demografica/analise_populacao/1940_2000/comentarios.pdf>. Acesso em: 08 jan. 2008.

INSTITUTO CIDADANIA. Projeto Juventude. *Documento de conclusão*. São Paulo: Instituto Cidadania, 2004.

INSTITUTO NACIONAL DE PESQUISAS EDUCACIONAIS. *Mapa do Analfabetismo Brasil*, 2001 e 2003. Disponível em: <http://www.inep.gov.br>, consultado em18/08/2003.

IPEA. *Juventude no Brasil*. O Estado de uma Nação. Brasília: IPEA, 2005. p. 285 a 350.

JOÃO PAULO II. Exortação Apostólica *Catechesi Tradendae*, 1979.

JOÃO PAULO II. Exortação Apostólica *Christifideles laici*, n. 46, 1988.

KOLTUV, Barbara Black. *O livro de Lilith*. São Paulo: Cultrix, 1989.

KRAUSKOPF, Dina. Dimensiones críticas en la participación social de las juventudes. In: *Participación y Desarrollo Social en la Adolescencia*. San José: Fondo de Población de Naciones Unidas, 1998. Disponível em: <http://bibliotecavirtual.clacso.org.ar/ar/libros/cyg/juventud/krauskopf.pdf>.

KRAUSKOPF, Dina. *La desafección política de la Juventud:* Perspectivas sobre la participación juvenil. Caracas/Venezuela: COPRE/PNUD, 1998.

KRISCHKE, Paulo J. (Org.). *Ecologia, juventude e cultura política*: a cultura da juventude, a democratização e a ecologia nos países do cone sul. Florianópolis: UFSC, 2000.

KÜNG, H. *Projeto de ética mundial*: uma moral ecumênica em vista da sobrevivência humana. 3. ed. São Paulo: Paulinas, 2001.

KUHN, Thomas. *A estrutura das revoluções científicas*. São Paulo: Perspectiva, 1978.

LAURENTIN, René. É possível definir a juventude? *Concilium*/201 – Sociologia da Religião. Petrópolis: Vozes, 1985/5.

LEANDRO, Maria E. Herdeiros das identidades religiosas: percursos juvenis contrastados entre as permanências e as inovações. *Revista Portuguesa de Ciência das Religiões*, ano I, n. 2, 2002.

LEVI, Giovanni; SCHMITT, Jean-Claude. *História dos jovens:* a época contemporânea. São Paulo: Companhia das Letras, 1996. v. 2.

LEVI, Giovanni; SCHMITT, Jean-Claude. *História dos jovens*: da antiguidade à era moderna. São Paulo: Companhia das Letras, 1996. v. 1.

LIBANIO, J. B. *Jovens em tempos de pós-modernidade*: considerações socioculturais e pastorais. São Paulo: Loyola, 2004.

LIBANIO, J. B. *Juventude, seu tempo é agora*. São Paulo: Ave Maria, 2008.

LIBANIO, J. B. *O mundo dos jovens*: reflexões teológico-pastorais sobre os movimentos de juventude da Igreja. São Paulo: Loyola, 1983.

LÖWY, Michael. *A guerra dos deuses*: religião e política na América Latina. Petrópolis: Vozes, 2000.

LÖWY, Michael. *Ideologias e ciência social*: elementos para uma análise marxista. São Paulo: Cortez, 2002.

LÖWY, Michael. *Marxismo e teologia da libertação*. São Paulo: Cortez, 1991.

LÖWY, Michael. *O Marxismo na América Latina*. São Paulo: Perseu Abramo, 1999.

LÖWY, M.; NASCIMENTO, C. *Marxismo e socialismo na América Latina*. São Leopoldo: CECA; São Paulo: CEDAC, 1989.

LUTTE, Gérard. *Liberar la adolescencia*. La sicología de los jóvenes de hoy. Barcelona: Herder, 1991.

MACHADO, Paulo P. *Lideranças do Contestado*: a formação e a atuação das chefias caboclas (1912-1916). Campinas: Unicamp, 2004.

MACHADO, Roberto. *Nietzsche e a verdade*. 2. ed. Rio de Janeiro: Rocco, 1985.

MADURO, O. *Mapas para a festa*: reflexões latino-americanas sobre a crise e o conhecimento. Petrópolis: Vozes, 1994.

MAFFESOLI, M. *A transformação do político*: a tribalização do mundo. Porto Alegre: Sulina, 2005.

MAFFESOLI, M. *O tempo das tribos:* o declínio do individualismo nas sociedades de massa. 3. ed. Rio de Janeiro: Forense Universitária, 2000.

MAINWARING, Scott. *Igreja Católica e política no Brasil (1916-1985)*. São Paulo: Brasiliense, 1989.

MANNHEIM, Karl. Funções das gerações novas. In: FORACCHI, M. M.; PEREIRA, L. *Educação e sociedade*: leituras de sociologia da educação. São Paulo: Biblioteca Universitária, 1978.

MANNHEIM, Karl. O problema sociológico das gerações. In: *Sociologia*. São Paulo: Ática, 1982.

MARGULIS, M.; URRESTI, M. *La juventud es más que una palabra.* Ensayos sobre cultura y juventud. Buenos Aires: Biblos, 2000.

MARX, Karl. *O Dezoito Brumário de Louis Bonaparte.* São Paulo: Centauro, 2006.

MELUCCI, Alberto. *A Invenção do presente:* movimentos sociais nas sociedades complexas. Petrópolis: Vozes, 2001.

MELUCCI, Alberto. Juventude, tempo e movimentos sociais. *Revista Brasileira de Educação* – ANPED, Juventude e Contemporaneidade, n. 5 e 6, maio/dez. 1997.

MINAYO, M. C. de Souza et al. *Fala, galera*: juventude, violência e cidadania. Rio de Janeiro: Garamond, 1999.

MINISTÉRIO DA SAÚDE. *Datasus*: Sistema de Informações sobre Nascidos Vivos. SINASC, 2001.

MO SUNG, J. *Sujeito e sociedades complexas, para repensar os horizontes utópicos.* Petrópolis: Vozes, 2002.

MODESTO, Ana L. Religião, escola e os problemas da sociedade contemporânea. In: DAYRELL, J. *Múltiplos olhares sobre educação e cultura.* Belo Horizonte: UFMG, 1996.

MONTEIRO, Duglas T. *Os errantes do novo século*: um estudo sobre o surto milenarista do Contestado. São Paulo: Duas cidades, 1974.

MORIN, Edgar. *A cabeça bem-feita*: repensar a reforma, reformar o pensamento. Rio de Janeiro: Bertrand Brasil, 2000.

MORIN, Edgar. *Ciência com consciência.* Rio de Janeiro: Beltrand Brasil, 2005.

MORIN, Edgar. *Culturas de massas no século XX*: o espírito do tempo. Rio de Janeiro: Forense Universitária, 1986.

MUNDO JOVEM. Jovem, pés no chão. *Rev. Emejota*, Porto Alegre: Mundo Jovem, 1988.

MURARO, Valmir F. *Juventude operária católica.* São Paulo: Brasiliense, 1985.

NEILL, A. S. *Liberdade, escola, amor e juventude.* 2. ed. São Paulo: Ibrasa, 1972.

NIETZSCHE, Friedrich W. *Além do bem e do mal*: prelúdio a uma filosofia do futuro. São Paulo: Companhia das letras, 2005.

NOVAES, R. C. R. et al. (Org.). *Juventude, cultura e cidadania.* Rio de Janeiro: Iser, 2002.

NOVAES, R. C. R.; FONSECA, A. B. Juventudes brasileiras, religiões e religiosidades: uma primeira aproximação. In: ABRAMOVAY, M.;

ANDRADE, E. R.; ESTEVES, L. C. (Org.). *Juventudes*: outros olhares sobre a diversidade. Brasília: MEC/Unesco, 2009.

NOVAES, R. C. R.; MELLO, C. Jovens do Rio: circuitos, crenças e acessos. *Comunicações do Iser*, Rio de Janeiro, n. 57, ano 21, 2002.

NOVAES, R. C. R.; RIBEIRO, E. (Org.). *Livro das juventudes sul-americanas*. Rio de Janeiro: IBASE, 2010.

ORTEGA Y GASSET, José. Juventude. In: *A rebelião das massas*. São Paulo: Martins Fontes, 1987.

PAIS, José M. A construção sociológica da juventude: alguns contributos. *Análise sociológica*, v. 25, 1990.

PAIS, José M. *Culturas juvenis*. Lisboa: Imprensa Nacional, 1996.

PAIS, José M. Jovens europeus. *Estudos de Juventude*, Lisboa: ICS/IPJ, n. 8, 1994.

PEIXOTO, Demerval. *Campanha do Contestado*: episódios e impressões. Rio de Janeiro, 1916.

PNUD. *De la invisibilidad al protagonismo:* la voz de la juventud. Informe nacional de desarrollo humano en Panamá, 2004. Panamá: PNUD, 2004.

PNUD. *Desarrollo humano en Chile, 2000*. Más sociedad para gobernar el futuro. Santiago: PNUD, 2000.

PNUD. *Índice de desenvolvimento humano municipal* (1991 e 2000). Disponível em: <http://www.pnud.org.br/atlas/ranking/IDH-M>. Acesso em: 25 jan. 2008.

POCHMANN, Marcio. *A inserção ocupacional e o emprego dos jovens*. São Paulo: Associação Brasileira de Estudos do Trabalho, 1998.

POCHMANN, Marcio. Emprego e desemprego juvenil no Brasil: as transformações nos anos 1990. *Revista Movimento*, 2000.

POCHMANN, M.; AMORIM, R. (Org.). *Atlas da Exclusão Social no Brasil*. 2. ed. São Paulo: Cortez, 2003. vv.1 e 2.

PONTIFÍCIO CONSELHO PARA A FAMÍLIA. *Lexicon*, termos ambíguos e discutidos sobre família, vida e questões éticas. Tradução de Claudia Scolari. São Paulo: Salesiana, 2002.

QUEIROZ, J. José (Org.). *A religiosidade do povo*. São Paulo: Paulinas, 1984.

REICH, Wilhelm. *A revolução sexual*. 8. ed. Rio de Janeiro: Zahar, 1982.

RESNITCHENKO. G. *Juventude soviética*: perguntas e respostas. Moscovo: Nóvosti, 1979.

RIBEIRO, Helcion. *Da periferia um povo se levanta.* São Paulo: Paulinas, 1988.

RIBEIRO, Helcion. Religiosidade popular no Contestado. *Encontros Teológicos*, Florianópolis, n. 1, pp. 10-15, 1989.

RIBEIRO, J. C. Georg Simmel, pensador da religiosidade moderna. *Rev. Rever*, São Paulo: PUC, n. 2/2006. Disponível em: <http://www.pucsp.br/rever/rv2_2006/p_ribeiro.pdf>.

RIBEIRO, J. C. *Religiosidade jovem*: pesquisa entre universitários. São Paulo: Loyola/Olho d´Água, 2009.

RIBEIRO, J. C. (Org.). *Moradas do mistério.* São Paulo: Olho d'Água, 2000.

ROSADO-NUNES, M. J. F. Gênero: saber, poder e religião. In: *Mandrágora*, São Bernardo do Campo: Umesp, ano 2, n. 2, 1995.

ROSADO-NUNES, M. J. F. Direitos, cidadania das mulheres e religião. Tempo Social. *Revista de Sociologia da USP*, v. 20, 2008. Disponível em: <http://www.scielo.br/pdf/ts/v20n2/04.pdf>. Acesso em: 15 jun. 2010.

SANDOVAL, Mario. *Jóvenes del siglo XXI.* Sujetos y actores en una sociedad en cambio. Santiago: UCSH, 2002.

SANTA ANA, Júlio de. *Ecumenismo e libertação.* Petrópolis: Vozes, 1987.

SANTOS, B. de Sousa. *A crítica da razão indolente*: contra o desperdício da experiência, para um novo senso comum. 2. ed. São Paulo: Cortez, 2000.

SCHMIDT, J. P. *Juventude e política no Brasil*: a socialização política dos jovens na virada do milênio. Santa Cruz do Sul: EDUNISC, 2001.

SCHUBART, W. *Eros e religião.* Rio de Janeiro: Artenova, 1975.

SEGALIN, Fernanda C. *Juventude e Igreja*: uma análise sobre a dimensão religiosa na vida pessoal e social da juventude, na diocese de Chapecó. 2009. Monografia (Especialização em Juventude, religião e cidadania). Florianópolis: ITESC, 2009.

SENA, L. G. A Juventude Universitária Católica: algumas reflexões sobre uma experiência de vida cristã. *Revista Eclesiástica Brasileira – REB/*60 e 61, n. 240-242, 2000/2001.

SERBIN, Kenneth P. *Diálogos na sombra*: bispos e militares, tortura e justiça social na ditadura. São Paulo: Cia das Letras, 2001.

SILVA, E. R. A.; GUERESI, S. *Adolescentes em conflito com a lei*: situação do atendimento institucional no Brasil. Brasília: Instituto de Pesquisa Econômica Aplicada – IPEA, 2003. Disponível em: <http://www. ipea.gov.br>.

SIMMEL, G. *Essays on Religion*. Yale: Yale University Press – Durham, 1997.

SIMMEL, G. *On individuality and social forms*. Chicago-Londres: Edited by Donald N. Levine, 1971.

SINGER, Peter. *Marx*. São Paulo: Loyola, 1980.

SOUSA, Janice T. P. de. Os jovens anticapitalistas e a ressignificação das lutas coletivas. *Rev. Perspectiva*, Florianópolis, v. 22, n. 2, jul./dez. 2004.

SOUSA, Janice T. P. de. *Reinvenções da utopia*: a militância política de jovens nos anos 90. São Paulo: Haecker, 1999.

SOUZA, Luiz F. de. *Socialismo, uma utopia cristã*. São Paulo: Casa Amarela, 2003.

SOUZA, R. Magalhães de. *O discurso do protagonismo juvenil*. São Paulo: Paulus, 2008.

SPOSITO, Marilia P. Algumas hipóteses sobre as relações entre movimentos sociais, juventude e educação. *Revista Brasileira de Educação*, ANPED, n. 13, 2000.

SPOSITO, Marilia P. Estudos sobre a juventude em educação. *Revista Brasileira de Educação*, São Paulo, nn. 5 e 6, 1997.

SPOSITO, Marilia P. *Os jovens no Brasil*: desigualdades multiplicadas e novas demandas políticas. São Paulo: Ação Educativa, 2003. Disponível em: <http://www.lpp-uerj.net/olped/documentos/1013.pdf>. Acesso em: 28 jan. 2008.

SPRINTHALL, N. A.; COLLINS, W. A. *Psicologia do adolescente*: uma abordagem desenvolvimentista. 3. ed. Lisboa: Fundação Calouste Gulbenkian, 2003.

STAMATO, Maria I. C. *Protagonismo juvenil*: uma práxis sócio-histórica de ressignificação da juventude, 2008. Tese (Doutorado em Psicologia Social). São Paulo: PUC, 2008.

TEMPO E PRESENÇA. *Juventude: comportamento, religião e trabalho*. Rio de Janeiro: CEDI, n. 240, ano 11, abr. 1989.

THOMPSON, A. A. *Associando-se à juventude para construir o futuro*. Petrópolis: Ed. Petrópolis, 2005.

TOMAZI, Gilberto. Fome, educar para a competência e a sensibilidade solidária. *Revista Encontros Teológicos*, Florianópolis: Itesc/Agnus, n. 38, pp. 5-31, maio/ago. 2004/2.

TOMAZI, Gilberto. *Mística do Contestado*: a mensagem de João Maria na experiência religiosa do Contestado. Xanxerê-SC: News Print, 2010.

TOMAZI, Gilberto. *Protagonismo juvenil*: conexões e heranças culturais e religiosas do Contestado, 2011. Tese (doutorado em Ciências da

Religião). São Paulo: PUC, 2011. Disponível em: <http://www.sapientia.pucsp.br/>.

TOMKA, Miklós. O mal-estar da juventude e a religião: a conjuntura húngara. *Concilium/201* – Sociologia da Religião. Petrópolis: Vozes, 1985/5.

TORRES QUEIRUGA, A. *O cristianismo no mundo de hoje*. São Paulo: Paulus, 1994.

TÓTH, Tihamér. *A formação religiosa da juventude*. São Paulo: Ed. SCJ, Taubaté, 1949.

UCZAI, Pedro (Org.). *Os últimos 500 anos de dominação e resistência*. Chapecó: Argos, 2001.

UNICEF. *Situação da adolescência brasileira*, 2002. Disponível em: <http://www.unicef.org/brazil/pt/resources_10283.htm>.

V CONFERÊNCIA GERAL DO EPISCOPADO LATINO-AMERICANO E DO CARIBE. *Documento de Aparecida*. Texto Conclusivo. Edições CNBB, Paulinas/Paulus, 2007.

VALENTINI, D. J. *Da cidade santa à corte celeste*: memórias de sertanejos e a Guerra do Contestado. Caçador-SC: UnC, 1998.

VALLE, Edênio. *Juventude*: análise de uma opção. Rio de Janeiro: CRB, 1980.

VALLE, Edênio; QUEIROZ, José J. *A cultura do povo*. São Paulo: Cortez & Morais/EDUC/CIEE/PUCSP, n. 1, 1979.

VINHAS DE QUEIROZ, M. *Messianismo e conflito social*: a guerra sertaneja do Contestado. 2. ed. São Paulo: Ática, 1977.

VIOLA, Sachs et al. *Brasil & EUA*: religião e identidade nacional. Rio de Janeiro: Graal, 1988.

WAISELFISZ, J. J. *Mapa da Violência 2010*: anatomia dos homicídios no Brasil. Fontes: WHOSIS e Census. São Paulo: Instituto Sangari, 2010. Disponível em: <http://www.institutosangari.org.br/mapadaviolencia>. Acesso em: 20 jun. 2010.

WAISELFISZ, J. Jacobo (Org.). *Relatório de desenvolvimento juvenil 2003*. Unesco, 2004.

WAISELFISZ, Jacobo. *Mapa da violência* (vários títulos). Brasília: Unesco, Instituto Ayrton Senna, Ministério da Justiça/SEDH. OEI, (2002), (2004), (2006), (2008), (2010).

WEBER, Max. *Os pensadores*. 3. ed. São Paulo: Abril Cultural, 1985.

WILMORE, G. S.; CONE, J. H. *Teologia negra*. São Paulo: Paulinas, 1986.

WITTGENSTEIN, Ludwig. *Tractatus logico-philosophicus*. São Paulo: Edusp, 1994.

ZALUAR, Alba. *A máquina e a revolta*: as organizações populares e o significado da pobreza. São Paulo: Brasiliense, 1985.

ZALUAR, Alba. *Condomínio do diabo*. Rio de Janeiro: Revan/Ed. UFRJ, 1994.

ZALUAR, Alba. *Os homens de Deus*: um estudo dos santos e das festas no catolicismo popular. Rio de Janeiro: Zahar, 1983.

ZIEGLER, Jean. *A fome no mundo explicada a meu filho*. Petrópolis: Vozes, 2002.

Impresso na gráfica da
Pia Sociedade Filhas de São Paulo
Via Raposo Tavares, km 19,145
05577-300 - São Paulo, SP - Brasil - 2013